의미들

COMMITTED
by Suzanne Scanlon

Copyright © 2024
All rights reserved.
Korean translation rights arranged with Aevitas Creative Management, New York
through Danny Hong Agency, Seoul.
Korean translation copyright © 2025 by Elle Lit

이 책의 한국어판 저작권은 대니홍 에이전시를 통해 저작권사와 독점 계약한
(주)엘리에 있습니다. 신저작권법에 의해 한국 내에서 보호를 받는 저작물이므로
무단 전재와 무단 복제를 금합니다.

Committed

의미들

마음의 고통과 읽기의 날들

수잰 스캔런 지음
정지인 옮김

엘리

일러두기
1. 본문에 실린 주석은 모두 옮긴이 주다.
2. 원서에서 이탤릭체로 강조한 부분은 굵은 고딕체로 표기했고, 대문자로 강조한 부분은 가는 고딕체로 표기했다.
3. 본문에 등장하는 책, 연극, 영화, 드라마의 경우, 국내에 소개되지 않은 작품에 한해 원어를 함께 적었다.

그곳에 있었던 이들을 위하여

아무 데도 소속되지 못하면 안정적 자아를 갖추지 못하겠지만, 한 사회 단위에 전적인 헌신과 애착을 보이는 것도 일종의 자아 없는 상태를 암시한다. 자신이 한 사람으로서 존재한다는 의식은 더 넓은 사회집단 속으로 끌려들어간 결과로 생길 수 있는 한편, 자기다움의 감각은 그 끌어당기는 힘에 저항하는 소소한 방식들을 통해 생겨날 수 있다. 우리의 지위는 세계의 견고한 건물들이 지탱하지만, 개인 정체성의 감각은 흔히 그 건물의 갈라진 틈새에 살고 있다.

— 어빙 고프먼, 『수용소』

차 례

1부

존재, 움직이는 표적

다시 돌아가다 15
나의 정신이상과 그 밖의 것들 41
소용돌이 효과 53
형성의 한 방식 58
가방들을 가지고 75
뒤라스스페이스, 혹은 방으로서의 책 (I) 87
포인트 제로에서 97
덫에서 빠져나가기 100
정신분석가 105
여자들에 대한 고찰 110
가만히 앉아 있기 114
방으로서의 책 (II) 122
내 병에 관한 이론을 세우려는 시도 (I) 130
근심 없이 134
이야기에 갇히다 149

2부 나는 황금색 숫자 5를 보았네

정신병원 건축학 (I) 155

5층 157

너무 지나친 181

시간은 지나간다 199

신경 문제, 혹은 내가 뭘 어쩌겠어? 204

정신병원 건축학 (II) 225

내가 누군지 말해줘요 229

셉티머스 233

행크, 회고 (I) 236

녹아내림 248

막간극, 2022년 260

엘리나 263

행크, 회고 (II) 271

가족 치료 276

블로섬 292

거미줄 309

그레이스 315

지금의 뒤라스 318

그러면 넌 절대 행복해지지 못해 321

카우치를 떠나다 340

3부 거울 도시

내 병에 관한 이론을 세우려는 시도 (II)　356
공책들　360
장기 입원 병동의 마지막 나날　364
우린 모두 사라져　372
내 병에 관한 이론을 세우려는 시도 (III)　395
믿음직한 우리 나딜　398
그림자 이야기　410
분노한 여자들　423
회복에 관하여 (I)　442
집 없는 자아　448
감금　465
Q&A　467
회의와 긍정　469
회복에 관하여 (II)　479
당신 아주 정상으로 보여요　492

감사의 말　504
참고 문헌　507

이 회고록에서는 개인의 사생활 보호를 위해,
이름이나 신원이 노출되지 않도록
개인의 특징들을 바꾸어 썼습니다.

1부

존재, 움직이는 표적

다시 돌아가다

내가 어쩌다 뉴욕에 다시 가게 된 것은 몇십 년이 지난 7월의 어느 더운 날이었다. 나는 145번가와 브로드웨이가 만나는 곳에 있는 한 친구의 아파트를 봐주며 일주일간 머물고 있었다. 한때 나의 집이었던 병원에 이렇게 가까이 와본 건 수년 만에 처음이었다. 어느 날 아침, 북쪽 방향으로 산책에 나섰다. 나는 아무 속박도 목적지도 없이 이 도시를 걷는 날을 가장 좋아한다. 그래서일까. 내가 어디로 가고 있는지 이해하기까지 약간의 시간이 걸렸다. 우리는 다시 이끌려 돌아오게 된다. 그렇지 않은가? 그럴 의도도 없고, 그러고 싶지 않을 때조차. 과거는 거기서 우리를 기다리고 있다. 리버사이드 드라이브를 따라 1.5킬로미터 정도를 걸으니 한때 나의 주소지였던 곳에 당도했다. 웨스트 168번가 722번지.

물론 이 도시에 예전 그대로 남아 있는 건 하나도 없고 이곳 역시 예외는 아니다. 장엄한 건축 양식을 자랑하는 이 건물에 이제 주립정신의학연구소는 없다. 지금은 컬럼비아대학교 공중보건대학원이 들어와 있다.

5층을 가리키며 여기가 내가 살았던 곳이에요, 하고 누군가에게 말하고 싶었다. 하지만 누가 거들떠보기나 할까.

입구 위 아치 돌에서 고딕체로 새겨진 이 건물의 원래 이름을 읽을 수 있다. 뉴욕주립정신의학연구소+병원. 이런 흔적이 남아 있다니 고맙다. 또 다른 흔적은 앞에 놓인 돌 벤치 두 개다. 벤치 하나에는 로마 숫자로 MCMXXVII(1927)이라고 새겨져 있다. 이 건물이 개관한 연도다.

주립정신의학연구소는 내가 완전히 나가고 일 년 정도 지난 뒤에 원래 건물보다 더 크고 웅장한 새 건물로 옮겨갔다. 옛 건물에서 샛은 길을 따라 리버사이드 드라이브를 건너가면 허드슨강을 바라보고 서 있는 새 건물로 갈 수 있다. 그 무렵 그 프로그램의 지원금이 끊겼다. 이제 아무도 우리가 그랬던 것처럼 그곳에 오래 살려 하지 않는다.

기록 부서가 보인다. 데스크에 있는 여자에게 옛 건물, 컬럼비아대학교 장로교회와 연계된 주립병원, PI Psychiatric Institute라고 불리던 그 연구소에 관해 묻는다. 여자가 아무 관심 없다는 투로 나를 보며 심드렁히 말한다. 맞아요, '옛 PI'죠.

나는 여자에게 내 의료 기록 사본을 받고 싶다고 말한다.

으로 이 서류들은 낭비된 그 시절에 대해, 그렇게까지 비참해했다는 것에 대해 내가 느끼는 거대한 수치심을 끄집어 올린다. 동시에 나는 더 많은 것을 원한다. 내 공책과 기억의 빈자리를 채워줄 일지나 세부 사항을. 내가 원하는 건 세부들이다. 공식적인 언어, 축1이니 축2*니 하는 말, 약물과 증상의 목록 같은 걸 원하는 게 아니다. 나는 우리가 그 병원에서 보낸 길고도 지루한 날들과 해들의 이야기를 원한다. 내가 되찾고 싶은 건 일상적인 것들이다.

—#—

여기 도착했을 때 나는 스무 살이었다. 1992년 1월. 뉴욕. 온통 어둠과 무관심 천지. 쳇, 내가 왔다고 누가 신경이나 쓰겠어? 매일 수천 명이 여기로 오는데. 캠퍼스 주변 거리는 지나가는 차, 버스, 띄엄띄엄 자리한 잡화점을 빼면 텅 비어 있다. 얼음이 녹아 질척질척한 진창에 빈 스티로폼 컵, 플라스틱 뚜껑, 빨대, 맥도날드 봉지가 떠 있다. 얼음 밑에는 반쯤 얼다 만 개똥 더미. 경비원이 내 기숙사는 몇 블록 떨어진 캠퍼스 반대쪽에 있다고 말해준다. 나는 더플백을 질질 끌고 긴 블록을 걸어간다. 공동

---

*축axis은 정신 의료 분야에서 여러 측면을 평가할 때 사용하는 범주로, 축1은 정신장애 및 심리장애(우울증, 불안장애, 양극성장애, 조현병 등), 축2는 성격장애(경계성성격장애, 자기애성성격장애 등)와 지적장애(발달장애 등), 축3은 신체적 질병, 축4는 심리·사회 및 환경적 문제, 축5는 전반적인 기능 수준을 가리킨다.

입원 환자였어요?

네.

언제요?

오래전에요.

얼마나 오래전인데요?

이십 년 전이요. 나도 말하면서야 그렇구나, 깨닫

여자가 생각해보다가 기록 조회 과정을 설명한

류들을 작성해야 하고, 수수료를 내야 하며, 공개

아야 한다. 승인이 떨어지면 서류를 복사해서 우편

단다.

나는 서류를 작성하고 신용카드로 수수료를 지불

일 년 가까이 지나 거의 잊고 있을 때 열 장인가

서류 꾸러미가 도착했다. 내가 거기 머물던 시절

사실상 하나의 이야기 꾸러미다. 여러 의사가 서로

해두었다. 의사마다 각자의 특유한 시각이 있다.

이 객관적일 거라고 생각했을까? 그렇지는 않다

나 주관적일지는 알지 못했다. 그들의 인물 묘사

창작을 가르치는 학생들이 쓴 글들과 공통점이

있고 계속 등장하는 주제들이 있다. 기분부전증이

복해서 나온다. 나는 만성우울증 또는 주요우울

장애가 있다는 말을 들었지만, 의료 기록 전반에

진단명은 기분부전증이다.

나는 이 서류 뭉치가 실망스러워 서랍 속에 치

주방과 욕실이 딸린 스위트룸 안의 한 칸이 내 방이다. 바닥은 차가운 타일이고 벽은 콘크리트이며, 비품이라고는 철제 트윈 베드, 책상, 벽돌벽이 내다보이는 작은 창문이 전부다.

나는 가방을 떨궈놓고 방을 나가 옆 건물에 있는 델리*로 걸어갔다. 돌아오니 룸메이트들인 젊은 여자 삼인방이 와 있었다.

안녕, 하고 나는 구운 감자를 두 번 푹푹 찌른 다음 전자레인지에 넣었다.

겨우 그것만 먹는 거야? 작고 수다스러운 여자애가 깔깔거리며 물었다. 뭔가가 내 몸을 홍수처럼 덮치는 것 같더니 얼굴이 새빨갛게 달아오르는 게 느껴졌다.

응, 내가 말했다. 그럴걸.

한 달이 지났으나 친구는 한 명도 사귀지 않았다. 사람은 외로움으로, 아무와도 얘기하지 않고 여러 날, 여러 주를 보내는 것으로도 이상해질 수 있다. 이따금 집에서 누군가 전화를 걸어오고 나는 모든 게 다 괜찮은 척한다. 나는 공책에 내 절망의 연대기를 기록한다. 오늘은 밸런타인데이, 리오가 시내에서 만나자고 한다.

전철에서 나는 낯선 사람과 마주 서게 되었다. 내 얼굴과 그의 얼굴은 입을 맞출 수 있을 정도로 가까웠지만, 여기에는 규칙이 하나 있다. 눈은 마주치지 말 것. 당신이 타인의 인간적 속

---

* 샌드위치, 샐러드, 파스타 같은 간편한 음식을 판매하는 음식점.

성에 이토록 가까이 닿아 있다는 의식을 머리에서 지울 것. 먼 산을 보든, 자기 발을 보든 아무튼 상대의 얼굴은 절대 보지 말 것. 크리스토퍼 스트리트에서 내려, 하고 리오가 말했다. 나는 코팅된 '스트리트와이즈 맨해튼' 지도를 기도 카드처럼 쥐고 있다. 전차가 끼익 소리를 내고 덜컹거리며 역을 빠져나간다. 소변, 햄, 쥐똥, 향수 냄새가 코로 밀고 들어온다. 눈을 감으면 발을 묶인 채 매달린 닭들이 나를 향해 다가오고 있는 게 보인다. 어떤 여자가 우는 소리가 들린다. 72번가, 66번가. 전차가 멈췄다가 갑자기 덜컥 출발하기를 반복하고, 그사이 나는 토사물을 연상시키는 녹색 문에 머리를 대고 있다. 양쪽으로 열리는 두 개의 문에 누군가 거대한 사인펜으로 낙서한 것처럼 빨간 페인트를 흩뿌려놓았다. 어느 텔레비전 영화의 한 장면이 떠오른다. 〈사랑의 시간 Six Weeks〉, 어리고 병든 발레리나가 뉴욕 지하철에서 쓰러지는 장면. 온갖 가능성과 순전한 파국을 안고.

또 한 대의 전철이 지나가고, 나는 희고 커다란 풍선 같은 글자들이 미친 유령들처럼 튀어나온 그라피티를 읽는다. 흩뿌린 페인트 사이로 읽을 수 있는 건, 하나는 너다와 돌아왔다. 이제 전철 문에 살짝 기댄 내 머릿속에서 하나는 너다라는 소리가 자꾸만 들린다. 타임스스퀘어라고 알리는 안내 음성. 한쪽 창으로는 빠른 속도로 지나가는 얼굴들, 또 다른 창으로는 더 많은 그라피티. 내 옆 남자는 연쇄살인범 같은 인상을 주지만 약간만 위협적일 뿐이어서, 내 엉덩이에 아랫도리를 붙이고 있는 내 뒤 스킨헤드보다는 낫다. 실례합니다, 하고 나는 키 큰 제프리 다머*에게 말을 건다.

그가 나를 내려다보고, 나는 그의 날카로운 턱선을 본다.

크리스토퍼 스트리트 지났나요?

전차가 너무 여러 번 섰다. 그러니 내가 어찌 알겠는가? 남자가 짜증스러워한다. 그래, 그래, 나는 중서부에서 온 멍청이야. 아니, 나도 내가 여기서 뭘 하고 있는지 몰라.

봐요. 그가 벽에 붙은 지도를 가리킨다. 이제는 나를 아래위로 훑어보다가 가슴에서 시선을 멈춘다. 나는 코트를 단단히 여민다.

23번가다. 몇 정거장 더 남았다.

리오는 메뉴판을 붙잡고 앉아 테이블 밑에서 다리를 떨고 있다. 어디 있다가 이제 와? 리오가 짜증스럽다는 듯 쳇소리를 낸다. 이 동네는 완전히 다른 세상이다. 뉴욕에 온 지 몇 주 안 됐고, 바너드의 캠퍼스 주변, 그러니까 116번가에서 120번가까지, 리버사이드 드라이브에서 암스테르담 애비뉴까지의 범위를 벗어난 건 처음이다. 이 동네에는 거리거리마다 어둠이 자리하고 있었다. 1990년대 후반에는 〈프렌즈〉가, 2000년대에는 〈섹스 앤드 더 시티〉가 뉴욕으로 관광객들을 몰고 왔다면, 이때의 뉴욕은 아직 고집스럽게 1980년대에 머물러 있었다. 〈타임〉 표지에

---

* 1978년부터 1991년까지 남성 열일곱 명을 살해한 미국의 연쇄살인범. 다머의 범행은 시체 훼손, 시간, 식인 등의 행각으로 큰 충격을 주었다.

실린 그 썩은 사과*, 기습적으로 달려들어 당신의 차창 유리를 스퀴지로 닦으며 돈을 요구하는 남자들. 스트립쇼. 이 뉴욕은 부동산 투자 이전의 뉴욕이었고, 줄리아니**가 돈 좀 뽑아보기로, 잘 팔아보기로 마음먹기 전의 뉴욕, 그가 타임스스퀘어를 청소하기 전의 뉴욕이었다. 타임스스퀘어가 디즈니랜드가 되기 전. 이곳은 AIDS의 세상이었고, 주변의 남자들이 사방에서 죽어가고 있었지만, 우리는 알지 못했다. 나중에 〈렌트〉를 통해 상징적인 장소로 떠오르지만, 이때는 버려진 건물들과 연석 옆 고인 물에 떠다니는 쓰레기로 가득했던 알파벳시티다.*** 캐시 애커가 거기 살았지만 우리는 알지 못했다. 내가 애커의 글을, 애커가 광기를 예술적 실천으로 전환하는 방식을 읽으려면, 그 사람이 나를 위해 열어줄 공간을 만나려면, 일이 년은 더 지나야 했다. **글쓰기는 자살과 비슷하지만, 단 죽을 필요는 없다**라고 애커는 썼다.

리오는 일어나지 않았다. 내가 자리에 앉자 왜 이렇게 늦었느냐고 또 다그친다. 내가 여러 달 동안 해왔던 상상, 이 남자와의

- 한때 '빅 애플'로 불리며 전성기를 구가하던 뉴욕시는 1970년대 중후반 이후 재정 파탄과 범죄, 도시 슬럼화로 위기에 빠지는데, 언론에서는 이처럼 부패한 뉴욕시를 '썩은 사과'에 비유하기 시작했고, 이후로 이 도시를 가리키는 불명예스러운 별명이 되었다.
- ** 1994년부터 2001년까지 뉴욕의 시장을 지냈던 루디 줄리아니를 말한다.
- *** 알파벳시티는 맨해튼의 이스트빌리지를 포함하는 지역으로 주로 A, B, C, D로 시작하는 거리 이름에서 유래한 지명이다. 1980년대와 1990년대 초반에는 대체로 저소득층이 거주하던 지역으로, 범죄와 사회적 문제가 많이 발생하던 곳이었다. 알파벳시티와 이스트빌리지를 배경으로 하는 뮤지컬 〈렌트〉는 HIV/AIDS 팬데믹의 영향 아래 있던 예술가들과 친구들의 삶을 다루며, 이들의 사랑, 고통, 우정 등을 통해 1980년대와 1990년대 뉴욕의 사회적 현실을 생생하게 묘사한다.

진정한 연결 가능성, 내가 이 남자를 얼마나 사랑했는지와 눈앞 현실 사이의 간격에 정신을 차릴 수가 없었다. 지금 그가 여기에 있고 나도 여기에 있는데, 우리는 두 사람 사이가 그보다 더 멀어질 수 없을 만큼 멀리 떨어져 있었다. 다시 그 소리가 들렸다. 하나는 너다. 지금 리오는 뭔가 말하고 있는데, 나는 그 말을 이해할 수 없다. 그의 얼굴이 테이블 위에서 커다란 풍선처럼 둥둥 떠 있다. 돌아왔다. 거즈를 댄 것처럼 흐릿한 느낌, 덫. 무엇이든 끼어들 수 있고, 내 몸과 나머지 것들 사이에는 아무 경계도 없다.

수지? 풍선이 뭐라고 말하고 있다. 이 도시는 뭐지? 다른 행성? 악몽? 나는 돌아왔다에게 닥치라고 하고, 나 자신에게는 이렇게 말했다. 이 풍선은 진짜야. 이건 현실이라고. 나는 뉴욕에 있어. 난 풍선이랑 같이 있어. 난 이 풍선을 일 년 전 로스앤젤레스에서, 외국이나 다름없는 그곳에서 만났다. 나를 여기로, 이 장소, 이 순간으로 데려온 모든 선택이 부조리였다는 것, 순전히 무작위적 선택이었다는 게 이제 드러났다. 나 자신에게 이건 내가 내린 선택이라고 말해왔지만, 어쩌면 나는 그냥 리오를 따라 여기 온 건지도 몰랐다. 그리고 지금 우리는 여기 이렇게 있지만, 여기에 없다. 나는 그를 따라갈 수 없다. 그럴 수 있다고 생각했다니 얼마나 멍청했는지.

미안, 하고 내가 말했다. 나는 젊은 여자들이 그러듯 모든 것에 대해 사과했다.

너무 늦었지, 정말 미안해. 전철에서 헤매느라 애 좀 먹었어.

크리스토퍼 스트리트 역을 빠져나오다가 길을 잃었다는 말은 하지 않았다. 모든 길이 어느새 다른 길이 됐고, 계속 맴돌고 또 맴돌았다. 나의 스트리트와이즈 맨해튼 지도는 도움이 안 됐다.

암튼, 주문이나 하자. 배고파 돌아가시겠다! 근데 너 왜 이렇게 말랐냐? 그러니까 내 말은, 맘에 든다는 거야, 하고 그가 덧붙였다. 너의 제인 오스틴 같은 외모. 근사해! 좋아, 맘에 들어.

나는 메뉴판을 읽는다. 인도 음식은 먹어본 적이 없다.

너 달 좋아해? 망고 처트니랑 난이랑 먹는 게 좋겠다. 오케이? 너도 좋아할 거야, 장담해. 내가 주문할게.

음식이 도착했다. 난, 달, 커리, 비르야니. 리오는 빠른 속도로 먹었고, 먹으면서, 입안 가득 음식을 씹으면서 말했고, 그러는 내내 세라로런스칼리지에서 자기가 무얼 하고 있었는지 설명했다. 베리만의 〈페르소나〉를 각색한 연극을 연출하고 있었단다. 잘 안될 거라고 했다. 배우들이 그 작품의 **톤**을 이해하지 못한단다. 실패작이 될 것이라 그는 확신하고 있었다.

넌 왜 안 먹어? 이윽고 리오가 알아챘다.

나는 몇 입 먹어본다. 빵에 처트니를 발라 먹으니 맛이 있었다. 한 번도 느껴보지 못한 맛이었다.

웨이터가 다시 와서 음식이 어떠냐고 물었다.

저 이건 못 먹어요. 내 앞의 음식을 가리키며 말했다.

왜요?

안에 기름이 들었어요.

기름요?

나는 리오 쪽으로 몸을 기울이고 작은 소리로 말한다. 여기에 뭔가 들었어. 내가 그거에 관해 읽어서 알아.

리오가 막 웃더니 나를 미친 사람 보듯 쳐다봤다. 웨이터는 고개를 끄덕이고 자기가 어떻게 할 수 있을지 알아보겠다고 했다.

너 미쳤구나! 기름을 안 먹는 사람이 어딨어?

나는 사모사를 연거푸 먹는 리오를 바라봤다. 그가 시끄럽게 쩝쩝거리는 소리를 듣고, 많이 먹기 대회에 나간 사람처럼 음식을 쑤셔 넣는 그를 봤다.

맥주 마실래?

아니, 하고 나는 말했다. 난 술 안 마셔. 난 음식과 알코올에 들어 있는 각종 독성 물질에 관한 글을 많이 읽었어. 네가 모르는 것들이 아주 많아. 나는 정화하려고 노력 중이야.

웨이터는 끝내 다시 오지 않았다. 나는 그날 밤 배고픈 채로 귀가하게 될 테지만, 차라리 그게 나았다. 리오가 작별 인사를 하려고, 내 볼에 입을 맞추려고 몸을 움직였다. 나는 얼굴에 흘러내린 머리카락을 치우지 않았고, 두 팔은 단단히 팔짱을 꼈다.

지하철에서 『내가 죽어 누워 있을 때』를 펼쳤다. 고기로서의 시신. 이 어머니의 시신은 고기다. 나는 같은 페이지를 읽고 또 읽는다. **단어들이 아무 소용도 없다는 걸 알게 된 건 그때였다. 단어들은 저희가 말하려 하는 것에조차 절대 들어맞지 않는다.** 내겐 목소리들이 들렸고, 사람들이, 친구들과 가족들, 내 어머니가 보였다. 말해. 내 어머니는 물고기라고. 말해. 이 덫, 이게 내 삶이란 걸 이제 알았다고.

―#―

 이튿날 나는 캠퍼스 지하에 있는 학생건강센터에 갔다. 그 사무실을 찾느라 복잡한 터널들을 지나야 했다. 나는 한 간호사와 이야기를 나눴다. 어떤 일들이 일어나고 있는지 그에게 설명했다. 내 머리카락, 독들, 목소리들, 환영들. 간호사가 말했다. 학생은 의사 선생님 진료를 받아봐야겠네요. 닥터 골드버그. 그녀가 내게 설명해보라고 했다. 내가 무슨 말을 했는지는 모르겠다. 기억하는 건 이 의사가 나에게 이 질문을 한 최초의 사람, 리오 외에 대화 중에 그 말을 직접 입에 올린 최초의 사람이라는 것이다. (그 단어, 그 생각, 그 행위 자체가 인터넷 곳곳을 떠도는 지금과는 달랐다. 그때는 그 단어를 입에 올리는 사람이 거의 없었다.) 닥터 골드버그는 내게 물었다. 자살하고 싶어요? 아니면 이렇게 말했던가? 자신을 해하고 싶어요? 아니면 자신이나 다른 누군가를 해치는 일에 관해 생각해요? 아니면 자살하기를 원해요? 이 말이었을까?
 그 질문이 무엇이었든, 나는 예, 하고 답했다. 그건 사실이었고, 리오 말고 아무도 그걸 물어본 사람은 없었다. 맞아요, 나는 말했다. 항상 그 생각을 해요.
 그것은 거기서, 그 '예'에서, 염려해주는 것처럼 보였던 사람에게 **예**라고 큰 소리로 말한 데서 시작됐다. 그리고 그 첫 '예'는 하나의 열어젖힘이 되었고, 그 단어는 하나의 가능성이 되었다.
 의사는 말했다. 처방전을 써줄게요. 일주일 후에 여기서 다시 만나면 좋겠네요.

—#—

그 전에는 프로작*에 관해 들어본 적이 없었던 것 같다. 그때는 아직 꽤 신약이었다. 지금 우리에게는 너무나 익숙한, 이른바 소비자 직접 광고라는 게 그때는 아예 없었다. 몇 년 뒤에 책들이 나왔다. 피터 D. 크레이머의 『프로작의 말을 듣다 Listening to Prozac』와 엘리자베스 워첼의 『프로작 네이션』. 그리고 곧이어, 오싹한 광고들. 당신에게 졸로프트가 맞을지 의사에게 물어보세요. 기타 등등.

—#—

그렇다. 거기서 시작됐다. 그 질문에서. 그 처방에서. 그다음 내가 잠을 자지 못했던 하루인가 이틀인가 사흘인가에서. 나는 그 프로그램을 계속 유지할 수 있었다. 프로그램은 확대됐고, 해야 할 일이 더 많아졌고, 도시를 헤매며 걸어 다니는 시간도 늘어났고, 가능성의 감각이 생겨났다.

리오와 나는 전화로 이야기했고, 한 번에 몇 시간씩 통화할 때도 많았다. 이제 우리는 자살을 당연히 할 일인 것처럼 말했

• 항우울증약으로 개발된 최초의 선택적 세로토닌 재흡수 억제제. 1987년에 미국에서 출시되었다.

다. 그건 우리가 할 필요가 있는 일이었다. 리오는 뉴욕시에서 성장했고 고등학교 시절부터 쭉 정신분석을 받아왔다. 그는 분석가를 미워했고 신뢰하지 않았다. 그는 모든 정신 의료 시스템을 다 겪어봤다. 정신과 의사들은 다 구려, 하고 그는 내게 말했다. 절대 그 사람들 믿지 마.

전화를 끊기 전에 그는 말하곤 했다. 그냥 해치우자. 나도 동의했다. 당연하지, 하고 말했다. 우리는 해야 해. 난 하고 싶어.

—#—

공식 의료 기록을 읽어보니 여기가 이야기가 시작된 곳이라는 게 보인다. 무엇이 어찌 됐든 시작은 필요하다. 그리고 이것이 나의 시작이 되었다. 의료 기록을 넘길 때마다 그 서사가 계속 반복된다. 리오가 내게 전화했던 날 밤의 이야기. 나는 책상에 앉아 중간고사 공부를 하고 있었고, 필기한 노트를 읽고 있었다. 리오에게서 전화가 왔다. 그는 화가 나 있었다. 더는 참을 수 없다고 말했는데, 아버지와 연극과 관련된 어떤 일 때문이었다. 리오는 자기 차 안에 있다고 했다. 대학이 자기한테 어떤 역겨운 정신과 의사를 억지로 만나게 했다고. 자기는 알약을 모아 왔다고. 리오는 자기 어머니 욕실에서도 몇 병 훔쳐왔다. 우리 둘이 쓰기에 충분한 양이었다. 너도 하고 싶잖아, 그렇지? 리오가 물었다. 지금 내가 너 데리러 갈게. 우리 이 알약 다 먹어버리자. 두 병 있어. 우리한테 충분한 양이야. 나는 확신이 서지 않았다. 나 공부해야 해, 하고 나는 말했다. 그래 봐야 아무것도 변하는 건 없어. 그가 말했다. 너도 그건 알잖아? 다 그대로야. 공부해봤자 아무 소용 없다고.

나는 말했다. 아니, 난 못 해. 혹시 내일이라면 몰라도. 지금은 안 돼. 리오는 대꾸 없이 전화를 끊어버렸다.

그 통화를 한 이튿날, 리오에게서는 연락이 없었다. 그날 그는 전화를 받지 않았고, 그날 그의 룸메이트는 며칠째 아무도 리오를 보지 못했다고 말했고, 그날 그의 어머니는 자기가 알기로 리오는 학교에 있다고 말했고, 그날 나는 그가 죽었다고 확신했다.

그것은 내가 수업을 끝내고 나왔을 때 시작되었고, 명확해졌다. 조여오는 그 나사. 그 얼굴들. 나는 내가 내쫓겼다는 것을, 언제나 이런 식이리라는 것을 알았다. 나는 그 누구와도 가까워지지 않을 것이며 남은 평생 이 덫 속에서 살 터였다. 리오가 옳았다.

그날 오후 나는 내 책상으로 돌아가 그 약 두 병을 꺼내, 한 알씩 한 알씩 한 줄로 늘어놓았다. E92라고 새겨진 녹색과 주황색 캡슐.* 그건 뭔가를 의미했다. 그래, 하고 나는 말했다. 그 공간이 열렸다, 그 그래가.

이토록 쉬웠다. 모든 경계선을 무너뜨리는 일은. 나는 행복하다고 느꼈다.

---#---

* 오로빈도파마사의 선택적 세로토닌 재흡수 억제제인 염산플루옥세틴.

합성 목재 소재 상판에 철제 다리가 달린 책상이었다. 내 책들이 거기 놓여 있었다. 하나의 존재감. 그 나사. 나는 치료 프로그램을 따라갈 수 없었다. 잠에서 깨면 그게 거기 있었다. 그 명령들이. 이걸 하고 이걸 하고 그다음엔 이것과 이것을 하고 멈추지 마 넌 엉망이고 넌 실패할 거고 넌 못생겼고 배워야 할 게 너무 많고 너무 뒤처져 있고 넌 결코 성공하지 못할 거고 언제나 혼자일 거고 네 외로움은 절대 흔들리지 않을 거고 넌 결코 네 영웅들이 쓴 것처럼 쓸 수 없을 거야.

나는 알약을 세는 리오를 상상했다. 나도 할 수 있어. 하나씩 하나씩 차례로, 한 줄 혹은 두 줄, 선 하나 혹은 선 둘, 세다보면 언젠간 충분해지겠지. 나는 한 줄 한 줄 차례로 삼켰고, 입안을 가득 채웠고, 목이 막히도록 삼켰다. 물병의 물을 홀짝홀짝 마시고 침대에 누웠다. 철제 프레임, 얇은 매트리스, 담요 하나, 바삭거리는 베개. 기다렸다. 벽에서 그 얼굴들이 보였다. 그중 이 얼굴인가 저 얼굴인가가 웃는 소리도 들렸다. 라디오에서 나오는 레너드 로페이트의 목소리도 들렸다. 창, 벽돌 벽. 밖을 볼 순 없었지만 모든 게 다 안으로 들어왔다. 그 도시의 끊임없는 소리들이. 구급차, 귀를 긁는 새소리, 쓰레기 트럭, 고함 소리, 자동차 경적 소리. 토할 것 같았고, 정신은 너무 말짱히 깨어 있었고, 너무 오래 걸렸다. 나는 태아 자세로 몸을 웅크렸다. 흔들릴 수 있는 외로움. 위대한 여성적 비극. 나의 어머니, 나의 사랑. 너무 늦었다. 나는 책들을 먹었고, 여기서 살 수 있었다.

전前 환자 단계에 있는 사람의 이력은 추방 모델의 관점에서 볼 수 있다. 원래 그에게는 인간관계와 권리가 있었지만 입원이 시작되는 시점에는 둘 다 거의 남지 않는다. 그러므로 전 환자 단계 이력의 도덕적 양상은 대체로 버림받음, 배신, 울분으로 시작된다.

—어빙 고프먼, 『수용소』

웨스트 168번가와 리버사이드 드라이브, 뉴욕주립정신의학연구소 입구
(사진: 워츠 형제)

입구를 통과한다. 돌계단을 올라간다. 그 역사적인 건물이다. 간호사 한 명이 나를 엘리베이터 안으로 안내했다. 엘리베이터가 내려갔다. 이 건물은 낭떠러지 위에 서 있고 건물의 전면은 일종의 속임수다. 10층에서 엘리베이터를 타고 거기서 환자 병동으로 내려간다. 엘리베이터가 5층으로 내려간다. 위쪽에 붙은 창들에는 창살이 있다. 모퉁이 벽에는 찰스 디무스의 〈나는 황금색 숫자 5를 보았네I Saw the Figure 5 in Gold〉라는 그림이 걸려 있다.

간호사가 나를 사무실로 안내했다. 1992년 8월이었다. 나는 신발에서 끈을 빼고 날카로운 것들과 함께 제출했다. 아이라이너, 연필깎이, 콤팩트 거울, 스프링 노트. 의사 한 명을 만났다. 그가 내게 질문을 했던 것도 같고 안 했던 것도 같다. 의사는 여섯 달일 거라고 말했다. 석 달 아니었어요? 내가 물었다. 그가 고개를 끄덕이고는, 두고 봅시다, 했다. 보통은 그보다는 오래 걸려요. 나는 서류에 서명하고 뭔가에 동의했다. 엄밀히 말해 그들이 강제로 나를 거기 보낸 건 아니었지만, 나에게 달리 할 수 있는 일이 있었을까? 만약 지금의 내가, 그 순간이야말로 내가 고맙지만 사양한다고 말하고 걸어 나왔어야 했던 순간이라고 말한다 해도, 그때의 나였던 사람에게는 아무 의미도 없었을 것이다. 그 여자는 거기를 떠나는 것, 자기가 다른 어딘가에 있는 것은 상상도 할 수 없었다.

—#—

그 무렵 나는 3월의 그 밤 이후로 이미 몇 달째 병원에서 지내던 중이었다. 병원 입장에서는 내 상태가 호전되어야 했지만, 오히려 나는 병적인 상태에 더 익숙해졌다. 나는 정신과 환자로 지내는 데 점점 능숙해졌다. 내 죽음을 계획하는 일에 더 능숙해졌고, 정신과 의사들과 대화하는 데도 더 능숙해졌다.

단기 병동의 다른 환자들은 들어왔다가는 나갔고, 대부분 나보다 나이가 많았다. 그들 중 아무나 잡고 물어보았다면 이렇게 말했을 것이다. 병원에서는 너를 삼십 일 동안, 그러니까 보험이 적용되는 날까지만 데리고 있을 거야. 그러고 나면 넌 다 나은 거야.

그건 농담이었다. 이 시스템은 조작되었고, 그들이 내게 그렇게 말했다.

그래도 나는 여전히 시스템을 믿었다. 그게 나를 살리고 있었으니까. 나는 운이 좋았다. 나는 학생 보험을 적용받고 있었는데, 그 와중에 학교에서 자퇴했다. 그러나 이 무렵 나는 주립병원에 있었다. 그러니 모든 게 공짜였다. 나는 떠날 필요가 없었다.

—#—

당신이 사무실에 앉아 있으면 간호사가 와서 말한다. 침대가 났어요. 당신은 복도를 따라 주방을 지나고 병상용 엘리베이터 앞을 지나고 사무실을 몇 개 더 지나 걸어간다. 잠긴 문들, 비닐 소파들, 텔레비전. 이제 당신의 방이다. 침대가 하나 있고 문은 없다. 플라스틱을 끼워 넣은 적층 유리라 깨지지 않는 창이 하나. 방 하나에 의자 하나. 플라스틱 창에 금속 창살. 당신의 방. 당신에게는 옷 가방이 하나, 책가방이 하나 있다. 복도 건너 여자아이의 방을 들여다본다. 분홍색과 보라색 침구와 동물 인형들, 앤 라이스 소설 원작의 영화 포스터 하나. 바닥에 옷들과 책들. 아이는 당신을 쳐다보지 않고, 안녕이라고 인사하지도 않는다. 여긴 그런 세상이 아니다.

—#—

거기서 나는 얇은 시트를 끌어 올려 덮고 잠든다. 시트에는 스탬프가 찍혀 있다. '뉴욕주립정신의학연구소 소유물.' 그들이 내게 주는 약—클로자핀과 소라진—은 뭐든 먹으면 어지럽고 메슥거린다. 네바다라는 이름의 간호사가 복도를 따라 걸어와 문이 있어야 할 곳의 벽을 두드린다. 저녁 식사요! 간호사는 활기찬 로봇처럼, 너무 큰 소리로 반복해서 소리친다. 밖은 어둡다. 오늘이 무슨 요일인지 모르겠지만, 얼마 안 가서 그런 건 의미 없어지고, 날짜와 시간 자체도 하나도 안 중요해진다. 나는 너무 휘청거려서 벽을 짚으며 식당으로 걸어간다. 은색 카트의 선반에 식판들이 쌓여 있다.

식판 하나 집어 가요! 네바다가 내 뒤에서 소리친다. 여기선 서빙까지 해주지 않아!

나는 식판을 들고 공용 식당으로 걸어간다.

병원 양말을 뚫고 콘크리트의 차가움이 전해진다. 줄지어 선 테이블들. 허드슨강의 풍경이 보인다. 뒤쪽 구석 테이블에 다른 사람들보다 나이 많은 여자가 한 명 있다. 병원복이나 수술복을 입은 다른 사람들과 달리 긴 드레스를 입고 있다. 검정으로 염색한 낡은 로라 애슐리 레이스 드레스에 그물 타이츠, 그리고 장신구들. 팔찌, 귀고리, 긴 구슬 목걸이. 한 테이블에 혼자 앉아 있는 나에게 처음으로 인사를 건네는 사람이 그 사람이다. 안녕, 내 이름은 틸다야. 틸다가 내 식판을 쳐다본다. 으깬 감자 한 스쿱, 얇게 썬 소고기 몇 조각, 푸른 완두콩, 롤빵 하나. 옆에는 푸딩 한 컵. 자기 그거 안 먹어도 돼, 알지? 나도 먹을 생각은 없었다. 음, 난 사람들한테 음식을 가져와달라고 하거든. 자기도 그럴 수 있어, 알지? 여기 냉장고도 하나 있어. 자기도 원하면 내가 남편한테 말해서 뭐 좀 가져다줄게. 남편한테 말하면 돼. 자기 필요한 건 뭐든지. 나는 고맙다고 말했다. 뭘. 식사 끝나면, 아니면 정리가 좀 되면 내 테이블 보러 다시 와. 내 주얼리 테이블. 다양한 비즈, 보석, 주얼리 커터 등이 보인다. 이제 틸다 옆에 서 있는 여자도 눈에 들어온다. 틸다 가까이 서서 틸다가 걸으면 자기도 걷고 항상 틸다 옆에, 원하면 틸다를 붙잡을 수 있을 만큼 가까이 서 있는 여자.

이때 록산이라는 간호사가 식당으로 들어와 수잰이라는 정식 이름으로 나를 부른다. 록산은 알약이 가득한 종이컵을 들고 있다.

수잰? 록산은 주위를 둘러보고, 그런 다음 나를 본다.

당신이 수잰?

나는, 아뇨, 난 수지예요, 하고 말한다.

여긴 당신 이름이 수잰이라고 돼 있는데, 라는 대답이 돌아온다.

나는 말한다. 맞아요, 하지만 아무도 날 그렇게 안 불러요.

이게 당신 이름이에요. 록산이 딱 잘라 말한다. 난 수지라고 안 부를 거예요.

록산은 **수지**를 세상에서 제일 멍청한 이름이라는 듯이 발음하고, 나는 정말 그런 이름이란 걸 깨닫는다.

그건 치어리더 이름이지, 하고 록산은 조롱하듯 말한다.

이튿날 그는 나를 수잰이라 부르고 나는 정정하지 않을 것이다. 난 당신 문제가 뭔지 알아요, 하고 록산은 말할 것이다. 당신은 자기가 특별하다고 생각하죠. 주위를 둘러봐요. 그는 식당에 있는 슬프고 젊은 여자들 모두를 가리키며 팔을 펼쳐 보인다. 여기 있는 모두가 자기가 특별하다고 생각해요.

나는 공중전화로 집에 전화를 건다. 나 좀 여기서 꺼내줘, 나는 아버지에게, 여동생에게 말한다. 하지만 당연히 이젠 때늦은 소리다. 넌 아직 준비가 안 됐어, 하고 그들은 내게 말한다. 넌

다시 돌아가다

많이 아파. 시간이 걸릴 거야. 나빠지는 것 같겠지만 그게 나아지는 과정이야.

—#—

 나는 그 병원에서 몇 년을 살았다. 병원에서 만난 다른 여자들을 생각할 때면, 나는 광기나 정신이상을 생각하지 않고, 심지어 정신 질환에 관해서도 생각하지 않는다. 물론 그건 그곳에 존재했고, 그것이 우리가 들은 이야기, 우리가 우리 자신에 관해 말하도록 배운 이야기이기는 하지만 말이다. 그보다 나는 어머니들을 생각한다. 이 여자들 가운데 일부는 어머니였고, 일부에게는 어머니가 있었으며, 일부는 어머니를 잃었다. 나는 내게 없는 것이 무엇인지 이해하려는 갈망으로 이 여자들을 자세히 살펴보았다.

나의 정신이상과 그 밖의 것들

광기라는 단어는 문학적이고 철학적이며 포괄적이다. 우리는 그 단어가 문학에서는 낭만적일 수 있고 실제 삶에서는 비참할 수 있다는 걸 안다. 광기는 16세기에는 셰익스피어의 단어였고, 17세기는 로버트 버튼의 단어였다. 셰익스피어에게 광기란 과도함을 의미했고, 연인들과 광인들은 둘 다 비이성—그들의 **들끓는 뇌**, 그들이 **그려내는 환상**—으로만 닿을 수 있는 진실에 가닿는다. 내가 잘해봐야 거창하게 들리고 최악으로는 위험하게 들린다는 걸 알면서도 광기라는 단어를 사용하는 이유는, 그 단어가 우리의 대화를 일시적인 것 너머로, 수시로 변하는 의학적 또는 과학적 국면 너머로 확장할 수 있게 해주기 때문이다. **광기**라는 단어를 사용하는 것은 현대 정신의학에서 보자면 전근대적이며, 이 단어는 현재의 생물의학적 측면을 회피한다. 우리는 더 엄밀한 단어를 써야 한다는 것도 알고, **화학적 불균형**이라고 말하는 것이 더 정확하다는 얘기도 들었지만, 그럼에도 광기라는 단어는 좀처럼 사라지지 않는다. 양극성장애. 조현병. 해리성정체장애. 불안장애. 강박장애. 사회불안장애. 성격장애. 이 외에도 많으며, 내가 놓친 게 있으면 나의 학생들이 알려준다. 이 단어들 모두 어느 정도 도움이 되지만, 내가 문학 속의 광기와 어떤 인생에 관해 말할 때는, 그건 또한 어떤 영적인 것에 관한 이야기이기도 하다. 나는 버지니아 울프가 친구 E. M. 포스터에게 보낸 편지에 썼던 말을 생각하고 있다.

> 내가 나의 정신이상이나 그 밖의 것들에서 아무것도 얻은 게 없다는 말은 아니에요. 사실 난 그것들이 종교를 대신하는 게 아닐까 생각하고 있어요.

그리고 나는 또 하나의 까다로운 단어, **미쳤다**는 말에 관해서도 생각하고 있다. 우리가 일상적으로 쓰는 의미에서 **미쳤다**는 말. 1992년 1월에 뉴욕에 도착했을 때 나는 미쳐 있었고, 그 도시에 있으면서 더 미쳐갔다. 그 시절 나는 상당 부분의 시간 동안 미쳐 있었다. 혹은 미친 것처럼 행동했다. 사실 우리는 미쳤다는 말을 이 의미로 더 자주 쓴다.

나는 더 이상 미친 것처럼 행동하지 않고, 미치지도 않았다. 혹은 난 한 번도 미친 적이 없었다. 하지만 여러 면에서 그 시절의 나에게는 그러지 않을 방도가 없었다. 나는 우리가 정신 질환이라는 말로써 의미하는 바의 일부는 이런 일이라고 생각한다. 당신으로서는 그러지 않을 수가 없는 일. 굶는 것이나 폭식하고 게워내는 것. 하루 종일 침대에만 있거나 밤새 깨어 있거나 칼날로 자기 몸을 긋는 것. 그것은 과잉이거나 경직성이고, 종종 둘 다. 하루 종일 아무 양념 없이 구운 감자 하나만 먹고 다른 건 아무것도 안 먹는 것은 미친 짓인지도 모른다. 당시 병동에는 매일 아무 맛도 첨가 안 된 뺑튀기 한 봉지만 먹고 다른 건 아무것도 먹지 않던 여자 간호사가 한 명 있었지만, 그는 간호사였기 때문에 미친 게 아니었다. 내 의료 차트에 나의 식습관을 "기괴하다"라고 적었던 사람이 바로 이 간호사다. 내가 먹거나 먹지 않는 건 미친 짓이었다. 내가 나의 어머니였다면 그게 미친 짓이란 걸 알았을 것이다. 하지만 내 생각엔 그게 요점이다. 나의 어머니. 어머니는 어디 있었을까? **미쳤**다는 단어가 가장 잘할 수 있는 일은 표면의 무언가를, 어떤 증상 하나를 가리키는 것이다. 그것이 가리키는 것은 이야기가 아니다.

—#—

철학자 이언 해킹은 언젠가 계속 바뀌는 정신 질환 분류를 '움직이는 표적'이라고 묘사했다. 어떤 병이 인식되고 명명된다. 한 의사나 의사들이 그 병의 이름을 짓고 치료할 방법을 찾아낸다. 더 많은 환자가 그렇게 이름 지어진 병의 증상을 호소하며 찾아온다. 환자가 더 많아지고 증상도 더 많아진다. 그러면 금세 이 병과 관련된 원인이 나타난다.

히스테리를 예로 들어보자. 이는 여성이 걸린다고 알려진 최초의 병이었고, 5세기에 히포크라테스가 처음으로 정의한 병이다. 히스테리는, 적어도 그 이론에 따르면 자궁이 온몸을 돌아다니기 때문에 생긴다. 히스테리라는 단어 자체가 '돌아다니는 자궁'이라는 뜻이다. 1880년에는 장 마르탱 샤르코라는 프랑스 의사가 근대의 신체적 질병으로서 히스테리를 재정의하고 의료화했다. 샤르코는 이 병의 증상들을 식별하고 명명하고 정의하고 분류했다. 곧 프랑스에서는 이 병에 걸린 여성의 수가 급격히 증가했다.

히스테리라는 '쓰레기통' 진단●은 미국정신의학협회의 『정신 질환 진단 및 통계 편람DSM』에도 1980년까지 남아 있었다. DSM에서 그 진단이 빠진 것은 페미니즘 행동주의의 결과이자 여성 의료에 대한 새로운 비판적 관점이 등장한 결과였다. (1976년에는 DSM에서 '동성애' 진단이 빠지고 '성적 지향 혼란'으로 대체되었다. 2013년이 되어서야 병리로서의 성적 지향이 DSM에서 완전히 삭제되었는데, 이는 수년간 활동가들이 압력을 가한 결과였다.)

이언 해킹은 내가 병원에 있던 시절에는 다중인격장애라 불리던 유행병에 특히 관심이 많았다. 이 병은 1880년에 샤르코가 명명하고 식별했지만, 미국에서는 1970년대가 되어서야 의

● 명확한 진단을 내릴 수 없거나 적합한 진단명이 없을 때, 애매한 증상들을 '쓰레기통에 던져 넣듯' 진단하는 것.

료계가 병으로 인지하고 치료하기 시작했다. 비슷한 시기에 다중인격장애는 대중의 상상력 속으로도 침투했다. 가장 강력한 영향을 미친 묘사는 소설에 이어 텔레비전 영화로도 만들어진 『시빌』이었다. 셜리 메이슨이라는 정신과 환자의 '실화'(이는 세계적 베스트셀러의 표지에서도 자랑스레 언급하고 있는 바다)에 근거했다고 하는 『시빌』은 다중인격장애 진단을 만들어 내는 데 일조했다. 책이 출판되고 영화가 나온 뒤 정신과 의사들은 다중인격장애 환자 수가 엄청나게 치솟았다고 보고했다.

 2011년에 셜리 메이슨, 그의 담당 의사, 그 소설의 저자에 관한 책*이 출간되어, 그 진단과 메이슨이 말한 학대 이야기들이 날조된 것임을 폭로했다. 저자는 메이슨이 인격들을 연기한 건 의사가 원하는 대로 해주고 싶었기 때문이라고 말했다. 메이슨은 자기 어머니가 자기를 학대하고 고문했다는 이야기들을 꾸며냈다. 다중인격장애는 수십 년간 아동기 학대 때문에 발생한다고 여겨졌기 때문이다. 점점 더 많은 의사가 병원을 찾아온 환자들에게서 바로 이 원인을 찾아내려 했다.

 물론 메이슨은 불안정하고 정신적 고통에 시달리던 젊은 여자였다. 동시에 메이슨이 자신의 돌봄을 의탁했고 점차 의존하게 된 의사는 다중인격장애라는 놀랍고도 선정적인 병을 진단하고 치료하기를 열렬히 바랐다. 의사는 장차 그 베스트셀러를

* 데비 네이선의 『폭로된 시빌 Sybil Exposed』을 말한다.

쓸 작가와 일찌감치 팀을 이뤄 작업하고 있었다.

그 서사의 구조에서는 발병 원인이 중요했다. 책에서도, 현실에서도 의사가 메이슨을 구슬려 고문당했던 과거를 기억한다는 말을 받아낸 뒤에야 메이슨은 병에서 낫는다. 어머니가 자기를 학대했다고 폭로한 뒤 메이슨은 열여섯 명의 인격을 통합하고 행복한 삶을 살 수 있게 됐다.

『시빌』이 출간되고 나서 1970년대와 1980년대 내내, 그리고 1990년대에 들어서까지도 꽤 오랫동안 다중인격장애 환자들이 기하급수적으로 증가했다. 이 병은 2000년이 되어서야, 다소 급작스럽게 DSM에서 삭제됐다. 의사들이 환자들에게 '분신들'을 드러내도록 유도했다는 많은 환자와 가족의 제보가 나오면서 다중인격장애 진단이 논쟁에 휩싸였기 때문이다.

이것이 해킹이 말하는 '움직이는 표적'이다. 요컨대 한 환자가 고통을 호소하며 의학적 도움을 구하고, 그러면 그 환자가 고통스러워하는 증상이 명명되고, 주목받고, 완치는 아니더라도 치료된다. (많은 성격장애가 그렇듯이 다중인격장애가 완치되리라고 기대하는 사람은 별로 없다.) 그 병이 대중문화에서 묘사되면 그 증상이 있는 더 많은 환자(다중인격장애의 경우 대부분 여자)가 나타난다. 환자들이 겪는 증상은 더 많아지고, 병은 다시 분류된다. 그 병을 앓는 사람이 더 많아지면서 기존 증상에 더 많은 증상이 추가된다. 병의 기준 자체가 계속 조정되고 확장되는 것이다.

많은 치료자가 질병을 정의하고 설명할 수 있기를 열렬히 바란다. 1970년대에 다중인격장애에 대한 주도적 이론 또는 설명은 생애 초기의 트라우마 때문에 발생하며 그중에서도 신체적 학대나 성적 학대가 가장 흔하다는 것이었다.

내가 병원에 있던 시기는 '되찾은 기억'에 대한 믿음이 정점에 달한 때였다. 1990년대 초에는 점점 더 많은 환자가 아동기에 성적 학대를 당했던 기억을 되찾았다. 의사들이 환자들에게 이런 기억을 찾아내도록 부추겼다. 병원에서 나와 함께 생활했던 여자들 가운데 많은 이가 성적 학대를 당하거나 지독한 괴롭힘을 당하거나 강간당했다는 걸 나는 안다. 또 많은 이는 그런 일을 겪지 않았다는 것도 안다. 누가 진실을 말한 것이고 누가 거짓을 말한 것이며 누가 상상과 기대로 기억을 만들어냈는지는 나도 알 수 없다. 나는 이런 기억 만들기를 우리 모두 어느 정도는 했다고 확신한다.

이런 일들이 누군가에게 실제로 일어났든 일어나지 않았든, 그 사실이 그 사람의 고통에서 진실성을 앗아가는 건 아니다. 연기한 것이라도, 혹은 연기했을 때 특히 더 그것은 실제적인 고통이었다. 레슬리 제이미슨이 말한 대로, **고통의 연기 역시 고통이다**. 그것은 우리가 세계 속에서 존재하는 방법이다. 당신의 의사를 만족시킬, 그럼으로써 보살핌을 받을 한 방법. 다중인격장애라는 진단명이 없었다면 그 병원에서 그토록 많은 여자가 다중인격적으로 행동하지 않았을 것이고, 그런 증상들도 없었으리라는 건 아주 명백하다. 하지만 그랬다면 그들에게는 병원에 있어야 할 다른 증상, 다른 행동, 다른 이유 들이 생겼을 것이다.

—#—

나에게 다중인격장애는 '없었다.' 하지만 내가 만난 의사들이 나의 아동기에서 내가 잊었거나 억압했거나 차단한 것을 기억해내려 노력해야 한다고 말했던 것은 생생히 기억한다. 다른 무슨 일이 있었죠? 나는 반복적으로 이 질문을 받았다. 천천히 생각해봐요. 매일 나는 이런 말을 들었다. 누군가 당신에게 해를 입혔어요? 내가 받은 질문이다. 오빠들은 어땠어요? 아버지는요? 특히 어느 젊은 여자 레지던트가 내게 남자 가족들에 관한 어떤 일, 엄마가 돌아가신 뒤 일어났던 어떤 일을 기억해내라고 몰아대던 일이 기억난다. 나는 그런 일은 없었다고 말했다. 나는 수줍었고 눈을 맞추지 못했다. 그는 온화하고 친절했다. 천천히 생각해요. 그런 일이 있었다고 말하면 그 레지던트가 만족하리라는 걸 나는 알았다. 나는 그 사람이 원하는 걸 줄 수도 있었다. 어머니의 죽음이 내게 트라우마가 되었다는 것으로도, 뒤이어 혼돈과 방치의 세월을 여러 해 보냈다는 것으로도 충분하지 않은 모양이었다. 물론 내가 아버지에게도, 오빠들에게도 학대당하지 않았다는 걸 나는 알고 있었다. 만약 내가 그런 일이 있었다고 말했다면, 의사들을 만족시키려고 상상의 트라우마를 만들어냈다면 어떤 일이 일어났을지 생각만 해도 오싹하다. 어쨌든 그들은 너무 유혹적이었고, 나는 의료계의 권위에 전적이고도 순진한 신뢰를 품고 있어서 그들을 만족시키고 그들이 원하는 걸 주고 싶었던, 너무 젊고 영향받기 쉬운 환자였다. 그런 일이 있었다고 말하는 건 또 하나의 연기 방식, 누군가가 될 수 있는 또 하나의 방식이었을 것이다. 분명한 사실은, 내가 그런 일이 있었다고 말하고 한두 가지 기억을 꺼내놓았다면, 그걸로 모든 걸 다 설명했으리라는 것이다. 나의 자살 시도들, 나의 분노, 나의 자기 파괴를. 내가 그걸 인정할 수 있어야—**너의 비밀을 우리에게 말해가** 내 치료 계획의 표어였다. **넌 딱 네 비밀만큼만 아픈 거라고!**—그들은 나를 치유하고 치료할 수 있었다. 일종의 보상으로.

—#—

1890년대에 장 마르탱 샤르코는 파리의 살페트리에르정신병원에서 공개 방문회를 열었다. 대부분 남자인 의사들과 보건 전문가들이 방방곡곡에서 찾아왔다. 이 공개 세션 또는 연기회에서 샤르코는 증상을 끄집어내려고 환자들에게 최면을 걸었다. 동작 틱, 발작, 폭발적 음성 틱 같은 증상들이었다. 어떤 여자들은 성적으로 몹시 흥분한 상태가 되어 자기 몸을 만지거나 몸을 빙빙 돌렸다. 전시된 여자들은 대부분 가난한 사회적 약자들이었다. 그들은 살페트리에르에 보살핌을 받으러 왔는데, 거기서 보살핌을 받으려면 연기를 해야 한다는 걸 배웠다. 가장 유명한 환자들은 반복적으로 연기를 보여주었다. 샤르코의 치료와 방법이 인기를 얻고 찬사를 받자, 히스테리로 진단받는 여자들의 수가 엄청나게 증가했다.

샤르코의 가장 유명했던 환자가 후에 (시빌의 경우처럼) '가짜'로 밝혀졌다는 사실은 요점이 아닌 것 같다. 오히려 그 사람은 보살핌과 관심을 받을 수 있는 방식으로 연기를 한 것이다. 그는 자기가 처한 특정한 역사적 시대와 장소에서 존재하는 방법을 터득해가는 중이었다.

내가 내 친구 틸다를 가짜라고 말한다면 그 역시 요점을 빗나가는 일일 것이다. 틸다는 내가 도착했을 때도 거기 있었고 내가 떠날 때도 여전히 거기 있었다. 틸다는 다중인격장애 진단을 받았고, 시설에서 칠 년을 보냈다. 우리는 틸다가 여러 인격 속으로 들어갔다가 나왔다가 하는 모습을 자주 목격했다. 틸다의 어떤 분신들은 다른 분신들보다 사람들을 더 즐겁게 해주는 인격이었다. (제사 크리스핀은 어디선가 다중인격장애 환자들의 분신 중 하나는 항상 성적으로 문란한 여자라는 점을 지적했다. 이는 병리나 광기에 관한 이야기이기도 하지만 최소한 딱 그만큼은 여자로 존재한다는 것이 무엇인지에 관한 이야기이기도 하다. 크리스 크라우스가 **여성으로 존재한다는 정신분열증**이라 부른 것 말이다.)

또 처음에는 대학에서, 나중에는 병원에서 다른 여자들이 자해하는 걸 본 후 자해를 시작했다는 이유로 나를 가짜라고 말하는 것 역시 요점을 놓치는 일일 것이다. 나는 병원에 있는 여자들이 어떻게 그런 짓을 하는지, 얼마나 강렬하고 극단적으로 그럴 수 있는지 알게 됐고, 그러자 그것은 내 상상력 속으로도 침투해 들어왔다. 그들은 어디서나 도구를—헐겁게 빠져나온 나사일 수도 있고 부서진 플라스틱 조각일 수도 있었다—구할 수 있었는데, 그런 그들을 보자 나도 경쟁하듯 새로운 방법들을 생각해냈다. 우리는 그렇게 서로를 바쳐 서로를 부추겼고, 환자로서 존재하는 방법을 배워갔다. 나는 비명을 지를 수도 있었고 입을 완전히 닫아버릴 수도 있었으며, 격분을 터뜨리거나 사라질 수도 있었다. 우리가 할 수 있는 일들이 있었고, 우리는 그런 일을 하는 방법을 배웠다. 그 일들을 의미 있게 만드는 건 맥락이었다. 이것이 수행 이론일까? 1774년 독일에서 괴테의 『젊은 베르터의 고뇌』를 읽고 그렇게 많은 사람이 자살한 것도 이 때문이었을까? 혹은 1970년대에 텔레비전에서 잉마르 베리만의 미니시리즈 〈결혼의 풍경〉이 방영된 후 스웨덴에서 이혼 신청을 한 사람이 그렇게 늘었던 이유이기도 할까? 혹은 내가 알고 지낸 그렇게 많은 여자애들이 주디 블룸*의 소설을 읽거나 텔레비전에서 〈애프터스쿨 스페셜〉**을 보거나 〈코즈모폴리턴〉을 읽은 후에 다이어트나 식사 제한을 시작하고, 폭식과 게워내기를 시작한 것도 그래서였을까?

 내가 아프지 않았던 거라고 말하고 싶지는 않다. (적어도 그

- 청소년기의 정체성 탐색, 신체 이미지, 성에 대한 고민 등 십 대 독자가 공감할 만한 주제로 한 소설을 많이 쓴 작가.
- ** 미국에서 1970년대부터 1990년대까지 방영한 교육용 드라마 시리즈로, 청소년들이 방과 후 볼 수 있도록 오후 시간대에 편성되었다. 주로 십 대들이 겪는 다양한 사회적, 심리적 문제를 다루었는데, 예를 들어 약물 남용, 학교 폭력, 식이장애, 자아 정체성 등의 주제가 포함되었다.

렇게 말하고 싶지 않다는 게 내 생각이다.) 하지만 그 무엇도, 특히 우리가 병리라 부르는 것 중에는 그 무엇도 고립된 채 존재하는 건 없으며, 우리는 맥락 속에, 그 순간이라는 맥락과 서로의 존재라는 맥락 속에 존재한다는 것, 우리는 부서지기 쉬우며 유동적이라는 것은 꼭 말하고 싶다. 우리는 존재하는 방법을 배워간다.

소용돌이 효과

2017년. 나는 여기에 있고, 여기 역시 과거다. 다가오지 못하게 옆으로 밀쳐두었지만 그래도 통보 없이 다시 찾아오는 날들과 달들과 주들. 오늘은 어떤 노래를 들었더니 다시 여기로 오고 말았다. 오늘 아들을 학교에 내려주고 정문으로 걸어 들어가는 모습을 지켜보는데, 아이가 학교교육에 집어삼켜지는 것이, 시간의 흐름이 보인다. 나는 1980년에서 아주 멀리 와 있는데도 그 시절은 또 얼마나 쉽게 다시 돌아오는지. 나는 그 시기를 뒤에 두고 떠나왔다고 내게 말한다. 하지만 나는 그 옆에서 산다. 이는 진실이고, 진실일 수 있다. 그러다가도 문득, 존 디디온이 말했듯, 아주 사소한 것으로도 슬픔의 소용돌이 속으로 확 끌려들어갈 수 있다는 걸 깨닫는다. 삶이란 그 소용돌이에 저항하는 일에 달려 있다는 것을. 나는 그 일을 해냈다고, 충격을 단어들로 바꾸었다고 생각하며 글을 쓰는데, 그러다 보면 글쓰기 자체가 나를 다시 원래 상태로 되돌린다. 나는 주방 식탁에서 울고 있는 나 자신을 발견하게 될 것이다. 이 식탁은 내가 가져본 그 무엇보다 책상과 가장 유사한 공간이다. 나는 그 날들과 주들과 그 시기를 글의 소재로 삼았다. 그 날과 주와 달 들을 어떻게든 해보려고 나는 작가가 된 것일까? 이 책 역시 그 혼돈을, 그 형태 없는 슬픔을 다른 뭔가로 만드는 한 방식이다.

—#—

입원 기록에는 언급되어 있지 않지만, 이것은 사실이다. 리오가 나에게 자살하자고 전화했던 이튿날, 나는 캠퍼스로 걸어가 셰익스피어 시험을 봤다. 나는 출제된 단락들을 보며 어느 희곡에서 나온 것인지를 파악하고 그걸 바탕으로 블루북*에 긴 에세이를 썼다. 비탄에 빠진 햄릿. 그의 아버지는 죽었고 어머니는 냉큼 재혼했다. 사람들은 그에게 이겨내라고, 털어버리라고 말한다. 바로 이 말이 그를 격분케 한다. 비탄의 자리에서 이겨내야 할 것은 아무것도 없다. 그는 오필리아를, 자기가 사랑하는 여자를 조롱하듯 도발한다. 그런 식으로 괴로운 마음을 겉으로 드러낸다. 연기를 하는 것이다. 주변 사람들은 그의 정신 상태를 의심한다. 햄릿은 광기를 연기하고 있는 것인가? 이것이 이 극의 핵심 질문이 된다. 햄릿은 미친 것인가, 아니면 미친 척

- 서술형 시험의 답안을 작성하는 하늘색 표지의 노트.

하는 것인가? 누가 그 차이를 알 수 있을까?

—#—

그 도시로 가기 바로 전해에 나와 책의 관계가 달라졌다. 이제 나는 필사적으로, 동시에 전율을 느끼며 책을 읽었다. 책 읽기는 삶의 한 방식이, 혹은 사는 법을 찾으려는 탐색이 되었다. 젊은 여자가 책들의 영향, 독서의 영향을 받아 정체성을 형성하고 그 형태를 만들어가는 일은 쉽게 경시되지만, 그럼에도. 책 읽기는 내가 가진 것이었고 내겐 그것뿐이었다. 나는 잘난 체한다는 소리, 별종이라는 소리를 들었다. 사람은 이렇게 예술가가 된다. 당신은 오직 당신 자신에게만 진실해진다. 당신이 알고 있던 것들, 남들에게 들은 의견들과 어린 시절부터 거쳐온 여러 정체성으로부터 떠나간다.

뉴욕으로 가기 전 몇 달 동안 내가 살았던 곳은 가구가 갖춰진 원룸 아파트였다. 거기엔 펼치면 침대가 되는 소파가 있었다. 창가에서 오고 가는 다른 사람들의 삶을 들여다볼 수 있었다. 대부분 나이가 많아 보이는 부부들이었던 것 같다. 나는 언제나 그 방을 내가 『연인』을 읽었던 방이라고 생각하게 될 것이다. 내가 『빌러비드』를 읽었던 방. 『우먼, 포인트 제로』를 읽었던 방. 나를 다른 이들로부터 완전히 닫아걸기 시작했던 방.

그곳은 내가 정신병원에 들어가기 전 살았던 마지막 장소였다.

공식 기록에 쓰인 단어는 **살았던**이 아니라 **머물렀던**이다. 나는 병원에 **머물렀다**. 거기서 중요한 건 살아가는 일이 아니었다.

 병원에 머물기 전 몇 달은 내 인생에서 가장 외로운 시기였다. 혹은 내 평생 처음으로 성인이 느끼는 특정한 종류의 외로움을 알게 된 때이기도 했다. 스스로 가한 외로움.
 이 방에서 보낸 그 시절에 나는 책을 읽고 내가 읽은 책에 나오는 구절들을 노트 카드에 적고 그 카드들을 벽에 테이프로 붙여두곤 했다.
 『연인』을 읽고 바로 몇 주 뒤에 『빌러비드』를 읽었다. 둘 다 1980년대에 몇 년 간격을 두고 출간된 소설이었다. 둘 다 제목에 'love'가 들어 있다. 둘 다 모성을 탐색한다. 딸에게 어머니, 어머니에게 딸. 역사의 무게, 역사의 폭력.

   남자들에 관한 내 기억은 결코 여자들에 관한 내 기억처럼 환한 빛을 발하지 않는다.

 이건 마르그리트 뒤라스의 가장 유명한 문장 중 하나다. 동의한다. 거기에 이렇게 덧붙이고 싶다.

   남자가 쓴 책에 관한 내 기억은 결코 여자가 쓴 책에 관한 내 기억처럼 환한 빛을 발하지 않는다.

―#―

　소파, 카우치, 작은 램프, 하루의 끝, 북향 창으로 보던 일몰. 나는 그 작은 페이퍼백 판형을 기억한다. 그 글귀들을 기억한다. 내가 외우고 있는 문장들을. **빌러비드 그 앤 내 거야.** 『연인』을 처음 읽었던 것도 기억한다. **내 인생은 일찌감치 너무 늦어버렸다.**

　우리는 처음을 다시 경험하지 못한다. 이 책들을 읽는 일은 책에 안기는 일이었다. 전에는 책이 무엇을 위해 존재하는지 이해하지 못했다. 그 처음 이후 나는 이 소설들을 여러 번 다시 읽었다. 각각의 독서가 저마다 중요하다. 수전 손택의 표현대로, 읽을 가치가 있는 건 무엇이든 다시 읽을 가치가 있다. 혹은 이탈로 칼비노의 말. 읽기와 다시 읽기 사이에는 아무 차이도 없다.

형성의 한 방식

　1992년. 계단으로 세 층을 내려가면 공중전화가 있다. 도착했다니 다행이구나, 하고 아빠가 말했다. 뉴욕은 어때? 좋아요. 시카고 같진 않아요. 나도 그럴 것 같진 않다. 이상하고, 분주해요. 이 말에 아빠가 불안한 듯이 웃었다. **당연하지**라는 의미일 수도, **네가 걱정된**다라는 의미일 수도 있는 그런 웃음. 아빠가 말하지 못하는 그런 말들.
　일리노이로 돌아가고 싶은 건 아니었다. 아니, 돌아가고 싶지 않았다. 하지만 내가 있는 여기는 어디지? 거기를 뉴욕이라고 부르는 건 초현실적이었다. 너무 쉽고, 너무 부정확한 말이었다.
　그 시절에는 커뮤니케이션이라는 게, **연락을 유지한다**는 게 다른 뭔가를 의미했다. **연락이 끊어지는** 건 너무 쉬웠다. 우리는 몰랐지만 이때는 한 시대의 끝자락이었다. 인간으로서 존재한다는 것, 서로 연결된다는 것, 방에 혼자 조용히 앉아 있는 것의 의미를 정의했던, 그럼으로써 우리를 정의하고 형성했던 한 시절. 그 시절 외로움의 질감은 뭔가 달랐다. 1990년대 초를 낭만적이거나 향수 어린 관점으로 돌아보려는 게 아니다. 더 낫거나 더 나빴다는 것이 아니라, 뭔가 달랐다는 것이다. 요즘 우리는 어리고 젊은 사람으로 산다는 게, 소셜 미디어의 시대에 성장해 어른이 된다는 게 얼마나 곤란하고 복잡한 일인지 이야기한다. 하지만 인터넷 이전, 네트워크 이전 시대에 한 사람으로 산다는 것이 얼마나 어려웠는지도 짚고 넘어갈 가치가 있다. 지금은 절망이나 외로움에 빠져 있을 때 소셜 미디어에 뭔가를 올리고 즉각적인 응답을 받을 수도 있다. 이런 게시물들이 언제나 증상을 완화해주는 건 분명 아니지만, 일말의 연결 가능성은 존재한다. 문자 메시지나 이메일을 보내는 건 그 시절에 전화를 거는 경험과는 완전히 다르다. 공중전화를 찾는 일. 전화를 받을 사람이 거기 있기를 바라는 일. 메시지를 남기는 일. 상대에게서 전화가 올 때 받을 수 있도록 대기하는 일. 지금의 세상은 내가 성장한 세상과는 너무 달라진 세상이다.

좋은 점은 정신 질환에 관한 대화의 폭이 넓어져서 낙인을 줄이는 데 도움이 되었을 뿐 아니라, 확실히 새 세대가 자신의 정신과 진단 및 약물에 관해 더 편하게 밝히게 되었다는 것이다. 오늘날에는 식이장애부터 우울증까지 자기 증상을 구글에서 검색할 수 있고, 의학적 진단뿐 아니라 자기와 비슷한 사람들의 커뮤니티와 하위문화까지 찾을 수 있다. 이런 일에는 1992년에는 불가능했던 방식으로 위안을 주는 측면이 분명히 있다고 생각한다.

물론 이면에는 현재의 정신 건강 위기라는 끔찍한 상황이 있고, 소셜 미디어는 도움이 안 되며 오히려 문제를 훨씬 더 악화시킬 수도 있다. 내가 강박적으로 책을 읽고 과도하게 노트에 글을 썼던 것처럼—나의 하이퍼그라피아*는 일종의 욕망, 연결에 대한 갈구였다—오늘날의 젊은이는 소셜 미디어에 포스팅을 할지도 모른다. 하지만 아무도 반응하지 않는다면, 혹은 더 나쁘게 누군가 잔인하게 반응한다면? 내가 상상한 내 노트의 관객은 형태 없는 존재들이기는 했어도 절대 잔인하지 않았고 언제나 내게 관심이 많았다.

—#—

리오는 내가 뉴욕에서 아는 유일한 사람이었는데, 그는 사실 뉴욕시에 살고 있지도 않았다. 그의 엄마는 브루클린에 살았지만, 그는 좀 더 북쪽에 위치한 칼리지에 있었다. 첫 주에 리오가 나를 만나러 왔다. 내 방에 있는 나를 보고 리오는 내가 전보다 얼마나 더 말랐는지 알아챘다. 그는 내 책상 위에 놓인, 전자레인지로 구운 감자를 보았다. 그건 내가 거의 매일 먹던 저녁이었다. 하계 연극에서 만난 어느 여배우가 내게 구운 감자

- 멈추기 어려울 정도로 지속적으로 글을 쓰고 싶은 상태를 가리키는 증상, 상태.

는 150칼로리밖에 안 된다고 말해준 이후 줄곧 그랬다. **사실 건강에도 아주 좋아**, 하고 배우는 말했다. 저녁으로는 이 감자만 먹고, 아침으로 베이글 하나만 먹으면 내 몸은 매일 똑같은 상태를 유지할 것이고 아무것도 변하지 않을 것이다. 나는 계속 나 자신을 제어할 수 있고, 내 감정들을 제어할 수 있을 것이다, 이런 생각.

리오는 휑한 벽을 둘러보았다. 너무 황량하잖아! 거의 고함치듯 말하며 아무 장식 없는 타일 바닥을, 페인트칠한 벽돌을, 철제 프레임의 트윈 침대를 가리켰다.

리오는 친구를 한 명 데려왔다. 크리스틴은 내 침대 끄트머리에 앉아 구운 감자를 쳐다본 다음 나를 쳐다보고 둘을 번갈아 보았다. 그리고 노란 리걸 패드를 하나 찾아내 페이지마다 커다란 만화 얼굴들, 웃긴 캐릭터들을 그렸다. 그 캐릭터들 하나하나에 이름을 붙여주고 각자의 짤막한 인생 이야기를 설명처럼 적었다. 페이지를 하나하나 넘기며 하나씩 아주 빨리 그렸다.

리오와 나는 그로부터 일 년 전, 우리 둘 다 서던캘리포니아 대학교 1학년이던 시절에 만났다. 우리가 뉴욕시로 옮겨 가기로 함께 결심한 것도 거기서였다. 로스앤젤레스는 진지하지 않았고 학생들은 멍청해서 우리는 동쪽 끝, 사람들이 책을 읽는 곳으로 가고 싶었다. 그가 먼저 세라로런스칼리지로 편입했다. 나는 바너드칼리지로 편입했다. 나는 리오를 따라간 것이었지만 당시에는 그 점을 인정하지 않았다. 나는 뉴욕에, 그를 형성한 도시에 있을 필요가 있다고 느꼈고, 뉴욕이 나도 형성해주기를 바랐다.

그래, 황량하지. 내가 말했다. 모든 게 황량했지만, 나는 그렇지 않은 척하려고 애썼다. 이게 내가 원했던 것, 아니면 적어도 내가 원했다고 생각한 것이었다.

그런데도 내 어떤 부분은 리오가 나를 나 자신으로부터 구해 주기를 원했다. 물론 그 말을 할 수는 없었다. 아마도 그 마음을 명료히 표현할 수 없었던 것이겠지. 내게는 아무도 필요 없다고 나 자신에게 말했지만, 그런데도 내 모든 필요는 리오 쪽을 향했다.

크리스틴이 노란 리걸 패드에서 자기가 그린 페이지들을 뜯어내더니 내 방 벽에 테이프로 하나씩 붙였다.

며칠 뒤 나는 캠퍼스에서 남쪽으로 한 블록 떨어진 곳에 있는 서점에 와 있다. 수업에서 읽어야 할 책들을 찾아 책장들 사이를 훑고 있다. 이 책 더미와 저 책 더미 사이에서, 한 수업의 읽기 목록과 다른 수업의 읽기 목록 사이에서 관심이 왔다 갔다 한다. 읽고 싶은 책, 듣고 싶은 수업이 너무 많다. 내가 많이 뒤처져 있다는, 아직 읽지 않은 게 너무 많고 읽어야 할 게 너무 많다는 느낌이 든다. 내가 무엇이든 이해나 할 수 있을까?

젊은 남자 하나가 서점 안에서 나를 따라다니는 눈치다. 눈이 마주치자 그가 미소 짓는다.

안녕하세요, 남자가 말을 건다.

안녕하세요.

어떤 수업 들어요?

그가 내 책들을 가리킨다. 대부분 '죽음과 픽션' 세미나를 위해 읽을 거예요. 나는 말하고 그에게 책들을 보여준다.『내가 누워 죽어갈 때』,『빌러비드』,『어느 시골 신부의 일기』.

훌륭한 책들 같네요, 하고 그가 말한다. 좀 우울하게 만들 것 같긴 하지만.

내 얼굴이 확 붉어지는 게 느껴진다. 물론 우울하게 만들죠, 라는 말은 하지 않는다. 그게 내가 원하는 거예요, 라고도 말하지 않는다.

뭐, 그렇죠, 하고 만다.

그러자 남자가 미소 짓는다.

올리스에서 저녁 먹을래요? 나는 잠깐 생각하다 좋다고 말했다. 그에 대해 어떤 느낌이 드는지 확신할 수 없었지만 나는 남자의 관심이 절실했다. 그는 키가 컸고, 나를 내려다보았다.

—#—

올리스의 진열창 안에는 두껍게 썬 소고기, 매달아놓은 통닭, 발을 묶어놓은 칠면조와 오리가 있었다. 그 광경에 속이 메슥거렸다. 나는 그쪽에서 시선을 돌리고 찰리가 자신에 관해, 연극 전공에 관해 어떻게 생각하는지, 연극의 역사 시간에 읽어야 했던 희곡들, 예컨대『고도를 기다리며』가 얼마나 기분을 끌어내리는지 이야기하는 걸 들었다. 사람들이 그토록 작정하고 암담함을 고집하는 걸 그는 용납할 수 없었다.

내 말은, 하고 그가 말했다. 그래요, 나도 알아요! 우리는 모두 이 싸늘한 주차장에 나와 기다리고 있고, 모두 혼자서 죽어 갈 거라는 거. 나도 안다고요!

그렇지만 말이죠, 그가 내게 미소를 지으며 윙크한다. 이 세상에 머무는 동안 그냥 따뜻한 코코아를 함께 나눠 마실 수도 있는 거잖아요.

그러고 보니 그는 참 잘생겼다. 가운데 가르마를 탄, 턱까지 내려오는 길이의 숱 많고 검은 머리카락이 눈앞으로 흘러내렸다. 자기 머리카락 색과 똑같은 어두운색 스웨터를 입고 있다. 보조개가 들어가는 미소. 그의 말을 듣고 있는 게 좋았다. 나는 사라지는 게 좋았다. 특히 그게 좋았다. 사실은 나라고 할 만한 것도 없어지는 것이.

방에 돌아와 찰리와 한 데이트에 관해 쓴다. 내 노트의 페이지 위에서 나의 나를 만들어내기 시작한다. 단어들이 거기 있고, 세세한 것들, 분노, 기록들, 경고가 있다. 지금 보면 나 자신에게 말하기를 가르치는 한 방법이었다는 생각이 든다. 나 자신에게 생각하기를 가르치는 방법.

―#―

노트를 쓰는 사람들에 관해 존 디디온이 한 말: **만사를 재배열하는 외롭고 반항적인 족속, 매사가 불만이고 불안한 사람들, 분명 태어**

날 때부터 상실에 대한 예감을 짊어지고 나온 아이들. 노트 쓰기는 알아차림의 한 방식이었다. 나로 존재하는 건 이런 느낌이었다는 것.

—#—

내 몸, 내 입의 경직성. 내 얼굴, 방패. 손으로 글을 쓰는 것— 그때 내겐 노트북 컴퓨터가 없었고, 아무에게도 없었다—형성의 한 방식, 종이와 펜을 통과한 자아. 신체적 관점에서, 그것은 다른 무엇이었다. 혼돈과 해체에 대항하는 나날의 어떤 몸부림들을 담아두는 방식. 허마이어니 리는 정말 훌륭한 버지니아 울프 전기에서 **이해받지 못하리라는 공포가 광기와 글쓰기를 연결한다**고 지적한다. 나는 이 말이 그 시절 나의 자아 감각을, 내 의사소통 능력의 한계를 설명해준다고 생각한다. 또한 그것은 내 글쓰기가 절박함과 광기에서 연료를 공급받았던 이유이기도 하다. 내 감정의 깊이를 누구에게도 설명할 수 없으리라는 것, 누구도 이해할 수 없으리라는 것. 너무나 멀리 외떨어져 있다는 느낌. 이게 내가 미쳤던—그때 내 상태가 정말로 미쳤던 거라면—이유라고 생각한다.

—#—

찰리는 음식을 잔뜩 주문하며, 자기는 함께 나누는 걸 아주 좋아한다며 나도 그러면 좋겠다고 말했다. 나는 턱에 난 여드름을 의식하며 손으로 입을 가렸다.

당신은요, 하고 그가 물었다. 전공이 뭐예요?

나도 연극을 좋아하지만, 전공은 영문학으로 정했다고 말했다. 그는 그럴 줄 알았다며 웃었다.

그쪽이 리버사이드 셰익스피어 시리즈를 들고 다니는 걸 봤거든요. 그것만 보면 딱 알죠! 그런데 난 영문학 수업은 이제 안 들어요. 지금은 경영 전공이에요. 그게 훨씬 비용 효율적이니까. 무슨 말인지 알죠?

나는 무슨 말인지 몰랐지만, 그 어구와 조합 방식에 관해 수년간 생각했다. **비용 효율적**. 나중에 나는 이해하게 된다. 나중에야 나는 그때 그에게 보였어야 할 완벽한 반응이 무엇이었는지, 내가 그에게 뭐라고 말했어야 했는지 깨닫게 된다. 그래요, 비용 효율적이지는 않죠. 하지만 살아 있다는 게 의미하는 바를 이해하는 데는 도움이 돼요. 인간으로 존재한다는 것이 의미하는 바를. 나는 이렇게 말했어야 했다.

음식이 도착했다. 군만두, 에그롤, 끈적끈적한 소스로 뒤덮인 국수. 돼지갈비. 찰리는 만두와 에그롤 몇 개를 내 접시에 올렸다.

뭐 잘못됐어요? 내가 잠자코 있자 그가 물었다.

나 배 안 고파요.

예?

아니, 사실은 나 채식주의자예요.

아, 그럼 왜 그렇다고 말 안 했어요? 그는 두리번거리며 웨이터를 찾았다. 채식 메뉴도 많던데······

아뇨, 괜찮아요, 하고 내가 말했다. 난 안 먹을 거예요.

내가 음식을 먹으면 어떤 일이 벌어질지 그에게 말하지 않았다. 집에 가면 내가 통제할 수 없는 상태라 느낄 거라는 말, 다시 기분이 나아지려면, 말랐다는 느낌이 들려면 하루나 이틀 더 추가로 운동해야 할 것이라는 말. 다 너무 따분했다. 이 덫. 자아를 지탱하는 비계飛階.

찰리는 실망한 표정을 짓고는 이내 다시 음식을 먹었다. 돼지갈비 두 개를 먹고 손가락을 핥았고 그런 다음 에그롤 두 개, 그리고 더. 그가 더 이상 못 먹을 때까지 먹는 동안 나는 침묵하며 앉아 있었다. 웨이터가 오자 그는 테이크아웃 봉지를 달라고 부탁했다. 우리가 앉은 자리에서 그는 계산서를 받고 팁을 추가하고 서명했다.

가기 전에 그는 고개를 절레절레 흔들며 나를 쳐다봤다.

그쪽은 좋은 사람 같지만, 난 그냥 지금 작별 인사할래요. 만나서 반가웠어요. 그쪽은 무척 예쁘지만, 사실 나는 가부장제에 그렇게 얽매어 있는 여자들한테는 아주 진력이 났거든요. 뭔 말인지 알죠?

그런 다음 웃으며 코트 지퍼를 올리고 윙크를 하고는 문 쪽으로 걸어갔다.

나는 아파트까지 걸어갔다. 브로드웨이를 따라 북쪽으로 여러 블록을 지나 125번가와 암스테르담 애비뉴 사이에 있는 나의 새로운 집으로. 세상이 흐릿해졌다. 얼굴들과 빛들이 보였지만 선명하게는 보이지 않았다. 귀에 들리는 소음들은 길거리가 아닌 다른 곳에서 나는 소리들이었다. 누군가 나를 향해 다가왔다. 웃고 있는 남자였고, 남자가 얼굴을 내 얼굴 가까이 들이밀었다. 그는 속도를 높였지만, 내 주변을 떠나진 않았다. 나는 빨리 걸었다. 남자는 내 바로 뒤로 따라붙으며 웃었다. 겁먹었어? 남자가 비웃듯 나를 도발했다. 나는 건물에 도착할 때까지 달렸다. 시끄러운 학생들 무리가 엘리베이터를 기다리고 있었다. 나는 누구에게도 가까이 가고 싶지 않았고, 아무에게도 나를 보이고 싶지 않았다. 나는 내 방으로, 내 침대로 가서 뒤로 문을 닫았다. 소음이 잦아들기 시작했고 나는 거기 어둠 속에 누워 있었다. 그렇게 외로웠던 적은 한 번도 없었다. 이렇게 고통스러워하는 건 너무 멍청한 일이라고 나는 생각했다. 잘못된 건 아무것도 없었고, 이런 기분을 느낄 이유는 하나도 없었다. 나는 울음을 그칠 수 없었다. 지금 나는 생각한다. 이것이, 그 빛이, 그 울음이, 울음을 멈출 수 없는 것이 그 시작이었다고. 나는 엄마 때문에 울었다. 아직도 엄마를 원하고 엄마를 필요로 하는, 엄마 없이는 인생을, 혹은 자아를 만들지 못하는 나 자신이 미웠다.

몇 주 뒤, 바로 그 '연극의 역사' 수업에서 나는 외젠 이오네스코의 희곡 『가방을 든 남자』를 읽었다. 앞부분의 한 장면에서 어느 나이 든 여자가 젊은 여자를 만난다. 여자는 이 젊은 여자가 자기 어머니임을 깨닫는다. **난 항상 엄마를 생각해요. 엄마가 사라졌다는 걸 잊었는데, 다시 기억나면 (……) 내 마음이 으스러져요!** 나이 든 여자는 이제 휠체어에 앉아 있고 삶의 끝에 다다랐다. 여자는 자기 어머니인 그 젊은 여자에게 다시는 자기를 떠나지 말라고 애원한다. 엄마가 떠난 뒤로 너무 달라졌어요. (……) 그 공허한 마음 (……) 난 끝내 그 공허함을 떨쳐내지 못했어요. 나중에 나오는 한 장면에서 첫 번째 남자라는 등장인물은 자신의 어머니가 수년 전에 세상을 떠났음을 알게 된다. **곁에 엄마 없이 살아간다는 건 상상도 하기 어려워.** 이 희곡에서는 모든 사람이 혼란에 빠져 있고 방향을 상실했고 아무 의미도 없는 삶을 살고 있다. 영원히 해결되지 않는 문제인 사별의 슬픔, 인간으로 존재하는 일이 의미하는 것.

일리노이주, 오로라. 1980년. 나는 여덟 살이다. 내 3학년 담임 선생님이 방과 후에 나를 병원에 데려다주겠다고 한다. 나는 3학년을 사랑한다. 방정식, 품사, 접사, 접두사를. 셸 실버스틴의 「아파Sick」라는 시도 사랑한다. 에릭 트위트와 브라이언 살레르노라는 두 남자아이와 함께 삼각형으로 놓인 내 책상에 앉아 있는 것도 좋아한다. 담배 피우는 사람답게 기침을 자주 하고 눈을 잘 흘겨보는 담임 선생님 미시즈 에이침도 좋아하고, 나와 에이침 선생님 사이의 거리도 좋아한다. 선생님은 교실 앞에 서 있고, 우리는 교실 안 여기저기에 앉아 있는 것이 좋다. 내가 무리 중 한 명일 수 있다는 게, 진짜 내가 아니라는 게 좋다.

에이침 선생님은 우리 엄마 친구다. 우리 엄마한테는 친구가 많았고, 몇 달 뒤인 지금 나는 그들을 본다. 성당에서 만난 여자들, 간호사복을 입고 줄줄이 서 있는 간호사들.

반 친구들이 집에 간 뒤 혼자 교실에 남아 있는 건 무섭다. 선생님과 함께 차를 타고 가는 것도 무섭다. 이건 어떤 신성한 경계선을 침범하는 일이다. 교사와 학생. 선생님과 이렇게 친밀한 상태로 있는 것, 선생님의 갈색 뷰익을 타고, 선생님의 텁텁한 담배 냄새를 맡는 건 뭔가 잘못된 일 같다. 선생님이 운전하며 링컨파크를 지나고, 홀리앤젤스 교회를 지나고, 오래된 도서관을 지나고, 폭스강 다리를 지나가는 동안 나는 차창 밖을 내다본다. 우리는 강을 건너고, 몇 킬로미터 더 가서 필립스파크 동물원과 미국재향군인회 본부, 힐리채플 장례식장을 지난다.

이 병원은 1888년에 지어졌다. 퀸 앤 리바이벌 양식이 유행할 때였다. 침대는 스무 개가 있었다. 삼십 년 뒤, 대공황이 끝나고 공공서비스계의 거물이자 정치인, 일리노이주 오로라의 주민인 아이라 클리프턴 코플리라는 사람이 이 병원을 확장하도록 200만 달러를 기부했다. 1970년대에도 병원은 여전히 확장 일로에 있었고, 새 건물들은 각기 다른 건축 양식으로 나란히 지어져 시간의 흐름을 어색하게 표시하고 있었다.

우리는 엘리베이터를 타고 2층에 내렸다. 선생님은 스파티필룸 화분을 가지고 왔다.

병실에는 서쪽으로 난 창이 하나 있어 오후의 햇빛이 쏟아져 들어온다. 테이블 하나에는 꽃들과 식물들로 가득하고, '어서 쾌유하기를 바랍니다'라는 글귀들이 사방에 있다. 엄마는 힘겹게 몸을 일으켜 앉아 있고, 간호사 한 명이 엄마의 등을 받쳐주고 있다. 엄마의 머리는 스카프로 감싸여 있다. 머리카락이 없어지면서 엄마는 때로 가발을 쓰기도 했지만 지금은 그냥 스카프만 쓴다. 그때 엄마는 내가 기억하는 모습만큼, 혹은 도달해야 할 기준만큼은 아름답지 않았다고 지금 나는 생각한다. 간호사가 스티로폼 컵에 담긴 얼음물을 마시도록 엄마의 입에 빨대를 대어주고 있었다. 나는 문 가까이에 가만히 서서 엄마가 힘이 들어 물을 잘 삼키지 못하는 모습을 지켜보았다. 엄마가 나를 보기까지 한순간, 아니 사실 몇 초의 틈이 있었다. 내가 엄마의 절망을 본 건 그때였다. 크나큰 고통에 빠진 채 자신이 죽어가고 있음을 알았던 나의 엄마, 그런 엄마 모습이 나에게 새겨져 남은 평생 나를 따라다녔다.

나를 보자 엄마는 억지로 미소를 지으며 내 이름을 불렀다. 간호사와 선생님 모두 나만 남겨두고 병실에서 나갔고, 나는 침대 위로 올라가 엄마 품에서 울었다. 엄마는 다시 나의 엄마로 돌아오려고, 자신의 고통을 넘어서서 나를 위로하려고 무던히 애썼다. 하지만 너무 늦은 일이었다. 이미 내가 엄마 얼굴을 봐버렸으니까. 나는 엄마가 이제 그 사람이 아니라는 걸 알았다. 엄마는 떠나는 중이었고, 엄마의 몸은 고통 속에, 당시의 나로서는 이해할 수 없었던 어마어마한 고통 속에 있었다. 엄마의 몸은, 나의 근원은 사라져가고 있었고 나에게서 엄마를 빼앗아가고 있었다. 그 무엇보다 내 소녀 시절을 형성한 건 나에 대한 엄마의 깊은 사랑과 엄마의 사라짐이 동시에 가능하다는 수수께끼였다. 일찌감치 알아버린, 사랑과 죽음의 불가분한 관계.

일주일 후는 부활절이었다. 아빠는 우리를 성당에 데려갔고 그런 다음 엄마를 보러 병원으로 데려갔다. 우리가 병원에 도착하자 간호사들이 우리를 맞이하며 드레스를 입고 보닛을 쓴 우리가 정말 예쁘다고 말했다. 아빠가 먼저 병실로 들어갔고 우리는 복도에 서 있었다. 다시, 그 고통. 엄마의 눈에 담긴 공포. 나에게는 보여주지 않으려 했던 그것. 아빠가 몸을 아래로 굽혀 엄마를 안았고, 그러자 엄마는 아빠를 꼭 붙잡고 끌어안고, 분노로 가득한 절박한 쇳소리로 애원했다. **날 여기서 꺼내줘.**

  그날 엄마의 욕구를, 엄마의 절박함을 목격하면서 나는 분명 나 자신의 욕구와 절박함을 알아보았다. 엄마의 공포는 나의 공포였다. 나는 그 깊이를 알았고, 그것이 결코 채워지지 않을 것임을 알았다. 여덟 살이었던 나는 욕구에는 끝이 없음을, 어떤 치유법도 어떤 위안도 없다는 것을 배우고 있었다. **날 여기서 꺼내줘요.**

  몇 주 뒤. 나는 막 아홉 살이 되었다. 나는 엄마의 침대에 앉아 있다. 엄마는 꼭 죽기 전에 내게 이걸 가르치는 게 아주 중요한 일이라는 말을 어디서 들은 것만 같다. 바닥엔 빨래 바구니가 놓여 있다. 여자가 되는 방법에 관한 무언가. 엄마는 양말 두 개를 집어든다. 어떻게 하는 건지 보여주세요, 하고 내가 말한다. 엄마는 말도 거의 못 할 정도로 너무 지쳐 있다. 나는 포기하려는 엄마가 밉다. 그런데도 엄마는 겉으로는 안 그러는 척하려고 애쓴다. 이렇게 잡는 거야. 양말 두 개를 나란히 하고 손가락으로 이 윗부분을 잡아. 나는 이 사람이, 살아 있는 일조차 잘 못하는 이 여자가 내 엄마라는 게 부끄럽다. 여기 이 단 부분을 붙잡고 엄지손가락을 안으로 넣는 거야. 이렇게, 하고 엄마가 말한다. 엄마는 양말의 단을 잡고 양말 안에 손가락을 넣으려 애쓴다. 나는 하얗고 축 늘어진 엄마의 손을 바라본다. 엄마는 양말의 단을 뒤집어 다리 부분으로 끌어당기고 발가락 끝까지, 혹은 절반까지 잡아당기려고 애쓴다. 나는 아빠의 검정 정장 양말을 들고 있다. 나는 주의 깊게 쳐다본다. 엄마가 노력하는 모습을. 한 손 손가락들에 힘을 줘서 양말을 잡고 엄지손가락을 써서 양말의 윗부분을 접어서 손가락 위로 넘겨야 해. 그렇게 해야 해. 양말을 공처럼 동그랗게 만들려면, 그 순간에 두 손으로 이만큼 힘을 주고, 열 손가락을 함께 잘 움직여야 해. 그 순간의 힘. 엄마는 그러지 못한다. 실패다. 이 모든 게 다. 다른 방법도 있어, 엄마가 속삭이듯 말한다. 엄마는 양말 둘을 나란히 포개 한 짝이 다른 짝 안으로 들어가게 접는다. 하지만 이건 풀리지 않는 공 모양이 아니다. 나는 이런 걸 배우고 싶지 않다. 이런 건 안 배워도 빤히 아는 거다. 무슨 비결 같은 게 아니다. 이제 엄마는 누워서 눈을 감는다. 너무 힘든 일이었다.

가방들을 가지고

1980년. 엄마가 마지막으로 병원에서 돌아왔을 때, 나는 막 학교에서 돌아온 참이다. 함께 놀려고 친구 한 명을 데리고 왔다. 우리의 판타지 인생은 너무나 생동감이 넘친다. 우리는 우리가 살 수 있는 세계를 창조했고, 매일 내 방으로 가서 우리의 비밀 세상에 관해 이야기하고, 그런 다음 군것질을 하고, 새로운 세상의 본부가 있는 바깥으로 나간다.

오늘의 모험을 나서려고 문을 열자, 엄마와 아빠가 계단 위로 올라가는 모습이 보인다. 그 사람이, 내 엄마가 집에 있다. 엄마가 집에 돌아왔다. 엄마가 죽으려고 집에 오는 거라는 말은 아무도 내게 하지 않는다. 엄마 옆에는 엄마의 가방들과 산소탱크를 드는 사람, 엄마를 부축하는 사람들이 있고, 엄마의 코로 들어가고 나가는 튜브들이 있다. 절반만 사람인 사이보그. 이건 내가 평생 본 것 중 가장 역겨운 광경이다. 나는 문을 쾅 닫고 친구를 방 안쪽으로 밀어 넣는다. 나는 친구의 눈을 똑바로 들여다본다. 너 봤어? 내가 묻는다. 뭘? 친구가 말한다. 아무것도 아냐. 우리 그냥 여기서 계속 놀자. 너한테 내 주디 블룸 책 보여주고 싶어. 그 책 이상하잖아! 친구는 키득거리며 『안녕하세요, 하느님? 저 마거릿이에요』를 집어 든다. 알아, 하지만 읽어야 해. 나는 친구에게 앉으라고 한다. 읽고 나서 나에게 그 책에 관해 말해줘. 한동안 둘이서 책을 읽다가 다시 조용해지자, 나는 밖에 아무도 없는지 확인할 수 있을 정도로만 문을 열어본다. 가자, 내가 친구에게 말한다. 어서. 나는 계단을 달려 내려가 밖으로 나간다.

나는 이 어릴 적 친구를 우리가 이십 대일 때 다시 보았지만, 내게 유년기의 이날은 이미 수십 년 전처럼 느껴졌다. 우리가 친구로 지낸 기간은 짧았고, 그사이 연락이 끊어졌다. 이제 친구가 내게 기억하느냐고 묻는다.

그럼 기억하지, 하고 내가 말한다.

너 너무 이상했어. 친구가 웃으며 말한다.

나는 흠칫 놀란다. 물론 그랬지. 하지만 우리 둘 다 이상하지 않았어? 아이들은 다 경이로운 방식으로 이상하잖아. 어린 시절은 치워버리고 어른의 일을 해내라는 훈련과 가르침을 받기 전에는 말이야.

그런 거 말고, 하고 친구가 설명한다. 그러니까 너희 엄마가 돌아가신 후의 너 말이야.

아아. 내 몸에 뜨거운 피가 몰리고 목소리가 흔들리는 게 느껴졌다.

네가 했던 말 기억해?

아니.

그해 그 몇 달, 몇 주 동안 매일 학교에서 돌아오면 나는 책가방을 내려놓고 너한테 전화를 걸었고, 그다음엔 너희 집까지 걸어갔잖아. 그리고 간식을 먹고 나서 밖으로 나갔지. 그게 뭐였지? 온수실이었던가? 뭐였든 우리의 성이었고 본부였던 곳.

맞아. 그랬지. 내가 말했다.

그건 아름다운 추억이었다. 그 판타지 세상에서 내가 누리던 자유의 추억, 완전한 도피의 추억. 우리는 그 세상에서 살 수 있었고, 친구도 거기 있었다. 지금 글을 쓰며 내가 느끼는 것은, 내가 엉망진창인 내 삶을 가지고 이런 세상을 창조할 수 있었다는 것, 그런 다음 다른 이들도 그 안으로 데려갈 수 있었고, 짧은 동안이라도 내 세상에 머물게 할 수 있었다는 것이다. 나에게 실제인 것이 그들에게도 실제가 되었다.

친구가 말을 이었다. 그래, 우린 계속 그렇게 지냈지. 사람들이 오고 가고 네 어머니는 침대에 누워 있던 그 주 내내. 넌 엄마 얘기는 전혀 안 했고, 나한테 너희 엄마를 보여주지도 않았잖아. 넌 엄마 방에 가지도 않았어. 우리는 놀이에 아주 집중했지만, 그래도 난 무슨 일이 일어나는지 눈치채고 있었거든.

그래, 하고 내가 말했다. 뭐, 그게 내 대처 전략이었던 것

가방들을 가지고

같아.

알아. 하지만 네 어머니가 돌아가셨던 날 말이야. 그 금요일, 학교가 끝나고 집에 돌아가서 나는 언제나처럼 너한테 전화를 걸었지. 네가 전화를 받았고 그날 나는 매일 그랬듯이, 우리 같이 놀래? 하고 물었어. 그러니까 네가 아니, 난 못 놀아. 우리 엄마 돌아가셨어, 하고 말했어.

이상하다는 말로 친구가 의미한 바는 내가 아무 감정도 느끼지 않는 것처럼 보였다는 말이었다. 엄마가 죽어가고 있는데, 우리 바로 앞에서 일어나고 있는 그 일을 내가 무시했다는 말. 그리고 엄마의 죽음을 전할 때 내가 아무 감정도 느끼지 않았다는 말. 내가 그 말을 했을 때, 친구는 그게 내게 아무 의미도 없다는 걸 알 수 있었다. 나는 이미 일어나고 있는 일에서 나를 분리하는 법을 터득한 뒤였다.

사별의 슬픔은 매 순간 느낄 수 있는 게 아니다. 사람이 항상 슬플 수는 없다. 삶은 계속된다. 고작 아홉 살에 당신의 인생이 박살 났더라도, 그 무엇도 다시는 예전 같지 않을지라도.

—#—

월경, 생리, 출혈. 그건 완전한 미스터리다. 어디선가 『안녕하세요, 하느님? 저 마거릿이에요』를 보면 그 답을 찾을 수 있다는 말을 들었다. 우리 엄마의 동생이자 교사이고 고등학교 교장인 외삼촌이 내 방에 그 책이 있는 걸 본다. 삼촌이 그 책에 관해 묻는다. 삼촌은 그 책에 무슨 가르침이 있는지 알고 있고, 내게 그에 관한 의문이 있으리란 것도 안다. 너 이 책 누군가와 함께 읽고 있니? 어쩌면 삼촌이 그런 이야기는 입에 올리지 않는 나의 엄마나 아빠에게 그 말을 했을지도 모르겠다. 나는 엄마 아빠의 침묵으로부터 그 일에 뭔가 부끄러운 면이 있다는 걸 배운다. 초췌해지고 있던 엄마의 몸에 대한 침묵, 변화하는 내 몸에 대한 침묵으로부터.

엄마에 관한, 정말 얼마 안 되는 기억 중에 이런 게 있다. 엄마는 내가 집에서 하는 연극을 보며 웃었고, 나를 과장된 배우라 부르고, 나를 오디션에 데려가고, 나를 데리고 당신이 어린 시절 좋아했던 영화 〈분홍신〉을 보러 갔다. 이 영화는 예술을 만들려는 욕구, 공연하려는 욕구, 그리고 종종 불안정을 불러오는 창조의 충동에 관한 영화였다. 그런데 배우가 되고 싶었던 사람이 엄마 본인이었다면? 엄마가 자신이 살지 않은, 혹은 살지 못한 삶을 내가 살기를 원했고, 간호사가 아니라, 간호사만이 아니라 배우가 될 자유를 원했던 사람이라면? 내가 어느 오디션에서 낙방하고 나왔을 때 엄마가 보인 실망을 기억한다. **이건 엄마가 원했던 거야.** 나는 정말 그랬다고 믿었다.

우리는 우리가 살면서 하는 가장 기본적인 일들도 왜 하는지 모른다.

우리는 궁극적으로 자신에게조차 미지의 존재다.

이렇게 회상하며 글을 쓰고 있는 지금도 나는 이야기의 요소들을 이리저리 옮기고, 서사의 추진력 같은 건 존재하지도 않는 곳에 그런 추진력을 더한다.

나는 아주 많은 걸 알았지만 그 앎을 이해하기에는 경험이 너무 적었다.

—#—

한 주 전에 리오가 나를 캠퍼스로 초대했다. 그가 각색한 〈페르소나〉의 공연 날짜가 마침내 다가온 것이다. 1966년에 개봉한 잉마르 베리만의 〈페르소나〉는 소포클레스의 〈엘렉트라〉를 연기하던 중 신경쇠약에 걸리는 한 여배우에 관한 영화다. 이 배우는 우울증으로 말문을 닫아버린 뒤 젊은 간호사에게 보살핌을 받게 되는데, 간호사가 배우에게 집착하게 되면서 정체성의 경계가 흐려진다. 나는 리오의 연극을 보았다. 물론 대학생인 여배우들은 그 작품을 표현하기에는 너무 젊었지만, 그런데도 베리만의 영화 속 절망감을 잘 전달했다. 각진 얼굴형과 날카로운 눈빛의 두 금발 여학생. 나에게는 도저히 불가능한 방식으로 그들이 베리만의 묵직한 아우라 속으로 쉽사리 들어가는 것이 무척 부러웠다. 내 얼굴은 너무 이상하고, 순결한 여성 캐릭터보다는 만화 캐릭터에 더 가까웠다. 하지만 바로 그런 방식으로 광기를 연기하고 싶다는 욕망은 내게도 전염되었다. 배우들이 할 수 있는 일이란 언제나 바로 이런 것이었다.

—#—

수년 뒤 연기 수업에서 나는 베스 헨리의 작품 〈마음의 범죄 Crimes of the Heart〉의 한 장면을 연습했다. 세 자매의 이야기를 다루는 인기 있는 연극이었다. 내가 맡은 막내는 불안정한 인물로 오븐에 머리를 집어넣는데, 이는 실비아 플라스를 연상시키는 행위였지만 그때 나는 그걸 알지 못했다. 어쩌면 플라스의 그 이야기는 알았지만 그의 천재성에 대해서는 그만큼 잘 몰랐던 것일지도 모르겠다. 그 장면은 우스꽝스러운 몸짓 개그다. 우리는 웃는다. 문득 그 시절 내가 연극을 통해 광기에 관해, 심리적 붕괴와 자살에 관해 배웠다는 생각이 든다. 그리고 하계 시즌 극장에서는 〈마라/사드〉에서 정신병원 환자를 연기했다. 한 환자가 이렇게 묻는다. **누가 우리를 가둔 거야?** 이 연극 속에서 공연되는 연극은 어느 혁명 지도자에 관한 이야기인데, 현재 정신병원에서 공연되고 있다. 환자들이 배우다. 배우들은 환자다. 연극은 외부자들을 위해 공연된다. 대중을 위한 이 공연은 갇혀 있는 환자들을 돕고 그들이 얼마큼 교육받았는지를 보여주기 위한 것이다. 그러니 그것은, 광기는 어디에나 있었다. 무대에 배우로 오르는 것은 가장 신나는 존재 방식이었다. 광기를 연기하는 것은 더 생동하고 더 진정한 존재가 되는 일이었다. 수전 손택이 일기에 썼듯이, **미친 여자의 자유**는 꿈이기도 하고 덫이기도 하다.

그리고 어쩌면 나는 아팠던 건지도 모른다. 그 이야기는 진실이었을지도 모른다. (나는 왜 그랬다고 말하는 걸 이렇게 두려워할까? 그건 너무 단순하니까—아팠다는 게 모든 것일 수는 없으니까—그렇다고 그게 진실이 아니라는 뜻은 아니다. 나는 **아팠다**. 슬픔 때문에 아팠다. 이 경악스러움을 표현하는 것의 불가능성과 그것을 어떤 형태로든 빚어내야만 한다는 욕구 사이의 거리 때문에 아팠다.)

어느 시점엔가 나는 화학적 불균형 같은 건 존재하지 않는다는 것을 알게 되었다. 당시에는 그 용어를 사용하는 의사들이 많지 않았지만 그래도 사람들은 선택적 세로토닌 재흡수 억제제SSRI를 논할 때 그런 표현을 쓰기 시작했고, 그 용어는 점점 인기를 얻어갔다. 우울증을 초래하는 단 하나의 화학물질은 존재하지 않는다. 이건 새로운 이야기도 아니다. 하지만 **화학적 불균형** 같은 말은, 마치 우리 모두 그 의미를 다 알고 있다는 듯이, 그게 우리 병을 가리키는 약칭이라도 되는 듯이 여전히 일상 대화에서 흔히 사용된다. 정신 건강과 관련된 많은 것이 그렇듯, 그 용어는 정신 질환을 고립된 한 가지 현상으로 상정한다. 약 먹기를 거부하는 고집 센 환자에게 어느 작업치료사가 하는 말을 들은 기억이 난다. 만약 당신이 당뇨병 환자라면 인슐린 복용을 거부하진 않을 거예요. 그런데 당신의 우울증에 대해 X를 복용하는 건 왜 거부하나요?

이 둘을 똑같은 것으로 치부하는 건 명백한 오류다. 심지어 그 시절에도 나는 약들이 얼마나 다양한지 잘 알았고, 각각의 약이 뭔가를 하기는 했지만, 그중 어느 약도 나의 이른바 화학적 불균형이라는 것에 대한 즉각적 치료제는 아니었다.

나는 첫 두 해에 걸쳐 여러 차례 긴 기간을 두고 SSRI를 복용했고 다른 약들도 복용했지만, 어느 약도 내 불균형을 치료하지는 않았다. 나는 또한 이 알약들을 삼키는 것이 하나의 제스처,

의사와 나의 관계에 필요한 상징적 의식이라는 것도 알고 있었다. 만약 내가 도움이든 보살핌이든 사랑이든 **무언가**를 요구했다면, 그 약을 복용하는 건 그걸 받기 위한 한 방법이었다. 그것은 내가 요구한 바로 그것은 아닐지라도 꽤 가까운 무엇이었다.

그날 내가 엄마 방에서 나가기 전에, 엄마는 내게 속삭이는 소리로 묻는다. 생리를 하게 되면 어떤 일이 일어나는지 아느냐고. 엄마는 그걸 멘스라고 부른다. 나는 모른다. 어쨌든 아직은 너무 이르다. 아직 난 어린 여자애일 뿐이니까. 생리를 하려면 앞으로 오 년은 지나야 할 터였다. 엄마에겐 시간이 바닥나고 있다. 피가 나오기 시작할 거야, 하고 엄마가 말한다. 아프진 않아. 하지만 생리대를 해야 한단다. 그리고 머지않아 브라도 입어야 할 거야. 네가 아빠한테 부탁해야 해. 그러면 브라를 살 수 있는 곳으로 아빠가 널 데려다줄 거야.

됐지?

되지 않았다. 나는 아빠한테 그런 부탁을 하지 않을 것이다. 그 일에는 내가 아빠에게 부탁할 수 있는 여지가 없다. 그리고 여기서 내게 이 비밀들을 말해줘야 할 사람은 바로 엄마다. 나는 이런 일이 일어나리라는 걸 이미 알고 있다. 『안녕하세요, 하느님? 저 마거릿이에요』를 읽었으니까. 나는 내가 알아야 할 것을 이렇게 배울 것이다. 이 책으로.

엄마가 침대에서 숨을 거두기 전날, 나는 스쿨버스를 타고 집으로 가는 길이었다. 나보다 나이가 많은 어떤 여자애가 말한다. 우리 엄마가 그러는데 너희 엄마 이제 곧 죽을 거래. 누군가 내게 그 말을 한 건 이때가 처음이다. 나는 그 순간 그 말이 사실이라는 걸 인지하고, 내 모든 방어벽은 무너져 내린다. 나는 버스가 설 때까지 눈물을 꾹 참다가, 버스가 서자 집까지 두 블록을 내처 달려 엄마의 침실로 올라간다. 방은 어둡고 엄마 곁에서 여자 두 명이 죽어가는 엄마의 고통을 덜어주고 있다. 나는 침대로 올라가 엄마 옆에, 아직 남아 있는 엄마의 몸 옆에 몸을 동그랗게 말고 눕는다. 엄마 이제 곧 죽을 거예요? 나는 이제 운다. 엄마는 나를 알아, 아직 날 알아. 난 절대 널 떠나지 않아, 하고 엄마가 말한다.

뒤라스스페이스, 혹은 방으로서의 책 (I)

어느 책이든 그 책이 될 수 있었겠지만 이때 내게는 바로 이 책이었다. 뒤라스스페이스란 1991년의 그 주에 그 방, 그 카우치에서 읽은 마르그리트 뒤라스의 짧은 소설 『연인』의 세계를 내가 생각하는 방식이다. 어떤 책이 보이거나 생각날 때, 아, 한때 내게 큰 의미를 지녔었지, 하고 말하게 되는 책들이 있다. 그런가 하면, 『연인』 같은 책들도 있다. 이렇게 말할 수 있겠다. 이 책이 없었다면 내가 어떤 사람이 되었을지 모르겠다고. 내 인생의 그 시기에 이 책을 읽지 않았더라면. 『연인』을 처음 읽었을 때, 나는 마르그리트 뒤라스의 삶에 관해 아는 게 하나도 없었다. 그 첫 경험은 다시는 할 수 없을 것이다. 한때 내가 뒤라스에 관해 알았던 것은 그의 얼굴뿐이었다. (**한때 난 아주 젊었지**, 하고 〈히로시마 내 사랑〉 속 여배우가 선언하듯.) 『연인』의 표지에 있던 얼굴. 그 어린 여자의 얼굴. 그 소설의 이야기가 펼쳐지던 당시 열다섯 살인 화자의 얼굴. 나는 그 책을 펼치고 처음 몇 줄을, 첫 장면을 읽었다. **어떤 남자가 공공장소에서 내게 다가와 말했다. 다들 당신이 젊었을 때 아름다웠다고 하더군요. 하지만 나는 지금 당신의 얼굴이 더 좋아요. 피폐한 이 얼굴이.**

『연인』은 『벨 자』보다는 덜 수치스러웠다. 저자가 자신을 파괴하지는 않았으니까. 아니면 적어도 그 사실이 제일 먼저 떠오르지는 않았으니까. 제일 먼저 다가온 건 그의 목소리였다. 십대 소녀 시절의 자신을 돌아보는 일흔 살 노인의 목소리. 여기 그 소녀가 있었고 여기 그 여성 작가가 있었다. 그만큼 떨어진 거리에서 그는 자기 인생의 범위를 이해했다. 여기가 자기 삶이 시작된 곳임을 그는 알았다. 이것은 중서부 교외 백인 거주지의 가톨릭교회와 가톨릭 학교로 이루어진 보호받는 세계에서 성장한 나 같은 미국인 소녀의 이야기가 아니었다. 세월이 마련해준, 어느 정도 떨어진 시야에서 들려주는 어느 소녀에 관한 이야기였다. 이제야 이만 한 거리가 생겨서, 자신이 해야 하는 이야기를 할 수 있게 된 화자, 이제야 자기 소녀 시절의 이야기를 할 수 있게 된 사람이 들려주는 이야기였다.

그리고 뒤라스 본인과 그 소설 표지에 실린 소녀 시절 그의 얼굴, 보이지는 않지만 언급된—**피폐한**—현재 얼굴의 이미지, 그리고 나이 지긋한 프랑스 작가의 우아함 혹은 중후함은 그 목소리의 신뢰성을, 페이지 위 목소리의 명징함을 더욱 강조할 뿐이었다. 뒤라스는 내게 사별의 슬픔과 성적인 각성의 연관을 보여주었다. 화자가 이 시기에 관해 한 말—**내 인생은 일찌감치 너무 늦어버렸다**—의 공간. 이제야, 일흔에야 작가는, 저자는, 화자는 자기 삶에서 이 시기의 의미를 이해할 수 있게 되었다. 자신의 청춘을. 그때는 그걸 표현할 언어를 갖지 못했다. 그것이 인생이었다는 걸.

내 인생은 일찌감치 너무 늦어버렸다.

엘리자베스 워첼은 뒤라스의 이 문장을 자신의 회고록 『프로작 네이션』의 제사로 썼다. 하지만 그건 가짜 같은 느낌이 들었다. 그런 주장을 하기에 워첼은 너무 젊었으니까. 그 회고록을 썼을 때 그는 스물일곱 살이었다. 이제 막 하버드를 졸업한 때였으니 너무 늦은 때는 아니었다. (하지만 이 문장을 쓰는 지금 나는 쉰두 살에 유방암으로 사망한 워첼의 이른 죽음을 생각한다. 죽음이 텍스트에 대한 우리의 수용을 어떻게 바꿔놓는지.)

뒤라스스페이스는 내가 캠퍼스에서 상연하는 〈히로시마 내 사랑〉을 보러 갔을 때도 나를 향해 열렸다. 마르그리트 뒤라스가 각본을 쓰고 알랭 레네가 감독한 1959년 영화. 뒤라스스페이스에서는 모든 사랑에 이전 것들이 들러붙어 따라다닌다—모든 사랑이 같은 사랑이다. 한 남자와 한 여자가 히로시마에서 침대 위에 있다. 남자는 일본인 건축가, 여자는 〈평화〉라는 영화에 출연 중인 프랑스 배우다. 둘은 히로시마의 거리를 걸으며 밤을 보낸다. 걷다가 밤을 맞이하고 밤새 걷고 날이 밝는다. 트라우마, 얼마 전 생긴 트라우마의 현장, 원자폭탄이라는 공포의 현장인 히로시마. 파괴의 이미지들. 타오르는 불, 흉터, 어린아이, 어른, 녹아내리는 강철. 여자는 연기하고 있지만 자신도 그 참혹함과 연결되어 있다고 주장하고 싶어한다. 배우인 그는 그 참혹을 자신의 참혹으로 느낀다. 남자가 여자는 거기 있지 않았다고, 히로시마의 병원들을 보지 않았다고 힘주어 말한다. 당신은 그 참혹함을 보지 않았다고. 도시는 연인의 시체 위로, 파편과 재의 구름, 버섯구름으로 폭발해 다시 지상으로 떨어져 내렸다. 그들은 침대에서 나와 거리를 걷다가 평화 행진을 촬영하는 장면을 본다. 히로시마 이후로는 평화밖에 없을 것이다. 배우는 남자에게 자신의 광기에 관해 들려준다. 여자는 전쟁 중에 어느 독일인 병사를 사랑했다. 그리하여 자기가 살았던 작은 마을에서 조리 돌림을 당했다. 마을 사람들은 여자에게 돌을 던졌고 머리카락을 잘랐고 지하실에 가뒀다. 건축가는 여자의 광기에 관한 이야기를 더 알기 원하고, 여자가 말할 수 있는 것보다 더 많이 알고자 하는 욕구를 느낀다. 그는 자신의 히스테리 환자들을 대하는 샤르코와 비슷하다. 그러니 배우는 연기를 해야 한다. 샤르코처럼 남자는 비밀을 듣는 사람이 되고 싶다. 그는 여자가 다른 누구에게도 그 이야기를 한 적이 없다는 말을 듣고 희열을 느낀다. 여자의 비밀이 이제는 남자의 비밀이다. 뒤라스 스페이스는 이런 강렬함, 자신과 타인이 융합되는 공간이다.

―#―

 내가 말하려 하는 것은 젊은 여자와 책 사이의 어떤 신성한 관계다. 나를 묶고 있던 모든 줄에서 풀려난 채 길을 잃고 삶에서 멀어지고 있을 때, 나를 지탱해줄 틀을 찾아 헤매던 나의 경험. 지금 나는 그 이야기를 하고 있다.
 하나의 정서로 보자면 이런 이야기는 너무 쉽게 감상적으로 흘러갈 수 있다. 한 권의 책이 나를 구원했다니! 내가 말하려는 건 그런 얘기가 아니다. 그때 내가 그랬던 것처럼 독자가 열려 있을 때, 목소리와 가능성을 필요로 할 때 가능해지는 수용에 관한 이야기이다. 책 읽기는 내 삶을 적극적으로 다시 쓰는 한 방법이 되었다.
 중요한 건 특정성이다. 아무 여자가 아니라 나, 당시 나였던 존재의, 나의 특정성. 젊었고, 나로서는 이름 붙일 수도 분간할 수도 없었던 수치와 자기혐오로 가득했던 나에게는 언어가 없었다. 그리고 그때의 내 성격, 이미 닫혀 있었고 자신을 보호하려고 스스로 닫아걸었던 나의 성격—아무도 자기를 알 일은 없을 거라 확신했고, 이미 자기 삶의 한계들을 알고 있던 그 여자의 성격. 그 여자에게 그 책은 자신을 알아갈 방법, 자신을 표현할 언어, 하나의 선물이었다. 그 언어는 이미 거기 존재했고, 더 단단해지고 있었다. 여자는 자기 존재가 알려지는 일을 언제까지나 불편해할 것이며, 여자의 갑옷 겸 덫의 강도를 나타내는 척도인 자기 보호의 아우라는 이미 거기 자리하고 있었다.

—#—

 그래서 나는 그 소파에 앉아 있다. 일요일 아침. 1999년. 라디오에서는 애니타 힐*에 관한 이야기가 나온다. 조 바이든 상원의원이 힐에게, 콜라 캔에 붙어 있던 음모에 관한 이야기를 다시 해달라고 말하는 소리가 들린다. 또 다른 상원의원은 클래런스 토머스의 말을 인용한다. 토머스가 자기 인턴이었던 힐에게 **커다란 젖가슴**이라는 표현을 썼다는 것이다. 의회에서 **커다란 젖가슴**이라는 말을 반복하는 건 그 상원의원뿐만이 아니다. 나는 소파에 앉아 있다. 라디오를 끈다. 나는 그 얇은 책을 들고 있다. 커다란 젖가슴. 세상이 역겹다. 뒤라스스페이스로 들어가면 내 몸을 의식하지 않을 수 있고, 나는 마냥 거기서 살고 싶다.

—#—

 두 세계가 존재했다. 나는 이미 이를 분명히 알아보기 시작했고, 내가 선택할 수 있다는 것도 알았다. 쉬운 일은 아닐 테지만, 그래도 선택할 것이 존재했다. 나는 거듭 다시 선택할 수 있었고, 그러다 보면 첫째 세상이 엄밀히 말해 사라지지는 않아도

• 애니타 힐은 1991년 클래런스 토머스 대법관 후보의 인준 청문회에서, 교육부 근무 당시 토머스가 자신에게 가한 성희롱에 관해 증언했다. 토머스는 결국 대법관이 되었지만, 힐의 증언은 직장 내 성희롱을 공론화하고 미국 내에서 중요한 변화를 일으키는 계기가 되었다. 이후로도 성폭력에 관한 문제 해결과 여성의 권리 옹호에 적극적으로 노력해온 힐은 현재 브랜다이스대학교 법학 교수로 법률과 여성학을 가르치고 있다.

확실히 덜 중요해졌다. 조 바이든과 클래런스 토머스 같은 남자들이 권위를 쥐고 있는 세계가 있었다. 그리고 문학의 세계가 있었다.

—#—

뒤라스스페이스는 인식이며, 젊음과 노년의 연결, 제정신과 광기의 연결, 사랑의 완성과 고독에 대한 욕구 사이의 연결이다. 고독의 필요성. 나는 내 인생의 이 시점에야 혼자이고자 애쓰고 있다. 나는 열아홉이고 정확히 딱 한 사람하고만 섹스를 해봤다. 사랑받는다고 느껴본 적도, 사랑받았던 적도 없다. 한 남자가 있었다. 하계 극장의 객원 교사였다. 그가 내 전화번호를 물어보며 로스앤젤레스에서 만나자, 하고 말했다. 그때가 그때였고, 그 남자에게 그 일은 아무 의미도 없었고, 그저 또 한 명의 여자애, 또 한 번의 밤, 또 하나의 몸에 지나지 않았다. 그 일이 있고 난 후 그에게 내가 처녀였다고 말하자 그는 첫 경험은 자기 남자 친구와 해야 하는 거라고 말했다. 이미 늦은 일이라고 나는 말하지 않았다. 나 같은 사람이 아니라, 라고 그는 말하지 않았다. 너를 좋아하지도 않는, 너를 다시 보고 싶어하지도 않는 사람이 아니라.

—#—

내가 다시 섹스를 하기까지, 내가 사랑받는다고, 욕망의 대상이 될 수 있다고 느끼기까지는 몇 년이 더 흘러야 할 터였고, 그 몇 년 동안 나는 병원에 살았다. 열아홉에 겪은 그 이른 거부, 그 폭력성, 이용당하고 내쳐진 일의 폭력성은 내 무가치함에 대한 압도적인 증거로 제출되었다.

―#―

『연인』에서 뒤라스는 자신의 첫 연애 이야기를 들려준다. 이는 뒤라스가 거듭 되풀이해 들려주는 이야기다. 열다섯 살 프랑스 소녀와 부유한 스물일곱 살 중국 남자 사이의 관계에 관한 이야기. 배경은 1929년 프랑스의 식민지이던 인도차이나다. 인도차이나의 그 소녀에게 쩌런 출신의 나이 많은 남자와의 이 관계, 이 이른 성적 경험은 사랑에 문을 열어준 일일 뿐 아니라 욕망에 문을 열어준 일이며, 소녀는 이 욕망, 열정과 섹스의 강렬함을 통해 자신이 누구이며 누가 될 수 있는지 이해하게 된다. 욕망이 소녀를 자기가 되고자 하는 존재로 만들어줄 터였다. 소녀는 글 쓰는 사람이었고, 이를 자각하고 있었다. 이 열정의 극단성, 그리고 그 열정에 내재한 불가능성에 대한 소녀의 인식. 이것이 그의 이야기―한 예술가에 관한 이야기―의 시초였다. 젊은 여자의 교육에 관한 이야기. 사랑에 빠진 젊은 여자 예술가의 초상.

소설의 도입부에서 뒤라스는 그때와 지금 사이, 소녀와 여성 작가 겸 영화감독 사이의 시간을 무너뜨린다. 그는 그 시간을 무너뜨려 책의 시간을 만들었고, 그 책은 내가 살아갈 공간이 되었으며, 막 시작되고 있던 내 인생, 내가 한 번도 가져보지 않왔고 가지려 하지 않았던 인생의 의미를 파악할 공간이 되었다. 나는 그 욕망을 갈망했다.

그 욕망 자체가 나를 형성했다.

뒤라스스페이스는 욕망이 한 사람의 연인과는 아무 관계도 없음을 드러냈다. 연인은 가변적인 대상이며, 제목―연인―을 뻔하게 해석한다면 그 연인이란 쩌런에서 온 연상의 남자다. 그는 소녀를 사랑하고, 그 사랑은 열정적이다. 하지만 연인은 소녀이기도 하다. 여기서 중요한 건 소녀의 일깨워지고 각성된 주관성이다. 화자는 소녀 시절 친구 엘렌 라고넬을, 불가능한 욕망의 대상을 사랑한다. 또한 사랑받는 일도 사랑한다. 아니면 사랑받고 있을 때 사랑받는 것이 불가능한 일임을 깨닫는다. 사랑한다는 것. 사랑받는다는 것. 소녀는 이 남자를 사랑하는 게 아니라 그 남자와 함께 있는 자신을 사랑한다. 연인은 소녀다.

이야기의 서술은 공간과 시간을, 소녀 시절의 공간과 회고의 시간을 종횡무진한다. 금지된 연애의 장면들, 변화의 자유, 성적 각성의 자유가 그의 기억 속에서 한 인생의 이야기가 된다.

얼마 전 한 친구가 사십 대에 『연인』을 읽었다. 친구는 그 소설이 과장되었다고 생각했다. 내 취향은 아니야, 하고 친구가 말했다.

내가 사십 대인 지금 나이에 그 책을 접한다면 어떤 느낌일지, 나에게 어떤 의미일지 궁금하다. 분명 그때와 다를 것이다. 나는 그 책을 좋아하겠지만 그 책이 되지는 않을 것이다. 그건 분명히 안다.

독자와 책 사이 그 수용의 순간은 하나의 화학적 반응이며, 난 늘 그것이 마법이라고 생각해왔다. 때가 딱 맞아떨어져야 한다. 그 취약성, 자아와 텍스트 사이 흐릿해지는 경계는 계획할 수 있는 게 아니다. 그것은 그토록 강력하며, 당신이 허용하기만 한다면 당신을 만들기도 하고 다시 원래로 되돌리기도 할 것이다.

—#—

수년간 나는 그건 마르그리트 뒤라스 외에 다른 누구일 수도 없다고 말했다. 하지만 지금은 그걸 결정한 건 당시의 나였다고 생각한다.

『연인』은 위대한 책이지만, 그 책이 내 안 깊이 와닿아 나에게 형성적 영향을 미친 것은 그 책이 그런 책이 되는 것을 내가 필요로 했기 때문이었다.

불교에서 말하듯이, 학생이 준비가 되었을 때 선생이 나타나는 법이다.

포인트 제로에서

 다음으로 나는 나왈 아스 사아다위의 『우먼, 포인트 제로』를 읽었다. 내가 마르그리트 뒤라스를 처음 읽었던 바로 그 수업에서였다. '소수자 담론'이라는 제목의 강의였다. 나는 당시 사귀던 배우 팀에게 내 독서와 그 책에 관해 이야기했고, 가부장제가 얼마나 역겨운지, 이 책을 읽는다면 그 역시 남자들을 싫어하게 될 거라고 말했다. 아니면 그가 페미니스트가 되든지. 팀은 남자에게 페미니스트가 되기를 기대하는 건 어리석은 일이라고 말했다. 『우먼, 포인트 제로』는 현재 교도소에 수감되어 있으며 포주를 살해한 죄로 곧 처형당할 피르다우스라는 젊은 여자에 관한 이야기다. 감옥에 피르다우스를 만나러 간 한 의사의 서술이 소설의 틀을 이룬다. 사아다위는 이집트의 의사이자 페미니스트 활동가이자 소설가였다. 젊은 의사 시절 그는 여자

교도소에서 일했다. 그리고 바로 그 교도소에서 이 소설에 영감을 준 여성을 만났다.

의사-화자는 푹 빠져서 피르다우스의 이야기를 듣는다. 이야기는 피르다우스의 삶의 궤적을 따라간다. 어머니와 아버지가 세상을 떠난 뒤 피르다우스는 카이로로 보내져 숙부와 숙모와 살게 된다. 학자인 숙부는 피르다우스를 교육해주겠다고 약속한다. 그러나 그 집에 들어가 살게 되자 그는 피르다우스를 잔인하게 학대하고, 결국 훨씬 나이 많은 남자에게 시집 보내버린다. 늙은 남편은 역겹지만, 피르다우스는 학교에 다니고 친구들을 사귈 수 있게 된다. 피르다우스가 삶을 계속 놓지 않을 수 있는 건 바로 이 학교와 교육에 대한 사랑이다. 소설 내내, 그리고 평생 피르다우스는 계속해서 자기 어머니의 눈을 본다. 어머니의 눈은 그의 삶에서 한결같은 요소이며, 하나의 기준이자 들러붙어 떨어지지 않는 존재. 피르다우스는 어디서나 어머니의 눈을 찾는다.

책의 초반에 한 친구가 피르다우스에게 사랑 없이는 살 수 없다고 말한다. 피르다우스는 말한다.

하지만 난 사랑 없이 살고 있는데.

이에 친구가 대답한다.

그렇다면 넌 거짓을 살고 있는 것이거나 아예 살고 있지 않은 거야.

나는 인덱스 카드에 이 부분을 적어 테이프로 벽에 붙여뒀다. 그건 하나의 다짐이었다. 이렇게 살아, 하고 나 자신에게 말했다. 너에겐 사랑이 필요해. 나는 거짓을 살고 싶지는 않았다. 나는 사랑을 원했다. 그토록 단순한 일이었다. 때로 나는 생각한다. 내가 병이 들었던 것은 내가 보살핌을, 사랑을 필요로 했기 때문이라고. 그런데 그걸 얻는 방법, 받는 방법을 몰랐기 때문이라고.

덫에서 빠져나가기

 골자는 그 병이 자아의 형성을 차단한다는 것, 그리고 잘 드는 약이 안개를 걷어내 자아를 옹골지게 해준다는 것이다. 중요한 건 오로지 적합한 약을 찾는 일이라는 거다. 나는 매번 새로운 항우울제를 시도할 때마다 기록해두었다. 효과가 나기까지는 한 주나 두 주가 걸릴 수도 있다. 그러니 매일, 내가 알아차린 것 혹은 알아차리지 못한 것을 기록했다. 이후 나는 살면서 줄곧 한두 가지 이상의 약을 써왔다. 내가 그 시절에 나 자신을 너무도 몰랐다는 생각이 든다. 그렇다면 옹골진 자아를 형성하기도 전인 그 나이에 약을 쓴다는 것은 어떤 의미였을까? 대부분의 항우울제는 복용했을 때 가차 없는 슬픔을 멈춰주기는 했지만, 그렇다고 행복이 느껴지지도 않았다.

최근 새로 나온 SNRI* 항우울제 심발타의 광고가 생각난다. 우울증에 걸린 한 여자의 등에 태엽이 달려 있다. 그는 넘어지고 실패하다가 마침내 심발타를 먹는다. 그러자 마치 누군가가 등에 있는 태엽을 감아준 것처럼 여자가 다시 작동한다. 다시 켜진 것이다. (자기가 스스로 켠 건 아니지만 어쨌든.) 이렇게 켜진 여자는 이제 구부정하게 움츠리지 않고 등을 곧게 펴고 서며, 눈을 뜬다. 아, 저것 봐! 태양이 빛나고 있네!

SNRI가 태엽을 감는다. 당신의 활력을 끌어올린다. 우울증이 무언가의 결여라면, SNRI는 그 무언가의 과잉이다. SNRI를 복용했을 때 나는 잠을 덜 자도 괜찮거나 깨자마자 시작할 준비가 되어 있었다. 일어나서 조깅을 하러 갈 수도 있었고, 아니면 적어도 그럴 수 있을 것 같은 기분이었다. 나는 정해진 일정을 정확히 지킬 수 있었지만, 그런데도 여전히 무언가의 가장자리에서 살고 있는 것 같았다. 이제 나는 울지 않았다. 병을 앓던 최악의 날들에 나는 자주, 주기적으로, 끝도 없이 울었다. 나는 마치 그 끝에—무언가의 끝에—도달하려 애쓰는 것처럼 울었다. SNRI는 그 신체 반응을 제거했다. 울 수가 없었다. 오르가슴을 느낄 수도 없었다. 전자는 긍정적 효과로 여겨지지만, 후자는 딱한 (부)작용으로 여겨진다.

• 세로토닌 및 노르에피네프린 재흡수 억제제.

20년 뒤, 이혼 과정을 거치는 동안 일종의 재발이 찾아왔다. 이혼의 한가운데서. 끝없는 눈물. 이번에는 울음이 내 실제 삶의 상실과 격변과 혼란과 불안정에 대한 적절한 반응으로 보였다. 그것은 상실의 슬픔이었고, 나는 그 끝에 도달할 필요가 없었고, 끝을 향해 서둘러 갈 필요가 없었다. 그즈음 나는 모든 게, 그것이 무엇이든 끝난다는 것을 알고 있었다.

—#—

자, 지금은 2월이고, 나는 아직 거기 있다. 내가 바너드에서 맞이한 첫째 주. 내가 제일 좋아하는 수업 '현대소설 속 죽음'을 들으러 간다. 어느 여자애가 하는 말이 들린다. 만약 네가 보건 센터에 가서 슬프다거나 뭐라고 말하면 그들이 네게 프로작을 줄 거야. 남자 친구와 헤어졌다고 말해도 프로작을 줘. 그 애 주위에 있던 모두가 웃었다. 그 아이는 아주 쿨했고, 내게는 낯선, 맨해튼에서 자란 아이 특유의 세련됨이 있었다. 그걸 무슨 사탕처럼 나눠준다니까, 하고 그 애가 말했다.

그 애는 내 얘기를 하는 거였다. 나도 그건 알았다. 이제 나도 그게 아무 의미도 없다는 걸 알았다. 그 의사는 나를 몰랐고, 프로작만 알았다. 또 하나의 독. 나는 약 먹는 걸 그만뒀다.

—#—

리오가 아주 구체적이고 의도적인 방식으로 그 단어—**자살**—를 말했을 때, 그 단어가 나를 깨웠다. 마치 리오가 지구에서 최초로 그런 생각을 한 사람인 것 같았다. 정말 천재적인 생각이잖아! 하고 나는 생각했다. 그렇게 훌륭한 생각은 들어본 적이 없어!

자살이 하나의 플롯 포인트로서 내내 내 앞에 있었다는 사실도 상관없었다. 그것은 내가 읽은 모든 위대한 책에도 있었고, 연극에도 있었다. 수년 뒤 내가 읽은 구절에서 제임스 볼드윈이 표현했듯이. **당신은 자기 고통과 상심이 세계사에서 전례가 없다고 생각하지만, 그러다가 책을 읽는다.** 나는 이 말을 이해했지만, 당시 그 말은 나를 치유하지 못했다. 그때 나는 내 고통이 너무나 이상하고 새롭고 고유하고 절절해서 이전에 다른 누군가도 이렇게 느꼈다는 걸 도저히 믿을 수가 없었다. 정말 그랬다면 그들은 살아남지 못했을 테니까. 나 또한 살아남지 못할 테고.

—#—

나는 지식인이 되겠다고 결심했고, 주기적으로 그렇게 선언했다. 지금 생각하면 그것은 자아를 만들어가는 한 방식이었다. 젊음의 한 방식. 그렇게 민망한 선언을 하는 것. 젊은 사람에게는 이런 종류의 선언이 필요하다. 전면적이고 포괄적이며 결정적인 선언. 나이가 들어가면서 느슨해진다. 주디스 버틀러의 표현을 빌리면, 나는 내가 갇혀 있는 덫에서 빠져나가려 애쓰는 중이었다. 당시 나는 그 덫을 이해하지 못했다. 젊은 여자는 무엇을 하는가? 나는 그걸 이해했다. 어느 수준에선가 나는 이를 알았다. 하지만 그건 중요하지 않았다. 나의 공부가, 뉴욕으로 옮겨 온 것이, 내 전공의 어려움이 나를 구원해주기를 바랐다. 18학점도 버거웠지만, 내가 모르는 모든 것이 부끄러웠고, 따라잡기 위해 모든 걸 읽고자 하는 욕망이 있었다. 더 열심히 노력할수록 그건 더 불가능한 일로 느껴졌다. 내가 제시간에 목표를 이룰 수 있을 거라고 믿지 않았다. 남은 시간이 줄어들고 있다는 느낌에 마비될 것만 같았다.

나중에 한 선생님이 내게 스무 살에, 심지어 스물여덟 살에도 자기가 때 이르게 늙어버렸다고 생각하는 것은 미성숙함의 표시라고 말했다. 물론 그 말이 옳았다는 걸, 사십 대가 된 지금은 나도 안다. 나보다 더 나이 많은 어느 작가는 그것을 비정상적으로 우울한 것이라고 표현했다. 그래도 나는 이 비정상적인 파멸감과 절망감을 자기 자신이 되어가는 과정으로, 균열 속에서 성인이 되어가는 과정으로 생각하고 싶다. 뒤라스에게 그랬고, 실비아 플라스에게 그랬듯이. 그것은 형성의 한 단계인 와해였다. 미성숙하지만 어쩌면 불가피한, 삶에 전념하지 않으려는 회피의 시도.

어쨌든 자살은 그 덫을 벗어나는 한 방법이 아닌가. 그것은 언제나 거기 있다.

정신분석가

　1991년. 시카고. 뉴욕으로 가기 두 달 전, 나는 한 정신분석가를 만나기로 예약을 잡았다. 정신분석연구소. 사우스미시건 애비뉴 122번지.
　내가 거기를 어떻게 찾았느냐고? 리오의 분석가에게 추천을 받았다. 나는 분석가들에 관해 잘 몰랐다. 이건 나의 문화가 아니었다. 나는 시카고에서 서쪽으로 80킬로미터 정도 떨어진 곳에서 자랐는데, 시카고와는 거의 다른 주라고 해도 될 정도의 지역이었다.
　나는 긴 갈색 스커트에 두꺼운 울 스웨터를 입었다. 나는 의자에 앉아 있고, 정신분석가는 방 저쪽 멀찍이 떨어진 곳에 앉아 있다. 방이 내 원룸 아파트보다 더 크다. 나는 눕지 않고 앉아 있었다. 의사가 내 식습관, 인간관계, 내 우울증에 관해 묻는다.

왜 여기 왔어요?

머리카락이 빠지고 있어요, 하고 내가 말한다.

히스테리의 한 증상이죠, 하고 그가 말한다.

—#—

1991년의 마지막 몇 달. 이제 노트에 쓰는 글들이 더 길어져 몇 페이지씩 이어진다. 나는 하루에 몇 번씩 이 노트에 글을 쓰며 내 인생을 서술하고, 모든 불쾌한 일에 대한 모든 반응을 적는다. 이 남자가 여기서 무슨 말을 했고, 저 가족이 무슨 일을 했는지. 지금의 나는 이 문장들, 이 긴 문단들을 쓴 사람에게 공감하지 못한다. 그 여자에게 있었던 시간의 양, 허비해버린 이 모든 시간, 여기 적힌 세세한 내용의 강렬함에. 나는 이 여자애에게 주의를 다른 데로 돌리라고 말해주고 싶다. 마치 이 모든 걸 글로 쓰면 뭔가 이뤄질 거라고 믿는 것 같다. 글 쓰는 행위 자체가 골치 아픈 이 문제를, 혹은 저 짜증스러운 일을 해결해줄 거라고.

아니, 그런 게 아니다. 그것은 그 여자의 내면에 있는 것이고, 그걸 글로 쓰는 일은 분명 그것을 제거해버리려는, 한쪽으로, 자기 너머로 치워버리려는 절박한 움직임이다. 하나의 퍼즐. 이 여자는 이 모든 걸 너무 개인적으로 받아들인다. 너무 감정적이다. 누구라도 그렇다는 걸 알 수 있지만, 그래도 그로서는 이럴 수밖에 없다. 그렇게 생겨먹은 사람인 것이다.

그 노트는 자아를 정렬하는 장소가 된다. 하나의 시험—나는 언어로 얼마나 많은 걸 할 수 있고, 언어는 무엇을 품게 될까? 나의 글쓰기는 내 정서적 삶의 극단들의 궤적을 그린다. 여기서 나는 절절한 사랑에 빠져 있고, 여기서 혼자 길 잃은 채 절망하고 있다. 나는 이제 막 나의 절망과 고립에 관해 글을 쓰기 시작한 참이고, 이는 나의 독서와 연결되어 전개된다. 나는 어떤 작가들을 발견하는 일의 전율에 관해 쓴다. 뒤라스와 토니 모리슨. 에이드리언 리치, 에리카 종, 앨리스 워커. 나는 구절들을 인용하고, 이 여자 작가들의 생각에 내 생각을 융합한다. 나도 가질 수 있다는 걸 예전에는 알지 못했던 지적인 삶.

이것은 집을 짓는 일의 시작이라고 나는 생각한다. 페이지 위에서 나 자신을 창조하는 일의 시작. 삼십 년이 지난 뒤에도 여전히 그 글을 읽으면 창피하지만, 내가 무엇을 하고 있었는지는 안다. 나는 나를 창조하고 있었고, 그건 내게 그러한 창조가 필요했기 때문이다. 이 제거 혹은 폐기, 제3의 공간으로의 이동이.

이 노트에는, 이 몇 달의 시기에는 다른 뭔가도 있다. 이따금, 그러나 주기적으로 비명에 관한, 목소리들에 관한 언급이 등장한다. 순환 논리 혹은 광기에 대한 편집증. 나는 독서에 관해 쓰고는 이음매 없이 연결되는 내 정신의 풍경으로 다시 들어간다. 이 풍경은 뒤라스스페이스였고 무너져 내림, 붕괴였다.

왜 여기 왔어요? 그가 다시 묻는다. 나는 뭔가 설명하려 해보지만, 그걸 설명할 언어를, 이 장소에서 그 장소로 가게 해줄 언어를 알지 못한다. 그래서 이렇게 말한다. 그건 프로그램과 관련이 있어요. 그 프로그램이 뭔가요? 동작, 움직임, 물, 체육관, 자전거, 독서, 일하러 가기, 가능한 한 아무와도 말하지 않기, 일하러 가기, 더 걷기, 9시까지 집에 가기를 해야 하는 프로그램이에요. 황혼이 시작되는 시간을 피해야 해요. 어둠이 가까워지는 시간. 하루 중 그 시간을, 그 시간만 잘 통과하고 잠들 수 있다면 난 괜찮을 거예요.

나는 울기 시작했다. 그가 빤히 쳐다봤다. 티슈도 건네주지 않았다. 그는 움직이지 않았다.

그러니까 정신분석은 이런 거였다. 감정이 배제된 텅 빈 서판. 나는 뭔가를, 관심이나 인정을 기다리고 있었다. 후에, 다른 주의 다른 시설에서 내가 찾게 될 뭔가를. 여기서는 아니었다. 내가 가기 전에 그가 처방전에 뭔가를 썼다. 치료 계획이다. 당신은 일주일에 나흘 분석을 받아야 해요. 당신의 그 히스테리에 대해서, 하고 그가 다시 말했다. 그 무렵 나는 '히스테리'가 정식 진단명이 아니라는 걸 알 만큼은 여성학 수업을 충분히 들은 터였다. 하지만 그냥 알겠다고 우물거리며 그 종이를 받아들었다.

주당 300달러예요. 그가 말했다.

그건 내 건강보험으로 처리되지 않는 비용이었다. 아버지에게 그 돈을 내달라고 할 수는 없었다. 아버지는 심지어 정신분석 같은 것은 믿지도 않았다.

나는 그 방을 나갔고, 다시는 가지 않았다.

심지어 그때도 나는 히스테리가 아무 의미 없는 말이라는 걸 알았던 건지도 모른다.

  그 분석가의 무관심은 폭력적으로 느껴졌고, 부서지기 쉬운 자아에 가해진 또 하나의 타격이었다.

  그 방의 그 의사, 나와 이십 분 동안 말을 주고받은 그 의사에게 히스테리가 무엇을 의미했든, 나에게 히스테리는 없었다. 나에게는 외로움이 있었다. 슬픔이 있었다. 하지만 만약 내가 그걸 알았다면, 혹은 그렇게 말할 수 있었다면, 그게 그렇게 간단했다면, 그걸로 충분했다면, 나는 내게 그 말을 해줄 누군가를 찾으며 수년을 보내지 않았을 것이다.

  몇 달 뒤 뉴욕주립정신의학연구소에서 나는 전통적인 정신분석이 나 같은 사람에게는 위험하다는 말을 들었다. 나는 그 분석가의 차가움에 산산조각이 났다. 내게는 마음을 써주는 전문가의 인간적인 반응이 필요했다. 관계를 닮은 뭔가. 나에게 필요한 건 정신 역동 치료라고 그들은 말했다. 여러 날, 여러 달, 여러 해 동안 그 치료를 해야 한다고.

여자들에 대한 고찰

엄마가 살아 있었다면 나에게 진실을 말해줬을 거라고 생각하고 싶다. 혼전 순결이라든지 피임 금지나 자위 금지 같은 교회의 규칙들을 따르는 것은 어리석은 일이라고. 그리고 정신분석연구소의 그 의사 같은 사람의 규칙을 따르는 것도 어리석은 일이라고. 엄마는 그 모든 것의 무게를 덜어주었을 것이고, 좀 더 넓은 관점에서 볼 수 있게 해주었을 것이다. 그 규칙들이 삶에 구조를 제공하기는 하지만, 그것이 삶 자체는 아니라고 아마도 엄마는 말했을 것이다.

—#—

내가 장기 입원 병동에 들어가고 이 주 후, 병동의 공용 공간에 새로운 환자가 한 명 등장한다. 화요일 오후이고, 이때가 새 환자가 들어오는 유일한 시간이다. 새 환자가 올 때마다 무언가가 변화한다. 이 환자 마돈나 닮았어, 하고 브리짓이 매리언에게 속삭인다. 스텔라의 귀에 그 말이 들어간다. 내가 마돈나보다 나아, 하고 무표정한 얼굴로, 그들을 쳐다보지도 않으며 말한다.

브리짓은 그 말이 재미있다고 생각한다. 정말 그런지 보자!

스테이시가 빤히 쳐다보고 있다. 눈을 떼기가 어렵다. 우리의 나날은 길고 텅 비어 있으니까. 이건 하나의 이벤트니까.

스텔라는 어머니를 대동하고 여기 도착했다. 스텔라 자신의 괴로움보다 스텔라 어머니의 괴로움이 더 확연히 보인다. 어머니는 스텔라에게 몸을 기대고 있고 두 손으로 얼굴을 감싸고 눈물을 닦고 있다. 스텔라의 얼굴은 앞만 응시한다. 스텔라는 아름답다. 동그랗고 파란 눈, 또렷한 턱선, 도톰한 입술.

그들이 입원 수속을 마치고 서류와 약물에 관한 절차를 마무리하고 날카로운 물건을 다 가져가고 침대가 준비되자 의사는 스텔라의 어머니에게 단둘이 대화하기를 청한다.

거기 소파 위에 얼어붙은 듯 꼼짝하지 않고 앉아 있는 스텔라가 보인다. 이제 딸의 팔을 붙잡고 큰 소리로 울며 흐느끼는 어머니와 대조적으로 스텔라의 얼굴은 여전히 차분하다.

어머니는 이제 가시는 게 더 좋겠습니다. 의사의 말이 들린다. 따님을 위해 그러는 게 더 좋을 거예요.

스텔라의 어머니가 다시 스텔라에게 기대지만 스텔라는 눈치도 못 채는 것 같다. 스텔라는 얼어붙어 있다.

어머니가 큰 소리로 말한다. 나는 언제 애를 볼 수 있나요?

저희가 연락드릴 겁니다, 하고 의사가 말한다. 어머니는 마음을 가다듬고 핸드백을 쥔다. 엘리베이터가 그를 기다리고 있다.

—#—

엘리베이터를 작동하는 사람이 한 명 있었다. 적어도 내가 기억하기로는 그렇다. 그 한 명의 운영자는 항상 근무 중이고, 항상 미소를 짓고 있었다. 그 남자는 등받이 없는 의자에 앉아 버튼을 누르고 탈 사람이 다 타고 내릴 사람이 다 내렸는지 확인했다. 그의 역할이 감시자였을지도 모르지만, 결코 그렇게 느껴지지는 않았다. 그는 숱이 줄어가는 회색 머리의 중년 남자였다. 엘리베이터에서 나를 맞이했던 조무사 브리짓처럼 그 역시 짙은 아일랜드 억양으로 말했다. 마치 내 아일랜드인 할머니가 거기 나와 함께 있는 것 같았다. 그리고 어쩌면 할머니의 친척들, 인연이 끊어진 내 고모들과 삼촌들도. 그들은 항상 미소를 지으면서 모든 걸 가볍게 만들어주었다. 그 미소는 이렇게 말하는 것 같았다. 아유, 걱정하지 마, 자, 너도 결국 다 괜찮아질 거야, 안 그러니?

—#—

나는 스텔라를 본다. 스텔라의 미니스커트, 목과 팔 부분을 잘라낸 티셔츠. 해골 같은 팔. 스텔라의 어머니는 가달라는 요청을 받고도 스텔라를 소리쳐 부르고 있다. 방문 시간이 끝났다는 말을 듣고도, 딸은 안전할 거라고 안심시켰는데도. 스텔라가 준비되면 저희가 연락을 드릴 겁니다, 하고 그들은 말한다. 나는 어떻게 된 사정인지 알지 못한다. 스텔라가 어떻게 저렇게 가라앉은 상태로 체념한 채 거기까지 와서, 어머니가 그러지 말라고 애원하는데도, 그냥 집으로 가자고 호소하는데도 스스로 입원 수속을 해버린 것인지.

가만히 앉아 있기

누가 이 말을 썼더라? "인류의 모든 문제는 방 안에 혼자 가만히 앉아 있지 못하는 데서 생긴다."

내 생각에 이 말은 광기를 정의하는 또 하나의 방식이다. 방 안에 혼자 조용히 앉아 있지 못하는 것. 내 인생에서 아주 여러 해 동안 나는 가만히 앉아 있는 걸 어려워했다. 거의 평생 그랬다. 내가 무너지기 전 몇 년 동안, 나는 나 자신을 두려워하게 되었다. 내가 느끼는 것이, 나를 압도하는 외로움이 무서웠다. 어떤 감정을 지닌 채로 앉아 있을 수 없었다. 내 몸과 함께 앉아 있을 수도 없었다. 몸은 하나의 문제였다. 나는 내 몸이 변화하고 자라고 변형되는 방식에 사로잡혔다. 몸과 함께, 몸 안에서 가만히 앉아 있는 게 아니라 나는 마치 몸을 통제하려는 것처럼 살았다.

글을 쓰는 데 필요한 것은 고요함과 하나에 집중하는 정신의 조합이다. 하나의 문제와 함께 방 안에 혼자 조용히 앉아 있는 것.

정신병동에 관한 어느 의학 교과서에서 한 의사는 이렇게 썼다.
여성 환자들은 **혼자 있는 걸 어려워한다.**
여성 환자들은 **혼자 남겨지는 걸 피하기 위해서라면 어떤 노력도 마다하지 않는다.**

그는, 이것은 인간으로 존재하는 데 따르는 문제다, 라는 말은 하지 않는다. 방 안에 혼자 앉아 있는 걸 어려워한다는, 방 안에 혼자 앉아 있어야 한다는, 아예 방이 없다는 이 문제가.

칠십 대 한 학생이 내 여름 워크숍에 참가한다. 마침내 은퇴하여 글 쓸 시간을 자신에게 선물할 수 있게 된 여성이다. 자기 이야기를 들려줄 시간을. 나는 몇 년째 여름마다 들려줄 이야기가 있는 학생들과 함께한다. 때로는 그들이 이야기를 들려주도록 돕는 것이 내가 할 일이라고 생각한다. 또 어떤 때는 이야기를 듣는 것이 내가 할 일이라는 생각이 든다. 그리고 대개는, 누군가가 귀 기울여주고 관심 가져주는 다른 누군가에게 이야기를 들려줄 공간을 만들어주는 것이 내 일이라고 생각한다. 문장에, 혹은 형식이나 내용을 다루는 기술에 신경을 쓰는 것은 **제발 내 이야기 좀 들어주세요** 하고 말하는 또 하나의 방식이다. 원 안에 앉는 것. 이 방에 와서 우리와 함께 조용히 앉아 있자고 말하는 것.

이 여성은 나에게도, 함께하는 학생들에게도 친절하고 관대했다. 그는 자신에 관해, 자기 삶에서 커다란 자리를 차지했던 대상에 관해 글을 쓸 수 있는 자신의 능력에 깜짝 놀란 것 같았다. 그 대상은 음식이었다. 어쩌면 그건 음식이 아니라 그의 몸이었는지도 모른다. 혹은 몸이 아니라 몸과 음식의 관계였을 수도 있다. 지금 내가 기억하기로 그 여성은 얼마 전에 과부가 되었다. 어쩌면 은퇴도 했을 것이다. 어쨌든 그에게는 방 안에 혼자 조용히 앉아 있을 시간이 생겼다. 이제 그의 삶도 노년기에 접어들었다. 당신이 길에서 그를 본다면 친절한 부인, 상냥한 여성이라고 생각하고 그에게서 온화함을 느낄지도 모른다. 어쩌면 도서관 사서나 서점에서 일하는 할머니라고 생각할지도 모른다.

그러나 아니다. 그는 할머니가 아니다. 그는 자식을 갖지 않았다. 그는 페미니스트다. 그는 제2물결 페미니즘의 결실을 자랑스러워하며, 1970년대와 1980년대에는 의식화 그룹에 온 마음을 다해 참여했다. 그는 그 이후 상실된 것을 보며 분노하고 있다.

하지만 그가 쓴 것은 음식에 관한 글이었다. 열 살인가 열한 살인가 열두 살 때 어떻게 그 일이 시작되었으며, 어떻게 십 대 내내 더 강화되어 이십 대와 삼십 대 내내 이어졌는지. 그것은 때때로 좀 느슨해질 때는 있어도 끝내 사라지지 않았다. 몸에 대한 집착, 몸의 사이즈와 체중에 대한 집착, 그날 자기가 얼마나 많은 칼로리를 섭취했는지에 대한 집착은 여전했다. 항상 목록을 작성했던 그는 지금 과거의 일기장을 들여다본다. 거기엔 여러 페이지에 걸쳐 그날 먹은 음식의 목록과 섭취한 칼로리 추정치가 적혀 있다. 체중 기록. 그리고 아주 많은 일기에 그가 적어둔 불평들은 흔히 이런 것이다. **내가 뚱뚱하게 느껴진다. 오늘 난 뚱뚱한 느낌이다. 나는 먹기만 했고 내가 뚱뚱하게 느껴진다.** 평생 계속된 후렴구다. 식사를 한 후 나 몰라라 하는 것은, 다시 몸으로, 몸이 실패한 방식으로, 통제의 상실로 주의를 돌리지 않는 것은 불가능하다. 그런 것들과 함께 가만히 앉아 있는 건 불가능하다.

칠십 대가 된 지금 떠오른 생각은—그 생각이 처음 떠오른 건 아니지만, 자기 삶의 마지막 시기에 접어들자 그것이 너무나 심각한 일로 느껴졌다—그게 얼마나 엄청난 시간 낭비였나 하는 것이다. 그 모든 일분일초와 나날과 수십 년 세월에 다른 뭔가를 생각할 수 있었더라면. 건강하게 먹고 건강하게 운동했더라면. 그리고 밤낮으로 그를 몰아대며 그의 모든 경험을 필터처럼 걸러내던, 머릿속 재잘거림의 끊임없는 엔진 소리가 없었더 라면.

그리고 세상을 떠난 남편의 인생을 돌아보며 그는 생각한다. 남편이 16세기에 관해 생각하던 그의 공간을, 그리고 튜더 왕조와 에라스뮈스의 글과 토머스 모어와 셰익스피어에 관한 남편의 지식도. 남편이 들려주는 셰익스피어 이야기가 얼마나 좋았던지. 어느 여름 센트럴파크에서 〈헨리 5세〉 공연을 보았을 때의 기쁨, 남편 옆에 앉아 있던 느낌, 그날 불던 산들바람, 행복하다는 인식. **이게 행복이구나.** 그는 거의 소리 내어 말할 뻔했다. 그 사실을 인정해야 한다는 걸 알았다. 남편이 에라스뮈스가 군주의 교육에 관해 쓴 글을 설명하고, 일종의 사고실험이었던 에라스뮈스의 사상이 셰익스피어의 〈헨리 5세〉에서 어떻게 펼쳐졌는지 설명하던 그 순간, 그는 자신이 엄청난 행운아라는 것을, 이 삶은 더할 나위 없이 좋은 삶이라는 것을 알았다. 그런데 그 순간에도 자기 몸의 문제는 여전히 거기 있었다. 몸의 무게. 충분한 양만 먹는 데, 자신의 영원한 제한선 안에 머무는 데 자신이 어떻게 실패했었는지, 혹은 그날도 실패할 것인지.

그리고 그는 이미 수십 년 전에 그것이 페미니즘의 의제라는 것을 알았고, 그렇게 주장한 책이 적어도 한 권은 있다는 것도 알았다. 때는 1980년대였다. 아니, 그것은 미국 여자로 산다는 것, 그러니까 상대적 특권을 누리는 미국 여자로 산다는 것에 관한 새로운 통찰이나 계시가 아니었다. 그 일의 더 큰 맥락을, 그에 얽힌 정치적 맥락을 이해했음에도 그 일을 자기에게 덜 중요하게 만들 수는 없었다. 그리고 이 실패 역시, 그가 자기 인생에 슬픔을 느끼게 만들었다.

그가 자기 이야기를 낭독하고 나자 긴 멈춤이, 침묵이 이어졌고, 들이마시는 호흡과 내뱉는 호흡이 있었다. 한 학생은 우와 하는 소리를 냈다. 몇 사람은 손가락을 튕겼다. 우리는 잠시 조용히 있었다. 내게는 그런 이야기를 들은 뒤 찾아온 이 조용함이 위로가 되었는데, 그 조용함을 어색해하는 사람들도 있었다. 마침내 그가 입을 열었다. 이것은 자기가 쓰고 싶었던 이야기가 아니라고. 그런 글을 쓴 걸 사과하지는 않겠지만, 그 글을 쓰는 일은 자기에게 아주 많은 걸 요구했다고 했다. 나는 학생들에게 자신이 떨쳐낼 수 없는 생각을 따라가보라고, 떨어지지 않는 것들에 관해 써보라고 말했었다. 그는 다른 떨어지지 않는 생각들을 찾아보려고 애썼다고 했다. 이를테면 자기 남편이라든지. 남편이었다면 이럴 때 〈헨리 5세〉에 관해서 쓰거나, 모든 게 불확실하고 가변적이었던 17세기 초, 기나긴 엘리자베스 1세 치세 말기의 혼란에 관해서 썼을 것이다. 하지만 실패했다. 그가 떨쳐낼 수 없는 것은 음식, 자기가 먹었거나 먹지 않았던 음식이었다. 자기 체중. 그래서 그는 포기하고 받아들였다. 그것이 배부른 소리고 창피한 주제라는 것을 알았고, 아주 많은 사람이 그 주제에 관해 썼다는 것도, 그게 얼마나 흔해 빠진 주제인지도 알았다. 나는 이런 글을 쓰고 싶지 않았어요, 하고 그는 말했다.

다른 누군가에 관한 글을 써보지 그래요, 하고 한 학생이 제안했다. 다른 사람에게 초점을 맞춰보세요.

또 다른 여자가 말했다. 만약 그게 낭비가 아니었다면요. 그게 살아 있는 한 방식이었다면요. 맞아요. 당신이 분자유전학이나 양자물리학에 관해 생각했을 수도 있겠죠. 하지만 그럴 때도, 당신은 여전히 당신일 거고, 당신 몸속에, 당신의 인생에 갇혀 있을 거예요. 그게 다 소재고, 언제나 거기에 내용이 있어요.

식이장애는 우리의 주의가 정치의 몸에서 개인의 몸으로 옮겨 가는 일인지도 모른다.

음식에 대한 강박 때문에 나는 내 몸으로 앉아 있기가 어려웠다. 내 몸으로 앉아 있는 걸 견딜 수 있는 시간이 어쩌다 며칠 아니면 하루에 몇 번밖에 안 됐다. 병원에서 보낸 많은 날, 그리고 내 삶의 많은 날에 나는—어느 표현대로—내 몸으로 존재하는 것의 불편함에 압도당한 상태였다. 그렇다, 내가 딱 그랬다.

그 학생이 말을 이었다. 그냥 내 말은 떨쳐지지 않는 생각을 우리가 선택할 수는 없다는 거예요. 그리고 정말이지, 셰익스피어나 식물학이나 양자물리학에 관해 생각하는 것이 한 육신 안에서 살아가는 일의 의미에 관해 생각하는 것보다 더 가치 있는 일이라고 누가 그럽니까.

방으로서의 책 (II)

 나는 내가 정신분석연구소에서 뭘 한 건지 알 수 없었지만 그래도 교회에 가는 것보다는 말이 된다고 생각했다. 여러 해 동안 나는 교회에 가지 않으려고 시도했고 실패했다. 뭔가가 계속 나를 다시 끌어당겼다. 나는 이제 믿음이 없었지만, 믿고 싶었다. 집 같은 느낌을, 오래전 언젠가 느꼈던 것처럼 안기는 느낌을 원했다.

—#—

 1986년. 가톨릭 신자라는 점에는 뭔가가 있었다. 그건 물이었다. 내가 종교적 실천은 하지 않는 가톨릭 신자가 되기로 단호히 결심한 후에도 여러 해 동안 나는 그 물속에서 헤엄쳤다. 가족만큼 친숙했다. 나는 교복, 풀을 먹인 빳빳한 그 직물의 질감, 그 집단적인 편안함을 기억하듯이 가톨릭교회를 혹은 나의 종교를 기억한다.

어떤 방: 나는 열두 살인가 열세 살인가 열네 살인가 열여섯 살이다. 내 몸은 풀어야 할 문제가 되었다. 그 해답이 문제다. 잠을 잘 수 없을 때, 내 몸이 너무 부담스러울 때, 나는 내 몸을 만지고, 해방감과 평화와 차분함을 얻는다. 그것은 하나의 발견이다. 나는 나만 그런 거라고 생각한다. 나만 그렇다고 안다. 아무도 그런 얘기는 한 적이 없다. 마치 내가 혼자서 어떤 비밀을, 초능력을 발견한 것 같다. 나는 지하실에서 아버지의 의학 교과서 중 한 권을 발견한다. 거기서 정의처럼 보이는 것을 발견하게 된다. 영혼의 죽음을 불러오는 대죄. 자위, 자기 채찍질. 그것은 내가 천국에 들어가는 걸 막을 것이다. 1979년에 거의 삼십 년 동안 가톨릭교회의 수장을 맡아온 교황이 시카고를 방문했다. 1983년에 그 교황은 자위가 잘못된 일이라고 다시 확인해주었다. 성생활은 결혼의 맥락 안에서만 존재해야 하므로 자위는 잘못된 일이며, 자기 몸의 힘을, 자신의 성적인 육체의 잠재력을 내면으로 돌리는 것은 이기적인 일이다. 일단 내가 하는 게 무엇인지 이해하고, 그것을 가리키는 단어를 발견하고, 혹은 그 단어를 읽은 뒤로는 그것을 알게 되고 두려워하게 될 거라고, 교황이 말했다.

이 방에서 나는 매일 쾌락을, 해방을 찾게 될 것이고, 얼마 지나지 않아 어마어마한 비탄을 느끼게 될 것이다. 나는 인터넷에도 접속할 수 없고 구글링도 할 수 없다. 그게 정상적인 일이라는 것을, 혹은 나의 수치심은 여성에게 자기 몸에 대한 권리를 부인하는 가부장제의 맥락 속에 존재하는 것임을 나에게 말해 줄, 섹스를 긍정하는 페미니스트들도 없다. 커뮤니티를 찾을 수도 없다. 다음 날, 혹은 그 차분함을 느낀 지 얼마 지나지 않아 나는 엄청난 죄책감을 느꼈다. 나는 이것을, 그게 뭔지, 무엇을 의미하는지, 내 몸이 어떤 걸 원하게 될지 배우지 못했다. 나는 그게 잘못이란 걸 안다. 그게 죄라는 것은 배웠다. 나는 며칠은, 혹은 한 주는 버틸 수 있지만, 그러다 굴복하고 다시 또 하고 또 한다. 나는 그것이 대죄 혹은 작은 죄라는 것을 알고, 그것 때문에 내가 천국에 가지 못하리라는 것도 알지만 신경 쓰지 않는다. 그러다 자기 전에 묵주 기도를 올리고, 고해하러 간다. 나는 이제 신부님과 마주 보고 앉지 않고 칸막이 뒤에 숨는다. **신부님, 저를 용서하세요. 제가 죄를 지었습니다.**

—#—

20세기 중반에 유행한 현대적 디자인의 학교 건물. 열린 창이 하나 있고 입구로 햇빛이 쏟아진다. 네 계단을 올라가면 녹색 틀의 유리문 네 개가 나오고, 머리 위로는 평평한 보가 가로지르며, 그 위에 적갈색 비스듬한 지붕이 덮여 있다. 성당에 가려면 학교 정문으로 나가야 한다. 물론 당시에는 아무도 20세기 중반의 현대적 디자인이라고 말하지 않았다. 하지만 지금 심리지리학적 관점에서 보니 그 공간을 지나갈 때 우리가 무엇을 느끼도록 의도했는지 알겠다. 입구를 통해 계단이 보이고, 열린

주 사무 공간과 미국 국기, 그 뒤에 체육관으로 가는 문이 보인다. 친숙했고, 어디서나 볼 수 있는 양식이었기에 우리는 그 건축 디자인에 주의를 기울이지 않았다. 그 성당도, 학교도, 〈브래디 번치〉*에 나오는 집도.

성당에 가려면 주차장을 가로지르고, 계단으로 한 층을 올라가 다시 또 다른 계단으로 내려가야 한다. 그러면 길 건너에 성당이 있다. 밖에서 보면 단순해 보인다. 큰 집만큼 높은 빨간 문들이 있지만 과거의 성당들과는 전혀 다르다. 예컨대 링컨파크에 있는, 극적인 입구와 각종 장식이 있고 건물도 웅장한, 어머니가 다니던 세인트 빈센트 드 폴 성당 같은 그런 성당은 아니다. 복도가 길다. 그 시절은 제2차 바티칸공의회가 끝나고 좀 더 포용적이고 위계적이지 않은 성당이 등장하기 전 그사이의 시기였고, 그 성당은 포크송 합창단이 있고 좌석을 반원형으로 배치한 히피 성당이었다. 한 신부님은 자주 아이들을 앞으로 불러냈다.

나는 토요일 오후 5시 30분 미사 전에 더 일찍 가곤 했다. 우리는 토요일 5시 30분이든, 일요일 12시 30분이든 주말마다 성당에 갔다.

내가 지금 거기에 간다면, 혹은 그곳의 사진을 보거나 거기 있는 내 사진을 보거나 거기서 내가 무얼 하고 있었는지, 왜 그걸 하고 있었는지를 생각한다면, 그 모든 게 아주 가톨릭적이었

• 1969년부터 1974년까지 방영한 미국의 가족 시트콤.

다고 말할 것이다. 그런 게 가톨릭이지, 하고 지금의 나는 인지할 것이다. 그건 (거의) 낯설게 보일 것이다. 하지만 내 기억 속에서는 그렇지 않았다. 내가 누군가에게 미사에 갔었다고 말하면 그 사람은 물을 것이다. 뭐요? 아버지가 주말마다 당신을 미사에 가게 했다고요? 나는 설명하려 애쓴다. 말하자면, 그렇다고 할 수 있어요. 그렇기는 했지만 또 그런 건 아니었어요, 하고 나는 말할 것이다. 그건 일요일마다 할머니 댁에 저녁을 먹으러 가야 하는 일과 더 비슷했다.

정말인가? 나도 모르겠다. 세월이 흐르면서 나는 더 관대해졌고, 내가 오래전에 교회를 떠나기는 했지만 교회는 나를 떠나지 않았음을 깨닫게 되었다. 교회가 얼마나 어처구니없고, 얼마나 부패했고, 얼마나 여성 혐오적인지 나는 말할 수 있다. 그것은 여덟 살인가 열 살인가 열세 살에 엄마 없는 내가 거기 앉아 사제복을 입은 남자, 권위 있는 남자에게 내 비밀을 말할 때 시작되었다. 내 몸에 관한 비밀. 그는 나를 축복했다. 그것은 계약 내용이 명확한 한 방에서 시작되었다. 그 계약 내용이란 내가 내 죄와 수치심을 고백하면 구원을 받는다는 것이었다.

그것은 일요일마다 내 위에 걸려 있던 여위고 상처 난 몸, 숭배하고 존경해야 할 몸의 아름다움과 어떤 관련이 있었다. 그것은 절멸에 대한, 망각에 대한, 신성한 거식증에 대한 내 욕망의 일부였을까? 또한 나는 그것이 나를 만들었고 나를 형성했다고, 거기서 나는 사랑받았다고, 그것이 나를 품어주었다고 말할 수도 있다.

─#─

그래서 오늘 나는 여기 고해하러 왔는데, 이는 3학년 때 할 영성체를 준비하기 위해 2학년 때 하는 성사다. 고해 장소는 제대 오른쪽, 사제와 복사의 방 옆에 있는 작은 문을 통해 나가는 무대 밖 공간에 있다.

이 방에는 처음 들어와본다. 나는 칸막이 뒤에 앉는다.

신부님, 저를 용서하세요. 제가 죄를 지었습니다. 지난 고해 후 삼 주가 지났습니다.

그 후 저는 오빠와 싸웠고, 거짓말을 했으며, 친구의 험담을 했고, 술을 너무 많이 마셨고, (그리고 이건 목록의 맨 마지막으로 남겨두었다) 불결하게 제 몸을 만졌습니다.

나중에는: 제 몸이 불결하게 만져졌습니다. (더 나쁘다.)

종교 선생님이 고해할 때 어떻게 말하는지, 문장을 어떻게 구성하는지 가르쳐주었다. 이게 바로 그 단어들이다. 그것에 관한 언어, 내 몸에 관한 언어.

칸막이 뒤에서 신부님이 뭘 하고 있었는지 알았으면 좋겠다. 따분해했을까, 몽상에 빠져 있었을까? 자위에 관해 말하는 어린 여자아이에 대해 흥분을 느끼고 있었을까? 모든 질문에 대한 개연성 있는 답은 그렇다이다. 그런 다음 신부님은 나를 축복해주었다. 그런 다음 주기도문과 성모송을 외우며 묵주 기도를 해야 한다고 말했다. 오빠에게 더 상냥하게 대해라. 부모님의 말씀을 잘 따라라. 가서 더 죄 짓지 마라.

나는 죄의 사함을 받고 안도한 채 집으로 갈 것이다. 이제는 천국에 갈 수도 있겠어, 하고 나 자신에게 말할 것이다. 지금 당장 죽는다면 나는 천국으로 갈 거야. 이 사실을 알게 된 것이 주는 기쁨. 그 순간, 내가 용서받은 직후의 그 순간 거기에 앉아서 나는 묵주 기도를 할 것이고, 평안한 마음으로 더는 죄 짓지 않을 것이다. 하지만 나는 죄를 더 짓게 된다. 그리고 다시 고해실에 갈 것이고, 그런 다음 다시 돌아가 죄를 용서받을 것이다. 이렇게 몇 달, 몇 년 계속될 것이다. 나는 몰랐지만, 그러다 어느 날 마지막 날이, 마지막 고해가 다가왔다. 더는 고해할 것이 없었거나, 더는 용서할 것이 없었거나, 더는 평안히 갈 수 없었거나, 더는 죄가 없었다.

―#―

1992년 4월. 아직 내 도덕적 이력의 초기다. 내가 장기 입원 병동으로 가기까지는 아직 몇 주가 남았고, 나는 아직 여기 문턱의 공간에, 혹은 문턱 이전의 공간에 머물러 있다. 나는 전前 환자 상태에서 입원 환자의 상태로 옮겨갔다. 이것이 내 도덕적 이력의 시작이다. 여기는 항상 불빛이 환하게 밝혀져 있고, 항상 누군가가 오거나 가는 소리가 들리고, 인터폰이 있고, 잡담하는 간호사들과 소음을 일으키는 환자들이 있다. 한 남자가 소파에 앉아 있다. 홀로코스트 생존자다. 그는 홀로코스트에 관한 말은 하지 않는다. (내가 이걸 어떻게 알까? 환자들이, 때로는 간호사나 사회복지사가 말해준다.) 그의 자식들과 손주들이 방문한다. 한 환자가 비명을 지르고 있다. 나는 옆 침대 소녀의 얼굴을 볼 수 있는데, 열여섯쯤 되어 보인다. 나는 움직일 수 없다. 정통파 유대인 복장의 한 남자가 옆으로 지나가는 것이 보인다. 나는 그를 한 번 만난 적이 있는데, 그의 이름은 슐로모다. 그가 우리 문 근처에서 걸음을 멈춘다. 그가 안을 들여다본다. 나는 그를 부르며 말한다. 불 좀 꺼주세요. 그가 문간에 멈춰 서 있다. 부탁이에요, 하고 다시 말해보지만 그가 머리를 세차게 흔드는 모습만 보인다. 그는 그럴 수 없다는 말은 하지 않고 그냥 계속 머리를 흔들기만 하다가, 이제는 뒤로 물러선다. 안식일이에요, 하며 걸음을 옮기고는 복도를 따라 타박타박 걸어간다. 나는 그의 헌신에 감동한다. 이해할 수 있을 것 같다. 우리는 누구나 각자의 규칙이 있고 존재 방식이 있다. 여기서도 우리는 어느 정도는 바깥세상에 있을 때의 우리 자신이다.

내 병에 관한 이론을 세우려는 시도 (I)

1. 젊다는 것의 특징—아는 건 많지만 그 앎의 의미를 이해할 경험은 없다.
2. 나 자신을, 나의 경험을 더 큰 맥락 속에서 보기까지 여러 해가 더 흘러야 했다.
3. 시간이 흐르며 나는 모두가 우울증에 걸렸다는 것을 깨달았다. 내 말은, 나와 나이가 같은 모든 이가 우울증이었거나, 내가 우울증에 걸렸던 나이의 모든 사람이 우울증에 걸려 있었다는 말이다. 알고 보니 다른 많은 사람도 그 나이에 우울증에 걸렸다.
4. 모두라는 말로 내가 진짜 모든 사람을 의미하는 건 아니다. 나는 예술가들과 작가들과 배우들을 일컬어 말한 것이며, 전반적으로 이들은 내가 가까이서 시간을 보낸 사람들이다.

5. 혹은 **인간으로서 존재하는 일의 우울함**을 뜻한다.

6. 나는 닥터 트리얼의 말—병원 밖에도 병원 안만큼 아픈 사람들이 많다는 말이 옳았음을 깨달았다.

7. 그 깨달음이 딱히 위로가 되었던 건 아니다. 그게 사실이라면, 내가 그 다수 중 한 명이라면, 나의 오랜 입원은 더욱 수치스러운 일 같았다. 그렇게 많은 사람이 마음 깊은 곳에서 이런 상태였다면, 비록 온전치 못하더라도 각자의 삶을 살아가고 있었다면, 그렇다면 내가 병원에 그렇게 오래 머물렀던 것은 아무 의미도 없는 일이 된다. 간호사 록산이 옳았던 걸까. 내가 거기 있었던 건 자신을 특별하다고 여겨서, 내 고통이 다른 누구의 고통보다 더 고약하다고 생각해서, 어디에나 있는 우울증에 걸린 보통 사람들보다 내가 더 많은 도움과 보살핌이 필요하다고 생각해서였을까.

8. 불교에서는 이를 고통의 두 번째 화살이라고 말한다. 고통받는 것에 대해 자신을 비난하는 것 말이다. 프로이트는 애도와 우울을 구별했다. 애도는 상실에 대한 정상적인 반응이며 일시적인 상태지만, 우울은 상실을 내면으로 돌려 상실의 방향을 자아로 향하게 한 결과다. 상실의 고통을 직면할 수 없어서 우리는 자신을 해롭게 한다.

9. 그렇게 많은 사람이 나만큼 고통스러워하고 있다는 걸 알았더라면, 내가 덜 외로웠을까? 다른 사람들도 고통스러워한다는 것은 나도 분명 알았다고 생각한다. 그저 그들의 고통이 어떻게 보이는지, 혹은 내 고통이 어떻게 보일지 몰랐을 뿐이다.

혹은 내 고통이 내 잘못이라고 생각했는지도(자기 비난).

10. 그렇지만, 이 질문의 꼬리를 물고 따라가다보면 이런 의문에 봉착한다. 자기가 우울증에 걸렸었다고 말하는 모든 사람은 왜 그곳에 들어가지 않았을까 하는 의문. 모두 각자의 이유가 있다는 건 나도 알지만 그건 충분한 이유로 보이지 않고, 우리가 모두 이렇게 느꼈다면, 왜 거기에 간 건 나뿐이었을까?

11. 흔히 그렇듯 문제는 언어다. 우울증에 관해 말할 언어가 존재하고, 지난 삼십 년 동안 우울증 같은 정신 질환을 기술할 언어가 더 많아지고 더 많이 사용되고 있다. 이는 낙인을 줄이려는 의도다. 낙인은 실질적으로 매우 큰 힘을 지니고 있으며, 나 역시 그 낙인을 내면화했고, 솔직히 말하면 아직도 다른 이들에게 투사하고 있을지 모른다. 하지만 문제에 대한 이 해법—정신 질환에 관한 언어를 증가시키는 것—은 다른 모든 것과 마찬가지로 언어를 납작하게 만들고, 우울증 같은 모호한 단어를 한층 더 모호하고 무의미하게 만든다. 그러다 보니 당신은 날씨가 우중충해서 우울해진 것일 수도 있고, 실비아 플라스나 그 아들 니콜라스처럼 집안에 우울증에 걸린 사람이 많아서 우울증에 걸린 것이 되기도 한다. 리오가 자주 그랬고 아직도 그러듯이, 우울에 관해 말할 수 있는 우울이 있고, 쥘리아 크리스테바가 말한 멜랑콜리아, 즉 내면을 향하며 언어로 표현할 수 없는 우울이 있다. 우울증의 표출 양태도 너무 다양해서 자살일 수도 있고, 집 밖으로 나가지 않는 것, 잠을 자지 않거나 먹지 않는 것일 수도 있다. 임상 우울증이라 불리는 것은 문제가

되어버린 우울증이다. 닥터 트리얼이 삼십 년 전—이때는 그가 내 이야기를 하나도 몰랐을 때인데도—장기 입원 병동에 들어간 나를 환영하며 말했듯이 나의 우울증은 전형적인 우울증이었다. 먹지 않고, 자지 않고, 아침에는 더 기분이 나쁘고, 말하지 않고, 인간관계를 포기하고, 자존감이 낮고, 의사소통이나 언어 자체에 대한 신뢰를 잃어버린 우울증.

12. 그가 표현한 대로 아주 명백한 일이었다. 나는 정말이지 도움을 원했다. 나는 내가 나아질 수 있을 거라고 믿지 않았다. 나는 내가 느끼던 것을 최종적 상태로, 내가 영원히 느끼게 될 것으로 이해했다. 결정적인 나의 일부. 바뀔 수 없는 것으로.

13. 닥터 트리얼을 믿는 것, 이 세계, 이 시설로 들어가는 일은 내가 가톨릭 신자로서 배웠던 것과 다르지 않은 믿음의 도약을 감행해야 하는 일이었다. 자신을 내맡기는 일. 너는 구원받을 것이다. 이해하려는 욕구를 놓아버려라. 너는 이렇게 태어났다. 원죄로서의 정신 질환.

14. 거기 있는 것, 스스로 서명하고 그곳에 들어가 수년을 거기 머무는 것. 이것이 내 병의 또 하나의 증거가 되었다.

근심 없이

우리는 일리노이주 오로라의 상수시˚라는 신개발 지구에서 살았다. 엄마는 시카고에서 자랐고, 링컨파크에 있는 엘리베이터 없는 건물의 3층, 침실 둘에 욕실이 하나 있는 집에서 부모님과 세 형제자매와 살았다. 같은 길에서 얼마 떨어지지 않은 곳에 화가 헨리 다거가 살았던 하숙집이 있었다. 그는 엄마가 살던 집 창으로 보이던 세인트 빈센트 드 폴 성당에 하루에 세 번씩 미사를 드리러 갔다. 다거가 사망한 후, 사람들이 그가 남긴 어마어마한 양의 예술 작품을 발견했을 때, 수많은 문서 사이에서 세인트 빈센트 성당 미사에서 받아온 안내문 다발도 거기 있었다. 미사에 참석할 때마다 사람들은 이 안내문을 받았는

• Sans Souci. '근심 없이'라는 뜻의 프랑스어.

데, 거기에는 날짜와 그날 읽은 복음서 구절, 기도가 필요한 사람들의 명단이 적혀 있었다.

상수시에 있던 그 집, 욕실 넷에 침실 넷, 1970년대에 유행하던 싱크대가 딸린 바가 있던 그 집에서 의사의 아내로 사는 인생. 그것이 엄마의 꿈이었을까?

어른이 되어 교외 주택단지들을 볼 때마다 나는 작은 공포를 느낀다. 나는 그런 집에서 절대 살 수 없다. 내게 그런 집은 죽음처럼 느껴진다.

그러나 어렸을 때, 어린 여자아이였을 때, 그 낙원 같은 시기에 나는 아주 행복했다. 우리 집 뒷마당이 제일 친한 친구네 집 뒷마당까지 쭉 이어져 있다는 게 행복했다. 학교가 끝나면 밖에 나가 거의 황혼이 질 때까지 친구들과 놀 수 있어서 행복했다. 컬러드 에그나 블러디 머더 같은 술래잡기 놀이를 하거나 다른 친구의 집에서 놀 수 있어 행복했다. 애스트리드와 베니타가 나중에 들어가 살게 될 집이 지어지고 있던 곳, 동네 한 귀퉁이에 쌓여 있던 돌무더기까지 자전거를 타고 가는 것이 행복했다. 바위와 돌과 우리로서는 뭔지 관심도 없었던 것들이 쌓여 있던 그 무더기는 가을과 겨울 내내 거기 그대로 있었고, 우리는 그 작은 언덕으로 기어 올라가고 그 속에 숨어들었다. 그 무더기는 학교가 끝나면 가는 장소, 우리의 비밀 장소였다. 겨울에는 바위들이 눈에 덮이면서 언덕이 더 커지고, 더 흥미진진해지고, 완전히 새로운 장소가 되어 더 행복했다.

오로라는 그 시절 광활하게 펼쳐진 농경지였다. 우리가 살던 주택가는 과거에 옥수수밭이었다. 차를 타고 식료품점까지 갈 때 도로의 서쪽으로 옥수수밭이 펼쳐졌다. 옥수수는 높이 자란 다음 베어졌는데, 그것은 어린 시절의 나에게 어떤 가능성의 감각을 알려주었다. 우리 사촌들은 우리가 촌구석에 살고 있다고 말했지만, 노스쇼어에 있던 사촌네 집에 가면 우리는 그 혼잡함에, 다닥다닥 붙어 있는 오래된 집들에 질색했다. 부유한 사람들이 시카고 도심 북쪽으로 적당히 먼 거리에 완벽한 경계를 짓고 살아가도록 설계된 그 공간에 대해 보이던 우쭐한 만족감에도.

우리 집 뒤로는 마당이 몇 킬로미터는 뻗어 있는 것 같았고 파란 하늘은 끝이 보이지 않았다. 거기서 우리는 별들을, 아이들이 다들 그러듯 당연하게 여겼던 기쁨 혹은 위안을 볼 수 있었다. 성인이 되어 도시에 살면서는 별을 본 적이 거의 없다.

환자: "나는 여섯 살 이후로 행복했던 적이 없는 것 같아요."

내 차트에 이런 문장이 적혀 있는데 나는 젊은 날 내 자아의 저 말을 믿지 않는다. 혹은 그가 뭘 하고 있었던 건지 지금은 이해할 수 있다고 해야 할까. 그는 이제 『벨 자』를 읽었고, 주인공 에스더 그린우드의 "나는 아홉 살 때 이후로 행복한 적이 없었다"라는 문장을 읽었다. 에스더의 아버지는 에스더가 어렸을 때 죽었다. 에스더의 불행은 정확히 거기서 시작되었고, 상실의 둔탁한 폭력이 그 출발선을 표시했다. 플라스가 나에게 제공한 건 이것이다. 엄마를 잃은 내 슬픔을 담아낼 서사의 틀.

그게 내게는 맞는 말 같았다. 엄마의 죽음이 내 삶의, 내 행복의 끝이었다는 말. 하지만 그건 완전한 진실은 아니었다. 실비아 플라스는 내가 나의 고통을 설명하도록 도와주었다. 내가 도움을 얻기 위해 사용하게 될 것은 언어였다.

오랫동안 나는 이에 대해, 그러니까 나의 자아와 나의 언어를 실비아 플라스가 쓴 소설 한 편에서 찾았다는 것에 부끄러움을 느꼈다. 하지만 지금은 그것이 내가 느끼던 바를 설명할, 내가 아는 유일한 방법이었다고 생각한다.

엄마는 자기가 몰던 파란색 스테이션왜건 범퍼에 스티커를 잔뜩 붙여두었는데, 그중에는 엄마가 제일 좋아했던 '오늘 당신의 아이를 안아주었나요?'라는 공익광고 스티커도 있었다. 그 문구는 주방 코르크 보드에 꽂아둔 버튼에도 적혀 있었다. 이는 1970년대에 실시한 캠페인 중 하나였는데, 나는 외할머니와 외할아버지가 엄마를 안아줬는지 어땠는지 알지 못했다. 내 생각에 그분들은 무뚝뚝하고 감정적으로 억제된 분들이었던 것 같고, 아마도 아이들이 안아줘야 하는 존재라는 생각이 없었던 문화 혹은 세계에서, 혹은 시대에 성장했을 것이다. 두 분은 십 대 시절에 고등학교 교육도 받지 못한 채로 아일랜드에서 미국으로 건너왔고, 어쩌면 평생 한 번도 포옹을 받아본 적이 없을지도 모른다. 할아버지와 할머니는 북아일랜드의 다운주에서 자랐고, 그분들이 그곳을 떠났을 때는 1900년대 초였다. 만약 당신이 아일랜드의 역사를 안다면, 아일랜드는 1922년이 되어서야 영국에서 독립했다는 사실도 알 것이다. 이는 그리 오래전 일도 아니다. 그리고 독립했을 때, 거기에는 대가가 따랐다. 그 대가는 북아일랜드에 있는 여섯 개의 주는 여전히 영국에 복속한다는 것이었다.

―#―

그리고 그 주들은 오랫동안 안정을 찾지 못할 터였고, 개신교 신자들과 가톨릭 신자들(우리 집안)은 분리되어 살 것이고, 길에서도 서로 다른 쪽으로 걸어 다니게 될 터였다. 가톨릭 신자들은 재산을 소유하기가 어려웠고, 그리하여 생활이 나아지지도 못할 터였다. 내 어머니의 부모님이 떠나온 곳은 바로 그런 세상이었다. 할아버지는 처음에 중서부의 네브래스카로 갔다가 이윽고 시카고로 갔으며, 할머니는 언니가 있는 뉴욕으로 갔다가 시카고로 갔다. 그분들은 핀턴 오툴이 **사라지는 아일랜드인**이라 부른 사람들의 일부였다. 할머니는 시카고에 도착한 뒤 결혼했다. 당시 할머니는 삼십 대로 결혼하기에 나이가 많은 편이었고, 이후 사십 대가 될 때까지 연달아 네 명의 자녀를 낳았는데 당시에 이는 흔치 않은 일이었다.

오늘 당신의 아이를 안아주었나요? 1974년의 이 공익광고 슬로건이 엄마의 마음을 끈 이유는 뭘까? 나는 그 빨간색 폰트와 큰 글자, 쿨에이드맨을 닮은 허그버그 캐릭터도 기억한다. 나중에야 나는 그런 궁금증을 갖게 되었다. 그건 **오늘 당신의 아이를 때리지 마세요**라는 말과는 다르다. 어쩌면 그래서 효과가 있었던 건지도 모른다. 이런 일의 효과를 측정할 수 있다면 말이다. 아주 무해해서 아무도 반대할 수 없는 말. 네! 하고 당신은 대답할 것이다. 아니면 당신의 아이를, 가장 가까이 있는 아이를 찾아서 그 아이를 안아줄 것이다. 그리고 네, 하고 대답할 것이다. 나는 오늘 내 아이를 안아줬어요!

나는 학교가 끝나고 나면 엄마가 거기 있다는 게 행복했다. 엄마도 고약하게 굴 때가 있었지만 말이다. 금요일엔 반나절만 수업이 있다. 점심도 먹지 않는다. 나는 2학년이고, 오빠들은 4학년과 5학년이다. 여동생은 유치원에 다니니 벌써 집에 와 있다. 엄마는 빵집에 들러 우리 점심으로 햄샐러드 샌드위치를 사왔다. 우리는 빛이 환히 들어오는, 1970년대 꿈의 주방에 앉아 있다. 식사 공간이 마련된 주방에는 원목 식탁이 있고 창에는 갈색 커튼이 걸려 있다. 모두가 나간 다음에도 나만 아직 거기 앉아 있다. 샌드위치를 다 먹을 때까지 거기 앉아 있어야 하는데, 나는 그걸 먹을 생각이 없다. 그건 역겹고, 만약 그걸 먹는다면 나는 토할 것이다. 좋아, 그럼, 하고 엄마가 말한다. 넌 디저트 못 먹어. 엄마는 그 독일식 빵집에서 우리에게 줄 디저트도 사왔다. 그거 다 먹으면 너도 와서 우리랑 같이 먹을 수 있어. 나는 거기 앉아 있었다. 짙은 갈색 바탕에 꽃무늬와 구불구불한 덩굴과 노란 꽃들이 그려진 커튼을 자세히 뜯어본다. 그 커튼의 윗부분엔 밸런스가 있고 창들에는 짧은 커튼이 걸려 있었다. 엄마가 좋아한 시어스 카탈로그를 보고 주문한 스웨그 토퍼와 밸런스, 그와 짝을 이루는 캐노피. 나는 뒷마당도 볼 수 있다. 내 친구 집 뒷마당까지 이어지는 그 뒷마당을. 나는 먹지 않을 것이고, 밖에 나가지 않을 것이다. 나는 그 커튼들이, 그 꽃무늬가 될 것이다.

나는 늘 아파트에 살 거야, 하고 생각한다. 주택을 유지하는 데 필요한 일들이 겁난다. 얼마나 힘든 일일까. 나는 앤 섹스턴의 말을 생각한다.

어떤 여자들은 집하고 결혼하지.

하지만 그 집은 깔끔하지 않았다. 일 년 뒤 우리가 새집으로 이사했을 때처럼 깔끔하지는 않았다. 거기서는 결코, 하나도 제자리에서 벗어난 것이 있어서는 안 됐다. 우리의 새로운 엄마는 뒤죽박죽된 것들에 무척 화를 냈고, 누구든 어지럽히는 사람에게 화를 냈고, 제자리를 벗어난 모든 것에, 그것들이 자신의 노력을 원 상태로 돌리는 데, 종일 청소를 하지만 여전히 충분히 깨끗하지 않다는 데 화를 냈다. 그건 주로 아이들이 너무 많고 그 아이들에게는 각자의 물건이 있으며 아이들이 그 물건들을 사방에 널어놓고 다니기 때문이었다.

새엄마 앞에서는 계란 위를 걷듯 조심스레 굴어야 했다. 새엄마는, 툭하면 폭발하는 새엄마의 성미, 새엄마의 심기는 얼마나 무서웠던지. 어디로 튈지 결코 알 수 없었다.

엄마는 오빠 침실에 칼 융의 인용문이 적힌 포스터를 걸어두었다. **창조적인 사람이 깔끔한 일은 드물다.**
  엄마가 상수시의 그 집, 세면대가 있고 수납장 두 개가 나란히 설치된 커다란 욕실이 딸린 엄마 침실에서 숨을 거둘 때까지 우리는 그 집에서 살았다. 그 욕실은 엄마가 회색 머리를 염색하는 모습을 내가 처음으로 보았던 곳이고, 엄마가 윈드송 향수를 뿌리고 립스틱을 바르던 곳이었다. 내가 엄마를 바라보던 곳.

벽에는 웨딩드레스를 입은 엄마의 사진이 걸려 있다. 책장도 하나 있다. 허먼 워크의 『전쟁의 바람』이 있고, 흥미로운 제목의 또 다른 책도 있다. 『아무도 추천하지 않은 사람은 아무도 원치 않는다』. 이 제목은 내 관심을 사로잡아 수년간 머릿속에서 맴돌았는데, 『수줍음』과 어마 봄벡의 『인생이 체리 사발이라면 나는 이 구덩이 속에서 뭘 하고 있는 거지?』, 『정화조 너머 잔디밭이 언제나 더 푸르다』 같은 책의 제목들도 그랬다.

이 제목들은 어떤 평온함을 품고 있었고, 각자 또 다른 세상으로 연결되는 밸브였다.

그때도 나는 이를 알았지만, 아직은 그런 것이 필요하지 않았다. 아직 내게는 오로라의 평온함과 평화, 평정이 있었다.

나는 여섯 살이었고, 일곱 살, 여덟 살이었다. 인생이 구체적이고 믿을 만하던 시절, 균열들이 보이기 전의 시간.

나는 엄마가 그 집에서 세상을 떠난 뒤의 그해를 아름다운 시간으로 기억하는데, 유일한 이유는 그 시간이 짧았기 때문이다. 폭발 이후의 시간, 파괴된 모든 것이 가라앉은 상태, 그 고요함 속에서, 노는 것 말고는 아무것도 할 게 없는 시간 속에서 사는 것 같았다.

그해에는 아빠와 두 오빠, 여동생과 나, 우리 다섯뿐이었다. 엄마의 빈틈. 부재. 이 구성은 다시는 찾아오지 않았고 다시는 찾아오지 않을 것이었다. 엄마의 죽음이라는 끔찍한 일 이후 새로운 가족이라는 혼란이 닥쳐오기 전이었다. 우리 다섯이 문턱 앞에 서 있던 순간이었다. 자주 누군가가 도우러 왔다. 고모나 숙부. 베이비시터. 한동안은 셜리라는 이름의 유모가 있었고, 나중에는 내가 습관적으로 괴롭힌 매릴린이라는 이름의 유모가 있었다.

엄마의 죽음 이후에 그 집은 귀신 들린 집이 되었다. 옷장에는 아직 엄마의 옷이 있었고, 엄마의 향수와 엄마가 좋아한 것들이 있었다. 그해 크리스마스에 우리는 높은 캐비닛 안에서 엄마가 제일 좋아하던 크리스마스 가게에 주문해서 사둔 크리스마스 선물 상자를 발견했다. 서명은 이렇게 되어 있었다. 에린에게, 사랑을 담아, 엄마가. 수지에게, 사랑을 담아, 산타가.

엄마는 자기가 죽어가고 있음을 알고 그것들을 거기 둔 것일까, 아니면 거기 두었다가 잊어버린 것일까, 아니면 자기가 살아서 볼 수 없을 크리스마스를 준비하느라 그걸 거기 둔 것일까?

그해 크리스마스에 아빠는 우리 친가 쪽과 외가 쪽 친척을 한 명도 빼지 않고 다 우리 집으로 초대했다. 나는 그날을 내가 가장 사랑받는다고 느꼈던 날로, 가장 크리스마스다웠던 크리스마스로 기억하고 있다. 그날은 우리의 '화니와 알렉산더' 크리스마스, 온통 사랑과 축제 분위기와 슬픔으로 가득한 크리스마스였다. 많은 사랑과 많은 슬픔이 흘러넘친.

어떤 사람들에게 상수시는 행복한 유년기의 장소일 거라고 나는 생각한다. 1960년대와 1970년대의 핵가족들이 살던 주거지역. 상수시는 아이티에 있는 궁전의 이름이다. 아이티의 왕이 사는 궁전에 프랑스어로 된 이름을 붙인 것이다. 근심 없이—**상수시**—걱정 없이. 태평하게.

우리는 위크우드Wyckwood라 불리는 거리에서 살았다.

엄마가 돌아가시고 한 달 뒤, 우리 엄마가 곧 죽을 거라고 말했던 바로 그 이웃 여자애가 우리 집에 왔다. 우리는 집 밖 포치 테이블에 둘러앉아 있었다. 그 아이는 내게 **위크**가 '죽음'이라는 뜻인 걸 알고 있느냐고 물었다.

나는 몰랐다.

이상하지 않니, 하고 그 애는 의미심장하게 말했다.

그 아이에게는 더 나이 많은 아이 특유의 권위가 있었다. 아홉 살 아이들 틈에 낀 십 대 아이.

그 말은 사실이 아니었지만(나중에 찾아봤다), 사실인지 아닌지는 중요하지 않았다. 그 시절에는 모든 것이 죽음을 의미했으니까.

어떻게 자기 삶을 누군가의 죽음 이전과 이후로 구분하지 않을 수 있는가? 그러지 않는 사람이 있을까?

삶의 아주 늦은 시기에 이를 때까지 어떤 죽음의 이후도 살지 않는 사람들이 있을지도 모른다. 그런 행운아들, 축복받은 사람들도 있지만, 지구에 사는 사람들 대부분은 이런 면에서 그리 운이 좋지 않다.

이전은 일찌감치 견고하게 굳어지고 구획된다. 그 나머지는 이후다.

플래너리 오코너: **유년기를 넘기고 살아남은 사람은 누구나 남은 날들을 끝까지 버텨낼 만큼 충분한 정보를 갖고 있다.**

엄마가 죽은 이듬해에 내가 쓴 책을 아빠가 발견했다. 그것은 액션 E라는 이름의 인물이 등장하는 책인데, 액션 E는 내 동생이다. 나는 여동생을 내 첫 소설의 주인공으로 삼았다. 사진을 곁들인 이 책에서 나는 액션 E의 삶에 관한 개요를 썼다. 액션 E가 이런 이런 이런 일을 했다고. 액션 E는 행복한 소녀, 분주한 소녀다. 나는 아빠 카메라로 매 장면에 들어갈 E의 사진을 찍었다. 아빠가 필름을 사진관에 가져가 맡겼고 현상하고 인화된 사진을 받아서 집으로 가져왔다. 나는 페이지마다 테이프로 사진 한 장을 붙이고 텍스트를 썼다. 표지에는 제목을 쓰고 뒤 표지에는 내 사진을 붙였다. 사진에서 나는 냉장고 옆에서 냉장고 손잡이를 붙잡고 서 있다. 짧은 반바지를 입고 롤러스케이트를 신고 있다. 집 안에서 롤러스케이트라니. 엄마가 죽은 뒤 몇 주간, 새 가족이 생기기 전, 뭐든 자유롭게 해도 되는 시기였다. 아빠는 우리를 즐겁게 해주려고, 우리와 놀아주려고 무척 애썼다. 아빠는 항상 장난스럽고 사교적이고 상냥하고 온화했다. 친할머니도 우리와 놀아주고 안아주고 웃어주었는데, 슬픔 때문에 주춤거리는 것 같지는 않았다. 그런데 아빠는 분명 악몽 같았을 그 나날을 어떻게 그렇게 가볍게 보낸 걸까. 누가 알겠는가. 나는 젊은 의사였던 아빠에게 자기 아내가 병에 걸린 일, 아내를 다른 의사들에게 데려가고, 나는 들어도 무슨 뜻인지 알지 못했던 단어들—악성, 호전, **수술 불가 종양**, 유방절제술, 전이—을 그 의사들이 말할 때 그 의미를 이해한다는 것이 아빠에게 어떤 일이었을지 상상해본 적이 없었다. 엄마를 구할 수 없었다는 것이, 자신이 받은 모든 의학적 훈련이 아내의 병에 대해서는 아무 소용도 없었다는 것이 아빠에게는 어땠을까. 그리고 엄마에게는? 엄마는 의사와 결혼했고, 그 세대의 여자들에게 그런 결혼은 안정과 희망을, 좋은 삶, 안전한 삶을 의미했는데, 그 모든 게 그렇게 빨리 떨어져 나가고 자기가 암에 걸렸다는 것이. 크리스마스 다음 날, 트리는 아직 장식되어 있고 트리 아래에는 아직 선물들이 놓여 있는데, 자기 아이들을 불러 앉혀놓고 새해 다음 날에는 병원에 가야 한다고, 해야 할 검사가 더 있다고 말하는 것이. 어쩌면 며칠 동안 머물러야 할지도 모른다고 엄마는 설명했다. 알았어요. 나는 그렇게 말하고 다시 바비 인형들에게 돌아갔다. 그때 그건 뭔가를 의미했을까? 엄마는 자신이 다음 크리스마스까지 살지 못하리란 걸 알았을까? 다음 여름까지는? 엄마는 어쨌든 간호사였고, 내가 이해하지 못한 그 단어들은 엄마에게는 뭔가를 의미했을 것이다. 이때는 두 번째였다. 후퇴했던 암이 되돌아왔고, 엄마의 딸들은 다섯 살과 여덟 살, 아들들은 열 살과 열두 살이었다.

아빠가 내게 그 책을 줄 때, 나는 내가 줄곧 작가였다는 걸, 내가 작가가 되기를 원한 적은 한 번도 없었다고 한 말은 사실이 아님을 깨닫는다. 내 작가의 말은 이렇게 끝난다. **이것은 그의 첫 책이다.** 그리고 거기에 나는 롤러스케이트를 신고 있다. 내 긴 머리는 헝클어져 있다. 아빠는 우리의 머리를 어떻게 해야 하는지 전혀 몰랐고, 나는 이제 빗으로도 브러시로도 빗질을 하지 않았다. 내 동생은 이제 속옷을 입지 않았다. 우리는 이제 서로 어울리지 않는 옷을 입었다. 냉장고 옆, 바닥에서 천장까지 닿는 코르크 보드에는 엄마의 흔적들이 남아 있었다. 엉망진창인 그림들, 우리의 스케치, 사진, 엄마가 우리가 품고 살아가기를 원했던 그 엉망진창이. **창조적인 사람이 깔끔한 일은 드물다.**

이것은 그의 첫 책이다. 나는 여기 앉아서 이 글을 쓰고, 엄마에 관해 쓸 때면 자주 그러듯이 울고 있고, 눈물을 흘리고 있다. 그건 내가 인정하면 안 되는 무엇처럼 여겨진다. 마치 이 페이지들이 어딘가 안전하고 경계가 잘 표시된 관념의 공간에서 찾아온 것인 양, 이것이, 엄마 방에서, 주방에서 롤러스케이트를 신고, 엄마 침대에서, 우리 뒷마당에서 내 책을 쓰는 것이 내가 선택한 인생을 살아가는 방법이라는 것은 인정해서는 안 되는 일 같다. 저자에 관한 말. **이것은 그의 첫 책이다.** 물론 지금의 나에게는 내가 이 이야기를 쓸 수밖에 없었던 것이 너무 당연한 일로 보인다. 거기서 엄마의 죽음을, 나의 그 첫 인생의 종말을 안고 살아갈 유일한 방법은 그 삶에 관해 영원히, 계속 반복해서 쓰는 것뿐이었고, 때로 그것은 페이지 위에서 무너지는 것을, 울면서 문장들을 써 내려가는 것을 의미했다. 여기서 나는 그 공간에 가닿으려고, 거기로 돌아가려고, 그것이 제대로 의미를 전하게 만들려고 애쓰고 있다. 그 삶이 짧고도 아름다웠다는 것을, 거기서 냉장고를 붙잡고 엄마의 롤러스케이트를 신고 있는 내가 바로 엄마의 삶이 남긴 것임을 엄마에게 이해시키려고.

이야기에 갇히다

 나는 병원에서 스물한 살이 되었다. 누가 꽃을 보냈다. 그건 바깥을 상기시키는 것, 혹은 바깥에서 온 재촉이어서 기분이 상했다.
 내가 내 광기를 설명할 수 있다면, 그건 어떤 감정이 끈질기게 사라지지 않는 것이라고 말할 것이다. 그 감정을 기억은 하지만 이제 느끼지는 못한다. 그에 대한 기억은 생생하고, 그걸로 충분하다. 그 감정은 황혼 무렵에 나를 덮쳐왔다. 거대한, 돌이킬 수 없는 상실의 강렬함이 나를 압도하고, 더불어 내가 그 감정에서 살아남지 못하리라는 절대적인 확신이 따라왔다.
 어떤 감정의 질감을 기억하면서도 그 감정을 느끼지 못한다는 건 참 이상하다. 나는 이를 내가 나아졌다는 척도로 여긴다. 하지만 나는 성장하기도 했다. **그 어떤 감정도 최종적이지는 않**

다. 나는 감정의 파도를 이해하고, **이 또한 지나갈 것임**을 알게 되었다.

이따금 그 광기 어린 감정을 상기시키는 슬픔이나 외로움을 느낄 테지만, 그건 결코 그 감정만큼 강렬하지 않으며, 더 중요한 건 이제는 그 감정이 영원히 계속되리라는 믿음이 따라붙지 않는다는 것이다.

—#—

더 나아지려고 나빠지는 거다. 무의미한 클리셰가 되어버린 이 문장을 생각한다. 당시에는 처음 듣는 말이었지만, 지금은 아주 거짓된 말로 느껴진다. 나는 분명 그 몇 년 동안 나빠졌지만 나아지지는 않았다. 내 상태는 제대로 기능하는 일반인의 삶에 재적응하는 게 거의 불가능할 정도로 심하게 악화되었다. 장기 입원 병동의 맥락 속에 있으면 대화 치료의 효과는 반감된다. 그보다 권력의 역학이 가장 중요한 것이 된다. 나에게 당신의 감정을 말해요, 나에게 당신의 문제에 관해 말해요. 그러면 당신이 떠나도 될 만큼 충분히 건강한지 아니면 여기 계속 남아 있어야 하는지 내가 결정해줄 테니까. 그것은 하나의 스포츠였다. 나는 나의 담당 의사를 사랑하게 되었고, 그러니까, 아니, 나는 충분히 멀쩡하지 않았다. 그러니까 나는 실제보다 상황을 더 나쁘게 만들어야 했고, 내게 괜찮은 부분들은 빼고 말해야 했다. 그것은 하나의 협상이었다. 그들은 나를 치료하기 원했고 나는 그들의 관심을 원했는데, 그 관심이 나에게 사랑과 보살핌을 제공했던 것이다.

—#—

그 병원을 떠나고 그리 오래 지나지 않아서 나는 전직 발레리나의 시간제 조수로 일했다. 그는 나를 고용해 세인트 존 더 디바인 대성당 근처 120번가와 암스테르담 애비뉴가 만나는 곳에 있는 요양원에 살고 있던 자기 어머니와 시간을 보내는 일을 맡겼다. 나는 아직 병원을 들락거리는 불안정한 상태였다.

하루는 그 발레리나와 함께 걷는데, 그가 내게 뉴욕을 보려면, 뉴욕을 제대로 이해하려면 1층보다 더 위를 올려다봐야 한다고 말했다.

나는 그 충고를 자주 생각했다. 어떤 면에서 그건 내가 그 시절에 고통받던 방식을 설명하기에 적절한 은유다. 나는 1층 위로는 볼 수 없었다. 최초의 건축물인 1층, 그 역사에 대한 증언 위로는, 우리가 언제나 역사 속에 살고 있음을 상기시키는 잔여물 위로는 볼 수 없었다.

그 시절의 뉴욕은 1층이었다. 내 눈은 1층을 향하고 있었다.

1층은 나의 두개골이었고, 덫—**나를 여기서 꺼내줘**—이었다. 오래지 않아 그것은 정신병동, 정신병원이었고, 내게 어떻게 존재해야 하는지 말해주는 의사와 간호사였다.

나에게 뉴욕은 겨우 몇 달 만에 가능성의 시작이었다가 그 끝이 되었다.

혹은, 조지아 오키프의 표현을 살짝 고쳐서 말하자면,

이야기에 갇히다 **151**

당신은 뉴욕을 있는 그대로 그릴 수 없고, 당신 존재 그대로 그려야만 한다.

2부

나는 황금색 숫자 5를 보았네

정신병원 건축학 (I)

이곳에 온 지 며칠 안 됐는데 벌써 이 장소의 지리가 익숙하다. 시간의 황무지, 낮과 밤, 주말의 리듬. 내가 거기에 얼마나 금방 익숙해졌는지, 내가 거기 소속되는 데 얼마나 걸렸는지는 나도 모른다. 하지만 그 일은 일어났다. 그곳은 내 집이 되었지만, 결코 내 집이 아니었다.

내가 거기 살았다고 말하기 시작한 게 언제부터였는지 모르겠다. 나는 그 병원에 있었다. 나는 입원했었다. 그러나 몇 년, 혹은 몇십 년이 지나자 표현이 달라졌다. **나는 거기 살았다**고 말하게 되었다. 이 년인지 삼 년인지는 기억 안 나지만 거기서 몇 년을 살았다고. 나는 일기장을 찾아 확인해본다. 기록을 보면 1992년부터 1996년까지다. 내가 거기 살았다고 말하는 게 틀린 말 같지 않았다.

머물렀다. 호텔에 머무는 것처럼. 그것은 **체류**였다. 어쩌면 이 것이 내가 호텔에 끌리는 이유인지도 모른다. 호텔의 자유로움에, 호텔들이 늘, 무엇이 되었든 나를 절망의 가장자리로 데려가는 방식에. 정신과 병동처럼 호텔도 비공간이다. 장소가 아닌 곳. 경계. 호텔에는 머물 뿐 거기서 사는 건 아니다. 마찬가지로 병원에서도 사는 건 아니다. 아무도 병원에서 살지 않는다. 하지만 체류 역시 하나의 가능성, 벗어날, 떨어져 있을 가능성이며……, 당신을 집에, 정체성에 묶어두는 모든 것을 끊어버릴 한 방법이다.

5층

그걸 E라고 하자. 서쪽의 강을 마주하고 있는 E. 창들은 서쪽을 향해 나 있다. 동쪽으로 난 창들도 있지만 5층의 이 병동에서는 그 창들이 보이지 않는다. 만약 내가 E의 긴 세로 기둥을 그린다면, 맨 위에 붙은 선은 서쪽으로 튀어나올 것이다. 이것이 여자 병실이 있는 곳이다. E의 맨 아래 선은 남자 병실이 있는 곳이다. 남자 병실은 몇 개뿐이고, 대부분 빈 사무실들이 복도를 따라 늘어서 있다. 남자 병실에는 문이 있다. 사무실들은 거기서는 보이지 않는 북쪽에 자리하고 있다. 그 방향의 공간은 항상 상대적으로 한산하다. 그 층의 중간, 그러니까 E자의 가운데 선에는 커뮤니티 룸이 있다. 이 방에서 허드슨강 풍경이 제일 잘 보인다. 창 가까이에는 바퀴 달린 밀차 위에 텔레비전이 놓여 있다. 그 옆으로 고정 자전거 하나가 벽에 붙어 있다. 그건 그저 제스처다. 지금 생각하면 그때는 식사와 운동에 그리 가치를 두지 않았다는 것이 참 이상하다. 우리에게는 밍밍한 병원 음식이 제공되었다. 우리는 그 층도, 그 건물도 떠나지 않았고 산책을 하지도 않았다. 요가 수업도 없었다. 우리는 늘 앉아 지내는 생활을 했다.

『자기만의 방』에서 버지니아 울프는 케임브리지의 여자대학에서 점심을 먹던 경험을 묘사했다. 남자대학에서 나오는 것에 비해 만족스럽지 못한 식사였다. 울프는 그런 식사가 사람의 기를 얼마나 꺾어놓는지, 나쁜 음식이 우리의 기분과 지적인 에너지를 얼마나 바꿔놓는지 생각한다. 그는 이렇게 썼다. **식사를 잘하지 않으면 잘 생각할 수 없고, 잘 사랑할 수 없으며, 잘 잘 수 없습니다.**

1895년에 문을 연 뉴욕주립정신의학연구소의 장엄한 외양—장식과 패턴, 꽃과 사자, 아치형 입구의 코린트식 기둥, 끝부분이 돌돌 말리는 로마네스크 서체—은 건물 내부, 우리 생활의 배경이었던 그 5층 공간에서는 전혀 찾아볼 수 없었다. 이 안에서는 건물 외관이 뿜어내는 분위기를 전혀 상상할 수 없다. 돌에 이름을 새기면서 그들은 무슨 생각을 했을까? 1888년에 그 건물을, 미치광이들과 백치들을 위한 공간을 만드는 것은 대단한 업적이었을까?

엘리베이터는 현재의 안전기준에 부합하지 않으며, 엘리베이터 문은 운영자가 손으로 열고 닫아야 하는 새장 같은 접이식 철문이다. 다섯 층은 환자들의 병동이고, 다른 층들에는 강의실, 사무실, 연구실이 있다. 나는 몰랐다. 여러 해가 지날 때까지 나는 그 연구소가 절벽 위에 지어졌다는 사실을 몰랐다. 168번가의 입구에서 보면 그걸 알 수 없다. 엘리베이터 맞은편에는 계단으로 나가는 문이 하나 있다.

그 엘리베이터는 5층에 선다. 각 층은 상상 속의 정신병원처럼, 텔레비전이나 영화에서 보았고 소설이나 회고록에서 읽어서 이미 당신이 알고 있는 그 모습 그대로 단순하고 황량하며 허름하다.

그러니까 당신이 방문객이라고 해보자. 1992년 가을에 5층을 찾아온 방문객에게 적용되는 의례가 있었다. 당신이 어느 환자의 친구나 가족이라고 치자. 당신이 그 병원에서 갈 수 있는 영역들과 갈 수 있는 시간은 제한되어 있다. 먼저 당신은 프런트 데스크에 들러서 방문자 서명을 하고 방문자 출입증을 받는다. 출입증을 엘리베이터 운영자에게 보여주면 그가 지정된 층으로 당신을 데려다준다. 엘리베이터의 문은 5층에서 열리고, 문이 열리면 당신은 공용 공간으로 들어선다. 환자 한두 명이 보일 것이다. 당신에게 보이는 광경은 실습 중인 의대생이 회진을 돌 때 보는 장면과 다르지 않다. 의대생들과 의사들이 함께 복도를 걸을 때면 식당에서 테이블에 앉아 담배를 피우거나 카드 게임을 하는 환자들이 보인다. 한 환자는 소파에 앉아 간호사와 이야기하고 있다. 의대생인 당신은 회의실로 들어간다. 문이 잠겨 있다. 닥터 트리얼은 당신이 이제 보게 될 장면을 설명해준다. 심각한 애착장애가 있는 환자로, 어머니에게 버림받고 아버지에게 학대당한 루마니아 이민자라고. 의사가 잠긴 문을 열고 환자를 안으로 불러들인다.

의대생들이 상급 의료진과 함께 우루루 도착한다. 그들은 충격을 받았거나, 호기심을 느끼거나, 혼란스러워하는 것처럼 보인다. 표정을 어떻게 감춰야 할지 모르고, 그 공간을, 우리를 아무렇지 않게 바라볼 줄을 모른다. 그 맥락을.

어떤 환자들은 당신이 늘 상상해왔던 바로 그런 정신과 환자들처럼 보인다. 이 환자는 크리드무어라는 주립병원에서 전원해왔다. 마치 엄마 화장대에서 처음으로 화장품을 발견한 아이처럼 화장한 얼굴이다. 몸을 앞뒤로 굴리듯 움직이고 있다. 또다른 환자는 힙하게 보이는 대학생이다. 그는 직설적인 태도로 말한다. 오스틴 릭스라는 또 다른 병원에 관해 뭔가 말하고 있다. 거기는 사립병원으로 침실에 벽난로가 있단다. 그는 자기가 이 병원으로 전원되었다는 사실에 모욕감을 느꼈다. 하루 세 번 메타돈을 요구하다가 그 병원에서 쫓겨났다고 한다. 거기서는 그렇게 해주지 않으려 했다는 것이다. 어쨌든 그게 그가 한 이야기다.

당신은 의자에 몸을 동그랗게 말고 앉아 있는 환자를 본다. 그 건너편에는 벽에 붙여놓은 소파에 격식을 차린 듯한 차림의 남자와 여자가 앉아 있다. 그들은 당신이 기억하는 아일랜드 출신 조부모님처럼 옷을 입고 있다. 그러니까 항상 정장과 드레스를 차려입고 모자 아래로 곱슬하고 부드러운 흰머리가 보이는 모습. 양옆이 위로 올라간 캣아이 안경도 쓰고 있다. 당신의 조부모와 달리 그들의 얼굴에는 미소가 없고, 건너편의 젊은 여자를 애정 어린 눈으로 보고 있지도 않다. 그들은 정면을 응시하고 있고, 젊은 여자도 그들을 보고 있지 않다. 여자는 떨고 있다. 그들은 누가 강제로 앉혀둔 것처럼, 뼈대만 남은 핵가족의 구성을 강요당한 것처럼 거기 앉아 있다.

어쩌면 그들은 로즈의 부모님이 아니라 조부모님이었을지도 모른다. 로즈는 그들에 관해 말하지 않았다. 그들이 떠난 뒤 로즈는 자기 몸을 훼손하는 새로운 방법들을 찾아냈고, 이후로 그들은 다시는 오지 않았던 것 같다.

엘리베이터의 오른쪽에는 책들이 드문드문 꽂혀 있는 책장이 있다. 그 옆에는 분홍색과 녹색의 비닐 소파들이 줄지어 있다. 소파 하나는 엘리베이터와 마주 보고 있고, 그 맞은편에는 산호색 비닐 의자 두 개가 놓여 있다. 이것들은 거실 가구를 흉내 낸 것들이지만 아무도 여기서 편안히 쉬지는 않는다. 아무도 쉬지 않는 거실이란 대체 무엇일까?

그 디자인이 당신에게 상기시키는 것은, 혹은 암시하는 것은 이것이 집과 비슷한 장소라는 것이다. 집과 안락함을 가리키는 제스처, 공허한 기표. 이 의자들 위에서 편안함을 느끼는 건 불가능하다. 모든 것이 불완전하다.

이곳은 장기 입원 병동이다. 수리가 필요한 과거의 공간이다. 그때 우리는 몰랐지만 이 시기는 그곳의 마지막 몇 년이었다. 오래된 많은 건물이 그렇듯 이 건물에도 보수가 필요했거나 어쩌면 보수되었을지도 모른다. 하지만 19세기의 정신병원 건물을 가지고 할 수 있는 일은 그리 많지 않다.

당신이 5층을 방문했다면 이제 당신은 왼쪽으로 꺾어서 복도 끝까지 걸어간다. (그러는 게 허락되지는 않았지만 그냥 그랬다고 치자.) 먼저 당신은 식당과 주방을 지나게 될 것이다. 복도를 따라 내려가다보면 당신은 파놉티콘이 위치한 공간을 만나게 된다. 이 방은 복도 중앙에 있다. 여자 병실로 가려면 이 방 옆으로 걸어가야만 한다. 이 방은 유리로 뒤덮여 있다. 그들은 우리를 볼 수 있고 우리도 그들을 볼 수 있다. 그들은 안에, 우리는 밖에 있다. 그들의 방은 방음이 된다. 그들에게는 열쇠가 있고 우리에게는 소파가 있다. 소파들 사이에 바이탈을 체크하는 장소가 있다. 그들은 매일 우리의 혈압과 맥박과 체온과 체중을 잰다.

그러니까 그 사무실은 유리로 되어 있고 5층의 중앙에 있다. 당신은 걸으며 사방에서 그 사무실을 볼 수 있으며, 그들은 사방에서 당신을 볼 수 있다. 당신은 그 안에서 말하고 웃고 십자말풀이를 하는 그들을 볼 수 있다.

그 사무실은 유리로 되어 있었고 그들은 그 안에 앉아 우리에 관해 이야기했으며 우리는 소파에 앉아서 그 안을 들여다보았고 벽에는 지크문트 프로이트의 초상 사진이 걸려 있었다고 말하면 내가 꼭 이야기를 꾸며대는 것 같다. 어느 날 한 남자가 5층에 와서 딱 일주일을 머물렀는데, 그는 그 일주일을 식당 테이블에서 『문명 속의 불만』을 읽으며 보냈다. 그가 환자이기는 했던 걸까? 아니면 무슨 개념예술 작품이었던 걸까? 그는 아무와도 말을 주고받지 않았다. 그는 우리의 일부가 되지 않으려 했다. 그것은 효과적인 전략이었다. 그 전략이 효과를 낸 것일 수도, 그가 이곳에 어울리지 않았던 것일 수도 있다.

또 다른 여자가 있었는데, 이 사람은 단기 입원 환자였고, 수시로 자기가 돌보던 아이 이야기를 했다. 그에게는 오후에 자기가 맡은 일을 처리할 수 있도록 통행증이 주어졌다. 또 매일 근처 병원 건물에서 열리던 익명의 알코올의존자 모임에 참석할 수 있는 통행증도 받았다.

나는 그 사람을 유일하게 그 장소의 불합리함에 관해 터놓고 말한 사람으로 기억한다. 그 사람이 유독 조롱한 대상은 닥터 트리얼이었다. 그는 닥터 트리얼에게서 자기 절주 상태를 과대 평가한다는 비난을 들었다고 우리에게 말했다. 닥터 트리얼은 그가 익명의 알코올의존자 모임을 목발처럼 이용한다고 말했다.

5층의 한가운데에, 우리 머리 위에 프로이트의 사진이 걸려 있었다는 게 진짜일까? 이 말을 들으면 내 친구 하나는 그건 너무 뻔하다고, **너무 푸코적**이라고 말할 것이다. 그러니 나는 아무에게도 이런 세부적인 사실을 말하지 않을 것이다. 거기 프로이트가 우리 머리 위에 둥둥 떠 있었다는 걸. (정신분석과 대화 치료의 기반이 되는 프로이트의 이론은 내가 그 시절 받았던 치료에 상당한 영향을 미쳤다. 그 시기는 정신분석 모델이 정신의학을 지배하던 시기의 끄트머리였고, 그 모델은 곧 생물의학적 모델에 가려져 빛을 잃게 될 터였다. 내 문제를 의사들에게 이야기하며 보낸 그 몇 년이 아무리 의미 있었다고 하더라도, 그—내 어머니에 관한, 애도의 마음과 슬픔과 두려움에 관한—통찰들이 아무 변화도 일으키지 않았던 것 역시 사실이다. 문제에 대한 인식과 변화를 이루는 능력 사이에는 크나큰 간격이 있다.)

복도를 따라가다가 식당을 지나면 항상 문이 잠겨 있는 방이 있다. 그 문을 열 열쇠는 직원들만 갖고 있다. 문에는 우리의 일과 스케줄이 인쇄되어 붙어 있다. 매일 활동이 있는 건 아니지만 나는 항상 정해진 일정이 있는 게 좋고, 그래서 월요일 두 시에는 그 긴 테이블에 가서 앉는다. 이건 논쟁적인 문제! 맷 리치오가 화이트보드 앞에 서서 대문자로만 글을 쓰고 있다. 오늘의 토론 주제는 사형제도! 찬성인가 반대인가?다. 어느 쪽인지 하나만 골라요, 하고 그가 우리를, 여기에 와 있게 된 운 나쁜 몇 명을 이끌 것이다. 나는 손가락으로 반대를 가리킨다. 쳇. 오케이! 맷이 다른 사람들에게서도 반응을 끌어낸다. 퍼트리샤는 자기 옷단추를 만지작거리고 있다. 스테이시는 손가락을 빨고 있다. 스텔라는 머리카락을 잡아당기며 앉아 있다가 설명도 없이 방에서 휙 나가버린다. 몰리는 다리를 흔들며 손바닥으로 허벅지를 세게 문지른다. 이내 몰리도 나가버린다. 이제 나와 행크뿐이다. 그래서 행크가 말한다. 좋아, 내가 해보지 뭐. 맷은 신이 난다. 좋아, 헨리! 넌 어느 쪽이야? 행크도 나랑 똑같은 생각이지? 아니. 말도 안 돼. 당연히 아니지, 뭔 헛소리야.

화요일에는 같은 방에서 셔리스라는 이름의 여성이 이끄는 또 다른 모임이 열린다. 온화하고 미소를 잘 짓는 셔리스는 책을 한 권 가지고 온다. 그는 자기는 밖에 있고 우리는 이 안에 있다는 데 개의치 않는다. 셔리스는 매번 이야기 한 편으로 독서 모임을 시작한다. 어느 날은 샌드라 시스네로스고, 또 다른 날은 레이먼드 카버이며, 오늘은 은토자키 샹게이의 시 한 편이다.

나는 친밀함에 / 그리고 내일에 의지해 생존한다

 셔리스는 종이와 펜을 나눠주고 우리에게 읽은 글 중 한 문장을 골라 그 문장을 페이지 맨 위에 적어보라고 한다. 그리고 거기서부터 글을 써보라고. 뭘 써야 하죠? 누군가 묻는다. 뭐든 당신이 쓰고 싶은 걸요, 하고 셔리스가 대답한다. 그러고는 타이머를 맞춘다. 우리 뒤에서 늦은 오후의 햇살이 창을 때리며 강 풍경을 흐릿하게 만든다.

—#—

 스케줄표에 표시되지 않은 모임도 하나 있다. 그건 비밀 모임이었다. 내가 그 병동에 들어가고 이 주인가 삼 주가 지났을 때, 스테이시가 내게 그 모임 이야기를 했다. 문학 모임인데, 야간 간호사 록산과 엘시가 이끈대, 하고 스테이시가 말했다. 그달에 그들은 『댈러웨이 부인』을 읽고 있었다. 나는 흥분했고, 의욕이 생겼다. 나는 버지니아 울프가 쓴 모든 걸 읽고 싶었다. 그곳에 대한 약간의 희망도 느꼈다. 나도 가입할 수 있느냐고 물었다. 나는 할 말이 많았다. 페미니스트 북클럽이야, 하고 스테이시가 말했다. 하지만 의사들한테는 말하지 마. 그건 밤의 일, 록산과 엘시의 일이니까.

내가 그 모임에 참석한 처음이자 유일한 밤, 록산은 『댈러웨이 부인』의 오르가슴 장면에 관해 말하고 있었다. 록산은 한 구절을 소리 내 읽었다. 클래리사 댈러웨이가 소녀 시절 친구 샐리 시턴을 회상하는 장면이었다. 나는 그 페이지를 찾아 따라 읽었다. 나는 혼란스러웠다. 오르가슴이 어디 있다는 거예요? 내가 물었다. 오르가슴은 안 보이는데! 나는 내가 책을 잘 읽는 사람이라고 생각했다. 록산은 나를 둔하다는 듯이 쳐다봤다. 록산이 눈을 굴리다가 엘시를 쳐다보자 엘시는 능글맞게 웃었다. 난 분명 오르가슴이 보이는데, 하고 록산이 말했다. 너도 안 보여, 엘시? 엘시의 길고 빨간 머리가 한쪽으로 흘러내린다. 엘시는 예쁘고, 강한 스코틀랜드 억양으로 말한다. 나는 엘시가 미소 짓는 걸 한 번도 본 적이 없다. 당연히 보이지, 엘시가 록산을 보며 속삭이듯 말한다. 마치, 저런 애한테는 신경 쓰지 마, 라고 말하는 것 같다. 나, 이 **맹한 얼간이**한테는.

『댈러웨이 부인』에는 오르가슴이 있지만, 내가 그 책에서 그걸 볼 수 있으려면 십여 년은 더 흘러야 할 터였다. 나는 나를 너무 몰랐다. 누군가가 내게 이야기를 들려주길 바랐던 것도 놀라운 일은 아니다.

물론 책이 당신 안에 있기 전까지는, 그 책이 하는 말이 뭔지 이미 당신이 알고 있을 때까지는, 당신은 그 이야기를 읽을 수 없다. 클래리사는 현재 쉰둘이고, 그의 인생은 이제 추억이며, 대부분이 그가 지나온 일이다—더 이상 결혼도, 아이를 낳는 일도 없을 것이다.

나는 거기서, 시멘트 벽에 붙여놓은 그 싱글 침대에서 『자기만의 방』을 읽었다. 워싱턴 하이츠의 정신병동, 문이 없는 나만의 방에서. 여성 작가가 되는 데 필요한 방과 수입에 관해 읽었다. 내 방은 돈을 지불하고 쓰는 방이었지만 그 방은 해방과는 무관했다. 독립이나 예술적 창조와도 무관했다. 그 방은 제한, 규율, 속박의 장소였다. 벽을 두드리는 노크, 십오 분마다 하는 점검. 우리가 아직 거기 있는지 확인하려 하는 걸까? 우리가 살아 있는지 확인하려고? 나는 아직도 모른다. 그 사람은 클립보드를 들고 있었다. 인사를 건네는 일도 거의 없었고, 나는 있음 혹은 없음에 체크 표시를 해야 할 하나의 몸이었다. 다음 날에도 내가 만약 나만의 방에 머무르면, 벽을 바라보며 사람들과 떨어져 거기 너무 오래 머무르면 나는 고립에 대한 경고의 말을 들었다. 고립은 건강에 나쁘다. 고립은 내가 특권들을 잃을 수도 있음을 의미했다. 특권 중 하나는 나이액으로 사과 따러 가는 여행에 동참하는 것이었다.

이 책 한 권 분량의 에세이는 울프가 케임브리지 여자대학들의 요청을 받아 행한 강연에서 시작되었다. 앞부분에서 그는 남자대학에서 본 식사를 묘사한다.

수프와 연어와 새끼 오리고기에 관해서는 언급하지 않는 것이 소설가들의 관례입니다. 마치 수프와 연어와 새끼 오리고기는 전혀 중요하지 않다는 듯이, 사람들이 시가를 피우거나 와인을 마시는 일은 결코 없다는 듯이.

여자들은 연어나 오리고기를 받지 않는다는 점을 울프는 눈치챘다. 여자들이 받은 **멀건 그레이비 수프와**

채소와 감자를 곁들인 소고기—가정식 삼종 세트—는 진흙투성이 시장에서 본 소 엉덩이 살과 가장자리가 시들어 노랗게 변한 이파리를 떠올리게 하고, 월요일 아침 굵은 실로 짠 가방을 멘 여자들이 흥정하며 가격을 깎는 장면을 떠올리게 했습니다.

매일 아침 나는 여자 병실 구역에서 나와 긴 복도를 걸어갔다. 거기서 아침 식판에서 스티로폼 커피 컵 한두 개를 가져갈 수 있는 시간에 맞춰 다른 누구보다 먼저 일어난 로즈와 스텔라를 보았다. 원래 커피는 한 컵만 가져가게 되어 있었지만, 항상 남는 식판들이 있었고 로즈와 스텔라는 늘 두 컵 이상 가져 갔다. 스텔라와 로즈는 매리언과 브리짓 옆 비닐 의자에 앉았다. 둘은 각자 담배를 들고 있었는데 손가락을 너무 심하게 떨어서 입에 갖다 대기가 어려웠다. 커피를 쏟지 않고서 스티로폼 컵을 들고 있기도 어려웠다. 이는 지연성운동장애라는 항정신병약의 흔한 부작용이다.

그러니까 그의 이름이 로즈다. 앞에서 자기 부모와 있던, 부모라고는 결코 상상할 수 없던 그 무뚝뚝하고 엄격하고 불행해 보이는 남녀와 함께 있던 그 사람 말이다. 무슨 말이 더 필요하겠는가. 로즈는 여기서 의자 위에 몸을 구부정하게 만 채로 마치 동물처럼 하루하루를 보낸다. 로즈가 모델이었다고 누군가 내게 말해준다. 그들이 로즈의 팔에 있는 흉터를 더는 감출 수 없게 되기 전까지는. 이후 한동안 로즈는 모자 모델을 했다. 로즈의 손떨림이 가장 눈에 띌 때는 담배를 들고 있을 때인데, 로즈는 항상 담배를 들고 있다. 이 방에서는 담배를 피울 수 있다. 사실은 방이 아니라 주방과 식당 건너편, 병상용 엘리베이터 옆에 있는, 5층 긴 공간의 중간 지점일 뿐이지만. 여기서는 식당을 들여다볼 수 있고, 식당은 환자들과 직원들의 흡연이 허용되는 곳이다. 테이블마다 재떨이가 놓여 있다.

그 병원에서 담배를 피울 수 있었다고 말하면 아무도 내 말을 믿지 않는다. 그 병동에 줄담배를 피우는 사람이 들어오면(자주 있는 일이었다) 아무도 그들에게 담배를 끊으라고 권하지 않았다. 그러면 상황이 더 악화될 뿐이라는 것이 그 병원의 철학인 것 같았다.

그때는 아무도 간접흡연에 대해 말하지 않았다. 심지어 5층 전체에는 열린 창문이 하나도 없었다. 그곳은 밀봉된 공간이었다.

직원실 맞은편에는 문 없이 뚫려 있는 식당 공간이 있었고, 거기서 리처드와 레그 등 직원들이 근무시간 내내 담배를 피웠다. 로즈와 스텔라, 퍼트리샤, 해피, 오드리. 때로는 나도 담배를 피웠다. 스텔라인가 리처드가 나에게 담배 한 대를 주고 불을 붙여주었다. 리처드는 기침을 해대는 와중에도, 담배 한 개비 한 개비가 모두 네 관에 박힐 못이라고 웃으며 말했다.

물론 이 역시 독이었다. 하지만 그런 데 신경을 쓰기엔 난 너무 젊었고, 담배 한 대는 괜찮은 죽음이자 죽음에 이르는 길이었으며, 담배를 피울 때마다 내가 화장실에 들어갔다가 엄마가 담배 피우던 모습을 본 그날이, 화장실에 있던 엄마의 모습이 보였다. 엄마는 꽁초를 변기에 버리고 물을 내렸다. 엄마는 아무 설명도 하지 않고 에어로졸 살균제를 뿌렸다. 아빠한테 말하지 마. 엄마는 간호사였다. 간호사들은 다 하는 거야, 하고 엄마는 내게 말했다. 그렇게 버텨내는 거야. 지금에야 나는 이해한다. 혹은 그 시절 시카고에서 젊은 간호사로 지내는 일이 엄마에게 어땠을지 지금에야 상상할 수 있다. 엄마가 보았던 것들, 날것 그대로 남은 그 괴로움과 고통. **결점이라 할 만큼** 감정이입을 잘하는 엄마는 그 모든 걸 그대로 받아들였고, 그것을 자신과 분리하지 못했다. 엄마는 그것을 스스로 짊어졌고 자기 안으로 흡수했다. 나에게 그 담배는 엄마가 다른 세계를 품고 있었음을 알려준 첫 번째 실마리였다.

당신도 분명 영화에서 봤을 거라고 생각한다. 그와 비슷하거나 혹은 비슷했다. 내가 그에 관한 글을 써서 덧붙일 수 있는 건 별로 없다. 그렇다. 영화에 나오는 어떤 것들은 실제 현실에서도 똑같다. 이 방에는 두꺼운 방음 문이 있었고, 그 방의 모든 면에는 위에서 아래까지, 바닥부터 천장까지 전부 쿠션이 덧대어져 있었다. 그 방에는 그냥 들어갈 수 없고 그들이 강제로 집어넣을 때만 들어갈 수 있는데, 그들이 당신을 혹은 나를 거기 넣을 때는 그 전에 먼저 혈관에 소라진을 주사했다. 영화에 나오는 것과 아주 비슷하게 사방에 너무 많은 쿠션이 있었는데, 얼마나 어리석게 느껴지던지. 나를 거기 집어넣은 건 록산이었고, 지금 생각하면 그 일에는 짜릿한 무언가도 있었던 것 같다. 록산에 대한 나의 욕망은 불가능한 욕망이었다. 내게 록산은 너무 무섭고 역겨웠는데, 그런데도 나는 얼마나 그를 원했던지. 나는 그가 나를 제압하고 붙잡기를 원했고, 그는 그렇게 했다. 록산은 덩치 큰 두 남자에게 내 팔을 양쪽에서 붙잡아 나를 들어 올렸다가 바닥에 내리누르게 하고는 내 팔에 주삿바늘을 꽂았다. 그러면 나는 이내 정신을 잃었고 록산은 문을 잠갔다. 나는 아직도 그 일을, 그 일의 기억을 떠올리면 흥분된다. 록산과 함께 있으며 그의 존재감을 느끼고, 그에게 압도당하는 일. 작은 직사각형 유리를 통해 나는 록산의 얼굴을, 그의 염려를 보았다. 이제 그의 목소리는 차분해져 있었다. 내가 생각할 수 있는 거라곤 이제 그가 나를 좋아한다는 것, 마침내 그가 나를 사랑하도록 만들었다는 것뿐이었다.

지금 떠오르는 생각인데 그 시절 내내 나는 거울을 거의 들여다보지 않았다. 욕실에 있는 거울은 구부러진 금속으로 만들어진 것이었고, 내 얼굴은 일그러진 상이었다. 내가 보는 것이 내 얼굴이라는 건 알았지만, 그 얼굴은 일그러지고 흐릿했다. 매달 생리 기간을 전후로 여드름이 심하게 났는데, 나는 그게 정말 창피했다. 지금은 정말 웃기다는 생각이 든다. 여드름 따위는 전혀 신경 쓰지 않아야 할 그런 곳에서. 내가 여드름 때문에 불평하면 의사는 내 긴 복약 목록에 테트라사이클린을 추가한다. 이 약은 내 여드름을 없애주지만 내 치아에 영원히 지워지지 않을 얼룩을 남긴다. 퇴원 후 얼마 지나지 않아 치과에 갔을 때 치과 의사는 내 입안에 충치가 잔뜩인 것을 보고 놀랐다. 차트에서 내가 복용하는 약의 목록을 검토한 그는 이렇게 묻는다. 그들이 당신한테 왜 나딜을 처방한 건가요?

이 방에서 당신은 자기가 특별하다고 믿어야 한다. 아무도 당신을 이해할 수 없다고. 어떻게 해도 당신의 고통을 언어로 표현할 방법은 없다고. 그 고통의 깊이를 전달할 방법이 전혀 없다고. 이 방에서는 간호사가 당신에게 이렇게 묻는다. X? 그러면 당신은 말한다. X(나는 언어를 사용할 수 없다). 그런 다음 당신 둘은 그 침묵의 공간에 오랫동안 앉아 있을 것이다. 간호사가 마침내 말할 것이다. 미안해, 자기야, 하지만 이게 우리가 가진 전부야. 단어들. 이것이 우리의 매체라고.

어느 날 오빠가 공중전화로 전화를 걸었다. 우리 형제자매는 일곱 명인데, 내가 병원에 있는 몇 년 동안 그곳을 방문한 사람은 그중 두 명이다. 이 오빠는 내 바로 위 오빠, 둘째 오빠다. 공중전화는 식당 맞은편에 있다. 빨간색과 황금색의 기하학적 선들, 반복되는 숫자 5 옆에. 누군가 전화를 받은 뒤 당신의 이름을 부르고, 수화기가 달린 전화선을 대롱대롱 늘어뜨려놓고는 가버린다. 당신은 전화박스 안으로 들어갈 수 있고, 접이식 유리문을 닫을 수 있다. 당신은 여보세요, 하고 말할 수 있고, 그러면 당신의 오빠가 여보세요, 할 것이다. 너 뭐 하고 있는 거야? 하고 오빠가 말할 것이다. 그러면 당신은 무슨 말인가 할 것이다. 그러면 오빠는 말할 것이다. 너 혼자만 고통스럽다고 생각해?

나는 오빠의 질문에 대답하지 않았다. 수년 뒤, 우리가 삼십대였을 때 오빠는 내게 털어놓았다. 나는 매일 엄마를 생각해. 그때까지 우리는 서로 그런 이야기를 전혀 주고받지 않았다. 우리 유년기의 방들에서, 새엄마의 집에서, 새로운 가족의 집에서는 그 이야기, 엄마 이야기, 다른 가족 이야기는 하지 않았다. 엄마의 죽음 이후, 우리 다섯, 그러니까 아버지와 나, 오빠들과 동생 사이에는 무언의 합의가 맺어졌다. 우리의 슬픔은 너무나 거대해서 우리는 각자의 내면으로 침잠했고, 마음속으로 서로를 비난하게 되었다. 우리는 서로의 얼굴을 보면서 거기서 자신의 상실이나 절망감을, 비애를 보았다. 우리는 움츠러들었다. 그 합의는 신속하게 체결되고 조용히 정착했다. 우리는 엄마에 관해, 떠나버린 엄마에 관해 말하지 않았다.

지금 나는 오빠에게 내가 말할 수 없었던 말을 하고 싶다. 어쩌면 그 이야기는 나나 나의 고통에 관한 이야기가 아니었다고, 그 고통이 독특하거나 특별하다는 이야기가 아니었다고 오빠에게 말하고 싶다. 어쩌면 그 방, 그 전화박스, 그 유리문, 그 조용한 방—어쩌면 그것들은 모든 사람의 고통의 방인지도 모른다. 어쩌면 그 정신병동은 바로 그런 것이었는지도 모른다. 인간이 되어가는 경로에서 멈췄다 갈 수 있는 하나의 정거장.

너무 지나친

2020년 여름이다. 그의 이름은 에제이며, 내 친구와 함께 왔다. 에제는 나보다 스무 살 어린 튀르키예인이다. 이날은 우리가 격리에서 벗어나 처음으로 모인 날이다. 에제는 내 책꽂이에서 실비아 플라스를 알아본다. 그리고 내게 자신의 십 대 시절에 관해, **내가 나를 죽였을 때**에 관해 뭔가 이야기한다. 나는 그 문장에 놀란다. 오역일 수도, 아닐 수도 있지만 나는 이해한다. **내가 나를 죽였을 때.**

실비아 플라스는 일기장에 메모해둔다. 정신병원 이야기를 하나 써야 한다고. 그에겐 돈이 필요하다. **그걸 안 쓰면 내가 바보지**, 하고 그는 쓴다. **정신병원이라는 소재의 시장이 점점 커지고 있어**, 하고 자신을 부추긴다. 일기에서 플라스는 여러 이름을 저울질

하다가 에스더 그린우드로 주인공의 이름을 정한다. 이 책은 에스더의 목소리로 시작한다. 에스더는 자기가 뉴욕에서 보낸 여름 이야기를 들려준다. 에스더의 **내가 나를 죽였을 때**의 이야기다.

밴텀북스에서 나온 1달러 25센트짜리 페이퍼백『벨 자』표지에는 시든 흑장미가 그려져 있다. 제목은 고딕 폰트의 검은 캘리그래피로 인쇄돼 있다. 1990년 로스앤젤레스 어딘가 보도에 펼쳐진 담요 위의 다른 1달러짜리 페이퍼백들 사이에서 그 책을 발견했다. 나는『벨 자』와 에리카 종의『비행 공포』를 샀다. 나는 이 제목들을 들어보기는 했지만 그 의미는 모른다. 나는 밤을 새우며 읽는다.

나의 젊은 친구에게『벨 자』를 읽는다는 것은 그 소설을 읽고 그 소설의 이야기를 아는 것을 의미한다. 나는 플라스의 죽음, 그 소설이 받은 반응, 저자의 죽음과 사후의 명성이라는 이 소설의 두 번째 삶, 이 복잡한 유산을 모르는 채로 그 책을 읽었던 것이 어땠었는지 기억해내려 애쓴다. 젊은 친구에게도 중요한 것은 플라스의 그로테스크한 자살, 그 처참함, 집착, 그 모든 것이다. 나는 그 책보다 앞서서 혹은 그 책과 나란히 펼쳐지는 작가의 이야기를 의식한 채 읽었을까, 아니면 의식하지 않고 읽었을까? 나는 허기를 품고 읽었고, 무언가를, 밑바닥을 찾고 있었다. 그것은 집어삼킴이었다. 젊은 여자가 어떻게 책을 받아들이고, 어떻게 읽고, 그 책이 어떻게 여자의 내면으로 스며들고, 그녀가 어떤 사람이 될지를 알려줄 대조군은 존재하지 않는다(매기 넬슨). 에스더의 역겨움은 나의 역겨움이었다. 에스더의 소외, 희망, 절망, 그 역시 나의 것이었다. 플라스의 책은 나의 일부가, 내가 살아갈 한 장소가 되었다.

에스더는 잡지 〈레이디스 데이〉가 인턴들을 위해 열어준 오찬회에 참석한다. 젊은 여자 인턴 중에서 게걸스레 먹는 사람은 에스더뿐이다. 다른 여자들은 먹는 양을 **줄이려고** 노력한다. 만찬 식탁은 **연두색 아보카도를 반으로 자르고 거기에 마요네즈를 버무린 게살을 채운 것**, 아주 살짝 익힌 로스트비프와 차가운 닭고기가 담긴 접시들, 그리고 사이사이 검은 캐비어를 높이 쌓은 커트글라스 그릇들로 가득하다.

음식과 섹스에 대한 에스더의 허기—욕망. 에스더의 식욕. 이는 에스더의 죽음 충동의 이면이다. 에스더 그린우드는 먹는다. 우리는 에스더의 식욕을 그의 야망, 욕망의 확장으로 이해한다. 1950년대 미국의 젊은 여성에게는 불가능한 것이었지만. **나는 다른 거의 모든 것보다 음식을 더 사랑한다.**

『벨 자』를 읽었을 때 나는 스무 살이 다 되어가던 시점이었다. 나는 책을 읽었고 책에 관한 시험들을 통과했다. 책에 관한 에세이도 썼다. 하지만 내가 『연인』과 『빌러비드』를, 그리고 마침내 『벨 자』를 읽은 그해 이전까지는 책이란 것의 의미를 이해하지 못했다고 생각한다. 나는 책이란 의사소통에 관한 것임을 몰랐다. 혹시 알았다 해도, 이때 이전까지는 그게 내게 중요하지 않았다. 한 권의 책은 시간과 공간을 가로질러 누군가에게 말하는 한 방식이다. 이 책은 나에게 살아가는 방식에 관한 뭔가를 이야기하고 있었다. 살아감의 다른 방식들을.

지금 나는 선생이고 학생들과 함께 책을 읽는다. 나는 구절들을 소리 내 읽는다. 질문도 한다. 누군가는 이렇게 말한다. 나는 이 책이 너무 좋아요. 다들 각자 뭔가 할 말이 있다. 어느 여학생은 말한다. 나는 에스더에게 공감하는데, 이러는 게 맞는지는 모르겠어요. 또 다른 학생은 말한다. 이 여자한테는 신뢰가 안 가요. 친구로서는 아주 못됐잖아요, 하고 또 어떤 학생이 지적한다. 이건 내가 그리 주의를 기울이지 않았던 부분이지만 괜찮다. 아주 못됐기는 하다. 이제 나는 작품 자체에 초점을 맞출 수 있다. 그래, 에스더는 미덥지 않다. 지금 나는 열아홉 살 시절 이 책을 읽었을 때와는 다른 사람이다. 그 책은 이 책이 아니다. 그래요, 맞아요, 하고 나는 학생들에게 말한다. 에스더의 잔인성, 주변 여자들을 무시한다는 이런 증거. 나라면 절대 그렇게 하지 않아요, 하고 학생들은 말한다. 나는 술에 취했거나 정신을 잃은 친구를 절대 남자의 아파트에 두고 가버리지 않을 거예요. 그건 너무 형편없는 짓이에요. 그는 왜 친구를 버려두고 가죠? 하고 그들은 묻는다.

나는 내게 전화했다는 사람들에게 전화를 거는 일도, 편지에 답장하는 일도 그만뒀다. 나는 다른 사람이 되려고 뉴욕에 간 것이며 나머지는 방해만 될 터였다. 그것은 점진적인, 그러다가 완전한 거리 두기였고, 예컨대 한때 내 자아의식에 너무나도 본질적인 부분이었던 그레이스의 우정 같은, 소녀 시절의 우정이 주던 친밀함에서 나를 떼어놓는 일이었다. 에스더처럼 나도 좋은 성적과 성취와 학위 과정이 나를 구원해줄 거라고 생각했다. 나는 주변 여자들에게 경쟁심을 느꼈으며, 그들의 모든 걸 부러워했고 그들의 평가를 두려워했다. 거리를 두는 게 더 쉬웠다. 그것은 내 감정적 삶을 통제하는 방법이었다. 나는 주변 사람들이 내가 아직 만들어가고 있던 내 정체성의 경계를 넘어오는 것에 병적이리만치 예민했다.

의무적으로 주립정신병원을 방문했을 때 아버지는 어머니가 어땠는지 말해달라는 요청을 받았다. **결점일 정도로** 과하게 감정이입하는 사람이었죠, 하고 아버지는 말했다. 감정이입도 **너무 지나칠** 수 있고, 수줍음도 **너무 지나칠** 수 있다. 우리 주변 세상에 대한 예민함도, 타인의 고통에 대한 예민함도 **너무 지나칠** 수 있다.

나의 어머니는 실비아 플라스와 같은 세대였다. 나의 엄마는 플라스가 자살했을 때 살아 있었다. 엄마는 그해에 스물일곱 살이었다. 아직 미혼이었고, 아직 자식이 없었다. 엄마는 무엇을 하고 있었을까? 그 뉴스를 들었을까? 그 시인의 글을, 『벨 자』를 읽었을까?

아니, 엄마는 플라스의 죽음에 대해 몰랐다. 그건 뉴스가 아니었기 때문이다. 부고도 거의 실리지 않았다. 사망 당시 플라스는 유명한 사람이 아니었다.

작가―한 사람―의 감정이입이 **너무 지나칠** 수도 있을까? 나는 감정이입 능력이 없는 사람들이 우리 인생을 지옥으로 만든다고 썼던 헨리 제임스가 옳았다고 생각한다. 혹은 **유일하게 참된 민주주의 체제는 세상의 상실을 우리 모두가 함께 살아내는 것**이라는 마르그리트 뒤라스의 말도. 그리고 버지니아 울프는 **사람들을 우리의 동정심 바깥으로 밀어낼** 기술이 없다면 우리에게 위험과 붕괴가 닥칠 수 있다고 지적했다.

도린은 에스더를 레니 집에서 열린 파티에 데려간다. 레니와 도린이 서로 격하게 애무하기 시작하자 에스더는 그 집에서 나와버린다. 에스더는 도린을 레니의 집에 남겨두고 마흔여덟 블록을 걸어서 호텔로 돌아간다. 그날 밤 늦게 호텔에 돌아온 도린은 에스더의 방문을 두드리며 에스더를 깨운다. 도린은 에스더의 몸에 토하고 이에 에스더는 도린을 자기 호텔 방 앞 복도 바닥에 그냥 내버려두기로 한다. 다음 날 인턴들은 모두 잡지 〈레이디스 데이〉의 오찬회에 참석하고, 그날 밤 에스더와 도린은 구토를 한다.* 여자 인턴들 모두가 식중독에 걸렸던 것이다. 에스더에게 토한다는 것은 속을 게워내 청소하는 행위다. 에스더는 폭식증이 없지만, 이 장면에서 그 상징적 무게는 명확하다. 구토는 순수를 찾으려는 노력이다. 에스더는 목욕도 하는데 이 역시 깨끗해지는 것, 순수성을 구하는 시도다. 세상이, 여성성이 에스더를 구역질 나게 한다. 1950년대가 그를 구역질 나게 한다. 1980년대는 나를 구역질 나게 했다.

닥터 트리얼은 여자가 굶거나 다이어트하거나 운동을 과하게 하는 이유를 내게 설명한다. 그건 애착과 관련이 있어요. 안정적 애착을 갖고 있다는 건 어렸을 때 필요가 잘 충족되었다는 뜻이에요. 부모 중 한 명이 사망한 트라우마는 아이에게 불안정한 애착을 초래할 수 있어요. 거부형 애착이죠. 그가 더 명확히 풀어준다. 바로 당신이 항상 느끼는, 자신을 보호해야 한다는 그 필요성이죠.

(나는 그 설명이 너무 단순하다고 생각한다. 거기에는 뭔가 영적인 것이, 어떤 탐색이, 모색이 있는 것 같다. 그때 그에게 그런 말을 하려 하지는 않았지만, 거식증이 그렇게 단순하거나 단 한 가지 문제에서 비롯된다고는 생각하지 않는다.)

- 이 부분은 소설의 내용과 어긋나는데, 도린은 인턴들 가운데 유일하게 오찬회에 참석하지 않았고 그 시간에 레니와 데이트를 했다. 따라서 도린은 토할 일이 없었고 토한 나머지 인턴들에게 수프를 가져다주며 돌본다.

너무 지나친 187

우리가 항상 자신이 받은 영향들을 짚어낼 수 있는 건 아니다. 실비아 플라스의 영향력이 떨쳐내기 어렵고 집요하긴 하지만 그에게 집착하는 우울증 걸린 백인 여성 작가라는 건 너무 흔해 빠진 얘기다. 오랫동안 나는 플라스를 외면했다. 그 책을, 그 책이 나에게 한 일을 무시했다. 내가 자아 대신 붙들고 있을 책을 쓴 뒤라스의 경우와는 달랐다. 당시에도 이미 나는 그것이 너무 뻔하다는 걸 알고 있었다. 나는 플라스를 읽으며 그가 내 작가라는 것을 알았고 동시에 나의 작가가 아니라는 것도 알았다. 내가 그의 영향을, 그 영향의 연장선에 그의 죽음이 나란히 자리하고 있었음을, 그의 죽음이 그 영향의 일부였음을 어떻게 설명할 수 있을까.

뉴욕시에서 변화의 여름을 보낸 후, 에스더는 교외에 있는 어머니의 집으로 돌아가서 여름 글쓰기 강좌 신청이 받아들여지지 않았다는 소식을 접한다. 이제 에스더는 자기의 벨 자 속으로 들어간다. 그러니까 침대에만 있으면서 샤워도 하지 않고 옷도 갈아입지 않는다. 이레 동안 잠도 자지 않는다. 어머니가 마침내 에스더를 정신병원에 데려간다. 에스더는 의사의 책상 위에서 완벽한 가족의 모습이 담긴 사진을 본다. 그는 닥터 고든이 자기를 도울 수 없다는 걸 안다. 의사는 에스더가 다닌 대학에 관해 질문하더니 그 학교에 대한 기억을 떠올린다. **아, 거기 여학생들 참 예뻤는데.** 에스더는 그를 싫어하고, 어머니에게 다시는 거기 가지 않겠다고 말한다. 어머니는 기뻐하며 안심한다. **내 딸은 그런 사람들과 다르다는 걸 알고 있었지.**

그러니까 그때는, 내가 나의 고통을 내 몸에다가 옮겨놓은 것은 엄마가 세상을 떠난 지 몇 년이 지났을 때였다. 이른바 식이장애였다. 당시의 나는 그게 식이장애임을 인식하지 못했지만. 그건 자연스러운 변화였다. 일시적이지만 일말의 통제감 같은 것을 느끼게 해주던 그것은 여러 해 동안 나를 집어삼킬 터였다. 나의 나날은 내 몸의 형태, 내가 먹은 것과 먹지 않은 것과의 연관 속에서 확대되고 축소됐다. 이것이 내 통제의 장소였다. 나는 에스더와 달랐다. 내 성향은 금욕적인 쪽으로 향했다. 나의 거부는 취약성의 거부이며 필요의 거부였다. 머리로는 이를 알았지만 멈출 수는 없었다. 내가 더 마를수록 필요는 더 적어졌다. 이 과도기에, 내 아래 바닥이 흔들리고 있고 모든 게 통제를 벗어난 듯 느껴지던 이 시기에 나는 마른 몸이 될 필요가 있었다. 나는 매일 일찍 일어났다. 침울한 지하 체육실에서 운동용 자전거를 탔다. 음식은 혼자서 먹었다. 점심으로 플레인 베이글 하나, 저녁으로는 채소. 기름이나 지방은 먹지 않으려 했다. 단백질도 먹지 않으려 했다.

그 여름날 저녁에 왔던 내 친구의 그 젊은 친구는 나에게 묻는다. 당신은 불가사의할 정도로 그 소설과 깊이 동일시해서, 그러니까 그 모든 걸 너무 잘 알 것 같아서 당신과 그 소설의 연결성에 압도되고, 이 소설이, 이 소설의 의식이 당신이 알았던 다른 어떤 사람보다 더 가깝게 느껴지지 않았나요? 그리고 다른 사람들은 당신이 알았던 것처럼 이 책을 알지 못하기를 원했겠죠. 그 전율과 내밀함에 어찌할 바를 몰랐을 테고요. 그에 관해 말하는 것은 불가능했다. 플라스와 『벨 자』를 언급하면 눈알을 굴리는 반응과 무시의 말들을 만났다. 만약 『벨 자』를 혹은 『에어리얼』의 시들을 읽은 사람이라면, 걱정스러운 눈빛으로 당신을 바라봤다. 플라스의 글을 읽어본 적 없는 사람이라도 그에 관한 얘기는 분명 들어보았다. 그들은 아이구, 맙소사, 하거나 한숨을 쉬거나 가장 가까운 출구를 찾았다.

나는 읽지 말아야 한다는 걸 알면서도 그걸 읽었다. 주디 블룸의 『호랑이의 눈』이라는 책, 그 책은 우리 학교에서 인기가 있었다. 우리 중학교에서는 아이들이 그 책을 돌려가며 읽었다. 그건 우리가 읽지 말아야 할 책이었다. 우리는 그 책이 섹스에 관한 책이라는 걸 알았다. 물론 그런 경고 때문에 그 책이 더 흥미진진해졌다.

실비아 플라스를 처음 읽는 것은 마르그리트 뒤라스를 읽는 것과는 전혀 달랐다. 플라스에 대해서는 차단된 뭔가가 있었다. 하지만 내 생각에 나는 내가 원했던 것을 두려워했던 것 같다. 『벨 자』 속에 아주 생생히 살아 있는 그 전염성을. 그 전염성은 누구도 부인할 수 없다. 그 책과 그 책의 의식이 당신을 끌어당기는 방식을. 쥘리아 크리스테바가 말한 **텍스트의 거미줄**을. 크리스테바는 죽음이 흠뻑 배어 있는 책들, 죽음이라는 질병을 순순히 길들이고, 죽음과 융합되고, 거리나 관조적 시각도 없이 죽음과 같은 층위에 존재하는 책들에 관해 말했다. 그것이 그 책의 힘이었다. 수년 뒤 내가 그 책을 다시 읽었을 때, 나는 과거에 그랬던 것처럼 쉽게 영향받지는 않았다. 나는 이제 크리스테바가 말한 **취약한 독자**가 아니었다.

크리스테바가 보기에 뒤라스는 광기에 **관해** 쓴 것이 아니라 독자를 광기 **쪽으로** 데려간다. 나는 열아홉 살, 취약한 상태였을 때 뒤라스를 읽었다. 나는 광기 **쪽으로** 이끌려가기를 원했다. 나는 그날 밤 집에, 가구가 갖춰진 나의 원룸 아파트에 남아 『연인』을 읽었다. 자살 시도에 실패한 후에도, 입원 후에도 『벨 자』는 내 머릿속에 없었다. 나는 그만큼 그 책에 완전히 저항했다. (혹은 그렇다고 나 자신에게 말했다.) 내 인생은 온전히 나만의 인생이었다. 어쨌든 나는 그렇기를 바랐다. 셰익스피어를—『로미오와 줄리엣』, 『햄릿』을—읽을 때처럼, 나는 나 자신에게 내 광기의 대본은 오직 나만의 것이라고 말했다. 이것들은 나의 플롯 포인트들이라고.

에스더 그린우드와 동일시하라는 충고는 아무도 하지 않겠지만, 그래도 나는 그해에 뉴욕으로 옮겨가기 전에 『벨 자』를 읽었고, 내가 그 책과 동일시하지 않았다고 해도 그 책이 내게 상상의 공간을 열어준 것은 사실이다. 나는 자살할 작정이 아니었고, 공부하고, 읽고, 고통에 면역이 되도록 나 자신을 향상시킬 작정이었다. 나는 가장 우수한 학생이, 위대한 작가가 되고자 했다. 그것이 나를 외로움과 불행으로부터 구해줄 터였다. 내가 더 많은 것을 성취할수록 사람과의 연결에 대한 필요성은 줄어들 테니까.

나는 모두에게 묻는다. 당신은 몇 살 때 『벨 자』를 처음 읽었어요? 그때 당신이 어디에 있었고, 어떤 사람이었는지 기억해요? 한 남성 친구는 커뮤니티 칼리지의 어느 수업에서 처음 그 책을 읽었다고 한다. 그때 처음으로 소설이 어떻게 의식을 드러낼 수 있는지 이해했다고. 다른 사람은 여름 캠프에서 읽었는데, 그때 그는 열여섯 살이었다. 또 다른 친구는 7학년 때 읽었다고 한다. 지금 친구는, 너무 어렸어! 하고 말한다. 7학년 때는 내가 어린지도 몰랐지. 게다가 난 그 극단적인 감정, 에스더의 강렬한 의식을 이해하기에도 너무 어렸어.

─#─

페미니스트 문학비평가 제인 마커스는 『벨 자』에 관해 이렇게 말했다. 에스더와 그의 창조자는 경계가 너무 불분명해서, 독자는 그렇게 자기 연민에 빠진 화자를 통해 말하는 작가를 어떻게 생각해야 할지 확신하지 못한다. 그 소설의 고백적 칭얼거림은 사람을 오글거리게 한다.

나는 열아홉 살이던 1989년에 실비아 플라스를 발견했는데, 그 한참 전부터 그는 이미 문제적 인물이었고, 플라스와 동일시하는 것은 문제 있는 일이었다. 마커스를 비롯한 페미니스트들이 소설에서나 실제 삶에서나 플라스의 해결책을 거부하는 것은 충분히 납득할 수 있다. 그 소설이 젊은 사람들을 자살로 몰고 간 원인이었다고 말할 수 있는 사람은 없다. 나도 그렇게 말할 수는 없지만, 내가 그 문을 여는 데, 내 인생의 바로 그 특정 시기에 그 가능성을 생각해보는 데 도움이 되지 않았을까 싶기는 하다. 나는 영향에 취약했다. 나는 어머니들을 찾고 있었다. 여성학 수업을 발견하고 그토록 전율했던 것도 그래서였다. 나는 어떻게 살아가야 하는지 알고 싶었다. 에스더에게 살아가는 법이란 삶을 거부하는 것, 삶의 한계선에 도달하는 것, 삶에서 빠져나가는 길을 상상하는 것이었다.

플라스가 자살한 지 육 년 후, 테드 휴스의 여자 친구 아시아 위빌은 플라스와 똑같은 방법으로 딸까지 데리고 자살했다. 플라스가 죽었을 때 아기였던 플라스의 아들은 2009년에 자살했다. 〈뉴욕 타임스〉에 실린 그의 부고: 실비아 플라스와 테드 휴스 두 시인의 아들인 니컬러스 휴스가 3월 16일 알래스카의 자택에서 자살했다. 자신의 어머니, 그리고 아버지의 연인이 스스로 목숨을 끊은 뒤 사십 년 후의 일이다. 향년 47세.

한 인생과 죽음을 요약하는 문장으로 이보다 더 포괄적이고 통렬한 문장은 상상하기 어렵다. 물론 우리는 자살에 전염성이 있다는 걸 안다. 우울증이 집안 내력으로 이어진다는 것도. 유년기에 부모를 잃는 일이 성인기의 우울증 가능성을 높인다는 것도 안다.

그렇다면 나는 왜 마커스의 다음과 같은 견해에 충격을 받는 것일까. 『에어리얼』의 시들은 무시할 수 없는 동시에 도덕적으로 혐오스럽다. 혹은 1971년에 『벨 자』에 관해 쓴 엘리자베스 하드윅의 말: 실비아 플라스의 작품에서도 그의 삶에서도 병리적 요소들은 몹시 깊이 뿌리내려 있을 뿐 아니라 그에 대해 저항도 거의 하지 않아서, 일반적 원칙이나 확실한 기원, 적용할 만한 내용이나 교훈을 찾을 마음도 없어 보인다. 그의 운명과 그의 주제들은 거의 분리되지 않으며 둘 다 유달리 끔찍하다. 플라스의 작품은 마치 주먹으로 강타하는 것처럼 난폭하며, 때로는 그 감정도 심술궂다.

이런 미학적 거부의 특징은 전염에 대한 막연한 두려움이다. **저항도 거의 하지 않아서.**

『에어리얼』의 시들에 담긴 플라스의 분노는 전염성이 있고 위험한, 막고 차단해야 할 바이러스였다. 〈애니 홀〉부터 〈헤더스〉까지 그 시절에 내가 본 영화에서 『에어리얼』은 빈정거림이나 농담의 소재였다. 젊은 여자들 사이에서 엄청나게 인기가 있었고, 그 때문에 진지하게 받아들여질 수 없었다. 「레이디 라자루스」나 「아빠」에 담긴 그의 분노는 자기 힘의 정점에 달한 플라스를 보여준다.

책이 우리를 바꿔놓을 수 있다는 생각은—사람들은 어리고 젊은 여자들에게 책을 너무 많이 읽지 말라고 말한다—쉽게 무시할 수 있지만, 또한 매우 진지한 것이기도 하다. 고대인들도 그렇게 조언했다. 읽는 것이 성격을 형성하니 젊은이가 무엇을 읽는지가 중요하다고. 나는 내 인생을 바꿔야 했다. 그 정도는 나도 분명히 알았다. 내가 뉴욕에 있었던 것이 플라스 때문이었다고, 나를 뉴욕으로 이끈 소설 속 인물들을 창조한 여성 작가 중 한 사람이 그였다고 말하면 너무 단순하거나 뻔하게 느껴진다. 하지만 내가 뉴욕으로 이사하기 몇 달 전에 그 책을 읽은 것은 사실이다. 나는 『비행 공포』도 읽었다. 감전된 듯한 강렬한 인식. 내가 바너드칼리지에 다니기로 선택한 것도 그 책을 읽었기 때문일 가능성이 매우 크다. 그 주인공이 바너드에 다니며 섹스를 아주 많이 하니 말이다.

나는 캐시 애커가 산문시 「안녕, 나는 에리카 종이에요」로 에리카 종을 풍자했다는 사실을 몰랐다. 이 시는 후에 『고등학교의 피와 내장 Blood and Guts in High School』에 수록되었는데, 이 책은 에리카 종의 사실주의적-전통적 허구의 우주에 대한 애커 특유의 거부다. 아니, 하지만 이는 또 하나의 독특한 화학적 반응,

희망을 제시하는 하나의 깨달음이기도 했다. 게다가 지퍼 없는 섹스*란 또 뭐였을까? 뭔지는 몰랐지만 나도 그걸 원했다.

그해에 내가 죽음을 원했다면 나는 섹스도 원했다. 나는 스무 살짜리가 원하는 그 모든 것을 어떻게 해야 하는지 몰랐다. 하긴 그 누가 그걸 알겠는가?

얼마 전에 참석한 어느 디너파티에서 나는 유일한 작가였다. 한 남자 의사가 내 책이 무엇에 관한 책이냐고 물었다. 내가 여자들과 광기, 실비아 플라스와 재닛 프레임 같은 여자들(이 명단에 나는 포함시키지 않았다)에 관해 쓰고 있다고 말하자, 그는 불쾌해진 것 같았다. **그렇게 엉망진창인 삶을 산 여자들**에 관한 글은 왜 쓰는 겁니까?

(게다가 그런 삶에 저항도 거의 하지 않은.)

이제 나는 말하지 말아야 할 것과 질문에 대답하지 않는 방법을 안다. 내가 어쩌다 제정신을 잃었는지, 어쩌다 여러 해 동안 입원해 있었는지에 관해 쓰고 있다는 말은 하지 않는다. 작가가 점유하는 그 공간에 관해, 제정신과 정신이상 사이의 균형에 관해 쓰고 있다는 말도.

어쨌든, 내가 한 말이 무엇이든 나는 너무 많이 말해버렸고,

• 에리카 종이 『비행 공포』에서 처음 썼고 이후 널리 사용된 표현으로, 아무 감정적 얽힘이나 관계의 규범 없이 순수한 욕망과 쾌락만을 위한 성행위를 뜻한다.

너무 많이 드러내버렸다. 그래서 이제 그 결과를 감당할 수밖에 없었다. 그건 그의 문제이며 그의 가정이란 걸 알면서도 얼마나 수치심을 느꼈는지. 이런 태도, "엉망진창인 삶"을 산 여자들은 고려할 가치도 없다는 태도야말로 내가 해결하고 싶은 문제의 일부라는 걸 아는데도.

몇 달 뒤, 나는 아일랜드에서 접객 일을 하는 한 여자에게서도 비슷한 질문을 받았다. 이번에 나는 마르그리트 뒤라스와 버지니아 울프의 얘기를 꺼냈다. 내 입에서 **울프**라는 단어가 채 떨어지기도 전에 그는 깜짝 놀란 듯 몸서리를 치며 말했다. 아이, 너무 우울하잖아요. 안 그래요? 모두가 웃었다. 이번에도 나는 내가 사과해야 한다는 느낌을 받았다. 나는 본능적으로 그 자리에 있던 모두가 나를 보듯이, 그러니까 아주 우울한 인생을 선택한 사람으로 나 자신을 바라보며 부끄러움을 느꼈다. 그 누가 엉망진창이고 우울한 인생을 살았던 우울한 여자 작가들에 관해 생각하며 시간을 보내려 한단 말인가?

나는 위트도 없고 재치 있게 말대답하는 재주도 없어서, 저렇게 짜증스러운 발언에 곧바로 응수하려고 하면 말이 막힌다. 저런 말은 대화 상대와 나 사이의 간격이 너무나 크다는 사실을 드러내므로 대답할 가치도 없다. 나는 그에 대해 아무 말도 하지 않는데, 이는 냉정하거나 비사교적으로 보일 것이다. 그리고 나는 그 작가들에 관해 생각하거나 글을 쓰는 것이 나를 행복하게 한다는 말도 하지 않는다. 설명할 가치가 있는 말이기는 하지만, 매번 그런 설명을 할 여유는 없었다. 이런 종류의 파티에서는 한 인생의 작업을 교환 가능한 화폐처럼 취급하고, 그래서 남들이 소화하기 쉽게 압축해야 한다. 그러니 자신의 자아나 열정 같은 주제는 피하고 그냥 넘어갈 때까지 버티는 것 외에 할 수 있는 게 별로 없다.

나는 플라스의 시체에서 천재성을, 그의 극적인 죽음의 장면에서 희망을 보게 되었다는 말은 하지 않는다. **플라스는 우리가 살아갈 수 있도록 자신을 폭파시킨 것**이라는 말을 디너파티의 그 남자에게는 결코, 절대 말하지 않을 것이다. 플라스의 죽음은 『각성』의 퐁텔리에 부인의 죽음처럼, 에마 보바리의 죽음처럼 **해방적 실천**이었다고, 나는 말하지 않는다. 또 우리가 유령 이야기를 좋아하기 때문이라는 말도, 진실이기는 하지만 그에게는 하지 않는다. 그리고 우리가 플라스를 사랑하는 건, 그가 우리와 같은 죄로, 격분과 역겨움과 온갖 흉한 감정을 품은 우리 모든 여자들과 같은 죄로 죽었기 때문이라는 말도.

나는 버지니아 울프나 재닛 프레임이나 슐라미스 파이어스톤의 삶에서, 그들이 광기에도 불구하고 성취한 것에서 너무나 많은 희망을 본다는 말도 하지 않을 것이다. 그들 각자가 어떻게 나에게 진실과 비전과 길을 안내하는 불빛을 줄 수 있었는지를. 엉망진창인 삶을 살아간 이 여자들이 없었다면 나는 지금 어디에 있을까? 디너파티의 그 남자에게도, 호텔의 그 여자에게도 나는 이 질문을 하지 않는다.

시간은 지나간다

지금은 11월이다. 어느 오후에 레크리에이션 치료사가 나이 액 소풍에 갈 사람들을 모은다. 사과를 따러 가는 것이다. 내게 는 아직 병원을 떠나는 것이 허락되지 않는다. 그러기엔 너무 이르다. 환자가 특권을 부여받는 데는 계단들, 단계들이 있다.

일주일에 한 번 나는 의사를 만난다. 넉 달에 한 번씩 새 의사로 바뀐다. 레지던트인 이들은 전문의와 달리 젊은 여성들이다. 의대를 갓 졸업한 이들은 근무지를 돌아가며 경험하는 중이다. 그들은 기록하고, 내가 말하는 모든 걸 다 받아 적는다. 마치 나의 이 사소한 근심들, 병동 생활의 일상적 고충들이 모두 다 중요하다는 듯이. 왜냐하면 이제 그게 치료의 재료이기 때문이다. 당신이 이 사람 혹은 저 사람에 대해 어떤 감정을 느끼는지가. 우리는 이 낯선 나라의 거주자들이 되었고, 의사들은 통역가로서, 민족지학자로서 거기 존재한다.

  오늘 나는 닥터 스미스를 만난다. 그는 충격적으로 키가 크다. 나는 이 의사의 권위와 우아함에 위협을 느낀다. 그는 내가 수차례 받았던 질문을 또 던진다. 나는 대답하는 새로운 방법들을 찾아냈다. 의료 기록을 읽어보면 닥터 스미스의 메모가 눈에 띈다. 그 글은 문학적이고, 상세한 인물 묘사는 브론테의 소설을 연상시킨다. 닥터 스미스는 마치 소설의 여주인공을 묘사하는 것처럼 나에 관해 썼다.

  여는 질문이 끝나고 여섯 달에 한 번씩 하는 정규 평가로 넘어가 병원 생활에 관해 질문한다.
  어젯밤에는 무슨 일이 있었나요?
  물론 그는 무슨 일이 있었는지 알고 있다.

  월요일 저녁에는 저녁 식판이 치워진 뒤 브리짓과 매리언이 집으로 가고 록산과 엘시가 병동을 넘겨받기 전까지 긴 빈틈이 있다. 록산과 엘시는 목요일 이후 주말까지 출근하지 않았는데, 이 때문에 몇몇 환자가 불안해했다. 나는 식당 건너편에 앉아 있다. 책 한 권을 들고 있지만, 반쯤은 집중하지 못하고 띄엄띄엄 읽는 중이다. 지금은 병동 생활이 내 관심과 근심과 연구의 자리를 차지하고 있다. 내가 있는 이 위치에서는 E자의 긴 세로 기둥 저 끝쪽에 있는 몰리를 볼 수 있다. 몰리는 몇 달 전 내가 입원했을 때 퇴원을 준비하고 있었다. 날짜도 정해져 있었다. 몰리는 거의 사 년을 병원에서 보냈다. 다른 환자들을 통해 나는 몰리가 군대에 있었고, 정신증 발작이 일어난 뒤 보훈병원에 입원했다는 사실을 알았다. 몰리는 거기서 뉴욕주립병원으로 전원됐다.

  몰리는 작은 비닐 카우치 위에 엘시와 마주 보고 앉아 있다. 엘시의 길고 붉은 머리카락이 왼쪽으로 흘러내려 얼굴을 가리고 있다. 긴 침묵 사이사이로 몰리만 말을 하고 있거나 엘시는 작은 소리로 속삭이기만 하는 것 같다. 자주 그러듯이 어느새 몰리는 갑자기 자기가 앉아 있는 자리에서 벌떡 일어나 돌진한다. 처음에는 엘시에게, 그리고 복도를 지나가면서는 허공을 향해 고함을 치거나 비명을 지르고 문이나 벽을 주먹으로 친다. 오늘 엘시는 의자에 앉아 기다린다. 때때로 몰리는 발작을 일으켰다가 가라앉아 다시 엘시가 기다리는 소파로 돌아간다. 오늘 밤에는 돌아가지 않고 이 복도 저 복도를 누비며 날뛴다. 지원 인력이 와서 몰리에게 다가간다. 몰리가 멈추려 하지 않아서 그들이 제압할 수밖에 없다. 이제 모두가 모여서 그 광경을 구경한다. 인터컴으로 병원 전체에 울려 퍼진다. 정신병원 응급, 5층. 곧 다른 사람들도 엘리베이터와 계단으로 속속 도착한다. 내가 한 번도 본 적 없는 의사들, 간호사들, 지원 인력이다. 그들은 몰리에게 혹은 몰리가 붙잡혀 있는 곳으로 간다. 얼마 지나지 않아 그들 중 다수는 다시 계단으로 돌아간다. 몰리를 진정시켰으니 그들은 한시름 놓았다.

당신은 그 일에 어떤 기분이 들었나요? 닥터 스미스가 묻는다. 분명 당황스러웠을 텐데.

흥미로웠어요, 라고 나는 말하지 않는다. 그게 저녁 시간에 어떤 형태를 부여했어요, 라고도 말하지 않는다.

모든 주의가 몰리에게 쏠린 일에 대해 어떻게 느꼈나요?

큰 구경거리였죠.

그건 부정적 관심이에요, 하고 닥터 스미스가 설명한다. 그게 몰리가 원한 거죠. 부정적 관심도 관심은 관심이니까. 당신이 원하는 것도 그런 거예요? 간호사들에게 더 많은 관심을 받고 싶어요?

이런 질문은 우리에게 실험 대상이 되는 법을 가르치는 방식이었다. 이것이 실험 재료였고 우리의 진전 혹은 진전하지 못함은 이 재료에 대한 우리의 반응에 달려 있었다.

나는 엘시나 록산과 그런 종류의 관계를 맺지 않았다. 이를 이 의사에게 설명할 수는 없다. 닥터 스미스는 야간 근무조의 사회를 이해할 수 없다. 우리는 밤이면 다른 세상에 살았고, 그 세상에는 다른 규칙, 다른 존재 방식이 있었다. 몇몇 변수는 명확했다. 엘시는 몰리를 위해 거기 있었다. 엘시는 워낙 무서워서 어차피 우리 중에 엘시와 말을 주고받는 사람도 거의 없었다. 그러지 않는 게 더 낫다는 걸 우리는 알았다. 엘시는 절대 미소 짓는 법이 없었고 질문을 받으면 짜증스러워하는 것 같았다. 엘시가 다른 환자들을 상대하는 건 오후 9시뿐이었다. 그때 엘시는 사무실로 돌아가 창을 연다. 물이 담긴 종이컵. 우리는 줄을 서서 약을 받고 물과 함께 약을 삼킨다. 한 시간 뒤 우리는 각자의 방 침대에 누워 있어야 한다. 불이 꺼진다.

 그렇게 여러 해를 병원에서 지낸 몰리가 왜 아직도 이런 상태냐고 물어볼 생각은 떠오르지 않았다. 한 주나 두 주 혹은 석 달이나 여섯 달 전에 온 환자들보다 왜 더 나빠 보이냐고도 묻지 않았다. 진전의 스토리라는 게 있고 우리는 그 스토리라인을 따라가야 하는 것으로 되어 있었다. **더 나아지려고 나빠지는 거다.** 이 말은 아주 많은 걸 의미할 수 있는데, 거기엔 너무 많이 나빠져서 호전되지 못할 가능성까지 포함된다. 바로 그 가능성이 거기 있었다. 거기엔 나아지지 않는 사람이 아주 많았다.

 지금 생각하면 아주 이상한데, 그 병원에 있을 때는 우리가 어떤 식으로든 더 나빠질 필요가 있다는 생각을 당연하게 받아들였다. 그들이 우리를 낱낱이 부순 다음 다시 우리를 조립해주는 거라고. 그렇게 생각했던 걸까?

신경 문제, 혹은 내가 뭘 어쩌겠어?

또 다른 여름. 1993년인가 1994년인가. 당신이 다시 그 병동을 방문했다고 하자. 이번에 당신은 책들이 듬성듬성 꽂힌 책장이 있음을 알아차린다. 엘리베이터에서 내릴 때 당신의 오른쪽에 책장이 있다. 당신이 보게 될 책, 노란 표지의 작은 그 책은 그레타 가르보 전기 바로 옆에 꽂혀 있다. 샬럿 퍼킨스 길먼의 『누런 벽지와 다른 단편들』이다.

그 책이 거기 있었다는 건 최근에야 기억이 났다. 어디에나 있는 다른 소설들처럼, 『벨 자』처럼, 그 시절에는 그 책이 너무 많이 보였다. 나는 나 자신에 관한, 여자들에 관한, 광기에 관한, 정신 의료의 역사에 관한 통념에 저항하려 애썼다. 내가 그 통념 속에서 살고 있었을 때조차. 그랬을 때 특히 더.

나는 수년 뒤, 내가 내 경험에 흥미를 느낄 수 있을 만큼 충분한 시간이 흐른 후 길먼의 책을 다시 읽었다. 이런 작가들은 나에게 돌아갈 길, 의미를 밝혀낼 길, 시간을 멈추고 병원에 머물던 그 여자를 이해할 길을 내주었다. 그 젊은 여자는 거기서 뭘 하고 있었을까? 절대적 운명 같았던 것이 사실은 다른 무언가였을 수도 있었다. 내가 그걸 알아낼 수 있다면. 이 책 역시 그 질문에 답하려는 시도다.

그러나 1993년에는 그런 질문들이 아직 멀리 있었으므로—나는 광기를 행동으로 표출하고 있었다—그 소설들을 읽는 것으로는 충분하지 않았다. 나는 내가 특별하다고, 내 고통은 나만의 고유한 것이라고 믿어야 할 필요가 있었는데, 그 소설은 아주 많은 이야기가 그러듯 그 환상을 무너뜨릴 수도 있었다.

어쩌면 나는 나보다 한 세기 전에 살았던 이 여자와 내가 관련이 있다고 느낄 수 없었던 건지도 모른다. 어쩌면 그의 이야기가 내게 중요하지 않았던 건지도 모른다. 그 책은 내 대학 수업의 읽기 과제로 지정되지 않았고, 그 때문에 다른 이야기들, 다른 책들, 다른 작가들이 중요했던 방식으로는 중요하지 않았을 것이다. 나는 나의 교육과 교육의 권위에 너무 집착했고 그 집착이 내 독서를 제한했다.

혹은 또 어쩌면 내가 샬럿 퍼킨스 길먼의 유명한 단편소설 「누런 벽지」를 따분하다고 느꼈을지도 모른다. 강사가 된 나는 문학과 삶의 가장 명백한 연결점들조차 찾아내기가 얼마나 어려운지 자주 되새기게 된다. 아니 그보다는 좋은 독자, 좋은 학생이 그 연결을 인식할 수는 있더라도, 그 연결을 느끼는 것은 완전히 다른 일이라는 것을. 그 의미를 찾아내는 것과 그 의미를 자기 삶에 적용할 수 있는 것 또한 완전히 다른 일이다. 그것은 우리가 문학 분석이라 부르는 것보다는 메소드 연기에 더 가깝다. 나에게 그 일은 감정과 함께 시작되었다. 힐턴 앨스가 표현했듯이, **내가 그걸 느낄 수 없다면 그걸 쓸 수도 없다.**

그래서 내가 다음에 그 책을 읽었을 때는 병원에서 나온 지 여러 해가 지났을 때였다. 이번에는 그걸 느꼈다. 이번에는 무슨 말인지 너무 잘 알겠어서 머리가 띵해질 정도였다. 그것은 여전히 너무 가깝고 너무 현실적이었다. 나는 이제 이 이야기를 원하지 않았고, 떨쳐내려 애썼다. 하지만 그 이야기는 분명 존재했고, 내 안에 있는 무언가의 진실에 닿아 있었다. 이제는 길먼의 이야기가 내 이야기에 빛을 비춰주었다. 그 무렵 나는 얼마 전 결혼하여 그 세월을 뒤로 넘겨버리려 애쓰고 있었다. 정말 그것이 가능하다고는 믿지 않았지만. 마지막 퇴원 이후, 마지막 입원 이후 육 년, 팔 년, 심지어 십 년이 지나도 나는 여전히 그와 관련된 것을 보는 일, 말하는 일에 두려움을 느끼고 있었다. 나는 누구에게도 내가 어디에 있었는지, 얼마나 오래 있었는지 말할 수 없었다.

—#—

2008년. 내가 그다음에 다시 「누런 벽지」를 읽은 것은 내 아들이 아직 아기였던 때로, 나는 여성 문학 수업에서 그 소설을 읽기 과제로 냈다. 마침내 나는 그 이야기를 다른 누군가의 이야기로 읽을 수 있게 되었다. 그것은 내가 엄마가 된 일, 내 몸이 경험한 그 극단, 그리고 내가 느끼던 평화와도 관련이 있었다. 어느 날 수업 전에, 우리가 그 소설에 관해 논의하기 전에, 나는 화장실 한 칸에 들어가 작은 유축기로 모유를 짜냈다. 아기는 집에 있었고, 이 수업은 그 애가 태어난 후 처음 맡은 수업이었다. 일주일에 하루, 한 번의 강의. 내 가슴에는 젖이 고통스러울 정도로 가득 차올랐고, 그래서 통증을 덜기 위해 매시간 짜내야 했다.

이윽고 집에 돌아오면 저녁 6시고, 아기는 끝없이 젖을 먹을 태세로 기다리고 있다. 아기는 종일 모유를 못 먹은 채 기다렸고, 잃어버린 시간을 벌충하려는 듯 거의 밤새도록 깨어 있을 것이다. 나는 어느 아파트 3층에서 나만큼 그 아기를 사랑하는 남자와 살고 있고, 우리의 사랑은 거대하고 말도 안 될 만큼 어마어마하다. 우리는 「누런 벽지」의 부부와는 전혀 다르다. 나는 자기 아기를 거의 언급하지 않는 화자와 전혀 다르고—나는 아기 생각을 **멈출** 수 없다!—그는 자기 아내를 내려다보는 존과 전혀 다르다. 하지만 이 남자, 내 남편은 지금 혹은 길고도 때때로 무서웠던 임신 기간 내내 내 안에서 솟아오르던 불안 혹은 공포를 이해하지 못한다. 그것이 나를 어떻게 바꿔놓았는지 그는 이해하지 못한다.

나는 비정규직으로 보조적이고 부차적이며 불안정한 상태다. 하지만 가르치는 일을 그런 식으로 하지는 않는다. 강의 계획서를 준비할 시간이 몇 주 있었다. 추천 작품 중에는 그 병원 책장에서 제목을 보았던 기억이 있는 그 단편도 포함된다. 의사에게서 휴식 치료를 처방받은 여자에 관한 이야기다. 때는 1899년이다. 소설의 화자는 막 아기를 낳은 뒤인데, 아기는 이야기에 등장하지 않는다. 화자는 자신의 문제를 **신경 문제**라고 표현한다. 그는 글을 쓰고 싶어하지만 의사는 글을 쓰는 건 좋은 생각이 아니라고 말했다. 그에게 필요한 건 휴식, 은둔, 글을 그만 쓰고 책을 그만 읽는 것이다.

화자는 의사가 말한 것이 좋은 생각이 아니라고 생각하지만 상황은 그대로 흘러간다. (그 병동에서 보낸 몇 년 내내, 나는 얼마나 많이 생각했던가. 이건 좋은 생각이 아니라고.) 우리가 아는 것과 변화를 이룰 능력, 권위에 저항할 능력 사이의 그 간극. 혹은 (운이 좋다면) 그 일을 이루는 데 걸리는 시간.

화자는 자기 방을 떠날 수 없다. 주치의와 역시나 의사인 자기 남편이 화자를 감금한 방의 창에는 창살이 있다. 그는 남편 존이 여름 동안 지내려고 빌린 빅토리아풍 대저택에서 제일 위층에 있는 아이들 방에 머물고 있다. 창에 창살이 있는 아이들 방이라니. 아이들이 떨어지는 걸 막기 위한 것일까? 아니면 탈출하지 못하도록? 아동기에는 늘 이런 긴장이 존재한다. 이는 화자의 긴장이다. 그들이 그에게서 갓난아기를 떼어놓자, 그가 아기가 된다. 주치의가 그렇듯, 남편도 아내에게 무엇이 제일 좋은지 알고 있다. 적어도 화자는 자신에게 그렇게 말한다. 남편이 자기보다 더 많이 안다고. 자기한테 뭐가 맞는지는 남편이 안다고. 하지만 문장마다 화자의 모호함이 배어난다. **나는 이렇게 생각하는데 존은 저렇다고 말해. 내가 틀린 거겠지. 내가 뭘 어쩌겠어?** 화자는 독자에게, 그리고 일기장에 계속해서 묻지만—**내가 뭘 어쩌겠어?**—물론 그는 자기가 할 수 있는 것을 알고 있다. 그는 글을 쓸 수 있다. 그래서 글을 쓴다.

지금 나는 이 소설의 핵심에서 무기력을, 내가 너무 잘 알았던 학습된 무기력을 읽는다. 자기가 누구인지, 자신에게 필요한 게 뭔지 누군가 말해주기를 바라는 그 마음을.

이 단편을 아는 사람이라면 샬럿 퍼킨스 길먼의 이야기도 알지 모른다. 20세기 초의 작가이자 여성의 권리를 위한 활동가였던 길먼은 후에 쓴 글에서 밝혔듯, **곧잘 우울과 그보다 더 심한 상태로 넘어가곤 하던 심각하고 지속적인 신경쇠약이 있었다.** 이는 "여러 해"에 걸친 분투였다. 길먼은 사일러스 위어 미첼 박사를 만났다. 그는 월경전증후군부터 임신과 완경까지 여성의 정신적, 감정적 질환을 치료하는 것으로 유명한 의사였다. 여성의 건강 관리에 구체적으로 초점을 맞춘 치료법이 전무했던 때임을 생각하면 이 다양한 삶의 단계들을 한 무더기로 묶어놓은 것도 놀랍지 않다.

1970년대 페미니즘 덕에, 그리고 1980년대까지 대체로 무시되어오던 길먼의 작품을 재해석하고 재조명한 페미니스트 학자들 덕에, 지금 우리는 과거에 여성의 건강 관리가 얼마나 잘못된 기준을 따랐고 역사적으로 부차적인 것으로 치부되었는지 이해할 수 있다. 우울증을 앓던 길먼은 미첼에게 조언을 구했다. (다음은 1913년에 쓴 「내가 「누런 벽지」를 쓴 이유」라는 글의 일부다.)

이 현명한 남자는 나를 침대에 눕히고 휴식 치료란 걸 했는데, 아직 멀쩡한 내 몸이 이 치료에 금방 반응하자 그는 내게 문제라고 할 만한 게 전혀 없다고 결론짓고, 나를 집으로 돌려보내면서 "가능한 한 가정적인 생활을" 하고 "하루에 지적인 생활은 두 시간으로" 제한할 것이며 "앞으로 사는 동안 펜이나 붓이나 연필은 다시는 잡지 말라"는 근엄한 충고를 덧붙였다. 1887년의 일이었다.

위어 미첼의 휴식 치료가 인기를 누렸던 때는 당대 미국 대

중 언론에서 '여성 문제'라 불리던 것이 등장한 때와 시기적으로 일치한다. 교육받은 여성 다수는 집에 머물며 주부나 어머니로만 지내는 걸 원치 않았다. 일레인 쇼월터가 『여성의 병 The Female Malady』에서 썼듯이, 미친 여자 혹은 히스테리 환자가 되는 일의 매력에는 가정의 책임에서 벗어날 수 있다는 것도 포함되었다. 위어 미첼의 '휴식 치료'는 19세기 말과 20세기 초에 크나큰 인기를 끌었다. 버지니아 울프 역시 일종의 휴식 치료를 처방받았으며, 『댈러웨이 부인』에서 그런 의사들을 풍자했다.

위어 미첼의 휴식 치료는 모든 종류의 신경성 질환과 '히스테리'를 치료하는 최고의 방법으로 여겨졌다. 휴식 치료에는 하루 대부분을 침대에 머무는 일이 포함되었다. 독서나 글쓰기 같은 지적 활동은 금지였다. 물론 이는 많은 여자에게, 특히 길먼이나 울프 같은 작가들에게는·끔찍한 일이었다.

나는 집으로 돌아가 석 달 정도는 그 지시를 따랐고, 그러다가 철저한 정신적 붕괴의 경계선 가까이에 다다라 그 너머까지 볼 수 있는 지경이 되었다. 그 후 아직 남아 있던 부스러기 지성을 그러모으고 한 현명한 친구의 도움을 받아 그 저명한 전문가의 충고를 완전히 팽개치고 다시 일을—일, 그것은 모든 인간 존재의 정상적인 삶이며, 그 속에 기쁨과 성장과 봉사가 있으며, 일이 없으면 사람은 한낱 빈민이, 기생충이 되어버린다—시작했고, 그리하여 마침내 어느 정도의 힘을 회복했다.

이제야 나는 「누런 벽지」의 일인칭 화자의 서술에서 보이는 무언가 느슨하고 야무지지 못한 면이 비밀스레 일기를 쓰는 사람—디디온의 **만사를 재배열하는 외롭고 반항적인 족속, 매사가 불만이고 불안한 사람들**—의 목소리를 떠올리게 하려는 의도임을 알아차린다. 화자는 글을 쓰면 안 된다는 점을 자신에게 상기시킨다. 남편과 간병인들이 그에게 정신적 자극의 위험성을 경고했기 때문이다.

> 존은 물론 나를 비웃지만, 결혼 생활에서 그건 당연히 예상되는 일이지.
> 그는 내가 아프다고 해도 믿지 않잖아!
> 내가 뭘 어쩌겠어!

이 소설은 이런 감탄문, 수사의문문, 이의 제기로 가득하다.

> 나는 그들의 생각에 동의하지 않는다.
> 활기를 북돋고 기분을 바꿔줄, 내 성향에 맞는 일을 하는 것이 나에게 이로울 거라고 믿는다.

마거릿 애트우드의 『시녀 이야기』에서 오브프레드의 비밀스러운 글쓰기처럼, 「누런 벽지」 속 화자의 진술은 금지에 저항하는 긴박성을 띤다. 그 소설을 처음 읽었을 때 나는 분명 그 긴박감 때문에 읽었다. 페이지들을 넘기도록 나를 힘차게 끌고 가는 그 목소리, 그 절박함 때문에. 만약 당신이 글로써 광기 속으로 파고든다면, 광기는 다른 무엇이, 당신이 그 형태를 바꿀 수 있는 무엇이 된다. 나는 아직 그렇게 할 방법은 몰랐지만, 다른 많은 작가의 작업에도 그랬듯이 나에게도 광기는 하나의 등대였다.

이 소설은 일종의 쾌락이나 놀이로 읽을 수도 있다. 여기서 작가는 광기를 글로 쓰는 일에서 명백히 행복을 느끼고 있다. 그 행복감에는 전염성이 있다. 그는 스스로 감염되었고 독자도 감염되기를 원한다. 아기방에 고립되어 나날을 보내던 화자는 어느덧 그 방의 벽지에 집착하게 된다. 「누런 벽지」는 유령 이야기, 호러 스토리다. 아니면 이렇게 보는 건 적어도 결말(편집증)을 읽는 한 방식이다. 화자는 두 손 두 발로 바닥을 기어다닌다. 그는 벽지를 다 뜯어내고 바닥을 기어다닌다. 실제로 무슨 일이 일어난 것인지는 분명하지 않다. 그는 화자들 가운데 가장 신뢰할 수 없는 화자다.

「누런 벽지」는 고등학교와 대학교의 교육 과정에서도 널리 가르치고 있다. 거듭 읽히고 분석된다. 가부장제에 관해, 가부장제가 의료계에서 전개되는 방식에 관해 논하고 싶은 사람들을 위한 원형적 텍스트다. 이따금 이 소설에 대한 자신의 지식을 확신하며 강의실에 오는 학생들도 있다. 그들은 그 소설의 역사와 저자의 경험을 설명한다. 샌드라 M. 길버트와 수전 구바가 1985년에 『노턴 여성 문학 선집』에 실은 후로 이 소설에 대한 광범위한 학문적 독서가 뒤따랐다. '가부장제 비판'이라는 관점의 독해가 가장 흔히 반복된다. 광기로 치달아가는 한 여성의 초상. 그의 세계는 점점 줄어들다가 아기방만큼 작아진다. 일부 학자들(과 학생들)은 확신에 차서 환자의 병을 진단한다. 정신증 혹은 조현병에 걸린 거라고. 혹은 산후우울증을 앓고 있다고. 때로 그 글은 저항가로서 쓴 글이 된다. 그는 광기에 빠져듦으로써 승리를 거두었다. 미치는 것은 그가 가부장제를 전복하는 방법이다. 이 독해에서 화자는 〈델마와 루이스〉에서 경찰이 추적망을 좁혀오자 낭떠러지로 차를 몰아버리는 두 주인공 같고, 케이트 쇼팽의 『각성』에서 자유를 향해 헤엄쳐 가는 에드나 퐁텔리에 같다. 구원으로서의 자살.

우리는 델마와 루이스가 추락하는 모습을 보지 못하듯이, 에드나가 죽는 모습도 보지 못한다. 이 이야기들은 해방의 순간에서 끝난다. 파괴의 장면은 거부한다. 모호한 결말이다.

—#—

그 이야기를 해석하는 또 다른 방식이 있다. 화자는 자기가 자초한 진단에 부합하게 살고 있다는 것이다. 그는 완벽한 환자가 되었다. 그에게 아무 문제도 없다고 주장해온 남편의 말은 이제 들어줄 필요가 없다. 좋아, 그렇다면, 내게 문제가 있다는 걸 내가 당신한테 보여주겠어. 그는 바닥을 기어다니며 마침내 아기가 되고, 광기와 하나가 됨으로써 승리를 맛본다. 정신 질환자의 계속되는 긴장, 광기에 자신을 맡겨버린 데서 오는 안도감, 그리고 그로 인한 위험성까지.

사회학자 어빙 고프먼은 「정신병 환자의 도덕적 이력」에서 시설화*가 불러오는 영향에 관해 쓰면서 진단의 자기실현적 성격을 상세히 묘사했다. 환자는 진단을, 부모를, 치유자를 원한다는 것이다. 원하는 것을 얻으면 그 안에 거하면서, 그것을 자신의 것으로 만들어야 한다는 필요성을 느낀다. 그리고 의료진은 긴 입원 기간에 걸쳐 이 진단을 확증해준다. 이렇게 요청과 확증의 끝없는 순환이 완성된다. 의료진에게는 자신들이 환자에게 초래하는 괴로움—그들이 훈련받은 대로 자신의 업에 여전히 종사하고 있다는 증거—을 정당화할 근거가 절실히 필요하다. 이 문제는 환자의 과거 삶을 해석하여 병력으로 구성함으로써 풀린다. 그럼으로써 환자가 내내 아주 심한 병에 걸려 있었으며, 입원하지 않았다면 훨씬 나쁜 일들이 일어났을 것임을 증명하는 효과가 생기기 때문이다.

이제 내게 「누런 벽지」는 당신이 의사의 말을 들을 때 '짜 맞춘 병력'을 믿고 받아들인 결과 일어날 수 있는 이야기로 여겨졌다. 자신의 말에 귀 기울이지 않고 다른 사람에게 신뢰와 권위를 부여할 때 생기는 일. 화자는 완전히 정신을 잃고 미친 여

- Institutionalization. 정신 질환이 있는 사람들이 장기간 정신병원이나 요양원 같은 시설에 격리되어 생활하는 것.

자가 되며, 그들이 자기에게 부여한 정체성을 실현한다. 이제 그들이 행한 치료를 "정당화할 근거"가 확증된다. 정말로 그는 병에 걸린 것이니 말이다. 이런 일은 일어날 수 있다. 사람들이 당신을 미쳤다고 여기자, 당신이 미친 행동을 시작하는 것.

내 학생들 가운데 이전에 「누런 벽지」를 배운 다수는 이 작품이 페미니즘적 비극이라고 단언한다. 여자가 미치는 것은 남편이 그를 억압했기 때문이라고 그들은 말한다. 나도 이 독해를 이해한다. 나는 이 소설이 사람들의 삶을 구할 거라고 말하거나 가르쳤으며, 어쩌면 그 말은 사실일 것이다. 이는 길먼이 자기 소설에 관해, 자기가 그 소설을 쓴 이유에 관해 한 말이기도 하다.• 하지만 나는 그러려면 당사자가 스스로 자기 삶이 구조되기를 원해야 한다고 생각한다. 자신이 어떤 일을 하는 이유를, 또는 자기가 원하는 게 무엇인지를 우리가 항상 아는 건 아니다. 이 소설의 화자가 원하는 건 무엇일까? 나처럼 그도 자궁을, 어린 시절로의 회귀를 원했다. 그 속수무책의 무력함, 누군가가 당신 자신보다 당신을 더 잘 안다고 믿을 때 오는 편안함. **내가 누군지 말해줘요.** 우리는 모두 우리의 부모가, 특히 엄마가—적어도 한동안은—우리를 더 잘 안다고 믿고 싶어한다. 길먼의 화자는 자신의 이야기를 글로 쓰고 있었지만, 그걸로 충분했을

- "그 책의 의도는 사람들을 미치게 하려는 것이 아니라 미친 상태로 내몰리는 일로부터 사람들을 구하려는 것이었고, 실제로 그런 결과를 얻었다." (「내가 「누런 벽지」를 쓴 이유」)

까? 진짜 이야기는 그가 행동으로 표출한 것, 바로 악화되는 것이다.

나로서는 글을 읽지도 쓰지도 말라는 지시를 받는 건 상상하기도 어렵다. 독서와 글쓰기는 내가 살고 싶어한다는 걸 스스로 인정할 수 있게 되기 훨씬 전부터 나에게 살아갈 길을 만들어주었던 활동이다. 나는 병원에 있던 기나긴 나날의 상당 부분을 읽고 쓰면서 보냈다. 꼭 꼬집어 읽고 쓰지 말라는 말은 들은 적이 없지만, 내 방에서, 내 머리에서 나오라는 말은 자주 들었다. 그들은 자주 내가 자신을 고립시키고 있다고 말했다. 고립하지 말라고. 고립함으로써 나 자신을 더 악화시키고 있다고. 그토록 고립되어 지내니 외로움이나 슬픔을 느끼는 것도 당연하다고. 하지만 읽고 쓰는 삶은 필연적으로 고립의 삶이다. 그것이 작가들이 하는 일이다.

그 학기에 젖이 새는 산후의 몸으로 그 소설을 처음으로 가르쳤을 때, 나는 학생들에게 이렇게 말했다. 이것이 이 이야기의 요점이에요. 자기 자신을 믿는 것에 관한 이야기죠. 의사가 여러분에게 무엇이 잘못되었다거나 여러분에게 필요한 게 뭔지 말해줄 수 있겠죠. 하지만 그런 게 문제가 아니라는 걸 여러분 자신이 알 수도 있어요. 내가 하는 말이 무슨 말인지 경험해봐서 잘 안다는 말은 하지 않았다. 내가 병원에 입원했었다는 말, 혹은 나 역시 이런 경험을 했다는 말. 내가 **뭘 어쩌겠어?** 나는 어깨를 으쓱했다. 내가 「누런 벽지」의 그 여자처럼 될 수도 있었다고 나는 말하지 않는다. 내가 이 책을 처음 발견한 곳이 내가 여러 해 살았던 병원의 책장이라고도 말하지 않는다.

당시에는 무엇이 나에게 최선인지 전혀 몰랐다고도, 뭐가 최선인지를 엄마가, 다른 누구도 아닌 나의 엄마가 말해주기를 원했다고도 말하지 않았다. 엄마가 없어서 나는 길을 잃었고, 언제나 길을 잃은 상태일 거라고 확신했다. 나를 버리고 갔다는 이유로 엄마를 미워했고, 그 분노를 다시 나에게로 돌렸다. 나는 죽었어야 한다고. 살아서는 안 되었다고. 이 몸으로, 내 엄마의 몸이 되어버린 이 몸으로, 내가 병과 죽음과 연관 지어버린

이 몸으로 살아가는 인생을 어떻게 상상할 수 있었을까?

병원에서 거의 매일 진행되던 집중 치료에서 한 일은 묻혀 있던 나의 파국적 상실과 슬픔을 파헤치는 것이었다. 나의 학습된 수동성과 이제 완전해진 무력함. 트라우마를 겪은 아이가 그럴 수밖에 없듯이, 내가 엄마의 죽음으로부터 나를 방어하기 위해 너무나 오랫동안 억압하고 있던 것이 이때 풀려났다. 그러고 나는 이를 그들의 부추김에 따라 반복적으로 전이했다. 이 치료사에게, 저 치료사에게, 모든 간병인에게. 그 장소 자체에. 일종의 자궁에. 그리고 그것이 내 상태를 악화시킨 방식이었다. 나는 실제로 악화되었으니까. 이 파헤치기는 내가 치유되거나 호전되는 데 실제로 도움이 되지 않았다. 병원이라는 환경에서 악화된다는 건 그저 악화된다는 것을 의미할 뿐이다.

얼마 전 나는 한 사회복지사가 정신의학의 역사 가운데 인문적 치료의 시기에 관해 이야기하는 것을 들었다. 나는 내가 입원했던 병원에 대해, 그들이 인문적 병원이 되려고 노력하던 방식에 관해서는 생각해본 적이 없었다. 그 이야기를 들으며 나는 그 시기를 의료의 긍정적 움직임이 일어난 시기로, 인문학과 의학을 융합하려는 시도로 보려고 노력해봤다. 그것은 자기 인식의 열쇠로서 정신분석이 남긴 유산이었다. 감정 식별 모임, 토론 모임, 창의적 글쓰기 모임, 문학 모임 등 우리가 한 모임 활동은 그러한 시도를 지지하는 것이었다.

그렇지만 이 모임들의 의미는 새로운 약물—항우울제뿐 아니라 항정신병약과 기분안정제, 수면제를 비롯한 다양한 약—에 대한 집중과 제약 업계의 영향력 때문에 상당 부분 훼손되었다.

나는 당시에도 인문학—문학 공부—과 과학 혹은 의학 교육 사이에 점점 벌어지는 거리를 인식하기 시작했고 지금 그것은 아주 명백한 사실이 되었다. 나는 의사들 가운데 「누런 벽지」를 읽은 사람은 극히 소수일 거라고 확신한다. 혹은 그들이 나처럼 그 소설을 읽었다 하더라도 그들은 그 작품의 인습 타파적인 힘에 아무 영향도 받지 않았을 것이다. 그것은 그저 책꽂이에 꽂힌 한 권의 책일 뿐이었다.

지금 생각하면 길먼의 책이 정신병원에 왜 있었는지 궁금하다. 우리는 감옥에 수감된 게 아니었고 우리가 읽거나 쓰는 것은 검사 대상이 아니었지만 차트에 기록되기는 했다. 우리는 의사와의 상담 세션에서 우리가 쓴 글을 보여달라는 요청을 받았다. 그들은 우리가 사상과 문학과 예술이라는 더 큰 세계와 의미 있는 접촉을 유지해야 한다고 생각했다. 그 책은 이런 말을 하기 위한 수단이었을까? 이것 봐, 우리가 얼마나 진보했는지. 우리는 당신들한테 우리 기관을 비판하는 문학을 읽는 것까지 허용하고 있잖아.

같은 맥락에서, 나는 영화 〈뻐꾸기 둥지 위로 날아간 새〉에 관한 대화도 기억하고 있다. 예를 들어 1975년에 나온 이 영화가 어떻게 참조되고 다시 외면되었는지를, 혹은 '우리는 그렇게 나쁘지는 않아!'라는 뜻을 전하기 위한 부정적 비교로서만 언급되었다는 것을.

나는 내 정신과 환자 이력의 초창기에 다른 환자들과 함께 테이블에 둘러앉아 있던 어느 날을 기억한다. 늘 분주하고 늘 과로하며 늘 우리 병동을 들락날락하던 조라는 사회복지사가 있었다. 온화하고 호감 가는 사람이었다. 레이나라는 여자가 조에게 불평했다. 저 사람들이 하는 짓을 봐요. 나한테 이 약을 먹이는데, 이 약이 날 뚱뚱하게 만들고 있잖아요. 조가 꾸짖듯이 말했다. 레이나, 우리는 〈뻐꾸기 둥지 위로 날아간 새〉가 아니에요!

하지만 그 영화 같았다. 적어도 때로는 그랬다. 켄 키지가 묘사했던 동성애 혐오와 여성 혐오는 다 사라지지 않았다. 우리를 보살피던 사람들의 그런 선언, 그곳은 그 영화와 **전혀 다르다**는 선언은 그 자체로 하나의 가스라이팅이었다. 키지의 원작 소설과 소설보다 더 유명해진 그 영화는 얇은 병원복을 입고 아기처럼 되어버린 환자들을 보여주고, **총체적 기관***의 계층구조에 의해 분리된 환자들과 의료진을 보여준다.

우리 대부분은 그 영화를 본 적이 없었고, 적어도 나는 본 적이 없었다. 그래도 우리는 그 영화의 내용이 우리가 이 병원에서 하는 일과 관련이 있다는 건 알고 있었다. 조는 무슨 말을 하려 했던 걸까? 책과 영화는 중요하지 않고 아무 의미도 없으며,

* "총체적 기관total institution이란 비슷한 상황에 놓인 다수의 개인이 상당 기간 바깥 사회와 단절된 채 거주하고 일을 하는 장소로 정의될 수 있다. 이때 총체적 기관 속의 개인들은 외부와 단절된 공통의 일과를 보내며, 이는 공식적 행정의 관리 대상이 된다." (어빙 고프먼, 『수용소: 정신병 환자와 그 외 재소자들의 사회적 상황에 대한 에세이』, 심보선 옮김, 문학과지성사, 2018년, 11쪽.)

신경 문제, 혹은 내가 뭘 어쩌겠어? 223

격변하는 역사적 순간 속에서 살아가는 일의 의미에 관한 정보를 우리에게 제공해주지 않는다고? 아니면 생물의학적 접근법이 모든 문제의 해법을 밝혀냈으니, 정신 의료계는 뇌엽절제술 같은 걸 하던 옛날과는 달라졌다는 말을 하고 있었던 걸까?

수년 뒤 마침내 그 소설을 읽었을 때, 나는 래치드 간호사라는 인물에게서 여성 혐오를 보았다. 유명 소설에 등장하는 '거세하는 어머니' 상 가운데 가장 흉측하게 묘사된 인물이었다. 래치드 간호사는 모든 혐오스럽고 추악한 노파를 대표한다. 더 거대한 규율과 통제의 가부장적 체계를 대리하는 희생양. 래치드 간호사는 더 큰 체계―어빙 고프먼이 『수용소』에서 묘사한 체계―의 상징이며, 환자는 개인성을 포기하고 그 체계에 복종해야 한다.

그렇다. 1995년에 우리가 한 경험은 1962년에 나온 소설 속 경험과는 달랐다. 하지만 구조적으로는 별로 달라진 게 없었다. 정신병원의 건축적 구조. 계층적 체계. 보상과 처벌. 약을 과잉 복용한 의존적이고 수동적인 환자들. 우리가 있던 곳은 아기방이 아니었지만, 창에는 창살이 있었다.

정신병원 건축학 (II)

그 오래된 건물의 정면 사진은 온라인에서 쉽게 찾을 수 있다. 그 건물은 충분히 평범해 보이고, 강의실이거나 사무실이거나 뭐든 될 수 있어 보인다. 병동 안으로 들어가서야 서쪽으로 향한 그 창들이 앞에서는 보이지 않는다는 것을 깨닫게 된다. 북쪽과 남쪽과 서쪽으로 난 창들은 모두 잠겨 있다.

사설 보안 회사의 웹사이트에서 그 옛 건물의 사진을 한 장 발견했다. 사진은 헨리허드슨 파크웨이에서 바라본 그 건물의 모습을 담고 있는데, 창들에 설치된 창살들이 그 건물이 감금용 공간임을 말해준다.

특기할 점은 이 사진이 주립병원에서 사용한 사진도, 컬럼비아대학교가 웹사이트에 올리거나 병원의 홍보 자료에 실으려고 찍은 사진도 아니라는 점이다. 인터넷에는 이 역사의 흔적이 거의 남아 있지 않다. 새 건물의 건축가들은 원래의 주립병원과 비슷하게 보이지 않는 건물을 만들려고 신경을 썼다. 그 사진에 담긴 모습은 고속도로 쪽에서만 볼 수 있다.

그러니까 창밖을 내다볼 때면 우리는 갇혀 있다는 사실을 상기할 수밖에 없었다. 그게 항상 끔찍한 일이기만 했던 건 아니다. 그게 문제였다. 거기가 안락했다는 것이. 이는 항상 내 크나큰 딜레마 중 하나였다. 여자로서, 사람으로서, 작가로서 어떻게 내 내면의 삶을 보호할 것인가가. 나는 창조하기에도 혹은 외적 삶의 요구들에 적응하기에도 너무 미흡했다. 그 시절, 그 병원에서 보낸 내 실존은 온전히 내면의 삶을 경작하는 일에 있었다. 이는 내 경험에 대한 **회복적 독해**다. 나는 문학평론가 이브 코소프스키 세지윅이 말한, 독서는 편집증적이거나 회복적이라는 개념을 생각하고 있다. 회복적 독서는 심하게 결점이 있는 작품에서조차 긍정적인 것을 찾고자 한다.

정신병원에서 살아가는 것, 자발적으로 찾아가 입원한 것, 반복해서 도움을 요청한 것이 그 증거라 말할 수 있을 것이다. 우리는 우리 삶이 구원받기 원했다. 우리는 죽기를 원했거나, 아니면 삶과 죽음 사이의 무언가를 원했다. 병동 생활은 우리가 원한 것에 가장 가까운 상태였다.

퇴원하고 수년이 지난 뒤 나는 인터넷에서 사진 한 장을 발견했다. 1950년에 리버사이드 드라이브 근처 웨스트 168번가 722번지의 그 옛 건물 앞에 서 있는 앨런 긴즈버그의 사진이다. 그는 일 년 동안 그 병원의 환자였다. 사진에서 그는 매릴린 먼로 옆에 서 있고, 그 옆에는 아서 밀러가 서 있다.

이 사진이 왜 이리 또렷이 기억나는지 모르겠다. 지금 다시 그 사진을 찾아봤는데 찾을 수가 없다. 그래도 여전히 내 눈에는 그 사진이 선하다. 매릴린 먼로는 아서 밀러에게 몸을 기대고 있고 카메라에 눈길을 주지 않는다. 앨런 긴즈버그는 카메라 렌즈를 똑바로 응시한다. 의사 한 명이 매릴린 먼로의 반대편에 서 있다.

기억의 속임수가 하나 추가된다. 이제는 매릴린 먼로 옆에 서 있는 남자가 아서 밀러가 아니라 조 디마지오인 사진이 보인다. 그 남자가 디마지오라는 걸 내가 어떻게 알아보는지 모르겠지만, 그가 먼로를 에스코트하는 남편이라는 건 안다. 게다가 나는 둘 중 누구인지가 그리 중요하지 않다는 것도 안다. 둘 중 누구든 그 사진 속에 있어도 이상할 게 없다.

어쨌든 나는 앨런 긴즈버그 얘기는 하고 싶지 않다. 그가 그 병원에서 만난 친구인 칼 솔로몬에게 자신의 시 「울부짖음」을 헌정하기는 했지만 말이다. 전기충격 치료를 받고 구속복을 입고 있던 친구. 그 시에서 그와 칼은 미친 게 자기들인지 의사들인지 의아해한다.

그리고 긴즈버그는 그 병원을 떠나는 일에 관해, 자기 거부에 관해 이야기했고, 남들이 자기의 잘못된 점이라고 말한 모든 걸 내면화하게 되었다는 이야기도 했다. 그래서 세상으로 나올 때도 그 생각을 고스란히 안고 나오게 된 이야기도. 퇴원 후에 거리를 걸으며 사방에서 인정을 구했지만 찾지 못했던 일. 자기가 어째서 뉴욕을 떠날 수밖에 없었는지.

만약 내가 긴즈버그와 광기에 관해 말한다면, 그의 어머니 나오미 긴즈버그에 관해 이야기해야 할 것이다. 그녀의 이야기는 정신병원에서 시작되었을 뿐 아니라 거기서 끝나기도 했다. 사람들은 나오미 긴즈버그를 입원시켰고, 뇌엽절제술을 실시했다. 그녀는 정신과 환자로 오랜 이력을 보낸 끝에 뉴저지의 필그림주립병원에서 사망했다. 정신병원을 들락날락하며 산 삶이었다. 청년기에 정신병원에서 여덟 달을 보낸 뒤 풍성하고 긴 문학적 삶을 산 아들이 예외라면, 그의 어머니는 법칙이었다.

내가 누군지 말해줘요

2008년. 이제 아기는 한 살이 되었다. 왜 그랬는지는 나도 모르겠지만, 닥터 트리얼에게 전화를 걸었다. 전화기를 통해 들리는 그는 상냥했다. 매력적이었고. 내 연락을 받게 되어 기쁘다고 그는 말했다.

어쩌면 그는 일종의 위어 미첼이었는지도 몰랐다. 내가 그에게 희망을 품었다는 점에서 말이다. 나는 그를 존경했거나 그의 어떤 면에 끌렸고, 그런 이유로 나는 그가 어떤 일을 해줄 수 있는지 알아보고 싶었다. 그의 치료에 결점이 있다는 걸 아는데도 말이다. 나는 알았다. 내가 그에게서 뭔가를 원한다는 걸. 십여 년 전부터는 무슨 말이든 그가 나에 관해 단언하는 걸 허용한 적이 없었는데도. 우리의 마지막 몇 차례 통화 중에 그는 이런 말을 했다. 당신이 아직도 아픈지는 몰랐어요.

너무나 불안정한 나날이었고 나는 다시 나의 역할로, 그 덫 속으로 던져졌다.

그런데 나는 왜 지금 다시 그를 찾은 것일까?

우리가 자기 행동의 이유를 항상 아는 건 아니다.

나는 닥터 트리얼을 만나기 위해 예약을 잡았고, 그의 진료실로 갔다. 어퍼이스트사이드의 뮤지엄마일 근처였다. 아기도 데리고 갔다. 나는 서른일곱 살이며, 아기를 낳기엔 늦은 나이라고 말했다. 그는 이곳 어퍼이스트사이드의 여자들은 그 나이가 되어야 아기 갖는 일을 생각해보기 시작한다고 말했다. 그는 웃으며 말했다. 자기중심적인 면을 걷어내는 데 아기를 갖는 일만 한 게 없죠.

내게는 맞는 말이었다. 하지만 난 그 말이 항상 참은 아니라는 것도 안다. 자기중심성을 유지하면서 엄마 역할을 거부하고, 아이를 자기애의 확장으로 이용하는 엄마들도 아주 많다.

나는 왜 그를 만나러 간 걸까? 정신병원의 세계를 떠난 후로 내가 다시 그를 만난 건 이날이 유일했다. 그의 승인을 원했던 걸까? 아직도? 뭔가를 시험해보고 있었던 걸까? 실제로 그가 했던 말, 그러니까 내가 다 나았다는 말을 그가 해주기를 원한 걸까?

아니면 도움을 원해서 거기 간 걸까?

지금에야 깨닫는 사실이지만, 그때조차 닥터 트리얼은 내게 서사를 요구했다. 내 마지막 입원 이후 십 년 넘게, 십이 년이 지난 뒤에도 여전히 서사에 대한 강박은 그대로였다. 나는 호전되었다. 나는 결혼했다. 나는 아기를 낳았다. 이는 발전의 표지들, 안정의 표지들이었다. 내가 그런 질문에 순순히 대답한 것은, 물론 나도 이런 일들이 나를 안정시켜주었다는 걸 알았기 때문이다.

그런데도 여전히 거기엔 결함이 있었다. 나에겐 아직 많은 세월이 남아 있었다. 인생은 명확한 전진 과정이 아니다. 그가 뭘 알았을까? 그래, 나는 그때의 그 병원에 다시 들어가지는 않을 터였다. 그렇다고 그 모든 일이 이 순간으로 깔끔하게 이어졌다는 건 진실이 아니다. 그의 서사는 치료의 서사, 효과적인 치료의 서사였다. 우리가 받는 치료에 대한 기대 혹은 희망. 그것은 보장되는 게 아니었고, 결코 기정사실이 아니었다.

—#—

시간이 흘러 내가 새 인생을 살게 되었을 때, 나는 그 잃어버린 세월에 관해 글을 쓰는 즐거움을 발견했고, 그 즐거움은 「누런 벽지」 화자의 비밀스러운 글쓰기, 그 긴급성과 전율과 다르지 않았다. 그것은 내가 엄마에 관한 글을 쓸 때 좋았던 느낌과도 비슷했다. 나는 내가 작가가 된 것이 사실은 하나의 이야기인 이 두 이야기를, 엄마의 죽음 이야기와 내 병원 생활 이야기를 쓰며 남은 평생을 보내기 위해서였다고 생각한다.

이것은 새로운 움직임이었고, 내가 나이를 먹어가고 내 아이가 자라는 동안 시간을 멈추려는 시도였으며, 그 시절로 돌아가려는 시도, 내 인생이라는 재료를 글로 정리하려는 시도였고, 나의 글쓰기는 결코 내 삶과 분리되지 않는다는 인식이었다.

셉티머스

버지니아 울프에게 런던의 지적, 감각적 자극을 떠나라는 건 너무도 파괴적인 말이었다. 울프는 작품을 통해 의료계를 혹독히 비판했는데, 그중 가장 눈에 띄는 작품은 1차 세계대전 참전 병사로 전쟁신경증에 시달리는 셉티머스 스미스라는 인물을 등장시킨 그의 가장 훌륭한 소설 『댈러웨이 부인』이다. 셉티머스는 자기 삶과도 결혼 생활과도 단절된 인물인데, 전사한 친구 에번스의 환영이 계속 그 앞에 나타난다. 에번스가 죽는 장면을 목격한 그는 친구를 잃은 슬픔으로 미쳐버린다. 전쟁터에서 집으로 돌아온 그에게는 영국인의 경직되고 형식적인 삶이 어리석게만 보인다. 셉티머스의 광기는 그를 묶고 있던 줄을 풀어버렸다. 그는 아무것도 느낄 수 없지만 동시에 주변의 영향에 너무 취약하다. 세상이 자기에게 메시지를 보내고 있다는 느낌이 점점 더 강해진다. 그의 내면은 아무에게도, 특히 그의 아내와 의사에게 잘 전달되지 않는다. 울프는 광기의 보호적 특성—감정의 마비—과 크나큰 위험성을 모두 이해하고 있었다. 돌아갈 길도 없이 너무나 멀리 떨어져 나와, 그 간극을 전달할 수단도 모두 잃어버리는 위험. 울프만큼은 잘 알려지지 않은 동시대 영국 시인 스티비 스미스의 유명한 시 한 편이 떠오른다. **난 당신이 생각하는 것보다 훨씬 멀리 나와 있어 / 그리고 손을 흔드는 게 아니라 익사하는 중이야.**

실제로 익사하는 중인데, 의사는—혹은 친구는—그가 손을 흔들고 있는 거라고 진단하는 일은 얼마나 많을까?

『댈러웨이 부인』은 셉티머스가 받는 치료 방식을 통해 권위적인 의료계의 심각한 한계를 생생히 고발한다. 셉티머스는 자신의 두 의사를 경멸하는데, 그의 경멸에는 타당한 이유가 있다. 우선 일반의인 닥터 홈스는 스미스에게 아무런 문제도 없다고 믿으며 그에게 일반적인 삶을 살 것을 권한다. 골프를 쳐요! 이게 그의 충고다. 또 다른 더 무시무시하고 오만한 의사 윌리엄 브래드쇼 경은 균형 이론이라는 짜증스러운 것을 고집하는 융통성 없는 전문가다. 균형이 정신 건강의 핵심이라고 브래드쇼는 단언한다. 그의 이런 접근법은 오만한 상류층이 광기를 바라보는 방식이다. 셉티머스의 불안정한 정신은 개인적 실패, 규율과 자기통제의 실패라는 것이다.

당신은 셉티머스의 자살이라는 최종적 행위가 이 처방들에 대한 거부라는 것, 세계를 부정하는 일임을 감지할 것이다. 그의 자살은 **내가 당신에게 보여주겠어**다. 그의 자살은 호전되는 게 아니라 악화되는 방법이다. 「누런 벽지」에서 남편으로부터 자기에게는 아무 문제도 없다는 말을 들은 화자와 비슷하다. 그냥 쉬면서 아인산염만 먹고 떨쳐내기만 하면 된다고. 그녀 역시 그에게―의사인 자기 남편에게―보여주고자 하며, 그녀가 광기로 들어가는 과정은 남편의 평가에 대한 거부다. 당신은 내가 안 미쳤다고 생각해? 그러면 내가 보여줄게. 이 화자에게도, 셉티머스에게도 자기 광기를 이야기하는 것만으로는 충분하지 않다. 그들은 행동으로 광기를 표출해야만 한다.

행크, 회고 (I)

하나

그는 앞주름이 잡힌 청바지를 입고 허리에 벨트를 찼다. 분홍 티셔츠와 멤버스 온리 재킷. 그리고 어깨에는 레스포색 가방.

그가 엘리베이터에 탄다. 일요일 오후. 1992년인가 1993년인가 1994년이다.

나는 입원 환자가 들어왔다 나갔다 할 수 있다는 걸 몰랐다.

몇 시간 뒤 돌아왔을 때 그는 자기를 쳐다보고 있는 나를 본다. 그가 고개를 까딱한다.

한동안은 그런 식이다. 우리는 그냥 여기 있고 서로를 본다.

나는 그가 이 주에 한 번 일요일 오후에 나갔다 오는 패턴에 익숙해진다. 언제나 확신할 수 있는 어떤 일이다.

지금은 11월의 어느 월요일이다.

오늘 행크는 내 옆을 지날 때 멈춰 선다. 그가 고개를 끄떡하며 안녕, 하고 말한다. 안녕. 그 말을 하기 전에 그가 시선을 내리깔아서 눈이 정확히 마주치지는 않는다. 하지만 괜찮다. 친밀함에도 여러 방식이 있다. 그는 옆 소파에, 간호조무사 스테이션 맞은편에 앉는다.

윌리엄이 농담을 시도한다. 하지만 오늘 행크는 미소 짓지 않는다. 그는 진지하고, 집중하고 있다.

이번에는 닥터 트리얼이 지나가다 멈춰 서더니, 안녕하세요, 헨리, 하고 말한다.
닥터 트리얼은 나를 보고 고개를 끄떡한다. 다시 행크에게로. 헨리, 준비됐어요?
행크는 일어나 의사를 쳐다보지 않고 그를 따라 복도를 걸어 사무실들이 있는 건물 북쪽을 향해 간다.

둘

이튿날 행크가 오더니 소파에 앉아 있는 내 바로 옆에 앉는다. 우리 둘 사이에는 한 사람이 더 앉을 만한 공간이 있지만 그래도 바로 옆이다.

우리는 거기 한동안 앉아 있다. 나는 이 제스처에 담긴 어떤 의미를 이해한다. 의사들이 우리에게 서로 이야기를 나눠보라고 권했었다. 둘은 서로 동료라고. 친구가 되어보라고. 이건 일종의 실험이다. 일시적이지만 밀도 높은 관계를 의사들, 간호사들, 직원들하고만이 아니라 우리 동료들끼리도 맺어보는 일.

동료란 말은 아주 다양한 범위를 포괄한다. 나는 스텔라와 로즈와 매일 얘기를 주고받을 수 있지만 그래도 그들은 도저히 가깝게 느껴지지 않는다. 그들이 내 동료일까? 우리는 모두 1970년대생들인 데다가 지금은 모두 함께 살고 있다. 그 정도면 동료가 되기에 충분한 건가?

내가 이미 느꼈듯이, 행크에게는 다른 뭔가가 더 있다.

우선 그는 기능한다. 어떤 면에서는 그렇다. 어딘가에 갔다가 왔다가 한다는 점에서. 그에게는 뭔가 맡고 있는 책임도 있다.

여기 다른 환자들과 달리. 나와는 달리. 내가 해야만 하는 일이 과연 뭘까? 아무것도 없다. 그냥 여기 앉아서 슬퍼하는 것뿐. 책을 읽는 것. 우는 것. 새 약을 시도해보는 것. 불평하는 것. 워크맨에 카세트테이프를 넣고 토리 에이모스와 인디고 걸스의 노래를 듣는 것.

셋

일몰 시간이 더 빨라져 잠에서 깨니 어두워져 있다. 또 다른 일요일. 요즘 새로운 약을 복용하고 있는데, 그 때문인지 잠을 오래 잘 수가 없다. 이곳은 주말에는 조용하고, 그 끔찍한 조명들을 다 켜놓지 않는다. 시설 특유의 조명.

우나가 스테이션에서 십자말풀이를 하고 있다. 풀이가 거의 끝나간다. 내가 문간에 서 있는 걸 본 우나는 십자말풀이에서 손을 떼고 몸을 돌려 내 주치의의 지시 사항을 찾더니 종이컵을 가지고 온다. 우나는 못된 사람은 아니지만 우리 중 누구에게도 관심이 없는 건 분명하다. 그는 자기 할 일을 다 했고, 그 일에는 요즘 말하는 감정 노동은 포함되지 않았다.

오늘 당신이 먹을 약이에요.
이게 뭐예요?
약은 자주 바뀌었다.

그는 재빨리 처방전을 읽고는, 내게 항의할 테면 해보라는 표정을 짓는다.

나는 약을 삼키고 그는 다시 십자말풀이로 돌아간다.

나중에 우나는 십자말풀이가 실린 잡지 섹션을 공용 공간 테이블 위, 신문의 나머지 부분들 옆에 다시 가져다둔다.

이윽고 나는 〈뉴욕 타임스〉 북 리뷰 섹션이 신문에서 항상 빠져 있다는 걸 알아차렸다. 일요일마다 항상. 신문은 항상 온전히 배달되었을 것이고, 우나의 잡지 섹션도 돌아오지만, 북 리뷰는 없었다.

마침내 나는 그게 행크 소행임을 알았다.

행크는 항상 일찍 일어났고, 아무도 건드리기 전에 신문을 발견했으며, 매주 일요일 어떻게든 가장 먼저 신문을 손에 넣었다. 그리고 어떻게 했는지 북 리뷰 섹션을 빼내고도 빠진 게 하나도 없는 것처럼 흔적을 전혀 남기지 않았다. 언젠가 의식이 있고 약 기운에 별로 취하지 않았을 때, 나는 신문을 읽고 싶어졌다. 그게 없어진 걸 알아차린 게 그때였다. 북 리뷰 섹션이 없었다. 비닐 소파에 앉아 있는 그를 찾아내든가, 거기에 없다면 그가 화장실에서 나오기를 기다려야 했다. (남자 병실은 건물의 반대편에 있는데도 남자 화장실은 메인홀의 여자 화장실 바로 옆에 있었다.) 화장실들은 모두 한데 모여 있었고, 우리는 화장실에서도 감시를 받았다. 화장실에는 거울들이 있었지만, 금속판으로 만들어진 거울이어서 그 몇 년 내내 나는 내 얼굴을 거의 보지 못했다.

나는 기다렸고 마침내 행크가 화장실에서 나왔다. 그전에 나는 너무나도 역겨운 그의 방귀 소리를 들어야 했다. 행크는 그 안에서 적어도 한 시간은 보냈는데, 내가 할 수 있는 건 그 근처 어딘가에 계속 머물러 있는 것뿐이었다. 그는 가스를 먼저 다 빼내야만 대변이 나온다고 설명했는데, 가스를 빼는 데 시간이 많이 걸렸다.

이전에는 남자와 화장실을 같이 써본 적이 한 번도 없었던 것 같다. 친오빠들과도. 아니면 적어도 그들이 나이가 들고 징그러워진 후로는 없었다.

물론 여자들도 징그럽지만, 여자들의 징그러움은 익숙한 징그러움이었다. 피가 묻은 패드와 생리혈의 징그러움. 그건 며칠이나 한 주 정도 가는 징그러움이었고, 어떤 여자들은 종일 화장실에 앉아 피를 흘리고 대변을 보곤 했다. 나는 신경 쓰지 않았다. 혹은 그랬던 게 나였을 수도 있다. 그 시절에 그들은 우리의 기분을 우리의 생리 기간과 한 번도 연관 짓지 않았다. 단순한 관찰만으로도 둘이 관련이 있다는 건 알 수 있는데 말이다.

나를 포함해 거의 모든 여자가 생리 전에 얼마나 정상이 아니었는지. 더 많이 울고, 더 많이 비명 지르고. 그리고 생리가 시작되자마자 찾아오는 고요, 그 평화도. 심지어 생리통이 있을 때도.

어쨌든 나는 행크가 북 리뷰를 가지고 나타나기를 기다리곤 했는데, 그가 화장실에서 나오면 물론 더는 그걸 읽고 싶은 마음이 없어졌다. 싫었다. 그는 그걸 얇은 잡지처럼 접어서 손에 쥐고 있었다.

그는 그걸 처음부터 끝까지, 마치 소설이나 책 한 권을 읽는 것처럼 읽었는데, 그런 식으로 읽는 게 타당했다.

그런 식으로, 처음부터 끝까지 읽으면 어때요?
그가 나를 쳐다본다. 원래 그렇게 읽어야 하는 거예요.
책은 그렇죠.
아니, 모든 걸 이렇게 읽어야 돼요.
잡지도 그런 식으로 읽어요?
나는 다른 환자에게서 행크가 〈뉴욕 타임스〉의 아트 디렉터였다는 얘기를 들었다.
물론이죠.
우리는 웃는다. 아니 적어도 미소는 짓는다. 나는 이게 연애를 거는 거라고 생각한다. 그랬다. 우리는 젊었고, 정신병동에 있었는데, 왜 안 되겠는가.

---#---

오늘 외출해요?

해요.

언제요?

점심 식사 후에.

어디 가는데요?

그가 놀리듯이 나를 본다. 동물원에요.

동물원요?

맞아요. 동물원.

우와.

당신 아주 잘 속는 사람이군요?

몰라요.

긴 침묵.

이모 집에 가요.

그는 이모를 **앤트**가 아니라 **온트**라고 발음한다. 케이프코드에 사는 내 사촌들도 그렇게 발음했는데.

오로라에 살 때 나는 이모를 앤트라고 불렀다. 마치 개미ant 인 것처럼.

이모가 어디 사는데요?

브롱크스에요.

아. 당신도 거기서 자랐어요?

아뇨.

이모한테 내 도움이 필요해요.

아.

내 사촌이 내 여동생의 아이를 키우고 있거든요. 하지만 이모는 연로하셔서 그 일을 돕는 게 버거워요. 게다가 완전히 건강하신 것도 아니고.

그렇겠네요.

내가 가서 조카를 데리고 나가 뭔가 재미있는 일을 하죠. 아니면 그냥 함께 저녁을 먹거나. 오늘은 그냥 저녁만 먹는 일요일이에요.

그 일이 좋아요?

더 많이 도와야 하는데, 하지만 알다시피 난 여기 있잖아요? 그는 진절머리가 난다는 듯한 표정으로 주변을 둘러본다. 우리는 웃기 시작했고 한번 웃으니 웃음이 멈추지 않았다. 우나가 와서, **헨리, 당신 출입증 나왔어요**라고 말할 때까지.

—#—

그 병원 자체는 절대 재미있는 장소가 아니며 웃음이 많은 장소도 아니었다. 거기엔 엄숙함이 있었다. 바로 이 점 때문에 무엇보다 내가 거기 그렇게 오래 살았다는 게 믿기지 않는다. 내가 정말 삼 년 동안이나 웃지 않았다고? 아니, 그건 사실이 아니다. 나는 실제로 웃었고, 정말 어이없기는 하지만 나는 이전 수년 동안 웃었던 것보다 거기서 더 많이 웃었다.

—#—

행크와 나는 이후 몇 주 동안은 다시 대화를 나누지 않는다. 그래도 이제는 서로 친구가 되겠다는 의도를 담아 수시로 인사를 건네지만, 대부분의 시간에 우리는 각자의 모퉁이에서 각자의 고통에 몸부림치느라 너무 바쁘다. 고통스러워하는 일에도 수고가 많이 필요하다. 이건 여기서 모두가 하는 일이다. 아니면 적어도 대부분의 시간 동안 당신은 당신의 모퉁이에서 당신의 이야기를 만들어나간다. 그것은 당신의 고통에 관한 이야기이며, 그 이야기 역시 당신의 고통을 만들어낸다.

행크는 〈뉴욕 타임스〉에서 일하다가 자살을 시도했다. 그는 자기 작업실에서 소묘, 회화, 스케치, 거의 완성된 작품들까지 전부 다 모아 조지워싱턴 브릿지로 가져갔다. 하나씩 차례로 다리 밖으로 던지고, 그것들이 바람에 날아올랐다가 다시 물 위로 떨어지는 모습을 지켜봤다. 어떤 건 한동안 물 위에 떠 있었지만, 대부분은 가라앉았다. 지나가던 사람이 쓰레기를 버린다며 그에게 욕을 했다. 그렇다. 딱 그거였다. 아주 많은 쓰레기.

그리고 그도 다리 위로 올라가 맨해튼에서 뉴저지까지 뻗어 있는 허드슨강 위에 섰다. 그때 보행자 통로가 눈에 들어왔다. 밤이었고, 누군가 그를 보았는데, 이번에 이 낯선 사람은 그에게 뭘 하고 있느냐고 물었다. 괜찮으냐고. 아니면 그 낯선 사람은 아무것도 묻지 않았을 수도 있다. 하지만 나중에 행크가 들려준 이야기로는 자기 내면의 뭔가가 어떤 목소리를 들었다고 했다. 누군가 어디선가 그에게, 당신 괜찮아요? 도와줄까요? 묻는 목소리. 그를 다리로 내려오게 한 건 그 목소리였다. 그는 집으로 걸어갔다. 스스로 걸어서 응급실에 갔다. 뛰어내리는 사람. 점퍼. 지금은 그들을 그렇게 부른다. 점퍼라고. 오늘날에는 그 다리와 다른 다리들에, 1992년보다 점퍼들이 훨씬 더 많다.

녹아내림

일요일치고 너무 일찍 일어났다. 문이 열리고 닫히는 소리, 시끄러운 목소리가 들린다. 문이 없는 방은 이래서 문제다. 어젯밤 내가 먹은 것. 데파코트, 졸로프트, 멜러릴, 할시온. 낮이 짧아지고 있고, 아직 어둡다.

행크를 포함한 다른 사람들은 어젯밤 〈새터데이 나이트 라이브〉를 보느라 밤을 샜다. 이것은, 그러니까 텔레비전을 보는 것, 특히 여럿이 모여 텔레비전을 보는 것, 특히 정신병 환자들 여럿이 모여 텔레비전을 보는 것은 항상 내가 가장 싫어하는 일이었다. 나는 병동에서 친구들을 사귀기는 했지만 이런 관계에는 저항했다. 나를 끼워 넣으려고 하는 이 클럽의 회원이 되고 싶지 않았고, 그래서 그들만큼은 아프지 않은 환자로 내 위치를 잡으려고 주기적으로 시도했다. 내게는 내 방에서 글을 읽고 쓰는 시간이 어느 때보다 더 중요했고, 그것은 내가 견뎌내는 방식, 나 자신을 추스르는 방식이었다. 또한 책 한 권을 들고 주의를 집중하는 일은 강제적인 명상이기도 했다. 병원에 들어가기 전에는 외로움이 무시무시했다면, 이제 나는 병원 사람들, 돌봄, 소속감에 대한 인식과 고독의 필요성 사이에서 균형을 잡을 수 있게 되었다. 예전에는 감시를 불쾌해했지만, 이제는 감시가 내게 지적 삶을 키워갈 여유를 준다는 생각이 들었다.

—#—

내 방 옆옆 방에 새 여자 환자가 들어왔다. 팸이다. 팸은 자살을 시도했다가 젠더 불쾌감 진단을 받았다. 적어도 팸의 언니가 미심쩍다는 투로 내게 말해준 바로는 그렇다.

팸은 말랐고 중성적이며 두꺼운 안경을 꼈고 곱슬머리를 짧게 잘랐다. 말은 하지 않지만 지나다 마주치면 항상 내게 미소를 보여주었다. 팸의 언니 애나는 매일 저녁 병원에 들렀다. 애나는 말이 많았다. 둘은 쌍둥이처럼 보였지만, 애나는 자신만만했고 세상 속에서 편안해했다. 마치 성격을 구성하는 결정적 요소들을 애나가 너무 많이 받아간 바람에 팸에게 돌아갈 게 남지 않은 것 같았다. 정확히 뭐라고 특정할 수는 없지만, 아무튼 살아가는 데 필수적인 요소. 그게 없으면 당신은 호되게 미끄러지고 자기 자리를 잃고 결국 이런 데 오게 될 수 있다. 자기가 녹아버리고 다른 사람이 되거나, 녹아서 이런 장소로 흘러들 수 있다. 우리 중 누군가에게는 확고한 것이, 고정해주는 접착제가 없었다. 애나에게는 그 접착제가 있었다.

또 어떤 사람들은 이걸 정신 질환이라고 부른다. 어쨌든 이것이 그 병동에서 그에 관해 생각하는 방식이었다. 하지만 나는 아직도 살아가면서 이것을 경험하는데, 그건 나만 경험하는 것이 아니다. 어디서나 그게 보인다. 스티븐 킹은 그것을 "샤이닝"이라 불렀다. 또 다른 사람들은 민감성, 불안정성, 수줍음이라고 부른다. 여림이라고. 내 아들에게는 이런 특성이 없고, 그 점이 나를 안도하게 한다.

(내 아들을 이렇게 정의하는 것이, 혹은 아들을 글에서 어떤 식으로든 언급하는 것이 위험하다는 건 나도 안다. 이럴 때마다 나는 존 디디온의 「노트에 기록한다는 것에 관하여」의 한 구절을 생각한다. 그는 자신을 불만에 차 있고 불안해하는 사람들의 일원으로 규정하기 직전에, 자기 딸은 절대 그런 사람이 되지 않으리라 생각하며 안도감을 표한다. 나는 다섯 살 때부터 뭐든 글로 써야 한다는 강박을 느꼈지만, 내 딸은 절대 그러지 않을 것 같다. 이 아이는 뭐든 고이 받아들이는 남다른 축복을 타고나서, 자기 앞에 펼쳐지는 삶을 있는 그대로 기뻐하며, 잠드는 것도 깨어나는 것도 두려워하는 법이 없다.

몇 년 전부터는 그 딸의 인생에 어떤 일이 일어났는지를, 그의 비극적인 이른 죽음을 아는 채로 그 구절을 다시 읽는다. 딸에 대한 디디온의 저 평가는 돌아보면 거의 저주로, 아니면 적어도 희망 사항으로 보인다.)

—#—

행크가 외향적인 사람이었던 건 아니다. 그는 외향적이지 않았다. 환자들 가운데 외향적이라고 묘사할 수 있는 사람은 매우 드물었다.

하지만 행크는 나에 비해 사람들과 더 잘 어울렸다. 그는 잘 받아주고 **배려할** 줄 아는 사람이었다. 그리고 사교적으로 행동하라는 의사들의 훈계를 진지하게 받아들였다. 고립되지 마요! 나는 고립된 상태가 꽤 만족스러웠고, 그래서 종종 경고를 들었다.

어빙 고프먼이 지적했듯이, 병원이라는 환경에서 고립되지 않는다는 것은 자신에게 할당된 계층의 일부, 즉 병동의 조직 규칙에 따라 정해진 계층의 일부가 되는 것을 의미한다. 물론 내게도 그런 일이 일어났지만, 그래도 나의 일부는 살아남아서 병원에서 빠져나갈 유일한 방법이 전적인 동일시에 저항하는 것임을 알고 있었다. 많은 정신과 환자들처럼 나도 내 상태가 그렇게 심각하지 않다고 생각하고 싶었다. 이는 작가들이 하는 일과 그리 다르지 않다. 경험에 거리를 두는 것, 따로 떨어져 있고 싶은 욕망 말이다. 그것은 정신과 병동을 다룬 문학에서 아주 오래전부터 발견되는 특징이다. 플라스의 에스더 그린우드부터 수재나 케이슨의 『처음 만나는 자유』와 베티 하울랜드의 『3번 병동』까지. 내가 여기 있기는 하지만 난 나머지 너희보다 더 나아, 난 특별해, 난 그렇게까지 나쁜 상태는 아니라고. 이는 아주 얄팍한 생존 전략이다. 에스더 그린우드와 수재나 케이슨처럼 나 역시 그렇게 나쁜 상태가 맞았기 때문이다. 나는 거기 있었다.

점점 더 많은 환자가 일어나 아침을 먹으러 온다. 그들은 모두 아침을 먹기 전에 담배를 피운다. 하루의 첫 담배. 행크는 아니다. 담배를 피우지 않는 환자는 우리 둘뿐이다.

이내 행크의 목소리가 들린다. 그는 시네이드 오코너 이야기를 하고 있다.

교황과 관련된 어떤 이야기다.*

윌리엄이 웃으며 말한다. 미친년.

브리짓은 고개를 젓는다. 아일랜드인인 브리짓은 도저히 믿을 수가 없다. 텔레비전 생방송에 나와서 그런 짓을 하다니. 예수님, 성모님, 성 요셉님. 브리짓은 성호를 긋는다.

나는 신문을 찾는다. 첫 페이지에는 클린턴 부부에 관한 기사와 플라스틱에 관한 기사가 실렸다. 시네이드 이야기는 없다. 나는 카세트테이프로 갖고 있는 시네이드 오코너의 〈나는 내가

• 아일랜드 출신 가수이자 페미니스트, 사회운동가였던 시네이드 오코너는 1992년 SNL에 출연하여, 성직자의 아동 성 학대를 묵인해온 가톨릭 교회를 비판하며 교황 요한 바오로 2세의 사진을 찢고, "진짜 적과 싸우라"라고 외쳤으며, 이 일로 SNL에서 영구 출연 금지 조치를 당했다. 사진을 찢기 전, 인종 불평등에 대한 저항을 노래한 밥 말리의 〈워War〉를 불렀는데 가사를 일부 개사하여 아동 학대를 비판했다.

갖지 않은 것을 원하지 않는다I Do Not Want What I Haven't Got〉앨범의 커버를 생각한다. 검은 배경 위에 시네이드의 얼굴이 떠 있는 그 커버.

—#—

(아일랜드계 미국인인 우리는 자라면서 우리의 유산을 자랑스럽게 여기라는 가르침을 받았고, 아일랜드인으로 존재한다는 것을 마술적이고 매혹적이며 순수한 일로 이해했다. 어머니는 당신의 부모가 달아난 그 나라를 낭만적으로 바라봤다. 젊은 시절에 엄마는 아일랜드로 여행을 다녀왔다. 엄마는 내게 블라니 스톤에 입을 맞췄다고, 그 돌에 입을 맞추면 **달변의 재능**을 얻게 된다고 말했다. 그리고 내게도 **달변의 재능**이 있다고. 우스운 것이, 달변의 재능이 있다는 건 작가가 되리라는 의미가 아니다. 오히려 그것은 당신이 너무 수다스럽다는 것을 의미한다. 적어도 당신이 여자라면. 그렇다면 달변의 재능은 지나친 것이 된다. 남자들에게도 달변의 재능이 있지만, 그들이 웃음과 눈물이 곁들여진 이야기를 들려주는 것은 매력적인 일이 된다.

아일랜드에서는, 아일랜드인들은 아직도 그렇다. 그들에게는 어렴풋하게 빛나는, 그것이 있다. 슬픔 혹은 공포가 표면 아주 가까이에 있다. 한 집단으로서 그들은 작가들을 제외하고 내가 아는 사람들 가운데 감정적으로 가장 잘 녹아내리는 사람들이다.)

―#―

 어렸을 때 나는 아일랜드의 현실에 관해, 혹은 1980년대의 아일랜드에 관해 많은 이야기를 듣지 못했다. 그 대신 음악을 통해 실마리를 얻었다. U2와 보노, 그리고 가장 강력하게는 시네이드 오코너를 통해서. 그의 목소리와 그의 감성. 그 안에서 흐느껴 우는 역사. 시네이드가 내게 아일랜드 기근의 진실을 가르쳐주었다. 미국에서도 그렇고 아일랜드에서도 그렇듯이, 우리가 받는 교육은 진실한 이야기를 지워버렸다. 그래서 우리는 몰랐다. 그것이 기근이 아니었음을. 시네이드는 아일랜드의 소위 '기근'이라 불리는 것은 영국 식민지 지배의 결과라고 설명해준다. 아일랜드의 고기와 생선과 채소가 모조리 잉글랜드로 실려가서, 남은 건 약간의 감자뿐이어서, 아일랜드 사람들이 굶어 죽은 거라는 사실을.

―#―

 하지만 그러기 훨씬 전에, 우리는 뮤직비디오에서 둥둥 떠다니던 그 얼굴을 알았다. 흐느끼는 시네이드의 목소리. 〈그 무엇도 당신한텐 비교가 안 돼 Nothing Compares 2 U〉. 내가 처음으로 실연을 경험하기 훨씬 전에 내 뼛속까지 말을 걸어왔던 (프린스의 원곡을 리메이크한) 그 실연의 노래. 시네이드는 녹으며 빛나고 있었다. 나는 즉각 그것을, 한 위대한 예술가의 이 특성을 느꼈다. 그의 머리는 왜 몸에서 분리되어 있었을까?* 그는 무척 아름다웠지만, 그 분리된 머리로 인해 나중에 그의 몸을, 그 머리와 붙어 있는 몸을 볼 때 이상한 느낌이 들었다. 어딘지 그 머리와 어울리지 않았다. 그 자체로 아름다웠던 그의 몸에는 부당한 생각이지만, 어쩐지 그 몸은 불필요해 보였다. 우리는 이미 그의 얼굴을, 미의 기준을 거부하고 여성성을 거부하며 삭발한 그의 머리를 사랑하게 되었기 때문이다.

시네이드는 칭송받았다. 한동안은. 그들이 그를 미쳤다고 부르기 전까지는. 그리고 그 일은 너무 순식간에 일어났다.

시네이드는 교회의 학대를 고발하는 카산드라**였다.

—#—

신문에서 기사를 찾지는 못했지만 누군가 〈새터데이 나이트 라이브〉에서 무슨 일이 있었는지 설명해주는 말을 듣는다. 아마도 행크일 것이다. 시네이드는 노래를 부르고는 진짜 적과 싸우십시오라고 외쳤다. 그리고 교황 요한 바오로 2세의 사진을 꺼내 카메라를 향해 들고, 사진을 네 조각으로 찢었다. 그는 아이처럼 관객을, 시청자를 도발했고, 가부장제에 "퍽 큐"를 외쳤다. 꼭 그 병원에 있던 우리 중 한 명 같았다. 그의 항의만이 무언가

- 뮤직비디오에서는 검은 배경 앞에서 노래하는 가수의 얼굴이 화면을 가득 채우는데 검은 목티를 입고 있어서 얼굴만 허공에 떠 있는 것처럼 보인다.
- ** 그리스신화에 나오는 예지력을 지닌 트로이의 공주. 카산드라에게 반한 아폴론이 예지력을 주겠다고 유혹했는데, 카산드라가 예지력만 받고는 그의 구애를 거절하자, 화가 난 아폴론은 카산드라의 예언을 아무도 믿지 않도록 저주를 내렸다.

녹아내림 255

의미를 전달했다. 진짜 적과 싸우십시오.

예수님, 성모님, 요셉님. 브리짓이 또 되뇐다.

당신은 비행기가 이륙할 때 내 손을 잡곤 했지. 시네이드는 우리 모두에게 속한 무언가를 자신을 통과시켜 우리에게 전달했고 그것은 내가 사랑을 경험하기도 전에 나에게 와닿았다—나는 엄마를 잃었고, 이후 이어진 모든 상실은 그 첫 상실의 메아리라는 것, 그 황폐함은 똑같으리라는 것을 이미 분명히 느낄 수 있었다. 이것이 내 병의 일부라고, 그들은 내게 말했다. 내가 상황을 오독하고 감정이 과잉이라서, 엄마의 건강 악화와 죽음이 가져온 정신적 혼란을 남은 평생 반복해서 겪게 될 것이라 오해하는 거라고. 시네이드는 나의 이 병을 예술로 승화시켰다. 시네이드의 머리가 열리며 진실이 수많은 보석처럼 쏟아져 나왔다. 그는 반항했다. 그 시절 나에게 가장 중요했던 예술가들은 시네이드처럼 항상 붕괴의 가장자리에 있는 이들이었고, 최고의 예술가는 통제를 벗어난 바로 그 공간으로 기꺼이 뛰어내리는 이들이었다.

그 시절, 예술은 하나의 빛이었다. 나에게 통곡과 그리움을 위한 공간이 있다는 것을 보여주었고, 경계선 위에서 혹은 경계선 바로 너머에서 살아가는 삶에 대해서도 뭔가 할 수 있는 일이 있다는 것을 보여주었다. 만약 내가 시네이드가 한 것처럼—오드리 로드가, 버지니아 울프가 한 것처럼—나 자신의 녹아내림을 무언가로 바꿔낼 수 있다면 그것이 뭔가 의미를 띠게 될 것이라 느꼈다. 나의 모든 고통, 나의 어리석은 삶이 뭔가 의미를 띠게 될 것이라고. 그 긴급성과 강박, 잘 녹아내리는 여자 작가 진 리스가 느꼈던 바로 그것. 내가 느끼는 것의 끝에 도달할 수 있다면, 그것은 나 자신에 관한 진실, 세계에 관한, 그리고 항상 나를 당혹스럽게 하고 고통스럽게 하는 모든 것에 관한 진실이리라는 걸 나는 알았다.

그런 사정으로 한 무리의 정신병원 환자들과 의료진이 둘러앉아 시네이드 오코너에 관해 얘기하고 있었다. 그건 다른 환자에 관한 이야기였을 수도 있다. 그 여자 미친 거야? 사실 진실을 얘기한 거 아냐? 나는 거의 말하지 않았지만, 귀 기울여 들었다. 나는 여간해서는 말하지 않았다. 생각을, 의견을 갖고 대화에 참여하는 것이 내게는 너무 괴로운 일이었다. 그래서 나는 듣기만 했고, 내가 용기를 냈더라면, 뭔가를 알았더라면 했을지도 모를 말들을 나중에 노트에 적었다. 플래너리 오코너의 표현대로, 나는 내 말을 글로 읽기 전까지는 내가 무슨 생각을 하는지 모른다.

나는 열성 팬은 아니었지만 시네이드를 감싸고 싶은 마음이 들었다. 마치 그들이 내 동생에 관해, 혹은 나에 관해 말하고 있기라도 한 것마냥. 나중에 나는 시네이드가 그날 밤 항의 중에 가톨릭교회가 은폐한 광범위한 아동 학대에 관해 발언했다는 사실을 알게 됐다. 때는 1992년이었고, 이 의혹이 당시 시네이드도 알지 못했을 만큼 훨씬 더 광범위하고 음습한 방식으로 확인되기까지는 아직 여러 해가 지나야 했다. 하지만 그게 확인되었다고 해서 시네이드가 비난에서 벗어났다고 말할 수는 없다. 시네이드는 아주 힘든 삶을 살았고, 급진적이었던 게 아니라 양극성장애가 있었던 것으로 밝혀졌다.

(내가 이 책의 최종 원고를 넘긴 지 몇 주 후에 시네이드 오코너가 세상을 떠났다. 향년 56세였다. 이 장의 내용을 업데이트하는 현재, 아일랜드의 위클로에서 시네이드의 장례식이 거행되는 중이다. 위클로는 내 가족이 살고 있는 곳이다. 장례식 장면을 보는데 숨이 멎을 것 같다. 지난주 고속도로를 달리다 그의 사망 소식을 들었을 때도 그랬다. **전 세계의 팬들이 시네이드 오코너의 삶을 기리고 있습니다**—여기까지 들었을 때 이미 나는 문장이 어떻게 이어질지 예감했고, 그 끔찍한 결말을 막아서거나 옆으로 틀어버리려는 듯 숨을 멈췄다—**오늘 오코너가 쉰여섯의 나이로 세상을 떠났습니다.**)

이 주 뒤, 행크가 내게 저녁 뉴스에서 본 것을 말해줬다. 시네이드는 매디슨 스퀘어가든에서 열린 밥 딜런 헌정 콘서트 무대에 올랐다. SNL 생방송 이후 첫 공연이었다. 삭발한 머리의 시네이드는 파란 옷을 입고 무대로 걸어 나왔고—너무 마르고 키가 크고 부서질 것처럼 보였다—그가 입을 열기도 전에 객석의 많은 사람이 야유를 보냈다. 지금 나는 그 장면을 인터넷에서 찾아본다. 시네이드의 얼굴에 놀람과 여린 심성이 드러나지만, 그러나 금세 자신이 한 일을 받아들이고 인지한다. 이건 그 일의 결과였다. 시네이드는 마음을 가다듬고는 SNL에서 불렀던 대로 밥 말리의 〈전쟁War〉을 다시 부른다. 이번에는 계속되는 야유 소리에 맞서 마이크에 대고 한 단어 한 단어 또박또박 고함을 지르듯이. 그때 내가 무엇을 깨달았는지 나는 기억한다. 가톨릭교회가 내 삶에, 한 젊은 여자인 나 자신의 자기의식에 너무나도 강력하고 지배적인 힘을 행사하고 있을 뿐 아니라, 전 지구적으로도 강력하고 지배적인 힘을 행사하고 있다는 걸, 그리고 그 힘을 이용해 이 아름답고 젊은 여자 예술가에게 수치심을 강요하고 있다는 걸. 그렇게 큰 부와 큰 권력을 지닌 교황이, 바티칸이, 스물여섯 살의 팝스타 시네이드 오코너에게 위협받는다고 느낄 만큼 정말로 그렇게 자신들을 취약하게 느꼈던 걸까?

시네이드는 완벽한 희생양이었다. 어쨌든 누가 그를 진지하게 받아들였겠는가?

막간극, 2022년

[Q: 시네이드가 양극성장애를 앓던 것으로 밝혀졌다는 게 왜 당신 마음을 불편하게 하는가?

어느 예술가 레지던시에서 화가 한 사람을 만났다. 그녀가 내 책에 관해 묻는다. 무엇에 관한 책이에요? 이 질문에 어떻게 대답해야 하는지는 끝내 알 수 없을 것 같다. 이 답에 대해 내가 행사할 수 있는 통제력은 내가 상상한 것보다 훨씬 작다. 나는 주의해야겠다고 마음먹을 수도 있고, 본능적으로 주의해야 한다고 느낄 수는 있지만, 그러다가도 이렇게 말하는 내 목소리를 듣게 된다. 평생 정신과 환자로 살아가는 일에 관한 책이에요. 혹은 어느 여성 작가에 관해, 나의 병과 입원에 관해, 어른이 되는 일에 관해 무언가를 말하고 있는 나를 맞닥뜨린다. 무슨 말을 하든 맞지 않는 말이고, 어떻게 해도 맞는 말을 할 수가 없다. 오늘은 정신 질환과 여성 작가들에 관한 책이에요, 라는 말로 나 자신을 놀라게 한다.

아, 하며 화가가 관심을 보인다.
아직 자료를 더 찾고 있어요?
아, 뭐, 하고 내가 말한다. (딱히 그렇지는 않은데.)
(나는 자료를 찾지 않지만, 자료가 나를 찾아낸다.)
내 딸도 작가거든요. 그리고 양극성이에요. 딸이 양극성을 자신의 정체성으로 여기는지는 모르겠지만요.
아아, 하고 내가 말한다.
화가의 표현 방식이 훌륭하다. **정체성**으로 받아들일지 말지는 딸이 선택할 일이라는 말이.

A: 그것이 내가 시네이드에게서 문제라고 여기는 점이다. 시네이드의 정체성이 자신이 선택한 게 아니라는 점. 그—지정된 환자, 희생양이라는—정체성이 시네이드를 선택했다는 점. 그가 덫에 갇혔다는 점. 시네이드가 자신을, 내가 그를 생각하듯이 인습을 깨부수는 급진적인 예술가로 생각했다면? 그리고 만약 그가 정말로 양극성이었고 만약 그 진단이 그에게 도움이 되었다 하더라도, 그가 다른 나머지 면들을 더 앞세웠더라면 어땠을까? 양극성이—너무 광범위하고 모호하고 종종 무의미한 정의가—나머지를 압도해버리지 않고, 시네이드라는 한 사람에

대한 지배적인 해석이 되지 않았더라면? 이 점이 내 마음을 불편하게 한다. 사람들이 진단에 따라오는 정체성을 자신의 것으로 혹은 자기 가족의 것으로 포용하는 것이. (그리고 전국정신질환연합NAMI도 이 측면에서는 도움이 안 된다.) 진단이 아무리 유용할 수 있다고 해도, 그것은 제한하는 이야기, 타인이 제시하는 이야기로 꼼짝없이 가둬버리는 또 하나의 방식인 경우가 많다.]

엘리나

엘리나가 병동에 도착한 건 10월의 어느 화요일이었다. 뉴욕에서는 가을만큼 좋은 시절도 없다. 물론 당시의 나는 그런 말을 할 수 없었지만. 그래도 눈으로 보고 알 수는 있었다. 그 나무들. 달라지는 색깔들. 이즈음 낮이 끝나고 해가 지기 직전, 그 빛이 나를 울린다. 단순하고 심오한 빛. 계절과 시간. 어떤 환자들은 나처럼 집에서 멀리 떠나와 있지만 다수는 그 지역 사람들이었다. 브롱크스, 브루클린, 코네티컷, 뉴저지. 할렘. 파크슬로프. 퀸스. 엘리나는 퀸스 출신이다. 내가 두 번째로 알게 된 퀸스 사람이었다. 제일 먼저 안 퀸스 사람은 내가 건성으로 자살을 시도한 직후 급성기 병동에 머문 처음 몇 주 동안 나를 돌봐준 간호사 바버라였다. 항상 거대 서사를 찾는 일에 혈안이 된 것 같은 의사들과 달리 어떤 간호사들에게는 그런 걸 찾고 있을 시간이 없었다. 오히려 그게 더 마음이 놓였다. 아니면 그들은 나를 정신과 환자가 아니라, 미친 여자가 아니라, 심지어 아픈 사람도 아니라 그냥 한 명의 젊은 여자로 있는 그대로 봐주기로 한 것일 수도 있다. 상황에 떠밀리다 이런 장소에 다다르게 된, 괴로운 일에 시달리는 한 여자로. 바버라도 팸도 나의 조용한 불안에 덤덤하게 반응했다. 종종 그렇듯이 내가 슬픈 상태인 아침이면, 바버라는 내가 식판에서 라이스 크리스피가 담긴 작은 용기를 집어가는 모습을 지켜보았다. 나는 우유는 가져가지 않았다. 나는 우유에 반대했다. 그건 독이었다. 나는 그 작은 시리얼 용기에 물을 부어 먹었다. 이를 보고 바버라는 웃었지만 심술궂은 웃음은 아니었다. 친구가 당신을 보고 참 괴상하면서도 웃긴다고 생각할 때 웃는 그런 웃음이었다.

—#—

그건 마치 울타리가 있는 집 안에 사는 것과 같아. 간호사 팸이 내게 뭔가를 설명하려 애쓰고 있다. 친구나 가족이나 누군가가 당신을 찾아오면 당신은 그 울타리 문을 열지. 그들을 안으로 들이는 거야. 때로 당신은 그 사람을 보며 즐거워하지. 난 당신이 사람들을 보며 즐거워하는 모습을 봤어, 하고 팸이 말했다. 그래 당신은 그랬어. 당신은 진심으로 사람들을 없애버리고 싶어하는 건 아니야. 하지만 문제는, 내가 보기에 당신 문제는 사람들이 떠난 뒤에 다시 그 울타리 문을 닫고 빗장을 거는 걸 잘 못한다는 거야. 당신은 문을 단단히 걸어 잠그지 못해. 그 사람이 떠나면 당신은 울타리 문을 활짝 열어놓은 채 거기 그냥 있는 거야. 그들은 떠났는데도 당신에게는 아직 그들이 거기 있는 것이고, 그래서 당신은 다시 집 안으로 들어가 차분히 앉아서 친구가 있어서 행복하다는 생각을 하지 못하는 거야. 당신이 얼마나 행운아인지를. 그 대신 당신은 상실감 속에 혼자 남겨져, 문은 열어둔 채로 어쩔 줄 모르고 있는 거지. 울타리 문을 그렇게 열어둔 채로는 살 수 없잖아. 모든 게 다 안으로 들어오니까. 팸은 그렇게 설명한다. 문을 닫을 때까지는 불안정한 느낌이 가시지 않으니까.

—#—

나는 제목부터 많은 생각을 하게 하는, 로런 벌랜트의 유작 『타인의 불편함에 관하여』를(벌랜트는 "당신이 운이 좋다면, 불편한 존재는 타인들이다"라고 썼다*), 혹은 친구들을 떠나 미묘하고 예리하고 복잡한 자기에게로 귀환한, 더불어 그 귀환에 따르는 모든 위안과 한계를 경험한 울프의 클래리사 댈러웨이를 생각한다. 그리고 그들은 그에게서 점점 더 멀어졌는데, (그와 점심을 함께 들었기 때문에) 그와는 아주 가는 실로 연결되어 있었고, 이 실은 그들이 런던을 걸어 다니는 동안 점점 늘어나고 점점 가늘어질 터였다. 마치 친구란 그들과 점심 식사를 함께한 후에 그 사람의 몸에 가느다란

* 벌랜트가 이 책(원제: On the Inconvenience of Other People)에 쓴 문장은 "당신이 운이 좋다면, 타인이 지옥이다Hell is other people, if you're lucky"로, 지옥이 내가 아니라 타인이라는 생각이 그나마 위안이 된다는 뜻이다.

실 한 오라기로 연결되는 사이인 것처럼. 그리고 그 실은 떨어진 빗방울들로 흐릿해진 거미줄 한 가닥이 그 무게 때문에 아래로 축 처지는 것처럼, (그가 거기서 졸고 있는 동안) 정각을 혹은 예배 시간을 알리는 종소리와 함께 희미해진다. 그렇게 그는 잠을 잤다.

 울프의 가장 실험적인 소설인 『파도』에 등장하는 네빌에게는 이 자기-타인 동일시의 수준이 괴로움을 안길 정도다. 네빌의 울타리 문은 닫히지 않는다. 친구 버나드를 떠난 뒤 네빌은 생각한다. 사람은 설령 멀리 떨어져 있더라도 친구 한 명이 더해지는 데 따라 얼마나 신기하게 변화하는가. 친구들이 우리를 회상할 때 그들은 얼마나 유용한 역할을 하는가. 그런데도 회상의 대상이 되는 것은, 흐릿해지고, 자신의 자아에 불순물이 섞이고, 혼합되고, 다른 존재의 일부가 되는 것은 얼마나 고통스러운가.

―#―

 엘리나는 드라마틱한 사람이 아니었다. 그는 슬펐고, 문을 닫아건 존재 같은 특성이 있었다. 엘리나는 간호사였다. 처음에는 남편과 함께 병원에 왔다. 두 사람은 채 서른 살도 안 된 신혼부부였다. 그들은 어른 흉내를 내는 어린 커플처럼 보였다. 스물넷인가 스물다섯인가 스물여섯. 엘리나는 하루나 이틀은 아무와도 말을 하지 않았지만 서서히 적응했다. 처음 몇 주 동안은 곁에서 도와주는 사람이 항상 있어야 했다. 주간 근무 때는 매리언과 브리짓이었고, 야간 근무 때는 로저였다.

 엘리나는 금세 직업을 포기했다. 마치 간호는 충분히 했으니 이제는 간호를 받을 준비가 되었다는 듯이. 아이가 되고 싶어하는 엄마들처럼, 간호사 엘리나는 환자가 되고 싶었다.

남편이 엘리나를 병동으로 데려왔다. 그는 엘리나 곁에 서 있었지만 아내는 남편을 쳐다보려 하지 않았다. 말도 하지 않았다. 일주일 뒤 그는 방문 시간에 병원에 와도 된다는 허락을 받았다. 트렌치코트를 입고 병동에 도착하던 그의 모습이, 어른처럼 차려입은 청소년처럼 보이던 모습이 기억난다. 그는 변호사였다. 그가 우리를 어떻게 바라봤는지도 기억한다. 우리는 그에게 기이한 존재들이었고, 그는 우리에게 공감할 수 없었다. 누군가가 공감할 수 있는지, 혹은 공감하지 않으려 하는지는 언제든 척 보면 알 수 있다.

누구나 공감할 수 있지만, 그러려면 자신을 멈춰야만 한다. 우리 모두 그렇게 하며, 그것은 온전한 정신을 유지하는 일의 일부다. 심리 치료사 애덤 필립스가 광기의 반대편이라 부른, **온전한 정신으로 가는 일**. 그 반대편이 우리가 머물고 싶은 곳이다.

한 번인가 두 번 엘리나와 남편은 의사들을 만났다. 나는 세션을 끝내고 나오는 그들을 보았다. 엘리나는 무척 동요된 상태였고, 남편은 분노를 숨기지 않고 심각한 얼굴로 재빨리 엘리베이터로 걸어갔다. 그 무렵에는 엘리나도 병원에서 말을 했다. 엘리나는 어마어마한 웃음을 터뜨리곤 했다. 그것이 엘리나에 관해 내가 갖고 있는 기억이다. 분노 혹은 절망 혹은 우울에서 터져 나온 그 웃음. 그 웃음의 원천은 결코 하나가 아니었다. 우리의, 적어도 우리 중 일부의 웃음은 그 모든 걸 동시에 통과

한 웃음이었다. 그리고 내게는 항상 이것이, 이 웃음이, 웃음으로 홀을 채우며 모두에게 삶을 상기시키던 그 방식이 엘리나의 재능이라고 여겨졌다. 우리 모두 웃었지만 아무도 엘리나처럼 웃지는 않았다고 말하고 싶다. 그리고 엘리나는 매리언과 브리짓에게서 자기 사람을, 자기 농담을 들어주고 온몸이 흔들리도록 거의 눈물이 날 것처럼 웃어주는 사람들을 발견했다. 의사들이 면담이나 뭔가 다른 볼일이 있어 엘리나를 만나러 올 때, 또는 엘리나가 세션을 끝내고 나오는 때가 엘리나의 웃음이 멈추는 때였다. 그런 식이었다. 엘리나는 격하게 웃거나 아니면 전혀 웃지 않았다. 중간은 없었다.

병원에 온 지 한 달인가 두 달이 지난 어느 날, 엘리나는 무슨 일이 일어나고 있는지 우리에게 말해줬다. 자기 남편의 분노와 실망에 관해. 이 무렵 엘리나는 직장을 잃은 상태였다. 그녀가 하던 간호사 일은 좋은 직업이었다. 남편은 아내가 자기 직업을 사랑한다고, 아니면 적어도 좋아한다고 생각했었다. 이런 일은 전혀 계획에 없었다. 최악은 남편이 엘리나에게는 아무 문제도 없다고 말한 것이다. 엘리나가 일부러 이렇게 행동한다는 것이었다. 이제 여기서 좋은 시간을 보내고 있으니 이곳을 떠나기 싫어하는 거라고. 이렇게 살아서는 안 되지 않느냐고, 이제 갓 결혼했는데, 신혼여행을 다녀온 지 겨우 몇 달 만에 왜 이런 일이 일어났느냐고, 무엇보다 즐거운 시간을 보내지 않았느냐고. 엘리나도 수긍했다. 정말 그랬었지. 이제 엘리나는 나와 함께하는 삶을 포기하고 있어요, 하고 남편은 말했다.

어느 날 남편이 가고 난 후, 엘리나는 그가 이혼을 요구했다고 말했다. 이미 엘리나는 체중이 불었고, 계속 불 터였다. 그는 이 점을 참을 수 없었다. 그는 다른 아내를 원해, 엘리나가 말했다. 그녀는 울고 있지 않았고, 웃고 있지도 않았다. 사실을 있는 그대로 받아들이면서 그냥 거기 앉아 있었다. 그녀는 설명할 수 없었다. 엘리나는 여기서 어떤 장소를 발견했고, 그녀에게는 이 장소가 자신의 결혼보다 훨씬 더 납득이 되는 세상이었다. 그건 엘리나의 잘못이 아니었다. 남편은 한 번 더 찾아왔다. 이혼 서류를 가지고서. 그게 우리가 마지막으로 본 그의 모습이었다.

—#—

이제 매일 방문하는 사람은 엘리나의 어머니와 아버지뿐이었다. 그들은 방문 시작 시간에 맞춰 병원에 왔고, 꼭 가야 할 때만 병원을 떠났다. 엘리나의 어머니는 중년으로 아마도 사십 대였고, 머리는 검고 눈은 파랬다. 엘리나는 이탈리아인이었지만, 그의 양부모는 아일랜드 출신이었다. 브리짓처럼 그들도 퀸스의 서니사이드에 다른 아일랜드 이민자들 틈에서 살고 있었다. 그들은 바닥이나 테이블을 응시하며 거기 앉아 있었고, 말하거나 미소 짓거나 고개를 끄덕이는 일은 거의 없었다. 무슨 할 말이 있었겠는가? 그들은 엘리나가 변화하고 호전되기를 기다렸고, 엘리나가 변하지도 호전되지도 않아도 여전히 기다렸다. 당신의 아이가 고통을 겪으면서도 당신에게 무엇이 잘못되었는지 말해줄 수 없고 당신도 그 문제를 해결해줄 수 없다면 어떤 일이 일어날까? 이제 엄마가 된 나에게 그것은 가장 끔찍한 악몽이지만, 당시의 나는 알 수 없었다. 내 아이의 삶이 변하면 내 삶도 변한다는 것을, 내가 균형 혹은 평정을 유지하려 애쓰지만 그건 너무나 불가능한 일이라는 것을. **당신은 당신의 가장 불행한 아이가 느끼는 만큼의 행복만 느끼게 되리라**는 것. 예로부터 내려온 지혜의 한 조각 혹은 저주.

엘리나의 어머니는 어머니들 사이에서 특이한 사람이었다. 그의 슬픔에는 친절함이 깃들어 있었다. 그와 남편은 아이를 가질 수 없었고 그래서 엘리나와 엘리나의 동생을 아기 때 입양했다. 엘리나의 어머니는 딸에게 의존하는 사람이 아니었다. 그는 자기로 온전히 존재했다. 그걸로 충분했을까? 체조선수인 조너선의 아버지는 우리 젊은 여자들을 흘겨보았다. 아이린의 어머니나 스텔라의 어머니는 항상 눈물을 흘렸고, 환자보다 더 상태가 안 좋았다. 많은 어머니가 환자들과 구별이 안 됐다. 그리고 아예 찾아오지 않거나 찾아오는 게 허락되지 않은 어머니들도 많았다. 그러니 엘리나의 어머니가 눈에 띌 수밖에. 엘리나의 어머니와 아버지가 평일 매일 저녁 방문 시간과 주말마다 오후에 두 시간씩 와서 머물던 방식이. 와서 머무는 것. 그게 떠나야 할 시간이 될 때까지 그들이 한 모든 일이었다. 엘리나는 이따금 그들과 함께 앉아 있었지만, 대개 그들은 따로 떨어진 채, 혹은 각자 홀로 앉아 참을성 있게 무언가를 기다렸다. 그 무언가는 결코 오지 않을 터였지만, 그래도 상관없었다. 중요한 것은 그 기다림이었으니까.

행크, 회고 (II)

하나

시간이 흐른다.

오늘 행크가 신문 한 부를 안쪽이 보이도록 접어서 들고 나타났다. 검은 사인펜으로 두 가지 행사 일정에 동그라미를 쳐두었다. 하나는 어퍼웨스트사이드에서 하는 실내악 콘서트이고, 다른 하나는 메트로폴리탄 미술관에서 열리는 소피 칼의 전시회다. 박제 작품이죠, 하고 그가 설명한다. 행크는 그 전시에 관해 읽었다. 가보고 싶어요? 이번에 그는 진지하다.

우리가 어떻게 가요? 내가 말한다.

나는 내 주치의 선생님한테 물어볼 테니 당신은 당신 선생님한테 물어봐요.
좋아요.
내 주치의 선생님이 좋다고 하면 괜찮은 걸 거예요. 문화 행사잖아요?

내 주치의는 내게 이럴 준비가 되었느냐고 묻는다.
무슨 준비요? 여기서 나갈 준비요?
그래요.
모르겠어요, 하고 나는 말했는데, 정말로 몰랐다. 거기 너무 오래 있어서 나 혼자, 혹은 행크와 함께라도 거기서 나간다는 생각이 무서웠다. 우리에게 무슨 일이 일어날까? 나는 단둘이 그 도시로 나간 우리를 상상해보려 했다. 의사도 없고, 간호사도 없이. 아무것도 없이.
글쎄, 당신이 안전할 거라고 느껴져요?
어쩌면요.
우리 계약서를 쓸까요?
무슨 계약인데요?

닥터 트리얼은 종이 한 장을 꺼냈다. 내가 당신한테 계약서를 써주고 거기에 내 서명을 할 거고 행크한테도 서명하라고 할 거예요. 지금요. 만약 둘 중 한 명이 나가다가 혹은 밖에 있을 때, 혹은 미술관이나 센트럴파크에 있을 때—둘 중 한 사람이 병원에서 달아나서 다시는 돌아오지 않겠다고 생각한다면—혹은 둘 중 한 사람이 밖에 있을 때 자살하겠다는 생각을 한다면—그렇다면, 나머지 한 사람이 즉각 전화기를 찾아서 병원에 있는 우리에게 연락을 해야 한다는 거예요. 아니면 911에 전화하거나.

우리는 계약서에 서명했다.

이번에 우리는 나갈 생각이다. 우리에겐 출입증이 있다. 약 타는 시간이 지나도록 바깥에 있을 경우를 대비해 우리는 지퍼백에 약이 담긴 종이컵들도 담아 왔다.

—#—

2막 끝부분:
에스트라공: 그럼, 갈까?
블라디미르: 그래, 가자고.

[그들은 꼼짝도 하지 않는다.]

둘

행크는 나보다 먼저 나아졌다. 하지만 그건 엄밀히 말해 진실은 아니다. 그는 그저 내가 떠나야 했던 것보다 더 먼저 떠나야 했을 뿐이다. 그의 시간이 끝난 것이다.

그들은 그의 상태가 좋아졌다고 말했다. 행크는 내게 그 사람들이 틀렸다고, 자기는 좋아지지 않았다고 말했다.

우리는 이런 식으로 데이트를 하러 다녔다. 그리니치빌리지의 안젤리카 극장으로, 어퍼이스트사이드의 박물관들로, 센트럴파크에서 열리는 셰익스피어 극 공연을 보러.

행크 말로는 우리가 데이트한 횟수가 많아질수록 그들은 그가 나아졌다고 더욱더 확신했다. 그가 나를 데리고 나가서 내가 이런 방식으로 더 나아지게 도와주는 리더의 역할을 맡고 있다는 것이다.

하지만 넌 떠나지 않아도 돼, 하고 그가 말했다.
나도 언젠가는 떠나야 할 날이 올 거야.
그래. 그러면 좋겠네.
응. 진심이야.
우리가 여기 영원히 있을 순 없으니까.
맞는 말이야.
하지만.
그래.
변화. 이미 익숙해진 걸 떠나는 일은 참 별로야. 아니면 별로

인 건 그냥 변화인 건가.

　전부 다야.

　참 별로네.

　[그들은 꼼짝도 하지 않는다.]

가족 치료

입원한 지 일 년이 되었을 때 나는 병동의 두 수석 의사와 면담을 하러 갔다. 닥터 트리얼과 극작가이기도 한 닥터 프린스였다. 닥터 트리얼이 대통령 같은 입지라면, 닥터 프린스는 병동의 부통령 같은 사람이었다. 조용하고 차분한 힘을 지녔지만, 대개는 보이지 않았다.

물론 그는 너무 잘생겨서 안 보인다고 말하기는 어려웠다. 특히 과체중이며 양복에 땀 얼룩이 묻어 있고, 단추가 금방이라도 떨어질 것처럼 배가 불룩한 닥터 트리얼에 비하면 더욱 그랬다. 닥터 트리얼은 갈색 가죽으로 된 무거운 교정용 신발을 신고 몸을 앞으로 기울이고 걸었고, 항상 계절과 맞지 않는 색깔과 재질의 양복을 입었다. 사각테 안경을 썼지만 멋지지는 않았다.

머리카락은 곱슬거리고 헤어라인은 계속 올라가는 중이었다. 항상 미소를 짓고 있고, 항상 눈을 맞췄다. 몸을 앞으로 내밀면서 열렬히 건네는 인사. 잘생긴 프린스와는 달리 그에게는 모호한 구석이 하나도 없었다.

닥터 프린스는 여간해서는 눈을 마주치지 않았고, 꼭 눈을 맞출 때는 거기에 분명한 의미를 담는 것 같았다. 긴 머리카락이 눈 앞으로 흘러내리면 그는 머리카락을 뒤로 넘기고 미소를 지었다.

그가 옆을 지나갈 때면 여자들은 탐나는 눈빛으로 그에게서 눈을 떼지 않았고, 멋져 멋져라고 말하듯 입 모양을 벙긋거리거나 기절하는 시늉을 했다. 마치 자기들이 건설 노동자나 비틀스 팬이라도 된 듯이. 지나가는 사람한테 헤이, 자기야 하며 희롱을 걸 듯이. 브리짓은 어지간히 하라는 듯 장난스럽게 스텔라의 손을 찰싹 때리곤 했다.

틸다는 대부분의 시간을 닥터 프린스와 보냈다. 틸다는 그의 전문 분야였다. 혹은 그는 틸다가 처한 상태의 전문가였다. 그건 바로 다중인격장애였다.

어빙 고프먼은 정신병원에만 특유하게 사용되는 어휘에 관해 썼다. 예를 들어, 도주하다elope. 나는 도주하다라는 단어를 들으면, 대부분의 사람과 마찬가지로 연인들이 결혼하려고 함께 도주하는 상황을 연상했다. 그러나 정신병원, 정신과 입원 병동의 맥락에서 도주하다는 다른 뭔가를 의미했다. 그것은 환자가 병원에서 달아난다는 의미다. 내가 기억하기로 틸다는 적어도 두 번 도주했다. 두 번 다 경찰이 발견해 병원으로 돌려보냈다. 틸다는 한 번은 간호사 한 명의 집에 나타났다. 두 번째는 81번가와 센트럴파크웨스트가 만나는 근처에 있는 닥터 프린스의 집까지 찾아갔다. 이때는 인터넷과 스마트폰 이전 시기였으므로 틸다가 닥터 프린스의 주소를 찾아낸 것은 아주 대단한 일이었다. 나중에 틸다는 주소를 알아낸 일과 그의 집에 관해 자랑스레 떠벌렸다. 마치 내가 들으면 당연히 알 거라는 듯이 전쟁 전에 지은 베레스포드라는 건물에 있는 협동조합 공동주택이라고 말했다. 거기 유명한 사람들이 많이 살잖아, 라고 틸다는 말했다. 그 박물관* 바로 옆에.

내가 베레스포드라는 이름을 기억하는 건 그로부터 일 년 뒤 전기충격 치료를 받으러 병동에 온 다른 여자 환자 때문이다. 그는 한두 주는 긴장증 상태로 있었지만, 이후 매우 수다스러워졌다. 이 사람도 베레스포드에 살았고, 그의 전남편이 유명한 텔레비전 방송국 프로듀서라고 했다.

* 미국자연사박물관.

도주는 더 큰 사건을 이루는 한 단계에 지나지 않았고, 나는 이조차 며칠이 지나 다른 환자들이 알려준 뒤에야 알았다.

그래서 오늘 나는 닥터 트리얼의 진료실에 와 있고, 갑자기 모든 게 다시금 공식성과 형식성을 띠고 규칙을 따르고 있었다. 일 분 전에는 홀에서 브리짓이 들려주는 이야기와 엘리나의 코요테 같은 웃음소리를 듣고 있었는데.

루카는 껌 한 통을 꺼내 그것을 하나씩 씹었는데, 맛이 다 빠지면 다시 새 껌을 까서 연달아 씹었다. 루카는 항상 미소를 짓고 있었고, 긴밀하게 엮인 자신의 이탈리아인 가족에 관해 항상 이야기했다. 루카의 아버지는 퀸스에 레스토랑을 갖고 있었다.

이건 껌 폭식이라고 하는 거야, 하고 루카가 설명했다.
그런 게 있어? 난 한 번도 못 들어봤는데.
난 구강 성향이거든.

병원에 머문 지 며칠이 지났을 때 루카는 손톱으로 자기 몸을 할퀴기 시작했다. 로즈와 스텔라, 해피와 퍼트리샤를, 자해의 고수들을 존경하게 된 것이다.

원래 뭔가에 반응하는 일이 별로 없는 로즈는 루카의 이런 시도를 재미있어하면서도 경멸했다. 로즈는 루카를 할퀴는 아기

가족 치료 279

고양이라 부르며 놀리곤 했다.

그래서 루카도 브리짓과 엘리나를 비웃는다. 알고 보니 루카와 엘리나와 브리짓 모두 퀸스에 살고 있고, 출신은 이탈리아나 아일랜드로 다르지만 모두 이민자 일세대이며, 모두 똑같은 유머 감각을 지니고 있다. 나는 루카와 달리 루카의 껌 폭식을 웃어넘기기가 어려웠다. 마치 내 여동생이 심각한 장소에 나를 따라온 것 같은 느낌이었다. 게다가 루카의 어머니도 항상 거기 있었다. 엄마가 있는데 왜 굳이 병원에 와 있는 걸까? 엄마가 가장 친한 친구인 사람이?

그래서 나는 이 사람들에게서 걸음을 옮겨 정해진 시간에 진료실로 갔다. 우리는 시간이 존재하지 않는 아무 곳도 아닌 곳, 비공간에 살고 있지만, 이따금 '면담'에 불려 간다. 간호사 마지가 내게 옷을 챙겨 입어야 한다고 말한다. 옷 입었어요, 하고 나는 말한다. 트레이닝 바지와 티셔츠. 최소한 청바지라도 입는 게 어때요? 신발도 신고.

그래서 나는 옷을 차려입고 남자 숙소 쪽 복도에 있는 진료실 밖에서 기다린다.

기다리고 있으니 금세 의사들이 나타난다. 막 재미있는 이야기를, 뭔가 좋은 얘기를 나눈 것처럼 미소 띤 얼굴로 걸어온다.

잠깐만요. 금방 부를게요, 하고 닥터 트리얼이 말한다.

잠시 후 닥터 프린스가 문을 열고 내게 들어오라고 한다.
기분이 어때요?
엄청 좋진 않아요.
매리언 스미스와 브리짓과 시간을 보내는 건 좋아요?
그럼요.
잘됐군요. 사람들하고 잘 교류하고 있네요. 엘리나는요?
괜찮은 사람이에요.
그래요. 동료들과도 잘 교류할 줄 알게 되면 좋겠군요.
네.

우리가 왜 이 면담을 하고 있는지 알아요?
아뇨.
우리는 팀으로서, 당신의 팀으로서 이 문제를 의논했어요.
이 무렵 나는 록산과 간호사 마지, 매리언 스미스, 그리고 그때그때 돌아가며 나에게 배정된 레지던트가 내 팀이라고 생각하고 있었다.

네.

우리는 당신이 한 모든 말과 당신 아버지의 방문, 그리고 우리가 아버지와 한 면담을 바탕으로 당신 가정의 가족 역학이 어떠한지 그럭저럭 파악했어요.

네.

희생양이라는 개념 들어본 적 있어요?
아마도요.
우린 가족의 희생양에 관해 얘기하고 싶어요. 그리고 여기 이 병동에서, 우리는 이런 사람을 지정된 환자라고도 불러요.

네.

당신이 당신 가족 중에서 환자로 지정된 사람이라고 생각해요?

그건 내가 특별하다고 생각하느냐는 질문과 비슷하네요, 라는 말은 하지 않는다.

우리가 보기엔 명백히 그래요. 당신의 아버지와 새어머니는 너무 빨리 재혼했어요. 물론 필요한 일이었을 테고, 어린 네 아이와 직업이 있고 해내야 할 일이 있던 당신의 아버지로서는 자기가 할 수 있는 일이 그것뿐이라고 생각했을 거예요. 아버지는 당신의 새어머니를 사랑하지만, 실용적인 관점에서도 아버지가 달리 어떤 일을 할 수 있었겠어요? 또한 가톨릭의 가치관도 영향을 미쳤을 거고요.

—#—

1980년. 기억 하나. 엄마의 경야 혹은 장례식 이튿날이다. 친구들, 이웃들, 사촌들과 함께 스테이션왜건의 뒷좌석에 앉아 있다. 그중 한 명이 묻는다. 넌 새엄마가 생길 거라고 생각해? 너희 아빠가 재혼할 거라고 생각하지 않아? 한 사촌이 내게 말한다. 너희 엄마가 너희 아빠한테 재혼하라고 말했다고 우리 엄마가 그랬어. 허락해주신 거지. 돌아가시기 전에 그렇게 말씀하셨대.

모두가 고개를 끄덕인다. 그게 세상에서 가장 논리적인 일이라는 듯.

나는 그 생각에 경악했다. 하지만 더 중요한 것은 그게 거짓말이라는 걸 내가 알았다는 것이다. 나는 엄마가 결코 그런 말을 했을 리 없다는 걸 알았다. 아니 혹시 말했더라도 그건 그저 추상적인 생각이었지, 실제로 일어날 때 엄마가 인정해주었을 실질적인 계획은 아니었다.

그리고 어차피 당신이 거의 죽은 상태일 때, 그게, 당신이 무슨 말을 하는지가 무슨 의미가 있겠는가? 이미 죽었거나 죽어가는 상태라면 사람은 무슨 말이든 할 수 있지 않을까? 병석에 누워 죽어가던 엄마가 나를 지켜보고 나를 우선시하고 나와 내 인생을 염려하던 그 엄마가 아니라는 것은 나도 충분히 알았다. 그들이 말하고 있는 건 누군가 다른 사람이었다. 어떤 분별 없는 계획도 다 용서해주는, 갓 성인의 위치에 올라간 자애로운 어떤 어머니.

—#—

닥터 트리얼은 계속 말했다. 그 재혼이 아무리 현실적으로 도움이 되었고 사랑으로 가득한 결혼이었다고 해도, 당신한테는 오직 갈등만 심어주고 더 깊은 상실감을 안겨준 일이었다는 것이 우리의 판단이에요. 그리고 당신이 사랑하는 당신의 아버지는 그 갈등을 해결해주지 않았죠. 그는 그 갈등을 무시했어요. 하지만 당신은 아빠를 비판하지 못하죠. 절대로 못 해요. 왜냐하면 당신에게는 아버지밖에 남지 않았으니까. 어머니가 떠난 뒤로는 아버지를 잃는 게 당신의 가장 커다란 두려움이었어요. 그런데 아버지는 당신을 돕지 않았죠. 당신에게 필요한 방식으로는요. 그래서 당신과 새어머니 사이에서, 당신들 모두 사이에서 적의와 질투와 경쟁 상황이 펼쳐진 거죠. 당신이 이 상황에서 가장 큰 타격을 입었어요. 그건 엄마와의 가까웠던 관계, 엄마가 돌아가셨을 때의 당신 나이 때문이었을 수도 있어요.

나는 닥터 트리얼의 말을 더 이상 듣지 않았다. 나는 손톱에서 매니큐어를 벗겨내고 있었고, 내 손가락들을, 내 닥터마틴 워커를 쳐다보고 있었다. 벽에는 마티스의 그림을 복제한, 생소해 보이는 포스터가 걸려 있었다. 무언가에 깊은 흥미를 느끼는 듯하지만 동시에 걱정스러워 보이는 여자를 그린 그림이었다. 여자는 검은 머리를 정수리 위로 틀어 올리고 있었다. 눈을 가늘게 뜨고 보니 그 그림은 사실 그냥 색깔 뭉치들이었다. 여자의 얼굴, 치켜올린 눈썹, 미심쩍은 표정은 흐릿하게 지워지거나 배경으로 물러났고, 이제는 모두 색깔들, 초록과 분홍과 빨강뿐이었는데, 그 색깔들이 여자가 되었다. 녹색 세로 줄이 여자의 얼굴 위로 그어졌던가, 아니면 그 색깔이 여자의 얼굴이었던가. 여자의 옷은 또 빨강이었던가, 분홍이었던가. 이제 그 얼굴이 다시 초점 속으로 들어오니, 녹색 줄이 얼굴의 한쪽 반을 다른 쪽 반과 나누고 있다는 것을, 얼굴의 양쪽이 각각 다른 색이라는 것을 알겠다.

당신 생각에도 이 말이 맞는 거 같아요?

그런 것 같네요, 하고 내가 말했다.

우리는 당신의 이 문제를 해결할 제일 좋은 방법을 생각했어요, 당신이 당신 가족의 지정 환자가 되어버린 현실을 해결할—

당신이 어머니의 유령을 등에 짊어지고 있는 사람이란 점을,

이라고 닥터 프린스가 갑자기 덧붙이며 내 상황을 시적으로 표현했다.

그래요. 그리고 그 점 때문에, 당신이 복잡하고 괴로운 새로운 가족 구성에 적응하지 못한 사람이기 때문에—당신이 그 환자가 된 거예요. 우리가 지정된 환자라는 표현을 쓰는 이유는, 음, 우리가 당신의 가족 전체를 아픈 사람들로 보기 때문이에요. 당신이 여기 있지만, 아픈 사람은 당신만이 아니에요. 당신의 병은 가족의 병이에요. 항상 그래요. 여기서 보는 모든 사람이. 우리가 아픈 가족을 치료할 수 있다면, 그건 그냥 반창고를 붙여주는 게 아니라 종양을 제거하는 것과 비슷한 일이에요.

무슨 말인지 알겠죠?

나는 마티스의 여자를 살펴보았다. 저 여자의 가족의 병은 뭐였을까? 그는 무엇으로 지정되었을까? 그는 왜 이 그림 속에 있는 걸까?

당신도 알다시피 아버지는 당신을 배신했고, 당신을 그리 좋아하지도 않고 당신이 잘되기를 원하지도 않는 양육자로 당신의 엄마를 대체했죠.

그가 그렇게 말하니 너무 단순해 보였다. 뭐, 그런 것 같다.

맞는 말이다. 새엄마는 내가 잘되기를 원하지 않았다. 그렇지 않은가. 그리고 물론 나를 좋아하지도 않았다.

그래서, 하고 닥터 트리얼이 말을 이었다. 닥터 프린스와 나는 당신 가족을 병동으로 초대하려고 해요. 방문자나 외부자로서가 아니라 그들 역시 환자로서요.

그게 무슨 뜻이에요?

닥터 프린스가 미소를 지으며 온화하게 덧붙였다. 선생님 말씀은 우리가 당신과 면담하는 것처럼 당신 가족들 하고도 면담하겠다는 얘기예요. 우린 그들이 어떤 사람들인지 알고 싶거든요.

방금 저한테 하신 말씀을 가족들에게도 할 건가요?

꼭 그런 건 아니에요. 우린 그들의 이야기를 들어보고 싶어요.

끔찍한 생각 같았다. 그런데도 닥터 프린스는 그렇게 하면 우리에게 뭔가 진척이 있을 거라고 확신하는 듯했다. 하지만 우리가 어디로 나아간단 말인가? 나는 새엄마나 아빠와의 문제를 풀고 싶지 않았다. 그 모든 일로부터 달아나고 싶었다. 결국 그게 내가 이 도시에, 이 병원에 와 있는 이유 아닌가.

가족 치료

매주 수요일 저녁, 문학 모임 직전에 아이린의 어머니, 아버지, 언니가 와서 가족 치료 세션에 참가했다. 키가 큰 금발의 스칸디나비아인인 아이린은 『곰돌이 푸』의 이요르처럼 항상 넋두리를 했고, 행크나 스텔라 정도의, 심지어 루카 정도의 예리함도 없었으며, 모든 일을, 이 장소를, 이 부조리를 가볍게 보아 넘기거나 농담 취급할 수 있는 능력이 한 톨도 없었다. 그렇다. 아이린은 끊임없는 불평쟁이였다.

우리는 아이린과 가족들이 더할 수 없이 슬픈 표정으로 함께 치료실에 들어가는 모습을 보았고, 그들이 거기서 나올 때면 아이린은 도저히 달랠 수 없는 상태가 되어 있었다. 뭐, 불평은 우리 모두 다 했다. 그건 우리가 거기서 하던 일의 일부였다. 우리 이야기를 들어주고 돈을 받는 사람들에게 불평하는 일. 몇 년 뒤 내가 어느 작은 출판사에서 인턴으로 일할 때, 거기서 만난 한 남자가 내게 불평이 정말 많다고 지적했다. 우리가 뭔가 지루한 일, 따분하지만 어렵지는 않은 일을 하고 있을 때 그가 문득 하던 일을 멈추더니 말했다. 당신 진짜 불평이 많군요?

내가 그랬던가? 뭐, 그랬다. 나는 불평을 많이 했다. 사소한 모든 일에 대해 불평하는 것이 매력 없는 건 물론이고 얼마나 기운 빠지게 하는 일인지를 나는 생각하지 못했다. 사실은 그냥 삶의 일부일 뿐일 때도 나는 내 비참함을 얼마나 증폭하고 있었던 걸까? 최근에 한 친구는 젊은이들이(즉 우리 이후 세대가) **삶의 도전들에 대처하는 일**을 제대로 못한다고, 적어도 야단법석을 피우지 않고서는 못한다고 말했다.

그러나 진실은 그 나이 대의 내가, 심지어 그보다 더 나이가 들었을 때도 삶의 도전들에 대처할 채비가 제대로 **안 되어 있었**다는 것이다. 하루를 보내는 데 필수적인, 일상의 사소하고 따분한 많은 일에 대처하지 못했던 것이 내가 환자가 된 이유 중 하나라고 생각한다. 나는 도움을 청할 줄 몰랐고, 친구 사이를 유지할 줄도, 나 자신에게 괜찮아질 거라고 말할 줄도 몰랐다. 나 자신을 극복할 줄 몰랐다.

아무튼 아이린의 가족이 와서 마치 형사재판을 받으러 가는 사람들처럼 들어가고, 이어서 마치 있을 수 있는 최악의 소식을 막 들은 듯한 모습으로 병원을 떠나는 모습을 지켜보았으므로, 나는 가족 치료의 이점에 관해 아무 희망도 품을 수 없었다.

(우리는, 행크와 나는 실제로 한두 번은 데이트를 했다. 오드리 로드의 추도식이 곧 열린다고 내게 말해준 것도 행크였다. 나는 담당 의사들에게 세인트 존 더 디바인 대성당에서 열리는 추도식에 참석할 수 있도록 출입증을 내줄 수 있을지 물었다. 이런 특권을—정신병원이라는 환경에서 어떤 자유는 특권이라 불린다—얻으려면, 안정적이라고 여겨지는 다른 환자와 동행해야 했다. 행크가 함께 가기로 했다.

우리가 168번가에서 110번가까지 지하철을 타고 간 날은 추운 1월의 어느 날이었다. 마치 도주하는 느낌이었고, 우리의 탈출 때문에 흥분했고, 그렇게 얻은 자유 때문에 불안했다. 우리는 복잡한 대성당으로 들어갔다. 행크가 나를 신도석 쪽으로 이끌었고, 우리는 복잡한 틈새로 밀고 들어가 끄트머리에 앉았다. 미국 성공회 사제들과 복사들이 우리 옆 통로로 지나갔다. 드럼 연주단이 그 뒤를 따랐다. 앤절라 데이비스가 발언했다. 로드와 함께 페미니즘 출판사 키친테이블프레스를 창립한 바버라 스미스도 발언했다. 자기가 추도사를 할 차례가 되었을 때 앤절라 데이비스는 좌중을 향해 미국 성공회의 방식을 따를 필요는 없다고, 자유롭게 말하고 응답하면 된다고 했고, 곧 모두가 그렇게 했다.

발언자들 각각이 나에게 오드리 로드에 관해 가르쳐주었다. 나는 로드가 베를린에서 보낸 시절에 관해 몰랐고, 여러 해 유방암을 앓았고 유방절제술을 받았다는 것도 몰랐다. 나나 행크보다 그리 나이가 많아 보이지 않던 로드의 딸이 다음 차례로 말했다. 그는 자랑스러워했다. 오드리 로드가 나의 엄마처럼 유방암으로 사망했다는 걸 안 것은 이때였다. 이런 식의 죽음은 사소하지 않았고, 매우 드문 일도 아니었다.

우리가 대성당에서 나와 외곽으로 돌아가는 지하철을 타러 110번가까지 걸어갈 때는 해가 지기 시작할 무렵이었다. 추도식 경험에 몰두하는 동안에는 들떠 있었는데, 이제는 기분이 가라앉고 다시 우울함으로 옮겨갔다. 나는 전철에서 옆자리에 앉아 있는 행크에게 아무 말도 할 수 없었다. 함께 병동으로 돌아가야 한다는 게 얼마나 끔찍했던지. 데이트의 마무리치고는 가장 한심한 마무리였다. 우리는 돌아가 식판에 담긴 저녁을 먹어야 했다. 작별의 입맞춤도 없었다. 그냥, 네 방으로 가, 나중에 봐, 하며 우리가 아직 필요로 했던 공간의 수치 속으로 다시 녹아드는 일. 몇 시간 동안은 우리도 정상이었는데.)

블로섬

　석 달에 한 번씩 한 의사가 떠나고 새로운 의사가 도착했다. 그곳은 의사들을 교육하는 병원으로, 뉴욕주가 관리하는 곳이었고, 그 병원의 의학대학원 학생들을 교육했다. 하나의 커리큘럼이었고, 훈련장이었다. 하지만 우리는 학생들을 위한 훈련이 아닌 척했다. 대단히 정교하고 복잡한 닥터 트리얼의 통합적 비전을 설파하는 수사에 사로잡혀 있던 우리는, 그것이 모두 의도된 일이라고 믿었다. 우리는 이것이 우리에게 좋은 일이라는 닥터 트리얼의 말을 믿고 따라야 했다. 석 달마다 한 의사에게 애착을 느꼈다가 다시 작별하고, 우리가 치유될 때까지 이를 계속 반복해야 한다는 말을. 수많은 만남과 헤어짐, 결국 이것이 인생이 돌아가는 방식이며, 이는 바로 그것을 훈련하는 일이었다. 이렇게 애착을 형성했다가 놓아 보내는 일을 반복적으로 할 수 있다면, 남은 평생 그렇게 할 준비가 된다는 것이다.

그것이 죽음에 대한 훈련이기도 했다는 걸 지금 나는 깨닫는다. 애착과 놓아 보내기. 나의 엄마에 대한, 엄마를 놓아 보내지 못하는 나에 대한 훈련, 그리고, 엄마가 아니라면—지금 희미하게 사라지고 있는 것은 이제 엄마가 아니라 엄마에 대한 내 기억들이므로—내가 사랑하고 잃게 될 모든 이에 대한 훈련.

나는 식당 테이블에 앉아 행크가 신문 기사를 읽는 소리를 듣고 있다. **보트 피플**이라고 그는 경멸 어린 말투로 읽는다. 때는 1994년이고, 보트 피플이란 난민들, 가난에서 벗어나 가능성의 장소로 가려 애쓰는 이주자들을 가리키는 완곡한 표현이다. 닥터 트리얼이 나를 자기 쪽으로 부른다. 그 뒤에 여자 한 명이 서 있다. 트리얼보다 훨씬 젊으며 거의 그의 딸뻘이다. 여자는 입을 다문 채 미소 짓는다. 살짝 몸에 붙는 흰 블라우스를 입었고 단추를 목까지 다 채웠다. 눈은 충혈되어 있다. 이 장소에 놀란 표정이다.

닥터 B는 임신 중이거나 출산한 지 얼마 안 됐어. 엘리나가 내게 말했다.

엘리나와 내가 닥터 B의 첫 환자들이었을지도 모른다. 자기 진료실이 아닌 어느 작은 진료실에서 닥터 B는 허벅지 위에 노트를 올려둔 채 곧은 자세로 앉아 있다. 그는 나를 쳐다보고, 고개를 끄덕이고, 노트에 기록했다. 종이를 보지도 않고서 글씨를 썼다. 나의 이야기에 관해, 내가 왜 거기 있는지, 무슨 일이 있었는지 물었다. 그 무렵 나는 이미 전에 여러 번 나의 이야기를 반복해서 말한 뒤여서, 이제는 그 이야기를 다르거나 새롭게 말하는 방식을 찾고 있었다.

—#—

우리가 만났을 때 이야기가 어디까지 흘러간 상태였는지 모르겠다. 당시 나는 이야기의 내용이 무엇보다 중요하다고 생각했다. 이야기를 정확하게 할 필요가 있다고. 정확한 이야기를 하는 게 제일 중요하다고. 어느 날 닥터 B가 답답해하는 나를—내 얘기가 뭐였더라—알아차리고 이렇게 물었던가, 아니면 의아함을 표현했던가. 여기서, 우리 사이에 일어나는 일에서 단어가 중요한가요? 그 말에 마음이 놓였다.

—#—

의료 기록을 읽고 있는 지금도 내게 가장 고마운 건 닥터 B가 쓴 노트이고, 복사된 것임에도 그의 필체는 여전히 무언가를 생생히 되살려낸다. 그는 내가 엄마에 관해 말한 모든 이야기를 적어뒀다. 그중 여러 이야기를 나는 잊었는데, 이렇게 의료 기록이 엄마를 내게 다시 돌려준다. 내가 잃어버리는 줄도 모르고 잃었던 이야기들, 세부들이 여기 있다. 뉴욕주립정신의학연구소의 공식 기록 속에.

> 환자의 어머니는 주걱을 들고 환자를 쫓아가 찰싹 때렸다—
> 어머니는 뚱뚱해졌고, 이 점이 환자의 마음을 불편하게 했다—
> 어머니는 환자가 엄지손가락을 빤다고 꾸짖었다—
> 어머니가 환자에게 화를 냈다—

사소한 일, 모녀 사이의 일.

이런 이야기들을 하는 것은 애도를 거부하는 방법이었다고 지금의 나는 생각한다. 이런 갈등이나 실망스러운 순간들의 엄마를 기억하는 것—이는 내가 우리의 싸움을 계속할 수 있게 해주었다. 싸우는 것은 누군가를 상실하는 걸 거부하는 한 방법이다. 만약 당신이 싸움을 계속 살려둔다면, 당신은 상실을, 상실의 연약함, 그 깊은 슬픔, 총체적 상실이라는 되돌릴 수 없고 당혹스러운 사실에 끝내 대처하지 않아도 된다.

—#—

1980년. 나는 여덟 살이에요. 사흘 뒤면 아홉 살이 돼요. 파티, 해피 조스에서 열리는 생일 파티. 풍선들을 불고 피자를 먹을 거예요. 내 친구들, 트리샤와 캐럴린도 오고요. 학교에서 우리는 파티에 관해 이야기해요. 캐럴린이 물어요. 너 바지 입을 거야? 난 바지 입을 건데. 캐럴린에게는 새

바지가 생겼어요. 바지를 입는 게 왜 새로운 일일까요? 아직 1970년대 분위기에서 벗어나지 못했나? 그건 나도 모르겠지만 나에게는 허락되지 않은 일이에요. 나는 바지를 입도록 허락받지 못했어요. 내게도 바지가 있는데. 나는 새 바지가 필요하고, 새 바지를 입고 싶어요. 내게는 바지 정장도 있어요. 내가 엄마한테 말해요. 엄마는 엄마 방 침대에 있어요. 넌 생일을 맞이한 소녀야, 하고 엄마가 말해요. 그러니 넌 드레스를 입을 거야. 엄마가 어떻게 이 말을 했을까요? 엄마는 이 말을 할 만큼은 충분히 살아 있어요. 엄마는 드레스 한 벌을 갖고 있어요. 아니, 엄마는 드레스가 없어요. 아니 있었던가. 엄마는 내 옷장을 알고 있어요. 이것들은 엄마가 바로 몇 달 전에 산 드레스들이에요. 엄마는 죽어가고 있고, 죽어가고 있었는데, 그게 얼마나 빨리 올지는 엄마도 몰랐지만, 작별 인사를 해야 한다는 걸 몰랐지만, 그래도 엄마는 내 드레스를 미리 사두었어요. 그리고 나는 내 생일 파티 때 그 드레스를 입어야 한대요. 내 아홉 번째 생일 파티에. 싫어요, 하고 난 말했어요. 싫어. 엄마의 죽음의 방으로 들어가서요. 아니면 문 밖에서 그 말을 했는지도 몰라요. 그 방은 항상 어두웠고 커튼이 쳐져 있었어요. 킹사이즈 침대. 오빠들은 매일 학교에서 돌아오면 그 방으로 달려 올라가요. 학교에서 집에 오면 계단을 올라가 엄마 방으로 가고, 엄마 침대 옆에 앉아 있어요. 임무죠. 한 오빠는 열한 살이고 다른 오빠는 열두 살인데, 오빠들은 그렇게 해야 한다는 걸, 자기네 임무를 수행해야 한다는 걸 어떻게 알았을까요? 오빠들은 어떻게 알았고 나는 왜 내 임무를 행하지 못했을까요? 내가 그러지 못했기 때문에, 나는 수년을, 수십 년을 내 부족함을 메꾸려 애써야 할 거예요.

―#―

나는 월요일과 화요일, 금요일 오전 10시 정각에 닥터 B를 만난다. 이 일이 내 병동 생활에 구조를, 형태를 부여한다. 그사이에는 아무 일도 일어나지 않고, 그래서 나는 이 면담을 위해 살아간다. 오늘 나는 닥터 B를 따라 남자 숙소의 복도를 걸어간다. 이 복도의 처음 절반은 사무실들로 가득하다. 창까지 이어지는 나머지 절반은 입원실들이다. 우리는 원래 직원이 동행하지 않을 때는 이 복도를 피하도록 되어 있다. 닥터 B는 갖고 있던 열쇠를 사용해 오른쪽에 있는 첫 번째 사무실 문을 연다. 그가 갑자기 동작을 멈춘다. 거기 다른 의사가 있고 이미 환자도 한 명 와 있다. 나에게 그들은 보이지 않지만 블로섬에게는 보인다. 그의 얼굴이 붉게 달아오른다. 미안해요, 하고 그가 내게 말한다.

우리는 다른 문을 열어본다. 들어갑시다! 닥터 B가 안도하며 말하고 불을 켠다. 그래요, 이 방은 괜찮겠어요.

나는 닥터 B도 나처럼 아웃사이더임을 감지했다. 이런 입지는 나이 때문이기도 했고―그는 나보다 열 살 정도 많을 뿐이다―이곳을 완전히 편안해하지는 않는다는 게 희미하게나마 티가 나기 때문이기도 했다. 나는 우리 둘 다 이 시스템에 속하는 사람들은 아니라고, 혹은 이 시스템이 우리에게는 맞지 않는다고 생각했고, 그래서 이 비소속의 공간에서 우리가 다른 뭔가를 만들어낼 수 있을지도 모른다고 생각했다.

—#—

이 사무실에는 창이 없다. 나는 방마다 있는 똑같은 의자에 앉아 있다. 닥터 B가 내 유년기에 관해, 내 가족과 각 가족 구성원에 관해 질문한다. 나의 형제자매들. 그의 관심과 주의가 내 인생을 의미 있는 것, 중요한 것으로 만든다. 그가 질문하고, 내가 어떻게 답할지 알고 싶어한다는 것이. 그래서 나는 질문에 답할 때마다, 내가 제대로 답하고 있는지 궁금해진다. 이게 맞는 답인가? 그리고 우리가 그 무엇에 가까이 다가가고 있기는 한 건지도 궁금하다.

그 건물에는 정신과 도서실이 있었다. 내가 올바로 행동하면 도서실을 방문할 특권이(정신병원에서는 이렇게 말한다) 주어진다. 내가 버지니아 울프의 일기와 편지 모음집을 발견한 것은 바로 그곳이었다. 소설가인 친구 캐서린 맨스필드에게 보낸 어느 편지에서 울프는 자신의 신경성 질환을 연구 대상으로 삼은 의사와 남편에게 느끼는 답답한 심경을 묘사했다. 울프와 맨스필드는 작가이자 환자라는 입장을 공유했다. 맨스필드는 최근의 병원 방문을 묘사하며 이렇게 썼다. **의사를 방문하는 것보다 예리한 지적 감각을 꺾어버리는 건 없어.** 울프는 일기에서 캐서린 같은 여자들을 위해 글을 쓰는 일의 기쁨을 이야기한다. 그리고 이를 어려서 자기가 쓴 글을 어머니가 읽을 때 느꼈던 기쁨과 연결한다. 그는 같은 세대 남자 작가들과 동등한 작가로 여겨지기를 원했지만, 그래도 여전히 여자를 위해 글 쓰는 것이 가장 즐거운 일이었다. **여자에게 읽히는 것은, 바이올린으로 존재하면서 연주되는 것과 같다**라고 울프는 썼다.

닥터 B에게 내 이야기를 할 때 분명 나도 이랬을 것이다. 나는 아직 글을 쓰고 있지 않았지만, 말을 하고 이해받고, 이해에 도달하기 위한 단어들을 사용하려 애쓰는 이것이 글쓰기의, 혹은 일종의 글쓰기의 시작이었다. 닥터 트리얼이나 다른 의사나 간호사와 말할 때 느꼈던 것과는 사뭇 달랐다. 그것은 관심과 염려였다. 내가 느낀 것은 닥터 B가 이해했다는 것이었다. 그리고 미치는 것이, 오해받는 것에 대한, 자신을 다른 사람에게 이해시킬 수 없다는 사실에 대한 공포가 아니라면 다른 무엇이겠는가?

몇 주 뒤, 어느 금요일. 닥터 B가, 어떻게 지내요? 라는 물음으로 세션을 시작한다.

그에게서는 부드러움이 느껴지고, 뒤로 모아 헤어클립으로 고정한 머리에서 머리카락 몇 올이 뺨 위로 흘러내린다. 닥터 B의 목소리에는 어떤 특징이 있는데—내 어머니를 연상시킨다거나 어머니라는 존재에 가장 근접한 사람이라는 말, 혹은 전이가 완벽하고 완전하게 일어났다는 말은 너무 뻔한 말이어서 그렇게 말하지는 못하겠지만—나는 그 안에서 살아도 좋을 것 같다.

이 모든 말하기가 나를 지치게 했다.

병동에서 전혀 말하지 않는 여자들도 보았다. 나도 그럴 수 있을지 종종 생각했다. 내가 그들처럼 강하다면. 그들의 결의가 존경스러워지기 시작했다.

이야기를 잘하고 말을 잘하는 사람들, 단어들을 사용해 경험을 표현하는 일을 편안해하는 사람들—그들은 다른 세상에 살고 있는 것 같았다.

 나는 X를 느껴요. 혹은 Y를 느껴요, 라고 말하는 일에 진저리가 났다.

의무적으로 참여해야 하는 어느 레크리에이션 모임에서 '감정 식별'이라는 과제가 나왔다. 환자들은 자기 차례가 되면 나가서 분노나 슬픔이나 외로움이나 행복 같은 한 가지 감정을 제시한다. 그리고 그 감정에 대한 문학적 참조나 유명한 사람들(윈스턴 처칠, 헬렌 켈러)의 인용문을 찾아 예를 들어 보여야 했다. 우리는 한 시간 동안 그 감정에 관해 토론했다. 우리가 자신의 감정적 경험을 이해하지 못한다고 생각해서 그런 걸 시켰을 것이다. 우리는 자기가 느끼는 걸 이해하지 못했고, 그걸 이해하게 되면 우리가 치유하는 데 도움이 될 거라고.

하지만 그건 내게 도움이 안 됐다. 알다시피 감정이란 낱낱이 분리되거나 따로 구분되는 것이 아니므로 어느 한 감정을 정확히 짚어내는 건 불가능할 수도 있기 때문이다. 어쨌든 나는 소설들을 읽었다. 나는 감정이 무엇인지 알았다. 한 측면으로만 이뤄진 건 아무것도 없다는 것도 알았다. 나는 독서를 통해 다른 사람들의 감정을 알게 되면서 나의 감정에 관해서도—내 감정들이 전혀 특이한 게 아니라는 걸—알게 되었다. 나는 작가들이 감정을 묘사하는 방식을 사랑했다. 나는 에마 보바리가

블로섬 303

파리에서 죽고 싶어했고 또한 살고 싶어했다—

고 한 부분을 읽고 나 자신을 알게 되었다. 노트에 플로베르 같은 작가들의 소설에서 문장들을 한 줄 한 줄 옮겨 적었다. 나는 자아를 창조하는 콜라주 예술가였다.

우리는 우리의 감정들을 정의하고, 그 장소의 단어들을 사용해 그것을 의사들에게 보고하라는 지시를 받았다.

식별하고 명명한 한 가지 감정은 **공허함**이었다. 환자들이 텅 빈 느낌이야, 하고 말하는 걸 얼마나 많이 들었던가. 그리고 그럴 때면 나머지 우리도 그 문장이 자기 입안에 맴도는 것을 느꼈고, 이 역시 우리의 의사들과 간호사들에게 보고했다. **난 텅 빈 느낌이 들어.** 공허하다는 건 증상으로 지정된 감정이었다. **만성적 공허감**이 『정신 질환 진단 및 통계 편람』에 경계성인격장애 환자에 대한 진단 기준으로 나와 있다. 우리 병동에 있던 다수의 환자가 경계성인격장애 진단을 받은 이들이었다. 이는 아주 광범위한 질병이어서(과연 그게 병이기는 하다면), 복잡한 서사를 펼쳐낼 여지가 있었다. 어떤 이들은 이 일탈적이고 불쾌한 진단에 자부심을 품었다. 몇몇은 곧잘 난폭하게 폭발했다. 스텔라 같은 또 다른 이들은 코카인이든 헤로인이든 손에 넣을 수 있는 모든 마약을 했다. 이 모든 게 그들의 **만성적 공허감**과 연결되어 있었다. 아무튼 그렇다고들 했다.

이 증상(공허감)이 강조되었기 때문에—게다가 그 단어가 생경했기 때문에(나 역시 입원하기 전에는 누구에게서도 이런 감정 상태를 묘사하는 말을 들어본 적이 없었다)—우리 중 다수가 공허감이라는 말을 자기 내면 상태를 묘사하는 말로 습득하게 되었을 거라고 나는 생각한다. 그 단어가 어떤 의미를 갖기엔 너무 모호하다는 점은 개의치 않았다.

나는 당시 그 단어가 클리셰가 되어 병원을 떠돌아다니던 것을 생각하고, 또한 의학적 진단과는 거리가 먼, 완전히 다른 영역에서는 그것이 구도자의 언어, 영적인 여행자의 언어라는 점도 생각한다. 뒤늦게 가톨릭으로 개종한 '재신론자'인 시인 패니 하우는 토마스 아퀴나스에 관해, 인간 본성의 "알 수 없는" 요소들에 관해 썼다. 하우에게,

    명상과 묵상과 기도는 각자의 몸속에 이미 공허가 내재해 있음을 암시한다.

닥터 B와 나는 거기서 오랫동안 침묵 속에 앉아 있었다. 그는 무언가 말하라고 나를 다그치지 않았는데, 내게는 이 점이 놀라웠다. 나는 질문받는 데 너무 익숙해져 있었다. 무슨 생각을 하고 있어요? 어떤 일이 있었어요? 닥터 B는 묻지 않음으로써 답하지 않아도 될 자유를, 침묵에 의미를 덧붙이지 않아도 될 자유를 주었다. 그 시절 나에게 그런 의미 부여는 무無를 언어로 고정함으로써 오히려 의미를 축소하는 일로 여겨졌다.

언어가 우리의 수단이니까요. 닥터 B가 말했다. 우리가 가진 게 그거잖아요.

나는 이 장소에서 내가 하나의 주어가 되었음을, 혹은 내 주어적 지위가 형성되었음을 알 수 있었다. 나는 한 이야기의 화자였고, 그 이야기는 이 장소의 조건들에 의해 결정됐다.

닥터 B가 고개를 끄덕이며, 이해해요, 하고 말했다.
그러면 우리 말 안 해도 돼요? 내가 물었다.
당신이 말하고 싶지 않으면요.
선생님은 그래도 여전히 여기 나와 함께 앉아 있을 거예요?

여기 남아 있을 거예요?

그래요, 하고 그가 말했다.

우리는 그 시간을, 많은 시간 중 그 첫 시간을 그렇게 보냈다—나는 울었고, 닥터 B는 그 방 안에서, 방 저쪽에, 그러나 내 가까이에 나와 함께 있었다.

그 금요일 이후 우리의 세션들은 이런 식으로 진행됐다. 닥터 B는 질문을 그만뒀다. 그는 내 맞은편에 노트 패드를 들고 앉아 있었다. 나는 바닥에 놓인 그의 가방을 보았다. 인기 작가의 소설 한 권, 티슈, 립스틱. 탁상 램프에서 나오는 빛은 부드러웠다. 그 안에, 백 년 묵은 이 건물의 한 지점에 차분함이 있었다. 문 밖에는 백색소음을 내는 기계가 있었다. 어떤 날에는 내가 울고 그러면 그가 내게 티슈를 건넸다. 또 어떤 때는 내가 그의 맞은편에 앉아 바닥을 바라보거나 눈을 감고 있었다. 혹시 그가, 얘기하고 싶어요? 하고 물으면 나는 그냥 고개를 저었다. 얘기하기 싫었다. 그것이 그때 있었던 일이고, 우리는 몇 주, 몇 달 동안 그 침묵의 방에 앉아 있었다. 그건 내가 느껴본 것 중에서—꼭 시간을 멈추는 것은 아니라도—시간 **속에 살고 있는** 것에 가장 가까운 상태였다.

석 달 뒤 닥터 B의 순회 기간이 끝났지만, 그는 그 병원의 또 다른 구역인 외래환자 진료소에서 내가 자신을 만날 수 있도록 조치해주었다. 일주일에 사흘은 아침에 1층으로 걸어 내려가 한 시간 동안 면담할 수 있었다. 이윽고 내 과거의 이야기는 속수무책인 나의 현재 이야기를, 내가 아무것도 못 하는 상태가 되어 출구도 없이 갇혀 있던 현재를 밀어붙이기 시작했다. 닥터 B는 자기의 길로 나아가고 있었고, 나도 그럴 필요가 있었다. 그는 내가 할 수 있을 만한 일들을 제안했다. 나는 그 제안들이 무서웠다. 퇴원 계획은 내가 점점 나아질 것이라는 의미, 따라서 닥터 B의 관심과 염려를 잃게 된다는 의미였다. 나는 혼자서 살아간다는 생각 자체가 너무 무서웠다.

당시 나는 이 관계를 내 삶의 다음 단계로 가져간다는 것이 얼마나 불가능한 일인지 알지 못했다. 그것은 딴 데로 가져갈 수 있는 것이 아니었는데, 여러 해 동안 나는 그 관계를 계속 유지하려고, 계속 그 관계로 돌아가려고, 병원을 다시 내게 가져오려고 무던히도 애를 썼다. 그것은 막다른 골목이었고, 마침내 우리가 다소 갑작스럽게 서로 더는 보지 않게 되었을 때, 그것은 나에게 일어난 가장 좋은 일이었다.

거미줄

이따금, 때로는 오랫동안 우리를 사로잡아 말과 행위에, 심지어 삶 자체에 대해서도 아무 관심도 가질 수 없게 만드는 슬픔의 심연에 관해, 아무에게도 전할 수 없는 사별의 슬픔에 관해 이야기해보려 한다.
—쥘리아 크리스테바, 『검은 태양』

병원을 떠나고 몇 달 뒤, 나는 쥘리아 크리스테바의 『검은 태양』을 발견했다. 이 책은 정신분석학적 문예이론서지만 내게는 스스로 일어서게 해줄 실용서처럼 읽혔다. 정신의학에서 말하는 '병에 걸린' 것과는 전혀 무관한 나의 경험을, 내 자아의식 자체를 이해할 방법을 제공해주었기 때문이다. 크리스테바는 정신분석학적 관점에서 (에이드리언 리치가 여성의 본질적 비극이라고 부른) 어머니의 상실이란 딸에게는 타인에게 전할 수 없는 트라우마이며, 그로 인해 생겨난 슬픔은 특정한 성격을 띠는 우울증이라고 주장한다. 그 우울증은 치료해야 할 병이 아니라 이해해야 할 언어이며, 그 언어를 이해할 가장 좋은 방법은 예술이라고. 예술은 바로 그 언어, 전할 수 있는 언어다.

크리스테바는 **전할 수 없는** 사별의 슬픔—**슬픔의 심연**에 관해 썼다. 그건 정신 질환이 아니라고. 그 어떤 병도 아니라고. 만약 그게 병이라면, 단순한 병 이상이었다. 그것은 사별의 슬픔을 통과하며 생겨난 병이었다. 증상들이 그 병의 존재를 드러냈고, 그 병은 검은 태양을 직면하고 이해할 수단이었다. 그 시절 나는 낙인이 새겨진 채로 다녔다. 나는 내가 병들었다는 걸 알고 있었다. 아무에게도, 특히 내 새 룸메이트들에게는 내가 지난 몇 년을 정신병원에서 보냈다는 이야기를 하면 안 된다는 것을 알았다.

크리스테바에게 사별의 슬픔은 극복해야 할 대상이 아니었다. 그 자체로 위대한 미술과 위대한 문학의 주제였다. 사별의 슬픔은 근본적이고 보편적인 인간 경험이다. 사별의 슬픔이란 그 감정으로 무너진 사람에게 낙인을 찍지 않는 단어다.

—#—

학술서 출판사에서 나온 크리스테바의 책은 너무 비쌌고 게다가 비닐 포장으로 밀봉되어 있었지만, 나는 그 책이 나에게 나 자신을 설명해주리라 확신하며 신용카드로 책값을 결제하고 내 아파트로 그 책을 가져왔다. 소설 속 인물에게 느낄 법한 동일시 대신, 크리스테바는 독자인 내게 나 자신을 이해할 방법을 제시해주었다. 그는 책 읽기와 감정의 연결을 진지하게 여겼다. 그것은 일체감이다. 그렇다고 독서가 무조건 좋다는 식의 단순하고 달짝지근한 말이나 공익광고 같은 방식은 아니었다. 오히려 크리스테바는 독서의 위태로움과 위험성도 인정했다. 마르그리트 뒤라스를 읽는 경험을 그는 이렇게 묘사했다. **죽음과 고통은 텍스트로 된 거미줄이며, 묵인하듯 그 주문에 자신을 내맡기는 독자에게는 화가 있으리니, 그들은 영원히 그 거미줄에 걸린 채 남아 있을지도.**

검은 태양은 『연인』에 대한 크리스테바의 독해를 이끄는 은유가 된다. 그는 말한다. 우리는 이제 지나치게 예민한 독자들의 손에 뒤라스의 책을 쥐여주면 안 되는 이유를 안다. 뒤라스의 책들은 처절한 절망을 표현함으로써, 치명적으로 변해버린, 아니면 적어도 성격을 결정하는 힘으로 변해버린 사별의 슬픔을 표현함으로써 **우리를 광기의 가장자리로 데려간다.**

그로부터 사 년인가 오 년 전 처음으로 『연인』을 읽었을 때는, 내가 묶여 있던 다른 모든 관계에서 나를 풀어내고 있던 때였다. 친구들의 우정에 관심을 잃었고, 누구하고든, 심지어 아무 비판 없이 나를 사랑하는 사람들과도 관계를 맺는 것이 점점 더 어렵게 느껴졌다. 그 빈자리를 책들이 메워주었다. 어쩌면 어느 책이든 상관없었을지도 모른다. 그리고 다른 책들도 있었지만 모든 책을 다 기억하지는 못한다. 내 곁에 계속 남은 건 『연인』이었고, 나는 이 책을 거듭거듭 다시 읽었다.

크리스테바가 말한 취약한 독자처럼 나는 지나치게 예민했다. 나는 평생 그런 소리를 들었다. 나의 예민함은 불리한 특성이었지만, 책을 읽는 일에서는 극도의 예리함이라는 강점이기도 했다. 뒤라스를 집어삼킬 때 나는 거기서 발가벗겨진 자아를, 철저한 솔직함을, 오직 죽음을 통해서만, 어머니의 상실을 통해서만 가능해지는 무언가를 발견했다. 나는 뒤라스를 집어삼켰다고 말했는데, 이는 정확한 표현이다. 내게는 조금의 거리도, 객관적 시각도 없었다. 나는 형성되는 중이었고, 나 자신을 찾아가는 중이었으며, 한 자아를 시험해보는 중이었다. 여기 뒤라스스페이스에는 자아가, 존재할 방법이, 살아갈 장소가 있었다.

—#—

뒤라스는 여러 작품을 알코올중독의 극심한 고통 속에서 썼다. 거의 죽을 지경이 되도록 술을 마셨고, 그러다 병원에 들어가 술을 끊고, 그런 다음 삶으로 돌아가 더욱더 취약해진 상태로 공백의 장소에서, 광기에, 붕괴에 근접한 상태에서 소설을 썼다. 어느 작가는 뒤라스의 책들을 **죽음에 흠뻑 젖은 책들**이라고 말했다. 그의 전기를 쓴 로르 아들레르는 뒤라스가 건강을 도통 회복하지 못했다고 썼다. 클라리스 리스펙토르(크리스테바가 다룬 또 한 명의 작가)가 표현했듯이 뒤라스는 "죽어가며 통찰력을 발휘하는" 부류의 작가였다. (리스펙토르의 어머니는 나의 어머니처럼 딸이 아홉 살 때 세상을 떠났다.) 크리스테바는 바로 이 '죽음-사랑'이라는 끈질긴 렌즈를 통해 뒤라스의 책들을 묘사하고, 그럼으로써 내 인생의 그 특정 시기에 뒤라스가 내게 어떤 의미였는지를 설명해주었다. 뒤라스가 어떻게 나를 불러냈는지를. 『히로시마 내 사랑』 속 여자에 대해 크리스테바는 이렇게 쓴다.

> 그의 관점에서 사랑한다는 것은 죽은 사람을 사랑한다는 것이다. 새로운 연인의 육체는 첫사랑의 시체와 융합된다.

—#—

크리스테바를 통해 나는 나의 슬픔을 아우르는, 그리고 그 슬픔과 독서의 관계를 아우르는 더 큰 맥락을 발견했다. 크리스테바는 말하기의 무의미함을, 자기 저작들의 형식과 내용을 추동한 말로 표현되지 않은 그 위기를 짚어낸다. 그는 이 우울을 자기애적 공간으로, 모성의 상실, 그 위로할 수 없는 상실과 전적으로 일체가 되겠다는 결심으로 읽는다. 다른 어떤 대안도, 적응할 의지도, 조정할 의지도 없다. 슬픔은 나에게 자기의식을 부여했고, 뒤라스 읽기는 이 정체성을 구현하는 한 방식이었다. 그리고 바로 그것이 나를 환자로 만들었다. 나의 우울은 위안이었다. 부정적인 것은 사실이지만 보호해주는 것이기도 했다. 나는 그 검은 태양을, 전달할 수 없는 그것을 응시했고, 이 응시는 광기였다. 나는 그 외에 다른 것을 알기에는 너무 젊고 너무 미숙했다. 크리스테바가 썼듯이 뒤라스스페이스에는 카타르시스란 존재하지 않는다. 나는 나의 책 읽는 삶과 실제 삶이 서로 분리된 공간이 아님을 이해하게 되었다. 나의 책 읽는 삶은 나의 내면세계와 분리되어 있지 않았다. 이전 몇 년 동안 너무나도 엄격하게 제한되어 있던 바로 그 내면과 말이다. 자기인식에 강제된 이 틀을 어빙 고프먼은 '의료 모델'이라고 말했다.

크리스테바는 나에게 통찰을 안겨주었지만—내가 문학에서 찾은 의미와 내 정신의 풍경을 연결해준 그에게, 그의 이해력에 나는 짜릿함을 느꼈다—아직 미완의 정체성 속에 갇혀 있었던 나는 그 통찰로 무엇을 해야 할지 알지 못했다. 나는 그 통찰을 꼭 붙들고 매달렸다. 언젠가 그것은 독자이자 선생이자 작가로서의 나를 도울 터였지만, 당시에는 그저 하나의 불빛, 하나의 부름일 뿐이었다. 책들은 나에게 다른 삶을, 더 크고 더 잘 떠받쳐주는 틀을, 삶을 긍정하는 틀을 알려주었다. 당시라면 이런 식으로 표현하지 않았겠지만, 지금의 나는 알 수 있다. 이 발견들이, 병원에서 나온 뒤 지금까지 오랫동안, 성인기 내내 거의 서른 번 가까이 이사하면서 이 도시에서 저 도시로, 이 아파트에서 저 아파트로 그때 샀던 그『검은 태양』을 계속 가지고 다닌 일이, 그 책이 붕괴로부터, 무의미로부터, **전할 수 없는** 사별의 슬픔으로부터 나를 지켜주는 보루였다는 걸.

그레이스

 이렇듯 그 시절 독서는 나에게 유일무이한 것이자 나만의 소유물처럼 느껴졌다. 내가 『연인』을 **사랑했다**는 말, 혹은 **마르그리트 뒤라스는 내가 제일 좋아하는 작가**라는 말, 혹은 **이 책이 내가 제일 좋아하는 책**이라는 말. 이런 말들로는 충분히 표현이 안 된다. 친구나 아는 사람이—예를 들어 내 친구 그레이스가—자기도 그 책을 사랑한다고 말하면 나는 언짢았다. 나는 뒤라스가 온전히 내 차지이기를 원했다.

 장기간 입원해 있는 동안 나를 찾아와준 몇 안 되는 친구 중 한 명이 그레이스였다.
 그레이스는 내가 입원하고 처음 몇 주 사이에 나를 만나러 왔다.

그 초기 방문 중 언젠가 그레이스가 내 『연인』을 가져 왔다. 우리가 하계 극단에서 처음 만나 함께 지냈던 몇 년 전에 빌려준 것이었다.

나 이 책 정말 사랑해, 하고 그레이스가 말했다.

다른 누군가도 나만큼 그 책을 사랑한다는 것이 신경을 긁었던 것 같다. 소유욕이 느껴졌다. 혹은 내 정체성에 구멍이 숭숭 뚫려서 잘못하면 부서질 것 같은 느낌이 들었다. 뒤라스를 맹렬히 사랑하는 건 나였다. 뒤라스는 **내가** 발견한 작가였다. (물론 말도 안 되는 소리다. 내가 그 책을 읽었을 때 이미 세계적인 베스트셀러였으니까.)

그레이스와 나는 장 자크 아노가 만든 영화 〈연인〉을 보러 갔다. 뒤라스는 그 영화를 만들 때 아노와 협업했지만, 제작 과정에 역겨움을 느끼고 중간에 그만두고 그 영화를 거부했다. 나는 그 영화를 아름다운 몇몇 순간들과 가벼운 포르노로 기억하지만, 전반적인 감상은 책을 읽던 경험과 너무 다르다는 거였다.

그레이스는 그 광기의 시절 내내 나와 계속 연결을 유지하려 애써준 유일한 친구였다. 나를 타자화한 적도, 두려워한 적도 없는 친구였다. 나에 대해서는 온통 사랑으로 가득한 친구였고, 이제 이만큼 떨어진 거리에서 돌아보니 그 친구의 사랑을 놓치고 흘려보낸 것이 너무나 후회스럽다. 나는 에스더 그린우드와 비슷하게, 여자들과 친구가 되는 걸 꺼렸다. 후회하는 것은 멍청한 일이다. 그러나 수년 뒤 나는 그레이스가 남편이 교직원으로 있던 바너드칼리지 근처에서 자동차 사고로 사망했다는 소식을 들었다. 우리가 마지막으로 이야기를 나눴을 때 그레이스는 후에 남편이 된 남자와 사귀는 중이었다. 우리는 둘 다 맨해튼에 있었고, 그레이스가 나를 어떤 파티에 초대했는데, 그레이스는 이탈리아인에 지적인 이 새로운 사랑에 관해 흥분해서 이야기했다. 그레이스는 항상 이렇게 사랑에 빠져드는 사람이었다. 그런 점이 나를 불편하게 했는데, 지금 생각해보면 우리가 그런 면에서 서로 비슷했기 때문이었던 것 같다. 주유소에서 빠져나와 허드슨밸리 고속도로로 접어들다가 다른 차와 충돌했을 때, 그레이스는 임신 8개월이었다. 의사들이 아기는 살렸지만 그레이스는 살리지 못했다. 서른여덟 살 때였다.

지금의 뒤라스

내가 지난번에 마지막으로 『연인』을 가르쳤을 때 한 학생은 열다섯 살 소녀가 스물일곱 살 남자와 연애하는 상황에 예민한 반응을 보였다. 2018년에는 그 상황이 내가 그 책을 읽었을 때 와는, 혹은 이후 오랜 세월 이어진 그 책에 대한 내 경험과는 상당히 다른 일인 것 같았다. 나는 『연인』을 읽으면서, 소설적 윤리든 다른 어떤 윤리든 이른바 그 상황의 윤리에 관해 생각해본 적이 한 번도 없었다. 책을 읽는 동안 그것은 단 한 번도 내 정신의 풍경 속으로 들어온 적이 없다. 나는 『롤리타』도 사드의 『쥐스틴』도 다른 많은 책도 똑같은 방식으로 읽었다. 언제나 소설가의 일은 사람들이 삶을 어떻게 경험하는지를 보여주는 것이다. 그 학생은 소설에서 사람들이 어떻게 삶을 경험**해야 하는지**를 보고 싶어했다. 나는 이 학생이 상황의 도덕성에 대한 판지 일 년쯤 지났을 때였다. 아래쪽으로 컬이 말려 들어가는 쐐기 형태의 헤어스타일을 하고 있었다. 1980년대에 유행하던 도러시 해밀 스타일이었다. 아빠는 그로부터 한 주인가 두 주 전에 새로운 만남에 대해 우리에게 언급했다. 아침을 먹고 있을 때였다.

나 이번 주에 데이트하러 갈 거야. 아빠가 어색하게 말했다. 분명 누군가가 그 말을 해주는 게 우리에게 좋다는 소리를 했을 것이다.

왜요? 우리 중 하나가 물었다.

외로워서. 아빠가 말했다.

누가 그 말에 반박할 수 있겠는가? 우리는 할 수 없었다.

파란 아이섀도와 기타가 기억난다. 더운 여름밤이었고, 나는 막 베이비시터와 함께 풀장에서 돌아온 참이었다. 곧 나의 새엄마가 될 사람이 자기를 소개하고 나를 안았다. 의도한 건 아니었지만 나를 안으면서, 심하게 햇볕에 타서 생긴 내 어깨 물집을 터트리고 말았다. 나는 그 사람이 나를 안게 가만히 두었고 움찔도 하지 않았다. 이것이 우리 관계의 틀이었다. 소외감이 깊어질수록, 그 사람이 더 무섭게 느껴질수록 나는 더 깊이 내 안으로 향했다. **기분이 어떠니?** 같은 질문을 받아본 적 없고, 감정을 표현하는 법을 배워본 적 없는 대부분의 아이들처럼, 나에게는 내 고통을 표현할 언어가 없었다. 오빠들은 거실로 바로 들어갔다. 밖에서 친구들과 놀다가 들어오는 길이었다. 오빠들은 그 사람 옆을 그냥 지나가버렸다. 아빠가 무슨 말인가 하며 소개하려 했지만, 오빠들은 거부했다.

—#—

아빠는 이에 대해 무슨 생각을 했고 어떤 행동을 했을까? 우리는 아이들이었다. 자기 아들들이 그 사람을 알기도 전에 딱 잘라 거부했다. 사실 이 관계는 한 번도 쉬운 적이 없었고, 처음부터 갈등으로 가득했다. 그건 그들의 일이었지 우리의 일이 아니었다. 그들은 어째서 그게 먹히리라고 생각했을까? 아니면 불가능한 일임을 알면서도, 둘 다 혼자 지내는 것 역시 불가능하다는 걸 알아서, 달리는 계속할 방법이 없어서 그냥 밀고 나간 것일까? 가톨릭 신자들은 그냥 그렇게 한다. 일단 결혼하고, 그냥 그렇게 넘어가는 것이다. 자기와 가족을 꾸릴 수 있는 사람이 있으면 그 사람과 가정을 이룬다. 부분보다 전체가 더 중요하다. 그러니 아이 한 명 한 명에게 가장 좋은 게 뭔지 고민하는 대신, 더 큰 범위의 핵가족에 초점을 맞추는 것이다. 모든 아이에게는 가족이 필요하다니까. 가족이 없는 것이 최악의 운명이니까. 우리는 가족을 잃었다. 그리고 이제 다시 가족을 가질 수 있다.

분명 그런 생각이었을 것이다.

열여섯 살이 되기 전에 한 부모를 잃은 아이들은 성인기에 우단을 가장 앞세우느라 너무 많은 걸 놓치고 있다는 생각을 하지 않을 수 없었다.

내가 처음 『연인』을 읽은 이후로 뒤라스에 대한 관심과 집중이 꾸준히 증가했고, 이 증가세는 지난 십 년간 더욱 가팔랐다. 여기에는 여러 이유가 있다. 그의 심오한 작품 세계와 매혹적인 삶, 인도차이나에 대한 프랑스 지배의 종식, 홀로코스트, 원자폭탄 등 기념비적인 역사적 순간들이 반영된 경력도 중요한 이유로 들 수 있을 것이다.

하지만 나는 미국 문학계에서 뒤라스에게 쏟아진 관심은 인터넷과도 관련이 있다고 생각한다. 수전 손택의 사진들이 그렇듯 뒤라스의 많은 사진은 그의 삶에 관한 이야기를 들려준다. 그 이야기는 『연인』의 초점인 그 이미지, 뒤라스 본인의 소녀 시절 얼굴—내 **인생은 아주 일찌감치 너무 늦어버렸다**던 그 얼굴—과 함께 시작된다. 청춘과 노년 사이의 사진들도 있지만 그 사진만큼 인기가 많지는 않다. 젊은 여자인 뒤라스, 중년의 뒤라스, **피폐한 얼굴**의 뒤라스. 온라인에서 이 사진들은 그의 책에서 뽑아온, 소셜 미디어에 완벽하게 어울리는 문장들을 얹고서, 우리를 뒤라스에게 가까이 데려다줄 거라 약속한다. 또 그 사진들로 뒤라스를 처음 접하는 이들도 많다.

1991년에 내가 처음 그 소설을 읽었을 때는 얼마나 달랐던가. 내가 아는 유일한 이미지는 표지의 흑백사진에 담긴 그 소녀의 얼굴이었다. 그 이미지는 아주 많은 일을 했지만, 나는 나이 일흔에 그 책을 쓰던 순간의 그 작가의 모습이 어땠는지, 혹은 삶의 다른 어느 시점에서는 어떤 모습이었는지 전혀 몰랐다. 저자의 이미지 혹은 이미지들—인터넷이 넘치게 제공하는 그 **파라텍스트**—은 내 독서 경험에는 포함되지 않았다.

그러면 넌 절대 행복해지지 못해

의료 기록 속 한 줄: **질투와 경쟁이 특징인 가족 역동.**

—#—

닥터 트리얼이 나하고 얘기하고 싶어한단다.

옷을 입어요, 하고 간호사가 말한다.

나는 수술복 위에 맨투맨 티셔츠를 입고 있었다.

우린 당신이 그렇게 종일 병원 옷만 입고 있는 거 원치 않아요. 아무렴, 그건 회복하는 방법이 아니죠.

그치만 여긴 병원이잖아요.

그렇더라도 당신은 떠날 준비, 여기서 나갈 준비, 살아갈 준비를 할 필요가 있어요. 오늘은 아니겠지만 머잖아 언젠가는.

그리고 오늘도 당신은 출입증을 받아서 나가게 될 거예요. 당신 가족이 왔으니까.

—#—

우리는 태번온더그린에 갔다. 아버지와 새어머니, 그리고 내 형제자매 세 명. 나는 찐 채소 한 접시를 주문했다. 1990년대 초에 채식주의자들은 그렇게 주문했다. 늘 그렇듯 수다스러운 여동생 O가 방 안의 산소를 혼자 다 소비하고 있다. O는 교사가 되기 위한 학교에 다닌다. 새 남자 친구가 생겼는데 그 역시 교사다. 어깨를 으쓱하고서 혼잣말을 이어가며 이렇게 선언한다.

난 교사하고 결혼하게 될 거야, 늘 교사랑 사귀는 걸 보면.

O의 엄마는 실망감을 억누를 수 없다. O를 쳐다보며 꾸짖듯 말한다.

그럼 넌 절대 행복해지지 못해!

O의 아버지는 고등학교 교사였다. 우리는 모두 무슨 일이 벌어지고 있는지 알 수 있었다. 누군가가 자기도 모르게 속내를 드러내고 있었으니까. 나의 새엄마는 자기 딸에게 자신의 실수를 반복하지 말라고 경고하고 있었다. 그는 자신의 이전 삶을 실수라 해석했고, 이 두 번째 결혼, 이 새 가족은 과거를 바로잡을 재도전, 언제까지나 행복할 그의 삶이어야 했다.

—#—

우리가 곧 새엄마가 될 사람을 만났을 때는 엄마가 돌아가신

울증이나 자살의 위험성이 훨씬 크다. 특히 모녀 관계에서는 그 위험성이 훨씬 더 크다. 이와 관련하여 내가 읽은 모든 연구 문헌에 따르면, 그 아이의 성공이나 희망을 결정하는 핵심 요소는 부모의 죽음을 다루는 방식이다. 부모가 세상을 떠난 이후 몇 달, 몇 년 사이에 어떤 일이 일어나는지가 중요하다. 다른 식으로 될 수도 있었을 거라고 상상해본다. 내게 필요했던 관심과 지원을 받을 수도 있었을 거라고, 내가 신뢰하는 누군가가 그 시절을 통과하도록 나를 이끌어줄 수도 있었을 거라고. 하지만 그런 일은 일어나지 않았다. 나는 자아가 망가진 채 혼자였다. 엄마를 잃은 나의 슬픔, 엄마가 사라지면서 내 인생도 망가졌다는, 다시는 그 누구도 나를 진정으로 봐주지도 알아주지도 않으리라는 공포. 우리 집은 아이들이 너무 많았고, 그래서 모든 노력은 새 가족의 구성에, 그 재도전을 위한 진 빠지는 연기에 투입되었다.

—#—

제대로 돌아가지 않는 가족에 대한 우리의 가족 치료는 이렇게 진행된다. 닥터 트리얼은 우리가 십 년 전, 이 새 가족이 형성되고 일이 년 뒤에 갔던 가족 휴가를 이해해보고자 한다. 그는 아버지에게 내가 지금 말고 또 입원한 적이 있느냐고 묻는다. 나는 둔위 분만으로, 즉 발부터 먼저 태어났고 그로 인한 외상이 있었다. 그러니 그때가 내 첫 입원이었다. 아버지가 그들에게 말했다. 이른 입원이었지요. 애가 태어난 직후였으니까요.

어렵게 태어나 우리도 없이 혼자 병원에서 몇 주를 보냈어요. 아, 그게 뭔가 의미가 있을까요? 의사들은 그게 뭔가 의미가 있을 수 있다고 넌지시 암시한다. 하지만 누가 단언할 수 있겠는가? 뭐든 무언가를 의미할 수 있다. 아버지와 의사 한 명은 그게 뭔가를 의미할 수도 있다는 데 동감한다.

(아빠는 내게 의대 시절 자기들은, 그러니까 자기 친구들과 동창들은 정신의학을 하는 의사들을 얕잡아봤다고 말했다. 정신의학은 안과학이나 혈액학이나 심장학과는 달리 실질적인 분야는 아니라고. 그건 두루뭉술한 거잖아, 하고 아빠는 말했다. 그런데 여기서는, 이 병원에서는 의사들이 자기한테 하는 말을 존중했고, 치료 과정을 존중했다. 아빠는 의사들이 하는 말에 귀를 기울였다. 그들이 틀렸다거나 말도 안 되는 짓거리를 하고 있다거나 나를 도울 다른 방법이 있다고 말하지 않았다. 어쩌면 다른 방법이 뭔지 몰라서였을까. 아니면 막상 자기 일로 닥치니, 평생 자신이 속해서 일해온 의료계를 진심으로 신뢰하게 된 건지도.)

그러다가 아빠가 덧붙인다.

아, 한 번 더 있었네요. 스키 여행 때였죠.

아빠가 그 얘기를 시작하기도 전에, 그 일이 언급된 것만으로 새엄마는 화가 치솟는다. 그 사람은 십 년 동안 키워온 앙심을 거의 뱉어내듯 말한다.

저 사람이 나를 산에 두고 가버린 거 있죠!

그러니까 내가 수년에 걸쳐 이 이야기의 조각들을 맞춰본 결과, 내가 아는 대로 말해보자면 상황은 이랬다. 그날은 가족 스키 여행 첫날이었다. 엄마가 세상을 떠난 지 갓 이 년이 지난 시점이었다. 그 짧은 시간 안에 아빠는 첫 결혼에서 낳은 딸이 둘 있는 새엄마와 재혼했다. 새엄마의 딸들은 아홉 살과 여섯 살로 나와 내 동생과 나이가 같았다. 두 사람은 우리 엄마가 세상을 떠난 이듬해에 결혼했다. 그리고 바로 다음 해에 아기를 하나 더 낳았다. 아직 엄마의 죽음이 안긴 충격과 모든 안정을 무너뜨리는 사별의 슬픔에서 헤어 나오지 못한 내게, 새 가족과 강제로 따라야 하는 일들과 새집이 생긴 것이다. 우리가 마치 〈브래디 번치〉나 〈아들과 딸들〉의 혼합 가족인 양 꾸민 가족사진들도.

그 여행 첫날 아버지는 새엄마에게 스키를 가르쳐주러 갔다. 아기는 베이비시터가 보고 있었다. 전부 다 열네 살 이하인 우리 여섯 아이들은 그 산의 다른 어딘가에 있었다. 새엄마는 전에 스키를 타본 적이 없었다. 그래서 아빠가 새엄마를 데리고 단둘이 스키를 타러 간 것이다. 그리고 바로 그 스키 수업을 시작하려 할 때, 스키장 순찰대가 와서 아빠를 찾았다. 딸이 사고가 나서 병원에 있다는 것이었다. 아빠는 순찰대와 함께 그 자리를 떠나 병원으로, 나에게로 갔다.

내가 기억하는 건 이렇다. 나는 여동생과 함께 날 듯이 산을 타고 내려왔고, 웃으며 질주하고 있었는데, 그러다가 어느 순간 붕 떴다가 떨어졌다. 속도가 너무 빨랐고, 신나는 흥분의 어느 찰나에 통제력을 잃고 만 것이다. 이어서 날카로운 통증이 느껴졌고 눈앞이 보이지 않았으며 동생은 혼란에 빠지고 겁에 질렸다. 곧 누군가 도우러 왔고 나는 병원에 있었다. 깨어나니 침대 발치에 서 있던 아빠가 괜찮아질 거라고 말했다.

오랫동안 내가 이해하지 못했던 것은 새엄마의 분노였다. 그 사람에게 이 이야기는 자기가 남편에게 버림받은 이야기였다.
저 사람이 나를 산 위에 두고 가버렸다니까요! 새엄마는 동정해주기를 바라며 닥터 트리얼에게 그 말을 반복한다.
그제야 새엄마가 가족 치료에 온 이유가 뭔지 이해됐다. 이건 자기를 위한 치료인 것이다. 그 사람은 환자가 되기를 원한다. 새엄마는 내가 환자라는 사실을 **시기하고** 있다.

의사는 어리둥절해한다.
아빠는 답답해하고 있다. 하지만 좀처럼 화를 내지 않는 아빠는 새엄마에게 따지려 하지도 않는다.
수지가 병원에 있었잖아, 하고 아빠는 말한다.
의사들은 상황을 명료히 정리하기를 원한다. 그래서 닥터 트리얼이 이야기를 다시 한 번 짚어준다.
수지는 다리가 부러졌어요. 그때 열한 살이었고요. 일곱 살 난 동생과 단둘이 스키를 타다가 넘어져서 의식을 잃었죠. 사람들이 수지를 응급실로 데려갔고요. 그리고 다리 전체에 깁스를 했죠.
그런데도 당신은 그게 화가 난다는 건가요? 닥터 트리얼이 새엄마에게 묻는다.

뭐, 어쨌든 이 사람이 날 거기 두고 갔다니까요.

병원에 있는 딸을 보러 간 건데도요?

나는 새엄마에게 불행한 아이 넷이 딸린 남자와 결혼한다는 것이 어떤 일이었을지 상상해보려 한다. 그 아이들의 통렬하고도 만성적인 슬픔은 처음부터 결혼에 따르는 기정사실이었다. 이 아이는 딱 혼자 살아가야 할 때가 되자—대학에 진학해 로스앤젤레스로 갔고, 지금은 뉴욕에 있다—병에 걸렸다. 지금 이 아이는 병원에 있고, 그 애 아빠는 병원까지 먼 거리를 오고 간다.

새엄마는 자기도 여기에 끼고 싶다. 그래서 가족 치료에 따라왔다. 의사들에게 그걸 설명하려고 한다.

내 생각에 그 사람의 머릿속에서는 이것이, 아픈 것이 관심을 끄는 또 하나의 방법이었을 것이다. 새엄마는 어떤 일이 벌어지는지 봐왔다. 이 딸은 괴로워하는 일에 너무 능숙했고, 항상 이런 식이었다. 그들이 삶의 다음 단계로 넘어가고 있을 때, 혹은 그러려고 애쓰고 있을 때 거기엔 아이들이 있었고, 한밤중에 모든 아이가 이런저런 일들로 소리를 질러댔다. 하지만 아빠에게는 새 삶이 생겼다. 새엄마는 어땠을까? 둘 사이에 태어난 딸은? 새엄마는 아빠가 자기 과거의 삶에 관심을 기울이는 것이 노여웠다.

이런 것이 가족 치료다.

트리얼이 내게 묻는다. 새로운 가족 관계 속에서 당신이 방임되었다고 느꼈나요?

내가 아무 말도 안 하니 새엄마가 말한다.

얘는 내가 사악한 서쪽 마녀라고 생각해요!

의사는 거기 앉아 있는 우리 셋을 한 명 한 명 바라본다. 새엄마가 덧붙인다. **이 사람이 결혼은 나하고 했는지 몰라도, 이 사람 마음은 쟤가 다 가졌다고요!**

나는 이 마녀를, 혹은 이 동화를 모르고 **새엄마**가 어떤 이야기 속에 갇혀 있는지는 모르지만, 그 말은 내 마음 깊이 와닿는다. 그리고 그 말들이 나를 어떻게 움직이는지, 다른 무엇보다 내가 얼마나 그 방에서 빠져나가고 싶은지, 그래서 머나먼 어느 동화의 왕국으로 얼마나 들어가고 싶은지, 그걸 표현할 언어가 존재하지 않는다.

나의 엄마가 자신의 침대에서 사망하고 그리 오래 지나지 않아서 두 사람이 처음 데이트하기 시작했을 때, 새엄마는 아빠에게 게임을 하나 가르쳐주었다. 때로는 우리도 그 게임에 낄 수 있었다. 게임이라고 부르긴 했지만, 그건 우리가 다 같이 외식을 할 때 새엄마가 지휘하는 일종의 활동에 더 가까웠다. 먼저 레스토랑에 있는 사람을 아무나 고른다. 혼자 식사하러 온 사람이든 커플이든 한 무리의 사람이든 상관없다. 그런 다음 그 사람들에 관한 이야기를 지어내는 것이다. 새엄마가 상상해내는 이야기는 대개 무자비했다. "아, 오늘이 첫 데이트군! 여자가 돈줄을 찾고 있네! 저 잔뜩 꾸민 모양새 좀 봐!" 아빠는 이 게임을 아주 좋아했다. 이야기를 들려주는, 혹은 아무 이야기도 없는 데서 이야기를 찾아내는 새엄마의 능력에 감탄했다. 새엄마의 상상력과 세상을 자신만만하게 판단하는 태도에 아빠는 깊은 인상을 받았다. 자신의 내면에서 혼란을 느끼는 사람에게는 새엄마가 보여주는 것 같은 자신감이 편안함을 안겨줄 수도 있을 거라는 생각이 든다. **뭐든 다 아는 사람하고 같이 있으면 좋잖아.** 얼마 전에 한 친구가 우리 둘 다 아는 어떤 여자에 관해 한 말이다. 그 사람이 완전히 잘못된 생각에 빠져 있는 사람이라도 그럴까? 나는 궁금했다. 새엄마의 판단은 깊은 불행을 가리고 있었다. 그 사람의 장난스러움은 나에게도 매력적으로 보였다. 처음 몇 달 동안엔 그랬다. 두 사람이 결혼하여 우리가 함께 살게 되고 아기가 태어났을 무렵에는—한 지붕 아래 아홉 식구가 살았다—새엄마의 판단에 담긴 신랄함이 어둠과 절망과 겹쳐지면서 나를 불안하게 했다. 쾌활한 성품이 헬륨처럼 새어 나가고 새엄마에게서 생기가 다 빠져나간 것 같은 순간들에도. 주기적으로 찾아오지만 예측할 수는 없는 그런 순간들에는 그 누가 무슨 짓을 해도 평소의 상태로 되돌릴 수 없었다. 앞으로 어떤 사람이 될지 그 모범을 찾고 있던 어린 여자아이였던 내게, 새엄마가 무서운 사람이 된 것은 바로 이 지점에서였다.

나는 의사들에게 말할 것이다. 더는 가족 치료는 하지 않겠다고. 그들도 동의할 터였다. 하지만 나의 긴 입원 기간이 거의 끝날 때가 되어서야 어느 의사가 내게 말했다. 내가 과거를 떨치고 다음 단계로 넘어가도록 도우려는 뜻에서 한 말이었을 것이다. 그 사람은 무시해요. 그 사람은 당신이 잘되는 걸 원하지 않아요. 당신을 질투하지. 그런 걸 희생양 만들기라고 해요. 환자 지정하기. 삼각관계 조성. 분열시키기 등. 역기능 가족을 묘사하는 언어, 언어들.

그 말에 잠깐은 만족스럽고 두둔받는 느낌이 들기도 했다. 그러나 동시에 나는 병원에 있는 사람이었고, 나는 다음 단계로 넘어갈 수 없었다. 이해와 변화 사이에는 너무 넓은 간극이 있다. 분석과 창조 사이에도. 이런 인식 혹은 통찰이 내 회복에 도움이 되었다고 말할 수 있다면 좋겠지만, 그렇지 않았다. 그 말이 내게 일으킨 변화가 있다면, 그건 나의 원한, 분노, 세상이 내게 잘못을 저질렀다는 의식을 더욱 키운 것이었다. 그 이야기에서 벗어나서 갈 곳은 아무 데도 없었다.

—#—

 나는 몇 년 전, 내 아들이 스키 여행을 앞둘 때까지 그 스키 이야기를 잊고 있었다. 내 아들과 내 부모, 그러니까 내 아들의 조부모와 함께 식사를 하러 밖에서 만났다. 아들은 기대로 들떠 있었다. 아버지가 그 불운한 스키 여행 이야기를 꺼냈다. 아버지의 얼굴을 보니 삼십 년이나 지났는데도 그 기억이 아버지를 고통스럽게 한다는 걸 알 수 있었다.
 그리고 마치 신호라도 받은 것처럼 새엄마는 자기 후렴구를 반복했다.
 이 사람이 날 산에 남겨두고 갔잖아. 새엄마가 비아냥거리듯 말했다.
 나는 잊고 있었다.
 수지가 병원에 있었잖아. 아버지가 대꾸한다.
 하지만 이제 우리는 더는 말하지 않는다. 오랜 세월이 흐른 지금은 달라진 것들이 있다.

록산은 브리짓과 매리언 옆에 앉아 담배를 피우고 있다. 연기를 내뿜는 사이사이 록산이 웃고, 그중 한 명이 무언가 말을 한다. 브리짓과 매리언은 항상 웃는다. 인생을 그렇게 심각하게 여길 이유는 세상천지에 하나도 없는 것처럼. 록산은 이제 좀 부드러워졌다. 나를 볼 때도 이제는 예전만큼 불쾌하거나 짜증 나지는 않는 모양이다. 또 예전보다 덜 회의적이다. 심지어 이제 내가 록산에게 말을 걸 수도 있다. 달라진 게 뭔지는 나도 모른다. 흘러간 시간 때문이겠지. 이제 나도 이곳의 일부가 되었고, 록산도 나를, 특히 새로 온 환자들에 비해서는 좋아하게 된 거라고. 새 환자들은 오래된 환자들보다 다루기가 더 힘드니까. 그런 것이었을까? 아니면 록산은 어쩌나 보려고 그간 나를 괴롭힌 것이고, 나는 모종의 테스트를 통과한 것일까?

얘기할 시간 있어요? 내가 록산에게 묻는다.

아직도 웃고 있던 브리짓이 나에게 미소를 지어 보인다.

물론이죠. 록산이 말한다. 먼저 약 좀 나눠준 다음에. 내가 찾아갈게요.

나는 록산이 걸어가는 걸 보다가 매리언과 브리짓의 웃음이 주는 위안 속으로 다시 녹아든다. 지금 브리짓은 여호와의 증인이라는 이유로 매리언을 놀리고 있고, 매리언은 자기 아버지 이야기를 하고 있다. 물납 소작인이 뭔지 알아요? 말해봐요, 하고 내가 말한다. 그러니까 우리 아빠는 다른 누군가의 땅에서 살았는데, 그런데 거긴 아빠 땅이었어요. 평생 그 땅에서 일했으니까. 하지만 자기 소유는 아니었던 거죠. 아빠는 소작료로 작물을 바쳤어요. 자기 땅에 대한 임차료를 지불한 거예요. 매리언은 내게 이 이야기를 할 때도 웃었다. 항상 웃고 있다.

나는 시카고에서 비백인 인종의 유입을 피해 백인들이 옮겨 간 교외 지역에서 자랐다. 나의 부모도 다수의 백인들이 그랬던 것처럼 시카고 도심을 떠나 교외로 갔다. 그래서 나는 내게 마치 공평무사한 것처럼 제시된 그 분리된 세계에서 살았다. 나를 그 백인스러운 장소로 이끌어간 역사에 대해 그때 내가 무얼 알았을까. 우리가 인종차별과 노예제, 짐크로법이 판을 치던 남부에 관해 무엇을 배웠든, 그건 모두 추상적이고 무의미한 것이었다. 어디선가 다른 누군가에게 일어났던 어떤 일. 그리고 대부분은 (혹은 1980년대의 인식으로는) 다 지난 일. 과거지사.

그 병원에 있던 환자들 대다수는 나처럼 백인이었다. 그 병원에 백인 여자들이 더 많은 것은 백인 우월주의의 결과였다. 백인 여자들의 고통이 다른 이들의 고통보다 더 중요하다는 암묵적 메시지. 이는 병원 직원들이 대부분 흑인이며 아무도 그들의 고통은 아는 척도 하지 않는 저임금 노동자인 것과는 대조적인 상황이었다. 나중에 행크와 나는 1992년 로스앤젤레스 폭동을 다룬 애너 디비어 스미스의 연극 〈황혼: 로스앤젤레스Twilight: Los Angeles〉를 보러 갔다. 스미스는 로드니 킹 본인, 백인 경찰관, 한국인 가게 주인 등 수많은 사람을 장기간 인터뷰한 내용을 바탕으로 희곡을 썼다. 또한 백인은 결코 흑인의 슬픔을 느껴본 적이 없으며, 만약 백인들이 그 슬픔을 느끼게 된다면 그 슬픔이 너무 거대하고 압도적이고 지독해서 도저히 감당할 수 없을 것이라고 한 코넬 웨스트의 말도 인용했다.

—#—

앤 츠베트코비치는 『우울: 공적 감정』에서 인종차별과 우울증에 관해 썼다. 로런 벌랜트를 비롯한 정동이론 연구자들의 저작과 마찬가지로 츠베트코비치의 책도 우울증을 정치적 맥락에 위치시킨다. 물론 널리 알려진 우울증 및 광기에 관한 문학적 서사가 대부분 백인 여성들이 쓴 것이라는 점 역시 정치적이다. 정동이론은 하나의 계시였다. 대학 시절인 1990년대에 읽었던 비판이론은 감정이나 느낌의 역할은 전혀 설명해주지 않았다. 그래서 수년 뒤 정동이론을 발견했을 때, 나는 담론들을 접한 결과로 우리가 어떤 식으로 형성될 수 있는지, 우리 자신의 어떤 부분들을 가능하다고 여기게 되는지 궁금해하지 않을 수 없었다. 정신 질환에서, 혹은 정신 질환에 대한 낙인에서 해방되려면 의식의 변화가 필요하다. 물론 백인 중심성에 대해서도 똑같은 말을 할 수 있다.

토니 모리슨의 소설들이나 은토자키 샹게이의 『자살을 고려해본 유색 소녀들을 위해 / 무지개로도 충분할 때 for colored girls who have considered suicide / when the rainbow is enuf』뿐 아니라, 게일 존스, 글로리아 네일러의 『린든 힐스Linden Hills』 등 흑인의 광기에 관한 서사들은—내가 정신 질환이라 불리는 것에 관한 대안적 서사인 이 이야기들을 발견하기까지는 아직 여러 해가 더 지나야 했지만—억압의 문화, 권리 박탈의 문화, 상실의 문화와 연결되어 있다.

병원에서 완전히 나오고 몇 년 뒤, 나는 짐바브웨의 소설가 치치 당가렘가의 1988년 소설『신경 문제Nervous conditions』—한 세기 전 샬럿 퍼킨스 길먼이 사용했던, 부정확하지만 무슨 말인지 바로 알 수 있는 이 용어—를 읽었다. 소설은 짐바브웨에서 자라는 탐부의 이야기를 따라간다. 1960년대와 1970년대의 독립 후 시기를 배경으로 한 성장소설이다.『벨 자』처럼 이 역시 젊은 여성의 교육—공식적 교육과 비공식적 교육 둘 다—에 관한 소설, 비극적 한계들로 가득한 교육에 관한 소설이다. 우리는 "오빠가 죽었을 때 나는 슬프지 않았다"라는 강렬한 첫 문장으로 주인공과 처음 만난다. 탐부의 목소리는 생생하면서도 주의를 확 잡아끌어, 우리는 어서 그의 여정을 따라가고 싶어진다.

가난한 집안의 여자아이인 탐부는, 자기 오빠가 당연히 여기는 교육을 받으려면 쟁취해야 한다. 오빠가 죽자 숙부의 집으로 가서 그가 운영하는 미션스쿨에 다닐 기회가 탐부에게 주어진다. 거기서 탐부는 영국에서 교육을 받은 사촌 언니 냐샤와 가까워진다. 냐샤는 탐부로서는 아직 생각해본 적도 없는 또 다른 종류의 해방을 위해 투쟁한다. 그것은 아버지의 지배에서 벗어나기 위한 투쟁, 여성의 섹슈얼리티에 대한 통제를 포함하여 부친의 가부장적 권력에 따르는 사회적 제한들에서 벗어나기 위한 투쟁이다. 냐샤는 아버지의 지배에 대해서도, 그의 권력을 떠받치는 기독교의 제도들에 대해서도 더는 참을 수 없다. 아버지와 여러 차례 난폭한 싸움을 벌인 후 냐샤는 먹기를 그만둬버린다. 이는 글자 그대로 가부장제에 대한 거부이자 또한 비유적인 거부다. 이 소설은 광기의 소재지를 여성이 아니라 가부장 문화의 극단성에서, 여성이 처한 분열적 현실 속에서 어른이 되어가는 여성들을 짓누르는 무게에서 찾는다.

내가 그 병동에서 우리가 받은 치료가 얼마나 탈정치적이었는지 깨닫기까지는 수년, 수십 년이 걸렸다. 우리에게는 식이장애가 있었지만, 이를 미에 대한 우리 문화의 가혹한 기준과 연결 지어 생각하거나 논의한 적은 한 번도 없었다. 우리는 어떻게 해도 벗어날 수 없다는 무력감을 느꼈지만, 이를 1980년대 국가 복지 축소 이후 점점 커져가던 불평등과 사회적 고립과도, 1960년대에 페미니즘과 민권 운동이 거둔 성과에 대한 공격적인 백래시와도 관련지어 고찰하지 않았다. 우리는 도움이 필요했지만 도움을 요청하는 것에 수치심을 느꼈다. 미국의 개인주의 원칙에서 보면 우리는 실패자였다. 우리에게는 회복해야 할 의무가 있었다. 진보의 서사. 이는 치료 이전과 이후로 나뉘는 이야기를 우리에게 요구하는 의료계와 제약계의 서사일 뿐 아니라, 정신 질환이 사회가 아닌 자아에 존재하는 것이라 보는 문화의 서사이기도 하다. 이런 서사대로 진행되지 않는 이야기라면 인정받지 못했다. 회복하지 못한 사람의 이야기, 혹은 호전됐다가 다시 나빠지기를 반복하는 사람의 이야기는 존재하지 않았다.

카우치를 떠나다

 닥터 톰린슨: 병을 앓는 것은 당신이 느끼는 나쁜 감정에 대한 치유책이다.

 이런 문장이 내 노트에 적혀 있다. 입원한 지 삼 년째에 접어들었을 때 적어둔 것이다. 맥락도 없이, 사소한 걱정거리들 사이에 적혀 있는 한 문장. 별 의미도 없는 문단 속에. 못 보고 지나치기 쉽다. 그 노트들은 사소함과 진부함 때문에 읽기 괴로울 때가 많은데 이 문장은 심오하다는 점에서 남다르다. 아니면 적어도 흥미롭다는 점에서.
 내가 쓴 것 중에서 너무 많은 것이 지루하다. 누가 무슨 말을 했고 그 말에 내가 어떤 기분을 느꼈는지, 누가 무엇을 했다거나 하지 않았다거나, 이러저러한 감정들. 나는 그 여자애를 흔들어 깨우고 말해주고 싶다. 너 자신에서 벗어나 밖을 봐. 고개를 들어서 보라고! 뭐가 보이니? 무슨 일이 일어나고 있느냐고? 박정하게 말한다면, 나는 그 여자애가 **자기에게만 몰두해** 있었다고 표현할 것이다. 그 노트에 글을 쓰고 있던 여자아이. 그것이 그 애의 문제점이다.

(나 자신의 바깥을 볼 수 없다는 것이 내 병의 한 측면이었다. 고통의 외양을 한 나르시시즘.)

그런데 닥터 톰린슨이 누구지? 이름은 기억나는데 얼굴은 떠오르지 않는다. 드문 이름은 아니다. 내가 여러 날 혹은 여러 주 치료를 받으며 함께 보낸 사람의 이름은 아니다.

그는 분명 초빙 의사였을 것이다.

그 문장은 그 시절에 내가 접한 문장 가운데 가장 예리하고 핵심을 찌르는 문장이다. 나는 그 문장을 적어두었고, 거기 담긴 진실을 알아보았다. 그 진실로 내가 할 수 있는 게 무엇인지는 알지 못했다. 할 수 있는 건 아무것도 없었겠지, 아마.

나는 연기를 하고 있었다. 닥터 톰린슨의 말이 맞았다. 그게 내가 그 문장을 적어둔 이유다. 그 의사가 내 연기를 꿰뚫어보았기 때문이다. 정신분석학자 D. W. 위니컷은 숨고 싶은 욕망에 관한 글을 썼다. 그는 아이가 은밀한 자아―스스로 표현하여 남들에게 전달할 수는 없지만, 그럼에도 마치 마법처럼 이해받기를 바라는 자아―를 형성한다는 것을 규명했다. 애덤 필립스는 이를 숨는 것은 즐겁지만 발견되지 않는 것은 재앙이 되는 복잡한 **숨바꼭질**이라고 불렀다.

나는 구글에서 컬럼비아대학교 의학대학원에 소속된 닥터 W. C. 톰린슨이라는 이름을 찾아냈다. 시기도 들어맞길래 구글 이미지 검색을 했고, 그러다 크레이그 톰린슨이라는 이름의 정신과 의사의 사진을 발견했다. 사진을 보니 알아볼 수 있었다. 그 병원에서 본 그 의사였다. 그는 초빙 의사로 와 있었다. 내 담당의는 아니었다. 그는 정신분석가이고 상담가였다.

그가 그렇게 직설적으로 말할 수 있었던 것도 그 때문일 것이다. 그는 내 담당의가 아니었고, 우리는 서로 힘겨루기를 하는 사이가 아니었으니까. 그는 그 병동에서 일하지 않았고, 우리의 병원 출입 여부를 결정할 권한이 있는 막후 실세 중 한 사람이 아니었으므로, 우리에게는 전혀 중요한 존재가 아니었다.

그는 내게 약물을 처방하는 사람도 아니었다. 그 병동에서는 무정형의 복잡한 고통에 대해 도움을 요청하고 그런 다음 알약의 형태로 도움을 받는 역학 관계가 의사-환자 관계를 결정했다.

정신분석가로서 닥터 톰린슨의 역할은 어떤 약이 나의 증상들, 나의 병을 치료할 수 있을지 찾는 것이 아니었다.

대신에 그는 내가 스스로 치료법을 찾아냈다는 점을 집어낼 수 있었다. 그리고 그 치료법이 내 인생을 망치고 있었다.

내 치료의 너무 많은 부분에서 전이가 중심이 되었고, 나와 의사들의 대화는 내가 아픈 건가, 아닌가? 얼마나 아픈 건가? 내가 더 머무르도록 허락받을 수 있을까? 하는 질문들로 이루어졌다. 어빙 고프먼이 지적한 대로 입원 자체가 상황을 지배해 버린 것이다.

잔인한 낙관. 오늘날, 이 시대를 살아가는 일을 완벽히 묘사하는 로런 벌랜트의 용어. **자기가 욕망하는 대상이 오히려 자신이 잘 살아가는 것을 방해한다는 것.**

지금에야 나는 알 수 있다. 그 병원이 잔인한 낙관의 실례였다는 걸.

그 시스템에 대한 나의 믿음이 잔인한 낙관이었다는 걸.

W. C.라는 이니셜—괴짜 같고도 형식적이며, 코미디언[W. C. 필즈]도 연상시키는 이니셜—이 궁금했는데, 그러다가 닥터 톰린슨이 현재 공식적 이름으로 이니셜만 쓰는 이유를 설명해줄지도 모를 뭔가를 발견했다. 구글이 오래 버텨온 덕분이다. 검색 결과 목록에서 그리 많이 내려가지 않아서 1992년 12월 6일자 〈뉴욕 타임스〉 기사 하나가 눈에 들어왔다. 내가 뉴욕주립정신의학연구소에 들어간 바로 그 해였다. 일요판 선데이 매거진에 '카우치를 떠나다'라는 제목으로 실린 긴 기사였다. 링크 아래 요약문은 이랬다.

정신병동의 최전선에서 프로이트가 공격받고 처방 약이 우위를 차지하

고 있다.

기사는 정신병동에서, 그리고 한 전문 분야로서 정신의학의 미래를 두고 겨루는 두 철학을 다루고 있다. 생물의학과 정신분석. 기사에는 닥터 앨리슨 필립스와 닥터 수전 C. 본, 두 여성의 사진이 실려 있다.

글쓴이는 1992년 내가 입원한 그해에 뉴욕주립정신의학연구소에 들어와 있다. 물론 그곳의 내부자는 아니며—환자도 직원도 아니다—만약 내부자였다면 이 기사는 활자화되지 않았을 것이다. 이 사람은 드물게 병동 내부를 볼 기회를 얻은 저널리스트, 그러니까 외부자. 그리하여 필자는 내가 있던 그 시기, 그 역사적 순간을 명료히 보여준다.

이 저널리스트는 정신과 환자의 하루나 삶을 기록하지 않는다. 그러니 이를테면 『시빌』이나 수재나 케이슨 등 현재 우리에게 익숙한 광기의 서사들과는 다르다. 그 대신 필자는 필립스와 본을 비롯한 정신과 레지던트들, 정신약리학이 정신의학을 심층적으로 변화시킬 채비를 하고 있던 바로 그 시점에 정신의학의 경력에 들어선 그들의 업무를 따라가며 보여준다. 다가올 디지털 혁명처럼, 제약 혁명은 정신의학 분야를 극적으로 변화시킬 터였다.

기사에 딸린 사진에서 두 의사는 그 병원의 어둡고 좁은 계단참처럼 보이는 곳에 있다. 한 명은 내려가는 계단 쪽에, 다른 한 명은 올라가는 계단 쪽에 있고, 둘 사이에는 난간의 창살처럼 구멍이 뚫린 격자 벽이 있다. 사진에는 이런 설명이 딸려 있다. **워싱턴 하이츠 소재 뉴욕주립정신의학연구소에서 닥터 앨리슨 필립스(왼쪽)와 닥터 수전 본.** 계단 사이 쇠로 된 격자 벽도 정신병원 건축의 세부적 특징 중 하나다. 도서실에 가도 된다는 허락을 받고 9층까지 걸어서 올라갈 때 눈여겨본 것이다.

닥터 본은 이 〈뉴욕 타임스〉 기사의 주인공이며, 사진에서도 조명을 받아 눈에 띈다. 닥터 필립스의 얼굴은 그늘에 가려 어둡게 나왔다. 두 사람 다 웃음기 없이 냉정한 표정으로 카메라를 바라본다. 닥터 필립스는 유난히 불쾌하거나 지친 것처럼 보이고, 둘 다인 것 같기도 하다.

—#—

만약 어두운 계단참에 남자 둘이 앉아 있는 사진이었대도 이렇게 범상치 않게 보였을까? 그래도 내 눈에는 그들이 화가 난 것처럼 보였을까? 아니면 그냥 적절해 보였을까? 프로이트의 심각한 표정도 화가 난 표정으로 보일까? 아니면 권위적인 표정으로 보일까? 아니, 아무도 프로이트를 화난 것으로 보지는 않을 것이다. 여자가 의대생의 다수를 차지하는 것이 당시에는 새로운 일이었다. 의대에 남자보다 여자가 더 많아진 상황은.

기사는 한 청년이 응급실에서 소동을 일으키는 장면으로 시작한다. 두 의사는 그를 어떻게 치료하는 것이 최선일지 고민한다. 그 환자의 문제가 생물학적 문제인지 심리적 문제인지.

기사에서는 다음 인용문을 따로 뽑아 강조했다.

하지만 새로운 정신과 약물들과 기존 약물의 새로운 용법은 미국 정신의학계가 정신 질환의 원인과 치료에 관해 생각하는 방식을 바꿔놓고 있다. (⋯⋯) 정신 질환은 정신에서 시작되며 말로써 치료할 수 있다고 믿는 프로이트식 정신의학은 상당한 공격을 받고 있다.

이 저널리스트는 나름의 관점을 갖고 있는데, 그 관점은 정신의학에서 약물이 부상한 것과 깊은 관계가 있으며, 또한 주립정신병원에서 적응해가는 법을 배우고 있는 삼 년 차 레지던트인 젊은 의사 수전 본의 카리스마와도 깊은 관계가 있다. 위험한 응급 상황 속에서 일하는 본은 이 기사의 주인공이다. 닥터 톰린슨은 기사에서 회의적인 목소리를 대표한다.

이 저널리스트는 제약 회사 업존이 후원한 오찬회에 참석한다. 병동의 교수진과 의사들은 의견이 갈린다. 프로이트식 대화 치료를 선호하는 이들도 있고, 새로운 약리학적 방법에 대한 기대로 들뜬 이들도 있다. 병원은 서로 맞서는 두 파벌의 분열로 어지럽다.

오랜 시간이 흐른 뒤에 이 기사를 읽으니 그 시절 내내 치료의 성격을 두고 내가 혼란을 느꼈던 것이 당연한 일이었음을 확인하게 된다.

닥터 톰린슨은 사진이 실리지는 않았지만 그의 이야기는 기사에서 눈에 띄게 다뤄진다. 이 기사가 쓰일 당시 그는 이 분야의 신참이다. 두 여자 의사는 그보다 일이 년 선배다. 톰린슨은 레지던트 일 년 차를 마친 참이다. 그는 정신분석 훈련을 받았지만, 그래도 약물을 사용하는 법을 배워야 한다. 그는 업존이 후원한 오찬회가 어땠는지 묘사한다. 그 회사는 정신과 의사들에게 "그 말 많은 수면제" 할시온이 안전하다고 설득하고, 자사의 인기 있는 신경안정제 자낙스를 홍보하려고 거기 온 것이었다.

기사는 그 제약 회사가 오지 않았으면 좋았을 거라는 톰린슨의 말을 인용하고 있다.

그는 시장의 힘에 저항하는 이성의 목소리가 된다.

우리를 치료하던 의사들이 몇 층 아래에서 제약 회사 사람들과 함께 점심을 먹고 있었다는 걸 내가 어찌 알았겠는가?

기사는 톰린슨을 포함한 레지던트들이 결국 환자를 치료할 때는 제약 회사의 영향을 받게 되리라고 암시한다.

—#—

이 기사는 내가 읽을 글이 아니었다. 이 기사가 의도한 독자군은 따로 있고 나는 거기 포함되지 않는다. 그들은 〈뉴욕 타임스〉를 읽는 사람들이며, 분명 정신과 환자들은 아닐 것이다.

이 혁명이 일어나고 오래지 않아 정신과 환자들은 소비자가 되었다. 당신도 정신 의료를 돈으로 살 수 있다고 말하는 그 신자유주의적 변화. 그리고 정신 의료를 산다는 건 정확히 이 기사에서 바람 잡은 그 약들을 산다는 걸 의미한다. 오래지 않아 마케팅은 곧바로 환자들을 겨냥하는 쪽으로 이동했다. 어디서

나 볼 수 있는 잡지와 텔레비전 광고를 통해. 환자들은 의사들에게 구체적인 약명을 대면서 처방해달라고 요구하기 시작했고, 지금도 여전히 그러고 있다.

—#—

이 기사에 나오는 세부 사항들은 내가 읽어야 할 것이 아니었다. 저널리스트는 사무실 벽에 걸린 만화를 묘사한다. 한 만화는 환자에게 진정제를 투여하는 일을 농담처럼 표현한다. 또 다른 만화는 자살에 관한 농담이다. 교수대 유머. 그런데 교수대에 걸린 건 누굴까? 의사들이 아닌 건 분명하다.

그 저널리스트는 단 한 명의 환자와도 이야기를 나누지 않았다.

나는 닥터 트리얼이 분주히 뛰어다니던 모습을 기억하고, 자기가 생명을 구하는 일을 하고 있다고 얘기하던 것을, 그리고 종종 "좋은 일을 해도 좋은 소리 한 번 못 듣는다"는 말을 덧붙이던 것을 기억한다. 자기는 생명을 구하고 있는데 아무도 자기 고생을, 자신의 선행을 알아주지 않는다고. 그는 내 인생을 구해주지 않았고, 그것은 일찌감치 분명했다. 그럼에도 그 시절 나는 그를 멀리서 관찰하며 그에게서, 항상 변화하는 불안정한 그곳에서 한결같은 존재인 그에게서 뭔가를 배웠다. 그의 헌신. 한 지식의 체계에 대한 전적인 몰두와 신뢰. 그의 친절함. 또한 나는 나 자신에 관해서도 뭔가를 배웠다. 내가 영웅을, 지도자를, 스승을 필요로 한다는 것을. **누군가 책임을 지고 있다고 생각하면 마음이 놓이니까.**

3부

거울 도시

내가 자살하지 않겠다고 결심한 것은 1996년 9월이었다. 나는 그 결심이 마약이나 술을 끊는 것처럼 의식적인 선택이었다고 기억한다. 나는 여기서 벗어날 수 있다는 생각에 중독되었다.

그것은 내 인생을 이끌어주고 내게 자살(죽음/절망)과 정신의학(삶/희망) 둘 다에 대한 믿음을 심어준 신념 체계의 종말이었다.

어느 날 잠에서 깨어난 나는 그간 내가 먹어왔던 모든 약과, 내가 의사들과 나눠온 길고도 비싸며 아무것도 해결하지 못하는 대화들이 시간 낭비라는 걸 깨달았다. 나는 이제 더는 그걸 믿지 않게 되었다.

나는 이 순간을, 내가 살겠다고 선택했던 이 순간을 수년 뒤에야 의식했다. 그것은 자기 혼자 속으로만 하는 그런 종류의 결심, 지킬 수 있을지 자기도 확신하지 못하는 새해 결심 같은 것이었다. 나는 몇 년이 지나, 그것이 나의 일부가 되고 난 후에야 그것이 선택이었다고 주장할 수 있었다. 그건 승리에 찬 일도, 대범한 일도 아니었다. 나는 나약했고 겁에 질려 있었다. 하지만 나는 내 삶이 막다른 골목에 있다는 걸 인지했다. 내가 너무 많은 세월을 낭비했다는 걸. 남은 생애를 평생 환자로 사는 것도 두려웠지만, 나와 같은 대학을 나온 여자들의 운명, 〈월스트리트 저널〉을 읽고 어딘가에 인턴으로 들어가거나 대학원에 가는 그들의 운명 역시 두려웠다.

그건 배신처럼 느껴졌다. 나는 나의 병에 대해, 그 병원에 대해 애도했다. 그 시스템 안에서 보낸 수년에 깊은 슬픔을 느꼈다. 누군가를 사귀다가 어느 날 갑자기 그 관계가 가짜라는, 혹은 구멍투성이라는 걸 깨닫게 되는 것과 좀 비슷했다. 더는 할 일이 없었다. 일단 그걸 꿰뚫어보고 나면 떠나야 한다. 그러거나, 아니면 그 결손을 받아들이거나.

내가 믿음을 품을 수 있는 다른 삶이 있었던 것은 아니다. 그런 건 없었다. 나는 글을 쓰고 싶었지만 글솜씨가 형편없었다. 연기를 하고 싶었고, 여기저기 작은 소극장에서 배역을 얻을 수 있었다. 하지만 이는 내 정서적 안정에 아무 도움이 안 됐다. 마지막 공연이 끝나고 나면 나는 깊은 우울증에 빠져들었다. 나는 평정을 원했지만 평정을 얻는 방법은 알지 못했다. 나를 지탱해줄 신념 체계를, 내 감정의 극단들을 받아줄, 혹은 있는 그대로 포용해줄 신념 체계를 원했다.

내 자아의 불안정성에 압도될 것 같은 느낌. 이는 어머니의 죽음 및 내가 양육된 방식과 관련이 있었지만, 안정적 자아란 존재하지 않는다는 나의 인식과도 관련이 있었다. 이렇게 자아가 고정되어 있다고 믿는 것이 정신의학의 한 가지 문제라는 걸 나는 인지하기 시작했다. 우리는 항상 변화하며, 그러니 어떤 정체성도 고정된 것은 아니다. 청소년기와 성인기 초기에는 특히 더 그렇다. 미국 문화에 개인의 자아에 대한 판타지가 존재하기는 하지만, 관계의 존재인 우리는 타인을 통해 자신을 정의한다. 엄마의 죽음은 나에게 엄마 눈에 비친 나를 보며 형성되던 자아를 상실한 일이었고, 엄마와 연결해주던 끈이 끊어진 일이었으며, 나를 알아주던 엄마를 통해 내가 인식했던 나라는 사람을 잃은 일이었다.

내 병에 관한 이론을 세우려는 시도 (II)

1. 한 친구가 똑 부러지게 설명한다. 주기적으로 우울하다고 선언하는 자기 어머니의 우울증은 자기 인생이 전반적으로 실망스럽다는 뜻, 혹은 자신이 따분한 상태라는 뜻이라고. 에마 보바리의 우울증.

2. 또 한 친구는 소문자 d의 우울증과 대문자 D의 우울증을 구별한다.

3. 그 단어는 워낙 광범위하게 쓰여서 이제 아무것도 의미하지 않는 지경에 이르렀다. 지난주에 나는 여러 미친 사람에 관한 이야기를 들었다. 한 친구는 자기 시누이를 미쳤다고 표현했다. 내가 아는 또 다른 사람은 자기 가족 두 사람을 미쳤다고 말했다. 아침을 먹으면서 한 작가는 다른 세 명의 작가를 미친 자들이라 표현했다. 각 사례마다 그 의미는 명료했으며 맥락상 반

박 불가였다.

4. 나의 대문자 병: 나는 죽고 싶었는데 실제로 목숨을 끊을 만큼 죽고 싶었던 건 아니었고, 제 발로 병원에 들어가 거기서 몇 년을 안 나올 만큼은 그랬다. 이 장소가, 이 의사들이, 이 기관 자체가 나를 도울 수 있다고 믿을 만큼은 병들어 있었다. 나에게 지시 사항을 **내려**주세요. 아무런 이의 제기 없이 그렇게 오래 머물 만큼, 그래서 내가 거길 떠날 수 있다는 걸 상상도 못 할 정도로, 정말 내가 다시는 정상적인 사람이 될 수 없다고 여길 만큼. **병들었다**는 그 느낌을 내 온몸에서 절대 **빼낼** 수 없을 것 같았다.

5. 어쨌든 중요한 건 그 느낌을 빼내는 것이 아니라 그 느낌을 안고 살아가는 것이었다. 일찌감치 한 간호사는 아무렇지 않게 이런 말을 흘렸다. **당신 같은 상태를 치료할 방법은 없어.**

6. 그 말을 들으니 기분이 어떻던가요? 그 우연한 누설에 관해 들은 정신과 의사가 물었다. 나도 잘 알 수 없었다. 이제 와서 내가 한 번도 나를 무능한 상태로 여긴 적이 없었다고 말하면 이상하겠지만—수년간 정신병원에 입원해 있었고 거의 평생 정신과 약을 먹고 있음을 감안하면—그건 사실이다. 나는 그 상태를 시도해보고 있었고, 그 한계를 시험해보고 있었던 거다. 그게 내가 나 자신에게 들려준 말이었다. 내가 상황을 통제하고 있다고.

7. 나는 **뭔가**가 내 몸속에 있다고 믿게 되었다. 이건 어쩌면 우리 가족의 내력인지도 몰랐다. 나의 조부모님들과 증조부모

님들이 아일랜드에서 성장하던 때는 진단명도 정신과 약도 없었다. 그분들 중 누구라도 나처럼 괴로워했는지, 그분들의 몸속에도 그게 있었는지 알아내는 건 거의 불가능한 일일 것이다. 내 짐작은 그분들도 그랬다는 것이고, 실제로 그랬다.

8. 그리 오래전 일은 아닌데 〈아이리시 타임스〉에 아일랜드가 유럽에서 정신 질환 비율이 가장 높은 나라 중 하나라는 기사가 실렸다. 36개 국가 가운데 3위였고, 인구의 18.5퍼센트였다.

9. **화학적 불균형**이라는 문제 많은 용어. 어느 화학물질 말일까? 조현병에는 유전자 표지자가 있지만, 다른 정신 질환들에는 그런 게 전혀 없다. 과학자들은 확실히 가족의 내력으로 보이는 자살 성향을 연구했지만, 이 경우에도 정확히 무엇이 생물학적인지는 알려지지 않았다. 수십 년 동안 사람들은 '화학적 불균형'으로 우울증이 초래되면 선택적 세로토닌 재흡수 억제제 SSRI가 그 불균형을 바로잡아준다는 말을 반복해왔다. SSRI는 기분을 좋게 하는 화학물질인 세로토닌 농도를 높임으로써 많은 사람에게 도움이 되었지만, 그렇다고 해서 그 약이 화학적 불균형을 바로잡는다는 뜻은 아니다. 낮은 세로토닌 농도가 우울증을 초래하는 게 아니라는 말이다. 화학적 불균형 가설은 누차 사실이 아님이 폭로되었는데, 가장 최근 사례인 영국의 한 연구에서는 **우울증이 세로토닌 활동성이나 농도가 떨어져서 생긴다는 가설을 뒷받침할 근거는 존재하지 않는다는** 결론이 나왔다.

10. 그러니까 그 약이 당신의 기분을 나아지게 만들 수는 있지만, 그렇다고 화학적 불균형이 당신의 우울증을 초래했다는

의미는 아니라는 것이다. 이는 그 약들이 도움이 안 된다는 말은 아니다. 그 서사가(제약 회사들이 밀어붙였을 가능성이 있으며, 특히 내가 병원에 있던 그 시절에는 더욱 그랬을 것이다) 상황을 지나치게 단순화한다는 말이다.

공책들

내게는 공책 더미가 있다. 제각기 색깔이 다르고 모두 날짜가 적힌 공책들이다. 내가 정신줄을 놓기 직전인 1990년의 공책부터 시작해 오늘날까지 이어진다. 1990년대 말인가 2000년대 초인가 어느 시점에 나는 공책에서 컴퓨터로 옮겨갔다. 여전히 종이 공책에도 글을 쓰지만 그 두께는 얇아졌다. 거의 같은 시기에—그리고 내 아들이 태어난 후로는 확실히—나는 일상의 근심들에 관한 글을 그렇게 집요하게 써야 할 욕구를 더는 느끼지 않게 되었다. 그리고 소설과 에세이, 비평문에 더 초점을 맞추기 시작했다.

그러니 이 공책 더미는 내가 정신과 환자로 지낸 몇 년의 기록을 상징할 뿐 아니라, 시대—그러니까 디지털 문화로 전환되기 직전, 이전의 아날로그 시대—를 나타내는 물질적 실체이기도 하다. 나는 서른두 살에 처음으로 휴대폰을 갖게 됐다. 우리 세대는 두 종류의 존재 방식을 온전히 다 아는, 디지털 혁명 이전과 이후를 다 살아본 마지막 세대가 될 것이다.

이 책을 쓰기 시작했을 때 나는 그 공책들을 처음에는 연도별로, 다음에는 색깔별로 정리했다. 나는 이 책을 희미하게 『금색 공책』 비슷한 책으로 의식해왔고, 도리스 레싱의 공책 분류를 가이드로 활용했다. 병원에 있을 때 레싱의 그 소설을 읽었는데, 그 책은 내게 내밀하고 흉하고 수치스럽고 복잡한 여성의 경험을, 그 뒤죽박죽인 혼란을 책이라는 형식으로 담아낼 수 있다는 걸 가르쳐주었다. 공책이 책이라는 것을.

그러나 마흔이 넘어 다시 그 공책들을 들춰봤을 때는 끝까지 읽기가 어려웠다. 도저히 이런 책에 쓸 수 없는 글이었다. 그 공책을 읽는 것은 페이지마다 펼쳐진 젊은 시절 나의 망상과 근시안을 만나는 일이었다. 때로는 그 젊은 여자를 돕고 싶었다. 너무나도 그 여자의 어머니가 되어주고 싶었다. 또 때로는 그가 미쳤다고, 참아주기가 힘들다고, 구제불능이라고 생각했다.

그렇지만 이따금은 더 큰 뭔가를 전해주는 메모나 문장이나 단락을 마주치고는 했다. 돌아온 기억. 나에 대한 인정, 놀라움. 어떤 단서를.

예를 들어 한 페이지에는 어느 해 여름 병동에 주기적으로 문병을 오던 한 남자에 관한 글을 써놓았다. 도저히 끝나지 않을 것처럼 느껴지던 여름이었다고 기억한다. (그때의 내 나이를 말해주는 것이기도 하다. 지금은 여름이 얼마나 짧게 느껴지는지.) 의사들이 휴가로 도시를 떠나 있고 레지던트들이 그들을 대신해야 하는 시기. 잠시만요, 금방 다시 봐줄게요, 라는 분위기, 많은 게 유보되는 분위기가 지배하던 시기. 그래서 우리는 그해 여름에, 매년 여름에, 바닷가에 가고 싶은 직원들과 간호사들과 함께 병동에 남아 빈둥거렸다. 우리는 기다렸다. 아무 일도 일어나지 않았다. 여름에는 아무도 호전되지 않는다.

그 긴 여름날 중의 어느 하루에, 나는 그 남자 방문자에 관한 글을 썼다.

[보라색 공책에서]

남자는 자기 아내가 의사들이 '중증 우울증'이라 부르는 병 때문에 전기충격 치료를 받고 있는 정신병원으로 아내를 만나러 온다. 아내의 이름은 다이앤이다. 다이앤은 가냘프다. 말문을 닫아버렸다. 벽만 쳐다보기 시작했고, 창밖을 내다보기 시작했다. 그러면서도 아무것도 보지 않는다. 남자는 매일 아내를 보러 온다. 그는 우리에게, 이곳에 있는 다른 환자들에게 자기 아내 다이앤이 예전에는 맛있는 스파이스 케이크를 만들곤 했다고 말한다. 이곳에 있는 젊은 우울증 환자들이 정말 예쁘다나 뭐라나 그런 말도 한다. 그는 우리에게 자기 아내에 관한 이야기를 한다. 아내가 예전에는 요리하는 걸 정말 좋아했고 종일 청소를 했다고. 그는 아내가 바로 거기에, 같은 탁자에 함께 앉아 있는데도 삼인칭으로 아내 이야기를 한다. 그는 병원 저울에 올라가 몸무게를 재본다. 환자로 지내는 일은 따분하지만, 문병객으로 오는 것도 그리 재미없기는 매한가지다. 오늘 그는 해변에서 오는 길이었는데, 조지 해밀턴처럼 살갗이 어둡게 타 있었다. 비싼 실크 셔츠도 입었다. 오늘 그는 입을 다물 줄 모른다. 그는 아내를 사랑한다. 나는 그가 어느 여자 사회복지사에게 하는 말을 들었다. 여기에는 프라이버시란 게 없다. 사람들은 놀랄지도 모른다. 우리는 어떻게든 각자의 운명에 대해 아주 많은 걸 알고 있다. 남자는 사회복지사에게 여기 있는 것이, 매일 여기를 방문하는 것이 두렵다고 말한다. 자기도 환자처럼 느껴지기 시작했다고. 그는 그게 심각한 말이 아니라는 듯 웃는다. 하지만 그는 심각하다. 그건 심각한 웃음이다. 그는 사회복지사에게 병원에서 나가면 친구들과 외출해야겠다고 말한다. 자기마저 미쳐가고 있는 게 아니라는 것을 자신에게 확신시켜주기 위해서, 즐거운 시간을 보내야겠다고.

이튿날 그는 차분해져 있다. 즐거운 밤을 보낸 모양이다. 어쨌든 자기는 정신과 환자가 아니라는 걸 알고 있다. 그의 아내가 정신과 환자다. 그는 문병을 오고 또 오는데, 자기 아내는 말을 하지 않으니 다른 환자들인 우리한테 말을 한다. 그는 말하고 또 말한다. 그의 탄 피부. 그의 즐거움. 어쨌든 지금은 공휴일이 낀 주말인데, 여기 있는 당신들은 그것도 모르죠? 딱한 일이야. 정말 딱해.

1994년 7월 3일, 오후 1:20, 뉴욕주립정신의학연구소

장기 입원 병동의 마지막 나날

　록산은 너무 바빴다. 뭔가 변화가 생겼다. 입원 환자들이 더 많아졌다. 몇 차례 전기충격 치료를 받으러 단기 입원하는 사람이 많다. 청소년들도 많아졌다. 아이들에게 항우울제가 미치는 영향을 알아보는 새 연구의 일환이다. 나나 행크나 엘리나나 몰리 같은 환자들은 줄었다. 이제 아무도 장기 치료를 받으러 입원하지 않는다. 록산이 내게 이 모든 일에 관한 생각이 바뀐 거라고 말해주었다. 이 안에 너무 오래 있어서는 안 되고, 나갈 방법을 찾아야 한다는 거였다. 너한테도 좋지 않아, 하고 록산이 말했다. 어쨌든 주정부에서 이제 돈을 대주지 않는다니까. 장기 입원 병동에 대한 자금 지원이 끊겼다고 했다.
　록산이 이 모든 얘기를 한꺼번에 한 건 아니고, 여기저기서 조금씩 흘린 것일 수도 있다. 우리는 무슨 일이 벌어지고 있는지 목격했다. 틸다가 제일 먼저 나갔다. 틸다를 내보내는 건 복잡한 일이었다. 우리는 누구나 틸다가 정상적인 삶을 살아가지 못하리란 걸 알았다. 틸다가 혼자서 살아간다는 건 아무도 상상할 수 없었다. 틸다는 칠 년을 여기서 지낸 터였다.

  1990년대 중반에 이르러 장기 입원 병동은 영원히 폐쇄되었다.

—#—

  가족 치료 얘기 좀 해봐. 록산이 물었다. 어땠어?
  끔찍했지.
  내 말이, 그게 즐거울 리가 없잖아.
  그 말의 진실에 우리 둘 다 웃음이 터졌다. 우리 둘 사이에서 뭔가가 달라졌다. 록산이 뭔가를 생각하고 천천히 그 문제의 답을 찾아가는 동안 록산의 푸른 눈은 환하게 빛난다. 내가 한 말을, 그리고 내 차트에서 자기가 읽은 내용을, 그 공책들을 생각할 때. 록산은 의사가 아니고, 따라서 의사들에게 느끼는 것 같은 거리감이 없다. 이제는 그게 안도감을 주었다.
  치료가 효과를 내도록 만들어야 할 사람은 너야, 알지?
  그런 것 같아.
  아니, 정말로 그래. 록산이 말했다. 치료의 80퍼센트는, 그 이상은 아닐지 몰라도 바로 너야. 환자라고. 이제 의사들한테 그렇게 초점을 맞추는 건 그만둬. 의사들한테는 네게 줄 게 아무것도 없어. 너한테 필요한 건 완벽한 의사가 아니야. 그들도 사람이야. 우리 나머지랑 똑같이 결점을 지닌 인간. 너 스스로 답을 찾아야 해.

나는 록산의 솔직함에 놀라 고개를 끄덕였다.

네가 너 자신의 이야기를 해야 한다고, 그러지 않으면 그들이 네 이야기를 하게 될 거라고. 의사들뿐 아니라 네 가족들도.

록산이 다리를 꼬고, 왼손으로 소파를 짚은 채 내 쪽으로 몸을 기울였다. 자기 시간을 나에게 내어주고 있었다. 우리에겐 남은 시간이 별로 없었다. 이 모든 것이, 록산의 충고가 단순해 보인다 해도 그런 건 중요하지 않았다. 나는 그 말을 결코 잊지 않았다.

—#—

이제 나는 떠날 준비를 하고 있다. 내가 떠나야 한다는 것이 기정사실처럼 여겨지고 있었고, 나 역시 결국 떠나야 한다는 걸 알았기에. 그래서 나는 무너지고, 또 무너지기를 반복했다. 앞으로 나에게 무슨 일이 일어날지, 이 세상에 나를 위한 장소가 있기나 할지 알 수 없었다.

하지만 내가 떠나야 한다는 건 분명했다. 아주 많은 새 환자들이 들어오고 또 떠나갔다. 이겨내버려, 하고 그들에게 말하고 싶었다. 이제는 나도 이겨내야만 하는 처지이다보니 그런 식상한 모습이 보고 싶지 않았나 보다.

이때로부터 일 년 전, 나는 우리 대학에서 보낸 정신과 의사를 만나야 했다. 그것은 평가 절차였다. 나는 그게 뭔지 제대로 이해하지 못했다. 단순히 어떤 형식적 절차일 거라고 생각했다. 나는 그저 다시 수업 하나를 듣고 싶었을 뿐이었다. 병원에 머물면서 일주일에 한 번 캠퍼스로 갔다가 돌아올 생각이었다.

그 의사는 학교 행정처와 나의 담당 의사들에게 결과를 보고했다. 내가 아직 준비가 안 됐다고 그들이 말했다. 처음 입원한 이후로 심리적 균형이 심하게 무너진 상태라서, 학교로 돌아갈 만큼 충분히 상태가 좋아졌다고는 믿을 수 없다고 했다.

그래서 여섯 달 뒤, 이번에도 잠정적 재입학 문제를 두고 대학이 보낸 또 다른 의사를 만나야 했을 때, 나는 준비가 잘되어 있는 상태였다. 나는 말했다. 수년간 정신분석 치료와 약물 치료를 받으며 **나아져왔다고**, 그래서 지금의 상태까지 왔다고. 내 경험을 생각해보면 지금 내게는 공부가 그 어느 때보다 큰 의미를 지닌다고. 나는 대학으로 돌아가기를 기대하고 있다고.

이번에는 웅얼거리지 않고 또박또박 말했고 눈도 똑바로 마주봤다. 여성스러운 블라우스를 입고 이 일을 위해 매니큐어도 발랐다. 나는 통과할 터였다. 이번에는 어떻게 해야 통과하는지 알았으니까.

의사는 깊은 인상을 받았다. 나는 그해 가을 학교에 돌아와도 좋다는 허락을 받았다. 내가 처음 여기 도착한 어두운 겨울 이후 처음이었다. 나는 매주 실버먼 학장을 만나 나의 진전에 관해 보고할 터였고, 그는 내가 학교에 다니기에 적합한지를 계속 평가할 터였다. 이건 임시적인 조치라고 그들은 내게 거듭 말했다. 이제 수업 하나를 들을 수 있었다. 이후 나는 당시 내가 살고 있던 암스테르담 애비뉴를 멀리하고, 브로드웨이 캠퍼스의 밝고 분주한 분위기, 세계무역센터의 쌍둥이빌딩이 보이는 신축 기숙사를 더 좋아하게 되었다.

행크가 내게 그 소식을 전했다. 근무 교대 시간 즈음이었다. 엘시가 사라졌어, 하고 그가 말했다. 나는 막 캠퍼스에서 돌아온 참이었다. 사라졌다는 게 무슨 뜻이야? 나도 몰라, 하지만 엘시가 이제는 여기서 일하지 않는 건 분명해 보여. 그만둔 거야? 그만뒀을 수도, 해고됐을 수도. 간호사 스테이션에서 록산이 처음 보는 간호사와 함께 있는 것이 보였다.

몇 주 뒤, 록산도 사라졌다. 단, 록산은 여전히 뉴욕주립정신의학연구소에서 일했다. 그들이 그를 4층으로 보낸 것이었다. 조현병 환자들이 있는 곳으로.

이 갑작스러운 변화들에 대해 트리얼도 프린스도 다른 누구도 설명해주지 않았다. 예전이었다면 이 병동에서 이런 일은 엄청난 혼란을 일으켰을 것이고, 대화, 회의, 개별 치료 세션들이 모두 이 상실을 중심에 두고 진행되었을 것이다. 하지만 이제는 그러지 않았다. 나중에 틸다와 엘리나가, 누군가 엘시와 록산을 신고했다고 말해주었다. 어느 환자의 화가 난 부모 한 명이, 엘시와 몰리의 뜨거운 관계를 알아차렸고, 클로디아라는 비교적 새로 온 환자와 록산의 관계에 대해서도 눈치챘다는 것이었다. 감사가 있었고 두 간호사 다 해고되었다. 나중에 나는 엘시와 몰리가 병원에서 그리 멀지 않은 인우드에 있는 한 아파트에서 같이 살기 시작했다는 이야기를 들었다.

—#—

때때로 오고 가는 록산의 모습이 보이기도 했지만, 그는 다시는 내게 따뜻한 태도를 보이지 않았다. 거기서 보냈던 내 삶의 몇 년 동안 일주일에 나흘이나 닷새는 함께 보내며 우리가 나누었던 종류의 친밀함이 이제는 끝나버린 것이다. 고개를 까딱하거나 짧게 안녕, 하는 록산의 인사는 그 병원의 위계질서를—나는 우리가 그 질서를 해체해버렸다고 생각했었는데—실체로 구현해 보여주었다. 나는 끝까지 그 이야기의 전말을 알지 못했고, 결국은 나도 더는 거기에 오고 가지 않게 되었다. 그렇게 끝이 났다.

몇 해 전, 캐릴 처칠의 연극(《사랑과 정보 Love and Information》)을 보려고 미네타레인 극장 로비에 있다가 닥터 프린스를 보았다. 나와 가까운 곳에 그의 아내라고 여겨지는 여성과 함께 서 있었다. 우리는 눈빛을 주고받았고, 그는 분명히 나를 알아보았거나 적어도 내가 한때 환자였다는 것은 아는 것 같았다. 물론 그게 다였다. 우리는 말을 나누지도 않았고 억지로 아는 척하지도 않았다. 그 상황에서 잡담을 나눈다면 얼마나 우스꽝스러운 노릇일까. 그렇기는 하지만 이 삶의 한가운데서 저 삶을 만난다는 건 얼마나 기괴한가.

—#—

나는 뉴욕을 걸어 다닐 때면 종종 록산을 찾고 있는 자신을 발견한다. 박물관에서, 교차로에서, 무리 속에서. 록산 말고는 보고 싶은 사람도, 내가 안녕, 우리 한잔할까, 얘기 좀 나눌 수 있어? 하고 말을 건네는 장면을 상상할 수 있는 사람도 없다.

우린 모두 사라져

영원히 머리 위에

 이곳에서 보내는 매일 그렇듯이 오늘도 나는 프로이트 옆을 걸어간다. 우리가 수도 없이 왔다 갔다 하며 지나다니는 복도 벽에 가로 23, 세로 36센티미터의 지크문트 프로이트 사진이 위협적으로 걸려 있다. 여자 병실로 가려면 프로이트 옆을 지나가야 하고, 다시 식당과 주방으로 가려고 해도 그 옆을 지나가야 한다. 하루에 세 번 약을 타려고 줄을 설 때도 그를 보게 된다. 간호사들과 의사들은 잡담을 하며 웃고 있다. 머리 위에 프로이트가 버티고 있는 채로. 간호사들은 꼭 그래야 할 때, 그러니까 약을 나눠줄 시간, 상부장 문을 오른쪽으로 열어젖혀야 하는 그 시간이 아니면 굳이 우리를 알은체하지 않는다. 한 손을 허리에 짚고 재킷을 뒤로 젖히고 있는 프로이트, 그의 스리피스 정장, 조끼, 시곗줄. 이제 줄 서세요. 간호사들이 말한다. 다른 손에는 손으로 만 시가를 들고 있다. 오른쪽 눈은 찡그리고 왼쪽 눈은 활짝 뜬 채 카메라를 바라본다. 머리는 벗겨지고 있고 턱수염을 길렀다. 1932년에 찍은 초상 사진이다. 그건 선물이었을까? 뭔가를 되새겨주려는 것이었을까? 우리로서는 알 길이 없었다. 우리는 줄을 선다. 이게 우리가 할 일이다. 우리는 우리의 할 일을 한다. 한 번에 하나씩. 여기 당신의 알약들이 담긴 컵하고 물컵 받아요. 이제 체크 표시를 할 거예요. 컵 보여줘요, 혀도 보여주고요, 입 크게 벌려봐요. 삼켰어요? 다른 허튼짓 한 거 아니죠?

언제나 누군가는 혀로 약을 숨긴다. 이를 텅잉tonguing이라 하는데, 입원한 지 하루인가 이틀이 됐을 때 다른 환자가 가르쳐준 용어다. 방법은 이렇다. 혀 밑에 알약들을 모아둔다. 필요할 때를 대비해 비축해두는 것이다. 아니면 자기한테 필요하지 않은 약이기 때문에, 독성이 있기 때문에 변기에 넣고 내려버린다. 이는 오래전부터 있었던 패턴이며, 이 **배반의 시스템**—환자와 병원 직원의 적대적 관계를 일컫는 어빙 고프먼의 용어다—속에서 사용되는 하나의 전략이다. 우리가 5층을 떠나는 일은 거의 없다. 우리는 약 때문에, 운동 부족 때문에 과체중이 되었다. 이건 우리를 정신과 환자처럼 보이게 하는 매우 구체적인 방법들이다. 또 다른 방법은 내면에 몰두하고, 정상적인 행동을 그만두고, 당신의 문제라고 사람들이 말한 모든 일을 실컷 하는 것이다.

공기 없는 공간

한때 급진적 페미니스트였던 슐라미스 파이어스톤은 1997년에 낸 책 『공기 없는 공간들 Airless Spaces』에서 뉴욕 한 정신병원의 다양한 여성 환자들을 묘사했다. **이때부터 코린은 어쩌다 정신병원에 던져진 매력적인 여자가 아니라 정신병 환자처럼 보이기 시작했다.** 정신병원을 들락거리며 살아가는 여자들에 관한 이야기를 들려주는 『공기 없는 공간들』은 기존 서사가 충분히 다루지 않았던 여성의 주관적 경험을 탐구하는 이야기들을 펴내는 세미오텍스트 출판사의 네이티브 에이전트 시리즈 중 한 권이다. (세미오텍스트는 여성이 비하되고 추락을 경험하는 과정을 탐구한 혁신적 소설 『아이 러브 딕 I Love Dick』의 저자 크리스 크라우스가 세운 출판사다.)

통칭 '정신과 환자'에 대한 고프먼의 분석은 순수하게 묘사적이며 개인적인 부분은 전혀 없다. 이는 내가 처음 그의 분석을 접했을 때 너무나도 개인적으로 느꼈던 이유다. 고프먼은 환자들과 자신의 관계에 걸려 있는 것이 전혀 없었고, 아니면 적어도 그런 것에 관해서는 언급하지 않았는데, 이런 점이 안도감을 주었다.

그가 여기서 하려는 건 평가나 도덕적 판단이 아니다. 나는 '정신과 환자'라는 범주 자체를 엄격하게 사회학적인 의미로만 사용할 것이다. 이런 관점에서 볼 때 한 사람에 대한 정신의학적 관점이 의미를 지니게 되는 때는 그 관점 자체가 그의 사회적 운명을 바꿔놓을 때다. 우리 사회에서는 그러한 근본적인 운명의 변화가 일어나는 때는 그 사람이 입원이라는 과정을 거칠 때, 오직 그때뿐이다.

『공기 없는 공간들』에 등장하는 여자들은 고프먼의 렌즈로 이해할 수 있다. '정신과 환자'라는 범주가 그들의 **사회적 운명**을 바꾸었다. 그 변화를 확정한 것은 (20세기 말 정신 의료 서비스 자금 지원 삭감 시대의) 입원 과정이다. 비평가 시앤 나이가 말했듯이, 이 책은 1970년대 말 이후 (……) 복지 국가에 대한 공격이 고조되어가던 몇십 년 동안 정신 질환자들과 가난한 사람들을 위한, 다소 억압적인 제도적 서비스가 축소되던 실상을 보여준다.

—#—

『공기 없는 공간들』은 파이어스톤의 둘째 단계, 즉 입원 환자 단계의 궤적을 따라간다. 고프먼은 퇴원 이후의 환자ex-patient에게는 별로 관심을 기울이지 않는다. 그에게 더 중요한 것은 입원 환자inpatient 단계가 자아를 형성하는 방식이다. 그리고 얼마나 많은 사람이 그 정의定意의 순간에 붙박여 있는지. 따라서 앨런 긴즈버그의 매우 현실적인 정신병원 경험은—그곳이 자신을 보던 시각을 세상으로 그대로 가지고 나온 그는 뉴욕 거리를 거닐며 자문한다. 내가 미친 건가? 아니면 의사들이 틀린 건가?—퇴원 이후 환자의 삶의 궤적을 이해하는 열쇠가 된다.

환자가 의사들의 말을 그대로 믿고서 입원 환자 단계를 결코 넘어서지 못하는 일도 많다. 파이어스톤의 전 환자pre-patient 단계는 그 책 뒤표지 문구에 넌지시 암시되어 있다. **전업 페미니스트로서의 경력을 거부한 슐라미스 파이어스톤은, 대략 자신의 첫 책 『성의 변증법』이 출간된 시점 이후로 자신이 '공기 없는 공간들'에 있음을 깨달았다.**

―#―

변증법

슐라미스 파이어스톤은 시카고예술대학교를 졸업하고 1967년에 시카고에서 뉴욕으로 옮겨 갔다. 1966년에 조 프리먼과 함께 최초의 여성해방 단체 웨스트사이드를 결성했던 그는 뉴욕에서 보낸 첫해인 이듬해에 뉴욕 최초의 여성해방 단체 뉴욕래디컬위민을 공동 창립했다.

파이어스톤이 뉴욕에 도착한 때는 특정한 역사적 순간, 이후 내가 여성학 수업에서 공부하게 될 제2물결 페미니즘과 의식화 그룹들이 부상하던 시기였다. 내가 대학에 들어간 무렵은 파이어스톤의 저작이 너무 급진적이라 소화하기 어렵다고 여겨지던 때였다. (여성학 수업에서 우리는 페미니즘의 성과에 대한 문화적 거부와 축소를 추적한 수전 팔루디의 『백래시』를 읽었다.) 파이어스톤은 출산의 근절을, 임신과 생물학에 묶인 성 역할의

폐지를 주장했다. 그의 주장은 재빨리 일축되고 더 넓은 문화 속으로 흡수되었다. 1980년대 후반, 페미니즘에 대한 매우 효과적이었던 백래시는 나에게 페미니즘이란 못생긴 남성 혐오자 레즈비언들의 대의라고 가르쳤다. 나는 이런 풍토에서 성장했고, 우리는 '레즈보'와 '다이크'를 놀려대며 자랐다. 내가 동부로 가서 여자대학에 다닐 거라고 선언했을 때 가족의 한 친구는 내게 이렇게 경고했다. **레즈비언들을 예의 주시해.**

(물론 나는 정말로 레즈비언들을 예의 주시했다. 그 여자가 의미한 방식으로는 아니었을지 몰라도.)

나는 입원하기 전에 슐라미스 파이어스톤의 책은 읽지 않았지만, 1970년에 나온 그의 페미니스트 혁명 선언문인 『성의 변증법』에 대해서는 들어서 알고 있었다. 이 책에서 파이어스톤은 온 세상에 만연한 프로이트의 영향력에 이의를 제기하며 이렇게 썼다. 프로이트주의는 고해성사와 참회 의식을 갖추고, 개종자와 신봉자를 거느리고, 유지에 수백만 달러를 쏟아붓는 현대의 교회가 되었다. 우리는 이 종교를 공격하면서도 소심하게 불안해한다. 왜냐, 최후의 심판 날에 혹시 그들이 옳았다고 판명 날지도 모르니까. 자기가 더없이 건강하다고 확신할 수 있는 사람이 있을까? 누가 자기 최고의 역량을 발휘하며 제구실을 하고 있는가? 정신을 못 차릴 정도의 두려움을 느껴본 적 없는 사람이 그 누구인가? 자기 어머니와 아버지를 미워하지 않는 사람이 어디 있는가? 자기 형제와 경쟁하지 않는 자는 또 누구인가? 때로 자기가 남자이길 원해본 적 없는 여자가 어디 있을까? 내게 이 책이 너무 어렵고 너무 난해해서 범접할 수 없다고, 무엇보다 비현실적이라고 말한 사람은 누구였을까? 오랜 세월 나는 이 말을 그대로 믿었다. 내가 실제로 이 책을 읽은 것은 그리 오래전이 아니다. 텍스트가 너무나 대담하고 대범하고 직설적이어서 머리가 폭발해버릴 것만 같았다. 파이어스톤은 엥겔스와 마르크스, 그리고 자신의 영웅인 시몬 드 보부아르의 저작을 바탕으로 삼고, 열 개의 챕터로 급진적 페미니즘 이론을 써 내려갔다. 그는 로맨스의 문화를, 사회가 여자들의 욕망을 형성하는 방식을 비판한다. 이는 젊은 시절의 나로서는 이해할 수 없는 것이었고, 내가 그걸 이해하기까지는 수년이 걸렸다. 아니면 그건 노화 때문인지도 모른다. 젊은 여성에 대한 세뇌가 그토록 효과적인 이유 중 하나는, 젊고 예쁠 때는 가부장제에 더 귀중한 존재이기 때문에 자기가 얻을 뭔가가 있다고 자신을 설득할 수 있고, 그래서 자신에게 할당된 역할을 달갑게 받아들이기 때문일지도 모른다. 세월이 흘러 추한 노파가 되고 자본주의 생산에 쓸모없는 존재가 되면, 그제야 알아볼 수 있다. 자기가 그때까지 어떤 물에서 헤엄치고 있었는지를. 이것이 파이어스톤의 주장이었다. 그는 역사에 대한 탁월한 이해력이 있었고, 이 철학을 20세기 중반의 완강한 성차별주의에까지 확장해 적용했다.

 이 선언문을 썼을 때 파이어스톤은 스물다섯 살이었고, 이 책을 읽는 일은 총명한, 가장 똑똑하고 가장 확신에 찬, 누구보다 용감한 젊은 여성의 말을 듣는 일과 같다. 모두가 그에게 끌린다. 우리는 그가 세상을 바꾸리란 걸 안다.

그리고 그는 세상을 바꿨다. 그런데 어째선지 1990년대가 되었을 때는 그를 기억하는 사람이 별로 없었다. 그는 후퇴하여, 『성의 변증법』 출간 이후 잃어버렸던 고독으로 다시 돌아갔다. 정치적 긴급성의 감각에 변화가 생겼다. 앤 스니토는 후에 『성의 변증법』을 페미니즘의 악마화된 텍스트들, 1970년대 초의 급진적 페미니즘이 기괴할 정도로 맹목적이었음을 증명하기 위해 악마화되고, 변명의 대상이 되며, 끊임없이 맥락이 제거된 채 인용된 책들 가운데 하나라고 묘사했다. 파이어스톤이 뭉개버리고 싶었던 건 모성이 아니라 가부장제였는데 말이다. 파이어스톤은 과거의 일부로서, 흥분과 가능성의 역사적 순간의 일부로서 존경받아야 마땅했지만, 결국에는 비현실적이라고, 그리고 솔직히 모욕적이라고 받아들여졌다. 무엇보다 엄마가 되고 싶고 아이를 갖고 싶었던 1980년대와 1990년대의 여자들에게 모욕적이었다. 백래시는 1980년대 레이건 시대에 총력전으로 치러졌고, 1990년대의 경쟁적 양육 열풍이라는 실례로 그 결과를 드러냈다. 소설가 조이 윌리엄스는 이 새로이 부상한 시대를 자신의 풍자적 선언문 「아기들에 대한 반론The Case Against Babies」으로 정확히 포착했다. 양배추 인형, 앤 게디스의 선풍적 인기를 누린 아기 사진 달력. 모두가 아기를 원했고, "임신은 야만적"이라거나 자녀 양육이 "여성 억압의 핵심"이라는 파이어스톤의 선언은 아무도 듣고 싶어하지 않았다.

#

2012년 8월. 나는 모든 부고를 읽었다. 파이어스톤은 뉴욕시에서 사람이 사망하는 방식 가운데 최악의 방식으로 죽음을 맞았다. 로어이스트사이드의 작고 낙후된 임대 아파트에서 홀로 지내다 사망했고, 사망한 지 며칠이 지나고 나서야 관리인에게 발견되었다. 그의 아파트에서 이상한 냄새가 난다는 이웃들의 말을 듣고 화재 피난용 계단에서 창으로 들여다본 관리인이 바닥에서 시체를 발견했다. 집세는 장애 지원금이나 친구와 가족이 빌려준 돈으로 내왔다. 뉴욕이라는 번영하는 후기 자본주의 기계 속 빈곤과 사회적 고립. 사람들에게 무슨 일이 일어나는가? 지금 우리는 파이어스톤에게 무슨 일이 일어났는지 안다. 그는 수년간 정신 질환에 시달렸고, 이어서 그 병에 대한 치료에 시달렸다. 부고에 담긴 내용은 끔찍하다. **호기심 많은 건물 관리자가 그를 발견했다. 집주인은 언론과 인터뷰했다.** 몇몇 부고는 그의 죽음을 페미니즘 실패의 상징이라고 했다. 서로 지탱해주는 자매들의 체제가 실패한 것이라고. 혹은 정신 질환 돌봄의 실패, 국가가 가장 취약한 사람들을 돌보지 못한 실패라고. 파이어스톤의 죽음은 생명력을 소진하는 정신 질환의, 참담하기는 하지만 놀랍지는 않은 결말이다. 크라우스가 말한 대로, **예순일곱은 궁핍한 정신 질환자 인구 집단에서는 상당한 고령이다.**

파이어스톤이 세상을 떠나고 여섯 달 뒤, 수전 팔루디가 〈뉴요커〉에 파이어스톤에 관한 글을 발표했다. 팔루디가 전한 바에 따르면, 슐리의 사망 후에 임대료 상한제가 적용된 그의 이스트빌리지 아파트를 여성 작가들을 위한 안전 공간으로 만들자는 움직임이 있었다. 젊은 페미니스트를 위한 장소, 일종의 쉼터. 청원도 있었다. 한 무리의 페미니스트들이 제출한 이 청원은 아직도 체인지닷오알지change.org에서 온라인으로 볼 수 있는데 서명은 예순네 개뿐이다. 일은 그런 식으로 진행되지 않았다. 오래전부터 그랬듯이 뉴욕시는 사회보장 서비스가 아니라 부동산이 움직이는 곳이다. 소유주는 그 아파트를 청소하고 더 높은 임대료로 세를 내놨고, 기꺼이 그 돈을 내고 입주하려는 사람들은 아주 많았다. 세라 슐먼이 말한 **정신의 젠트리피케이션**의 또 한 예다. 물론 오늘날이라면 파이어스톤 같은 젊은 혁신적 사상가가 그 동네로 이사할 수는 없을 것이다. 페미니즘의 이상은 시장에 의해 지워지고 변형되었다. 새 세입자들은—당신은 그들이 작고 황량한 그 아파트에 살기 위해 얼마를 지불하는지 아는가?—슐라미스 파이어스톤이 거기 살았었다는 걸 알기는 할까? 만약 안다면 신경이나 쓸까? 그저 또 하루, 지워지는 또 하나의 역사. 여성의, 페미니즘의 지워지는 역사. 그리고 파이어스톤이 세상을 떠난 지 십 년이 지나 내가 이 글을 쓰고 있는 동안, **로 대 웨이드** 판결이 뒤집혔다.

―#―

이런 일이 과연 일어난다면

고프먼: 정신과 환자의 이력은 통념상으로도, 자연스러운 흐름으로도 세 단계로 나뉜다. 먼저, 입원하기 전 시기가 있는데, 나는 이를 전 환자 단계라 부를 것이다. 다음은 병원 안에 있는 기간, 즉 입원 환자 단계이며, 병원에서 내보내진—이런 일이 과연 일어난다면—이후의 시기는 이름하여 퇴원 환자 단계다. 여러 해가 지난 지금, 나는 파이어스톤이 혼자서 살았고, 또 혼자서 죽은 동네를 걷고 있다. 이곳에 있던 그를 상상해보려 한다. 파이어스톤의 집에서 모퉁이를 돌면 나오는 곳, 전환 주거* 형태의 거처에서 살았던 헨리를 방문했던 일을 기억해보려 한다. 틸다도 이 근처 중간 거주소**에서 살았던 기억이 난다. 틸다는 어디로도 중간까지 도달하지 못한 상태였지만 행크는 거기까지는 도달했다. 아니면 그건 우리가 마지막으로 만난 후 이십 년이 지났고, 얘기를 나눠본 것도 거의 그만 한 세월이 흐른 지금, 내가 품어보는 희망 사항인지도 모른다. 나는 틸다가 자기 삶의 마지막 몇십 년을 보냈던 건

- * Transitional housing. 정신병원 퇴원자, 노숙인, 가정 폭력 피해자 등이 자립을 준비하는 동안 머무르는 임시 거처로, 사회 복귀를 돕는 지원 프로그램이 포함된다. 긴급 보호소shelter보다는 더 안정적인 거주 환경이다.
- ** Halfway house. 정신병원 퇴원자, 약물중독 회복자, 출소자 등이 사회로 완전히 복귀하기 전 중간 단계로 머무는 거주 시설로, 여기서는 지원과 감독을 통해 입소자가 점진적으로 사회에 적응하도록 돕는다.

물을 지나친다. 어느 카페에 들러 야외 자리에 앉아 휴대폰을 체크한다. 로런 벌랜트가 사망했다는 소식을 한 친구가 문자로 알려왔다. 숨이 턱 막힌다. 몰랐다. 정보를 더 찾아보려고 휴대폰으로 검색을 하는데—죽음을 접할 때 그 반응으로 현대인들이 행하는 의식이다—그때 한 남자가 내 테이블로 다가오는 게 보인다. 마약에 절어 몰골이 말이 아닌 노숙인에 정신증이 있는—정확히 어느 병인지는 단언하기 어렵지만—사람이다. 그가 내게 가까이 다가와 **탕, 탕, 탕,** 소리치며 가까이 있는 모든 사람을 놀라게 한다. 카페 주인이 나를 안으로 데리고 들어가 문을 잠근다. 그건 총이 아니라 그의 손가락이었고, 그는 고통에 시달리는 또 한 사람일 뿐이다. 그리고 그러한 고통에 대한 지원은 존재하지 않는다. 그런 지원은 과거 그 어느 때보다 지금이 가장 부족하다.

파이어스톤과 비슷한 사람들은 정말 많다. 편집증에, 망상에 사로잡힌 사람들, 한때 유명했던 사람들. 그런 수많은 사람 중 또 한 명을 본 것뿐이다. 이 동네에서는 많은 예술가들이 정신질환자들과 사회적 취약 계층 사람들과 나란히 산다. 이 동네는 수십 년간 젠트리피케이션 과정을 거치며 제아무리 인구 구성이 획일화되고 값이 올라가고 백인들 위주가 되었다고 해도, 여전히 생활 지원 주택과 저소득층 주거 지원 제도가 시행되는 곳이다. 1960년대와 1970년대부터 계속 이곳에 살아온 사람들은 임대료 상한선이 정해진 아파트에 거주하며, 그중 많은 이가

(파이어스톤처럼) 사회보장 장애 지원금으로 생활한다.

이런 것이 나의 동료 정신과 환자들의 **사회적 운명**이었다. 아무도 삶으로 다시 돌아가지 못했다. 수년 뒤에야 알게 된 일인데, 틸다는 룸메이트 중 한 명이 아파트에 불을 지른 바람에 돌이킬 수 없는 외상을 입었다고 한다. 내가 몇 번 가본 행크의 아파트는 나를 우울하게 만들었다. 그의 변해버린 운명의 장면이. 약에 취해 아무 말도 없는 그의 룸메이트들이. 그에 비하면 우리가 병원에서 함께 보낸 몇 년은 목가적인 시절로 느껴졌다. 이유는 나도 모르겠지만—거기서도 우리는 약에 취하고 아무 말도 없는 많은 이들과 함께 살았는데 말이다—이 아파트에서는 그런 상태가 최종적이라는 느낌이 들었다. 희망과 치료의 전망은 깡그리 사라지고 없었다. 행크는 나보다 몇 달 먼저 병원을 떠났는데 극도로 힘들었다고 말했다. 내가 처음 몇 번 찾아갔던 때에 그는 특히 더 정신 상태가 안 좋아 보였다. 그는 괴로울 정도로 병원을 그리워했다. 이것이 그것이 작동하는 방식, 사회적 운명이 결정되는 방식이다. 병원에 머무는 정신과 환자였던 당신은 이제 자기 머릿속에 머무는 정신과 환자가 된다.

이래서야 행크가 어떻게 살 수 있을까? 나는 궁금했다. 나는 그를 찾아가는 일을 그만뒀다. 나는 병원으로부터, 병원 안에서 내가 알았던 모든 사람으로부터 거리를 두고 싶었다. 내 친구들의 운명 때문에 나는 너무나 무서워졌다. 혹은 나 자신의 운명이 무서웠다. 행크와 틸다는 나보다 적어도 열 살 이상 나이가 많았다.

그들이 병원에서 퇴원하기는 했지만, 결코 둘째 단계를 넘어서지 못하리라는 것, 혹은 셋째 단계도 둘째 단계보다 하나도 나을 게 없다는 것을 나는 분명히 알 수 있었다.

나는 인정하려 하지 않았지만, 사실 다른 삶을 원했다. 그걸 인정한다는 건 내가 받았던 보살핌을 잃을 수 있음을 각오해야 한다는 뜻이었다.

그러니까 나 역시 그런 운명이 될 수도 있었을 테지만, 우리 사이에는 차이점이 있었다. 내가 이제 대학으로 돌아갈 수 있다는 사실, 병원이 닥터 블로섬의 권고에 따라 법률 자문관과 학장의 승인이 떨어지기 전에 나를 다시 학교 기숙사로 돌려보낼 것을 고려하고 있다는 사실. 이 경로가 나와 내 동료 환자들 사이의 차이를 만들었고, 내가 다른 사회적 운명의 경로로 갈 수 있게 허용해주었다. 혹은 내가, 나를 이곳으로 이끌어왔던 책들이 이제는 나를 바깥으로, 다른 인생으로 이끌고 가주기를 너무도 절실히 희망했던 것인지도.

헨리는 기숙사로 갈 수 없었다. 내 생각에 그는 이미 대학을 마쳤고, 틸다는 십 년 전에 졸업했다. 이제 대학에 가는 것이 나를 소생시키는 일이 될 터였다. 흔히 하는 표현대로 시간이 내 편이었다. 그것은 이미 지나가고 나서야, 당신이 반대편으로 건너가고 나서야 알아차리는 행운, 짧게 스쳤지만 심오한 결과를 남기는 행운이었다. 그렇게 나의 교육이 나를 구원했는데, 그때조차도 나를 구하게 될 진정한 평생의 교육은, 그러니까 작가이자 예술가가 되는 일은 이제 겨우 시작되는 참이었다.

닥터 B는 나를 돕고 있었다. 그것은 언어나 분석을 통한 것도, 그 무엇을 통한 것도 아니었다. 그 도움은 거기, 한 방 안에서, 이 아름다운 여성의 맞은편에 앉아 있었던 일과 관련이 있었다. 일주일에 사흘, 그 공간 안에서 그와 함께 앉아 있던 일. 나는 충동들을—그중 가장 큰 건 자살 충동이었다—하나의 선택 사항으로 보기 시작했다. 그 방에서 그와 함께 앉아 있었던 시간들. 그러다 어느새 그 방도 그도 중요하지 않게 되고, 내 안에서 무슨 일인가 일어났고, 뭔가가 변화했다. 그러자 내게는 그도 그 방도 더는 필요하지 않았다. 나는 닥터 B가 나를 보듯이 나 자신을 볼 수 있었고, 내가 선택할 수 있는 것들을 볼 수 있었다. 내가 살 수도 있고 죽을 수도 있다는 걸.

—#—

1969년 해변에서

1969년 해변에서 시몬 드 보부아르의 『제2의 성』을 읽고 있는 슐라미스. 2012년 슐라미스 파이어스톤을 기리는 추도식 프로그램에 이 사진이 포함되었다. 사진에 대한 해설. 사진 속에서 그는 해변의 끝없는 모래밭, 작은 타월 위에 앉아 있다. 얼굴을 왼쪽으로 살짝 기우뚱하게 기울이고, 머리 위에는 선글래스가 얹혀 있다. 사진을 찍으려고 벗은 걸지도 모른다. 햇빛이 얼굴을 너무 환하게 비추고 있어서 카메라를 바라보는 그는 태양을 피하려 얼굴을 기울이고 눈을 찡그릴 수밖에 없다. 그는 미소 짓지 않고 똑바로 바라본다. 초기부터 후기까지 모든 사진에서 그러듯 카메라를 똑바로 바라본다. 『성의 변증법』에서 가장 유명한 문장 중 하나. **혁명은 여자들이 미소 짓기를 그만둘 때 시작될 것이다.** 그는 긴 목걸이를 걸고 목선이 V자로 푹 파인 그 시대의 비키니를 입고 있다. 다리는 접고 앉았고, 왼팔은 왼쪽 다리에 걸치고 오른팔은 바닥을 짚고 몸을 지탱하고 있으며, 몸은 오른손 옆에 놓인 책 쪽으로 살짝 기울었다. 마치 그가 책을 읽고 있는데 누군가, 어이, 슐리, 스마일! 혹은 여기 봐, 사진 찍는다! 하고 말한 것 같다.

 그때는 한 번에 사진을 백 장씩 찍을 수 있는 지금과 달라서, 한 장이나 두 장을 찍고 기다렸다가 나중에 필름을 현상하면 그중 건질 만한 건 한 장이나 두 장 아니면 세 장쯤이었다.

 그의 머리는 길고 검고 숱이 많다.

 그의 옆 오른손 근처에는 두꺼운 페이퍼백, 시몬 드 보부아르의 『제2의 성』이 놓여 있다. 그 사진을 찍으려고 막 책을 덮은 것 같은데, 의도한 구도인지 우연히 그렇게 된 건지 제목을 알아볼 수 있다. 이 페이퍼백은 내가 한 번도 본 적 없는 판본이다. 『제2의 성』은 1949년에, 슐리가 태어나고 사 년 뒤에 출판되었다. 이 사진 속 시간은 1969년이다. 모든 것이 바뀐 해, 여자들이 이등 시민으로 사는 걸로는 충분하지 않다고 판단했던 해. 혁명의 해.

태양이 만든 그림자가 그의 왼쪽으로 떨어진다. 7월이나 8월이고, 오후다. 그의 팔은 단련된 근육질이다. 이것은 젊은 여자의 몸이다. 후에 그가 잃어버린 "몸매"라고 말한 것이 있었고, 머리카락이 회색으로 변하기 전, 얼굴이 중년으로 넘어가기 전의 모습이다. 나는 가장 비극적인 죽음, 혹은 가장 아름다운 죽음은 젊은 여자의 죽음이라던 에드거 앨런 포의 말을 인용하던 매기 넬슨을 생각한다. 어떤 강력한 여성의 젊은 시절 사진을 볼 때면 나는 종종 그의 죽음을 생각한다. 노화는 죽음은 아니지만 상실이며, 또한 어떤 순간으로 향하는 틈이 열리는 것이며, 미지의 가능성이 죽는 일이다. 젊음이라는 일시적 형태 속에서 살면서 형성되는 명철한 정신.

나는 내 어머니의 죽음도 이런 식으로 읽게 되었다. 엄마가 젊어서 세상을 떠났다고. 하지만 정확히 말하면 엄마는 젊지 않았다. 머리카락이 회색으로 세고 있었다. 죽기에는 너무 젊은 나이, 마흔한 살이었다. 그 나이가 젊은 거였나? 물론 나도 오랫동안 그렇게 생각하지 않았다. 내가 마흔이, 마흔하나가, 마흔둘이 되기 전까지, 세월이 너무 빨리 흐르기 전까지는.

내가 가장 좋아하는 엄마 사진도 파이어스톤의 이 사진과 뭔가 비슷하다. 그 안에서 엄마는 미지의 미래를 앞둔, 영원히 젊고 아름다운 모습으로 남아 있다.

수전 손택: **사진 예술은 필멸성의 집적된 기록이다. 낱낱의 사진은**

자신의 파괴를 향해 치달아가는 생명의 순진함을, 그 취약함을 증언하며, 사진과 죽음의 이런 관계는 사람을 찍은 모든 사진에 서려 있다.

슐리의 이 사진, 죽음을 상기시키는 이 물건은 그의 후기 저술에서 아주 절절히 느껴지던 젊음과 아름다움의 상실뿐 아니라 열성적 활동가, 명석한 페미니스트, 자신의 지성과 열정을 여성해방운동이라는 대의에 기꺼이 쏟아붓고자 했던 이 젊고 아름다운 여자의 죽음을 증언한다. 이 사진에서 나는 푼크툼* ─ (프로이트의 찡그린 눈과도 다르지 않은) 그의 오른 눈의 찡그림 ─ 을 보고, 그의 권위와 한시도 놓지 않는 긴장을, 언제라도 떨쳐 일어날 준비가 된 육체와 정신을 본다.

앤 코트**: 그리고 만약 슐리가 여성해방운동을 시작하지 않았다면, 내가 아직도 기억하고 있는 1950년대의 상황이 그대로 이어졌을 것이다. 우리는 모든 면에서 이등 시민이었다. 혁명은 단지 권리를 획득하는 일만이 아니었다. 그것은 의식에 일어난 혁명이기도 했다.

파이어스톤은 중서부의 종교적인 대가족 안에서 자랐다. 실로 성차별이 만연한 정통파 유대교라는 배경은 나의 가톨릭 배

---

* 롤랑 바르트의 사진론에서 나온 개념으로, 사진이나 이미지에서 관찰자 개인의 감정을 강렬하게 자극하는 특정 요소를 뜻한다.
** 1969년에 파이어스톤과 함께 뉴욕래디컬페미니스트 New York Radical Feminists라는 단체를 결성한 여성주의 활동가이자 작가.

경과도 그리 다르지 않았다. 급진적 여성운동 이후 이십 년이 지난 뒤에도 여자들에 대한 기대는 1950년대에서 거의 진보하지 못한 터였다. 나의 어머니는 1939년에 태어났다. 실비아 플라스보다는 칠 년 뒤, 슐라미스 파이어스톤보다는 육 년 전에 태어난 셈이다. 어머니는 결혼하기 전까지 간호사로 일했고, 이후에는 남편의 경력, 더 중요한 의사의 경력을 따라갔다. 어머니는 당신의 이민자 어머니가 그랬듯, 주부이자 어머니가 되는 길을 선택했다. 나는 어머니가 행복한 마음으로 그 결정을 내렸을 거라 생각하지만, 내가 어찌 알겠는가. 나의 아일랜드인 외할머니의 결혼 증명서—할머니가 미국에 이민 온 지 십 년 뒤에 작성되었다—에는 직업란에 "주부"라고 적혀 있다. 나의 어머니는 플라스가 받은 것과 같은 교육도, 엄격한 예술적 훈련도 받지 못했고, 파이어스톤 같은 반항적이고 독립적인 충동도 없었다. 그렇지만 나는 어머니가 자신이 모든 면에서 이등 시민이란 걸 알았을 거라고 생각한다.

—#—

그 이야기의 핵심 이야기

파이어스톤의 선동적인 선언문 『성의 변증법』이 출간된 후 그의 사생활은 산산이 부서졌다. 자신의 가족을 포함해 수많은 사람의 엄청난 찬사와 지독한 비판이 동시에 쏟아졌다. 『공기 없는 공간들』에서 화자는 『성의 변증법』에 대한 자기 아버지의 적대적 반응을, 그리고 그 책이 널리 알려지고 평단의 관심을 받은 일이 어떤 식으로든 자기 오빠를 이른 죽음으로 이끈 것 같다는 두려운 마음을 이야기한다.

『공기 없는 공간들』은 완결을 거부한다. 이는 그 책에 대한 학문적 독해다. 이 책의 진실, 그 긴급성은 파편적이고 미완적이며 즉각적인 그 형식에, 완결을 거부하는 그 형식에 있다. 이 책은 그렇게 삶을 그대로 담아내고자 한다. 나는 파이어스톤의 이야기들을 읽고 거기서 나 역시 경험한 순간들을 알아보았는데, 일부는 내 첫 책에도 썼던 이야기다. 바나나, 주름살을 감추려고 시커먼 파스를 붙이고 있는 여자들. 자살을 시도했다가 실패하여 회복 중인 여자들의 기이한 허영심의 표현들. 무엇보다 『공기 없는 공간들』은 내가 아주 잘 아는 정신과 환자들의 기이한 친밀감과 슐리의 비참한 인생의 현실을 제대로 상기시켰다. 막다른 상황의 황량함, 구제 불능인 관계들. 이 장소들 혹은 이 경험들에 관한 수많은 책이 있지만, 그 책들에는 내부에 대한 인식, 변화된 사회적 운명에서 바라보는 관점은 없다.

마지막 챕터에서 파이어스톤은 자기보다 한 살 많고 가장 친한 친구였던 오빠 대니의 이야기를 들려준다. **우리는 거의 쌍둥이 같았다**라고 그는 썼다. 세인트루이스에 있는 집에서 대니와 함께 놀던 어린 시절, 폭풍우가 몰아칠 때 신나게 뛰어다니고, 세탁물 투입구를 미끄럼틀처럼 타고 내려가고, 1센트짜리 사탕을 사러 사탕 가게에 다니던 일을 기억한다. 짧은 한 챕터에서 그는 감정을 배제하고 현기증이 날 정도로 생생하게 둘의 관계를 묘사한다. 오빠가 길고양이 새끼들을 괴롭히던 상세한 내용까지 포함하여. 남매는 서서히 멀어졌지만, 어느 정도 평행선 같은 삶을 살아간다. 정통파 유대교 교육기관인 예시바에서 교육을 받으며 유년기를 보낸 뒤, 둘 다 종교에서 벗어나 열정적으로 책을 읽고 독학자로 성장하며 지식인이 되었다. 1974년에 슐리는 뉴욕에 있었고 대니는 이타카로 가서 선(禪) 센터에서 살았다. 슐리가 오빠와 이야기를 나누지 않은 지도 십 년이 된 시점이었다. 1974년 어느 날, 이미 획기적인 『성의 변증법』으로 유명해져 있던 슐리에게 여동생이 전화를 걸어 대니가 자동차 사고로 죽었다는 소식을 전했다. 장례식에 참석하려고 세인트루이스의 집에 갔을 때, 아버지는 대니가 자살했음을 인정했다. 대니는 가슴에 총알구멍이 난 채로 발견되었다. 그 이야기의 나머지 부분은 슐리가 오빠의 죽음에 얽힌 상세한 내용을 추적하며 세운 여러 가설과 조사 과정을 담고 있다. 이 챕터는 명백한 사실에서 시작해—그녀는 심지어 이타카에 있는 대니의 집에 가서 그가 자살에 관한 글을 쓰고 자살을 계획한 일기도 읽었다—대니가 정부 요원에 의해 살해당했다는, 점점 커져가는 믿음으로 옮겨간다. 슐리는 자신의 이런 가설들에 관해서는 논평하지 않지만, 자신이 미쳐버린 현실은 트라우마로 인한 자연스럽고 이해할 만한 반응이라고 말한다.

파이어스톤 혹은 편집자가 '대니' 이야기를 그 책의 마지막에 가서야 꺼내놓았다는 점은 의미심장하다. 이 이야기는 너무 커서 앞에 나온 이야기들을 다 집어삼킨다. 그러니까 전 환자 단계의 이야기들을. 결국 오빠의 죽음에 관한 가설들은 살인이든 자살이든, 내세가 있든 없든, 점점 깊어가던 내 광기를 더욱 부추겼고, 이는 나의 입원과 약물 치료로, 나를 으스러뜨리던 신경쇠약으로 이어졌다.

『공기 없는 공간들』에서 내가 특히 좋아하는 점은 파이어스톤의 화자가 '나에게는 화학적 불균형이 있다'라든가 '나는 조현병 환자다' '나에게는 X라는 병이 있다' 'Y라는 진단을 받았다'라는 식의 말을 한 번도 하지 않는다는 점이다. 파이어스톤에게, 그리고 그 책 속 인물들에게 분명한 사실은 버지니아 울프에 관해 다음과 같이 썼던 허마이어니 리가 분명히 알았던 사실이기도 하다.

울프의 상태를 그가 받았던 치료의 영향과 분리하는 것은 거의 불가능하다.

파이어스톤은 증상들을 암시하는 말을 하지만—독자는 그가 열 번도 넘게 진단받았음을 알고 있다—그 책에서는 특정한 병으로 단순화할 수 없는 한 사람으로 남아 있다. 이것은 나의 아주 오랜 두려움이었다. 내가 작가가 된 것은 내게 나이나 성별이나 시간이나 장애에 제한받지 않는 부분이 있다는 믿음 때문이지만, 그래도 여전히 그 말을 하는 것은 두렵다. 그렇다. 나는 아팠다. 사실이다. 내가 슐라미스 파이어스톤에 관해 쓰는 것은 그가 아팠기 때문이다. 내가 그에 관해 쓰는 것은 내가 그라고―내가 그만큼 미쳤었다고―생각하기 때문이거나, 아니면 그가 나와는 비교도 안 될 만큼 훨씬 더 미쳤고―훨씬 더 명석한 사람이었기 때문이다.

내 병에 관한 이론을 세우려는 시도 (III)

1. 약물이 약효를 내는 방식에 관해서는 과학자들도 이해하지 못하는 부분이 많다. 일례로 모노아민 산화효소 억제제의 발견도 우연의 소산이다. 결핵 치료제로 효과가 별로 좋지 못했던 약이 어쩌다보니 우울증 치료에 효과를 보인 것이다.

2. 시인 제인 케니언은 자신의 대문자 D 우울증에 관한 글을 쓰며 체호프를 인용한다. **한 가지 병에 대해 많은 치료법이 처방된다면, 그 병은 치료할 방법이 없다고 보면 된다.**(『벚꽃 동산』)

3. 아들이 태어나고 얼마 지나지 않았을 때, 당시의 남편과—시인인 그의 뉴욕 시내 강연차—뉴욕에 갔다가 닥터 B를 찾아갔다. 나는 닥터 B에게 내가 그 병원에 왜 그렇게 오래 있었던 거냐고 물었다. 그는 고개를 끄덕이면서 모호하게, 그게 당시 우리가 할 수 있는 최선의 선택이었다고 말했다.

4. 나는 한동안 그 말에 관해 생각했다. 닥터 B가 하려 한 말은, 정신과 의사 입장에서는 그것이 최선의 선택이었다는 말이었다.

5. 그것은 내 병을 정의하는 한 방식이다. 죽고 싶지 않았던 나의 한 부분은 당시 내가 취할 수 있던 최선의 선택이 병원이었다는 데 동의했다.

6. 그러니까 어쩌면 그것이 나의 병인지도, 나의 병이었던 건지도 모른다. 하지만 완전히 솔직하게 말한다면, 오랫동안 내 병에 관해 말하거나 진단명을 언급하는 것이 내게 어려웠던 이유는 거기 진실이 담겨 있지 않아서가 아니라, 그것이 그냥 나의 일부분이며 입원을 중심으로 형성된 그 엉킨 실타래 같은 정체성을 풀어내기까지―아직도 우울증에 빠지고, 이따금 마비되거나 멈춰 서거나 삶에 압도되며, 제대로 기능하지 못하고, 정신과 약을 먹고, 잠을 못 자고, 자다가 공황 상태로 깨어나는 나의 일부로부터 나 자신을 떼어내기까지―수년에 걸쳐 노력해야 했기 때문이었다.

7. 고프먼은 정신과 환자가 그 의료 기관에 익숙해지고 평생 환자로 자리 잡아가며, 자신이 받는 치료에 반응하여 정체성을 바꾸는 방식을 묘사한다. 나 자신을 환자라는 범주에 맞추는 것은 진단 범주에 나를 맞추는 것과 좀 비슷했다. 환자가 그 병원에 있다는 사실은, 달리 반박할 증거가 없다면 그가 정신적으로 병이 들었다는 증거로 받아들여진다. 병든 사람들을 병원에 입원시키는 것이 그 기관의 존재 이유이므로. 수년에 걸쳐 치료를

다시 시작하고 다시 그만두기를 수차례 반복하고서야 마침내 나는 내가 제정신이라고 온전히 믿을 수 있었고, 내가 스스로 자신을 돌볼 수 있다고, 정신과 환자가 아닐 수 있다고 믿을 수 있게 됐다.

   8. 영국에서 진단 범주들을 완전히 없애버리려는 움직임이 점점 힘을 얻고 있다는 걸 알게 됐다. 정신 질환과 관련된 병폐와 낙인이 너무나 크기 때문이다. 그러자 궁금해졌다. 만약에 진단을 받는 대신, 그러니까 정신 질환자라고 불리는 대신, 내가 보살핌 자체를 위한 보살핌을 받을 수 있었더라면 어땠을까. 괴로운 상태에 처하고, 보살핌을 요청하고, 보살핌을 받는 것. 이 세상에 **보살핌**을 위한 공간이 존재한다면.

믿음직한 우리 나딜

 주립정신병원에서 나온 뒤 이 년 동안 나는 이 병원 저 병원에 들어가 때론 좀 길게, 때론 좀 짧게 머무르고 나오기를 반복하며 보냈다. 한때는 주간병원*에도 다녔다. 이후 다시 이어진 이러한 입원들은 병원에서 너무 오래 살았던 탓에 일어난 퇴화의 결과였는데, 이는 시설화에 대한 연구를 통해 잘 알려지고 정리되어 있다.

 틸다는 병원에서 탈출해 닥터 프린스가 사는 건물에 도착했을 때, 수위에게 마치 오랜 친구인 것처럼 늘 부르던 대로 리처

• 입원 치료와 외래 치료의 중간 형태로, 낮 동안 병원에서 치료를 받고 밤에는 집으로 돌아간다.

드를 만나러 왔다고 말했다. 그가 자기를 기다리고 있다고. 틸다는 과한 화장을 하고 가슴이 깊이 파인 블라우스를 입고 있었다. 지금 틸다를, 특유의 화장과 기괴한 복장을, 멍한 눈빛과 불분명한 발음을, 내 곁에 혹은 누구 곁에라도 너무 가까이 선 채로 몸을 한층 더 바싹 붙여오던 모습을, 너무 과하게 눈을 마주치며 빤히 바라보던 그 눈을 떠올려본다. 틸다의 모습을 떠올리면 그래, 틸다는 미쳤었지 하는 생각이 든다. 길에서 틸다를 보았다면 정신이 온전치 못하구나, 하고 말할 것이다. 틸다가 도움을 받았기를 바란다.

사람들이 나에 대해서도 그런 말을 했을까? 이유는 달랐겠지만, 그랬을 것이다. 퇴원 이후 여러 해 동안 내게는 틸다의 모습이 유령처럼 따라다녔다. 나는 미친 것처럼 보이기 싫어서 평범한 척 보이려 노력했다. 수년간 밖에 나갈 때마다 나는 눈에 띄지 않으려 노력했지만, 어떤 날은 눈물을 흘리며 길을 걷거나, 걷기를 멈추고 어딘가에, 벤치나 공원이나 지하철 플랫폼에 앉았고, 그러면 움직일 수가 없었다. 그 자리에 몇 시간씩 그대로 있었다.

그러다가 아닌 척하는 것이, 그러려 시도하는 것조차 불가능해지는 날들이 오고, 그런 날에는 내 아파트의 내 방 안에만 머물렀다. 방문을 닫고 룸메이트들은 무시하면서. 방 안은 엉망이고 더러운 옷들이 쌓여갔다. 나는 몇 시간이고 누워서 벽만 바라볼 수 있었다. 울다가 담당 의사에게 전화를 걸었다. 살 수가 없어요, 하고 말했다. 병원에서 나왔는데, 그런데도 살 수가 없어요. 어떻게 해야 하죠? 나는 울었다. 내가 사랑하는 나의 닥터 B는 내 말을 들어주고, 무언가를, 무어라도 제안하곤 했다. 이를테면, 우리가 당신을 다시 병원에 입원시켜야 할까요? 거기 다시 돌아갈 수 없다는 건 알잖아요, 그죠? 거기가 집이 아니라는 것도, 거기가 이제 존재하지 않는다는 것도 알죠. 알아요, 나는 울먹이며 말했다. 당신은 집 밖으로 나가야 해요. 영화를 보러 가요. 친구에게 전화해봐요. 나는 친구가 아무도 없었다. 아니, 내 친구들은 모두 정신과 환자들이었다. 아니면 내 친구들은 내 상태를 더 나쁘게 했다. 연결을 만들 능력이 없었으니까. 그 벌어진 틈새를 나는 너무 잘 알고 있었다. 병원에서는 내가 누구와 말을 나누든, 누구에게나 나의 고통이, 나의 무능력이 명백했다. 그러나 여기 삶에서는—이게 삶이라면—사람들이 나를 괜찮은 것처럼, 아무 문제 없는 것처럼, 아침에 침대에서 나올 수 있고 직업을 유지하고 우정을 유지할 수 있는 정상적인 사람인 것처럼 대했다.

1996년. 나는 다시 간헐적으로 병원에 입원했다. 나가기가 전보다 더 어려웠다. 이는 여러 해를 병원 안에서 보낸 사람에게는 충분히 예상되는 일이고, 누구라도 그렇게 오래 병원에 두는 것이, 그들도 곧 인정했듯이, 현명하지 못한 일인 이유다. 바깥세상에서 살아갈 능력이 돌이킬 수 없이 훼손되기 때문이다. 닥터 B는 상급자들과 의논했고, 그들은 여간해서는 잘 처방하지 않는 모노아민 산화효소 억제제 나딜을 제안했다. 그것은 치료제에 저항성이 생긴 난치성 우울증에 사용하는 약이었다.

우리는 모노아민 산화효소 / 억제제로 넘어간다. 낮에도 밤에도 / 느낌이 꼭 커피를 여섯 / 잔을 마신 것 같지만, 고통은 멈춘다 / 돌연히. 자기가 저지른 범죄를 / 용서받은 사람의 놀라움과 씁쓸함으로 / 나는 결혼과 우정으로, 분홍 테가 둘린 / 접시꽃으로, 돌아간다 / 내 책상으로, 책으로, 의자로.

제인 케니언의 시「멜랑콜리와 결판내기 Having It Out with Melancholy」다. 데이비드 포스터 월리스를 읽기 전까지는, 케니언이 나딜을 언급한 내가 아는 유일한 작가였다.

─#─

 십오 년 후, 몇 차례 연달아 유산한 뒤로 나는 우울증에 빠졌다. 옛날과 같은 상태는 아니었다. 다시는 그때만큼 나쁘지는 않을 것이다. 나는 다시 케니언의 시를 찾다가 내 책장에서 그 시집을 발견했다. 나는 당시의 남편에게 그의 시를 읽어주었다. 어떻게 생각해? 하고 내가 물었다. 괜찮네, 하고 그가 말했다. 당신 제인 케니언 좋아해? 아니, 그다지. 왜? 따분한 시인이니까.

 나는 당시의 남편과 같은 의견인 적이 많았다. 따분한 시인들이 너무 많아! 하지만 이 경우에는 그의 평가가 나를 따갑게 찔렀다.

 그러나 그것도 잠시뿐이었다. 왜냐하면 내겐 이 시가, 또 다른 시들이 필요했으니까. 그러니 만약 내가 따분한 시인들의 유파에 속한다면, 그러라지 뭐. 제인 케니언은 나를 다시 나딜로 데려다주었다. 그는 그것이 정확히 어떤 느낌인지 묘사한다. 여러 약병에 든 약들의 이름, 효과가 있는 약을 찾기 위한 수년간의 시도, 그리고 필사적인 마지막 시도로 모노아민 산화효소 억제제를 써본다.

 약이 기적을 일으키고 있지만 / 나는 오직 이 안녕의 순간에만 / 그 기적을 믿는다. 사악한 유령 / 너는 분명 다시 올 테니.

나는 치료약을 믿지 않았기 때문에 이렇게 생각해본 적이 없었지만, 이 글을 쓰는 지금 생각해보니 뻔할 정도로 명백한 일이었다. 나는 1995년에 나딜을 먹기 시작했고, 마지막 입원은 1996년의 일이었으니 말이다. 내 인생의 그 부분이 끝난 것이다.

> 나딜에, 6월의 빛에 취해 / 4시에 깨어나 / 숲지빠귀가 지저귀는 첫소리를 / 간절히 기다려. 평온한 공기가 / 그 새의 분방하고 복잡한 / 노래와 함께 방충망으로 / 밀고 들어오고, 나는 압도되고 말지.

만일 내게 회복할 것이 요구된다면—만일 내게 이전과 이후로 나누어 내 이야기를 들려줘야 할 의무가 주어진다면, 뭐, 그렇다면 나딜은 분명 그 이야기의 한 부분일 것이다. 내가 항상 나딜을 복용한 것도 아니고, 또 내 이야기를 이전/이후로 나누는 요인은 나딜 말고도 많지만—이를테면 시간, 나이 듦, 글쓰기. 사랑도—그런 건 그냥 넘어가주자.

1998년에 나는 뉴욕을 떠나 데이비드 포스터 윌리스와 함께 공부하기 위해 일리노이 중부의 작은 마을로 옮겨 갔다. 그가 우울증의 현실에 관해 쓴 글은, 내가 전에 읽어본 다른 어떤 현대 작가의 글과도 달랐다. 나는 그가 내게 무슨 말을 해줄 수 있을 거라고, 혹은 무엇을 가르쳐줄 수 있을 거라고 생각했던 걸까? 그것에 관해 글 쓰는 방법이었겠지. 알고 보니 이는 의사들에게 나는 뭐가 잘못된 거냐고 묻는 것과 비슷한 일이었다. 우리가 처음 나눈 몇 번의 대화 가운데 언젠가 그는 자기도 나딜을 먹는다고 말했다. 내 동료 정신과 환자들 중에는 나딜을 먹는 사람이 매우 드물었다. 그는 이스트코스트에서 입원했었고, 나처럼 입원해 있을 때 치료 저항성 우울증에 대한 최후의 수단으로 나딜을 처방받았다.

나중에 나는 이스트코스트의 정신과에서 한동안, 특히 1980년대와 1990년대에 나딜을 처방하는 게 유행이었다는 사실을 알게 되었다. 시카고를 포함해 다른 모든 곳에서는 모노아민 산화 효소 억제제가 예외적이고 신중하지 못한 치료라고 여겨졌다.

—#—

그로부터 일 년인가 이 년 뒤 나는 나중에 내 남편이 된 남자와 사귀기 시작했는데, 이 시점부터 나는 나딜을 먹는다는 걸 부끄러워하게 되었다. 당시의 남편은 와인과 치즈를 즐기고 천천히 오래 식사하는 걸 좋아하는 가족 문화에서 자란 사람이었다. 그것은 삶을 즐기는 한 방식이었고 나는 그 방식에 끌렸다. 나는 삶을 이어갈, (주디스 버틀러의 말처럼) 이 덫에서 벗어날 다른 방법들을 모색하는 중이었다. 우리는 누구나 자본주의적 생산에 따라 정의되고, 우리 삶이 처한 특정 역사적 순간과 사회적 조건에 따라 형태가 정해지는 제한적 세계의 덫에 갇혀 있지만, 그럼에도 우리는 하나의 자아가 되는 방법을 찾아낸다.

얼마 안 가 이것이 문제가 되었다. 와인과 치즈는 모노아민 산화효소 억제제를 복용할 때 먹으면 안 되는 음식/음료 목록의 제일 위에 자리하고 있다. 나는 이따금 금지된 음식에 속하는 다른 음식들—초콜릿이나 커피—도 먹었지만, 와인은 다른 얘기였다. 와인을 한 잔 마시면 심장이 너무 무겁고 격렬히 뛰어서 밤새 한잠도 못 자고 눈앞이 캄캄해지는 두통과 현기증에 시달렸다. 이러다 내가 나딜과 와인으로 자살할 것만 같아서 너무 무서웠다.

상황을 더 악화시킨 건 내가 남편이나 그의 가족에게 이 반응을 이야기하는 걸 두려워했다는 것이다. 그들에게 그 이야기를 한다는 것은 내 병(장애)의 심각성을 알리는 것이었고, 이는 나로서는 상상도 할 수 없는 일이었기 때문이다. 나는 만약 당시의 남편이 나의 이런 점을 알게 된다면 나를 떠날 거라고 확신했다. 또한 의사가 여럿인 그의 가족도 나를 다른 눈으로 볼 게 분명하다고 여겼다.

하지만 나는 당시의 남편과 그의 가족을 사랑했고, 나도 그들처럼 인생을 즐기고 싶었기에 나딜 복용을 그만뒀다.

—#—

이 무렵 나로서는 온전한 정보도 찾을 수 없고 해명도 들을 수 없는 어떤 일이 일어났다. 이 시절 내게는 제대로 된 건강보험이 없었다. 나는 병원에서 나올 때 나에게 할당된 메디케이드*

* 미국 연방 정부와 주 정부가 함께 운영하는, 저소득층 대상 건강보험제도.

의 적용을 받고 있었다. 이는 내가 보건소에 갈 수 있다는 뜻이었고, 나의 병력에 관해 아무것도 모르거나 그에 관해 전혀 신경 쓰지 않거나 신경을 써줄 시간이 전혀 없는 의사의 진료를 받을 수 있다는 뜻이었다.

그 일은 제조사―화이자―가 나딜의 제조 방식을 바꾼 것이었다. 아니면 그 약이 복제약이 되었고, 그 결과로 달라진 것일지도 모른다. 아니면 다른 제조사에 매각되었거나. 공식적인 변화는 없었지만―성분은 동일했다―그 약에 대한 내 경험은 급격히 달라졌다. 그리고 이런 상황을 보고한 환자가 나만은 아니었다. 나는 사람들이 정신과 약물에 관해 이야기를 나누는 여러 게시판을 둘러보기 시작했는데, 상당수가 새로운 나딜을 복용하고 '뇌에 찌릿한 느낌'을 받았다고 했다. '뇌에 찌릿한 느낌'을 받은 것, 그게 바로 내가 한 경험이었다. 말로 어떻게 표현할지를 몰랐을 뿐. 그 찌릿함은 갑작스러운 두통으로 닥쳐와서 어지러움으로 이어진다. 혼돈스러운 느낌도. 이는 곧 사라지기도 하고 더 오래갈 수도 있었다. 눈을 감고 있으면 금세 나아지기도 했고, 어떤 때는 몇 시간씩 침대에 누워 있어야 했다. 이렇게 나딜이 달라지자 그것을 계속 복용할 가치가 없다는 확신이 점점 커졌다.

지금 구글을 검색해본다. 나딜의 제조법에 변화가 있었나? 그러자 이런 답이 나왔다.

2003년 후반에 화이자가 하드 코팅을 포함해 다수의 부형제 성분을 없

애며 완전히 제조 방식을 바꾸면서 나딜에 변화가 생겼다. 현재 버전의 나딜은 위산의 영향에서 살아남지 못해서 예전보다 혈류로 흡수되는 양이 적을 수 있다.

이제야 구글에서 이 사실을 알게 되었다는 게 마음 아프다. 이토록 명료하게, 이토록 사무적인 어조로, 그리고 이토록 오랜 시간이 흐른 뒤에야. 이게 왜 당시에는 그렇게 신비에 싸여 있었을까? 내가 겪고 있는 일이 실제로 일어나는 현상이며 그에 대한 이유가 분명히 존재한다는 걸 왜 아무도 나에게 말해줄 수 없었던 걸까? 스크롤을 내리니 체인지닷오알지의 청원이 보인다. 「예전 나딜(2003년 이전)」이라는 글에 정확히 무슨 일이 일어났는지 상세한 설명이 있다. 많은 환자가 그 변화를, 나딜이 더 이상 효과를 내지 못한다는 걸 감지했다는 것, 이는 그 제약회사가 비용을 절감하기 위해 한 일이라는 것 등등. 이 청원의 서글픈 점은 슐라미스 파이어스톤이 살던 아파트를 페미니스트 레지던시로 만들어달라는 청원과 똑같은 방식으로 실패했다는 점이다. 나딜의 경우 청원 서명자가 열다섯 명이었으니, 누가 이겼을지 뻔하다. 찰스 레슬리라는 사람이 쓴 코멘트가 있다.

(예전 나딜은) 1981년부터 2003년까지 나에게 기적적인 효과를 내주었다. 지금은? 나는 집에만 틀어박혀 있다.

그 무렵 나는 당시의 남편과 아이를 갖게 될 거라는 느낌이 있었고 임신 중에는, 아니 심지어 임신을 시도하는 중에도 나딜은 결코 복용해서는 안 된다는 것을—그러면 머리가 셋인 아기를 임신하게 된다—알고 있었기에 나딜을 끊었다. 처음 몇 주는 몹시 암울했지만, 당시의 남편한테는 도저히 말할 수 없었다. 당시의 그에게는—혹은 우리에게는—그런 폭로를 엄두도 낼 수 없게 하는 뭔가가 있었기 때문이다. 나중에 그는 그 사실을 알았더라도 나를 비난하지 않았을 거라고, 내가 자기를 신뢰했어야 했다고 말했다. 우리는 이스탄불로 가서 이 년을 살았고, 우리가 미국을 떠난 해부터 뒤이은 나의 임신기와 수유기 내내 나는 나딜 없이 지냈다. 어떤 약도 복용하지 않았다. 이따금 임신과 수유가 항우울제와 비슷한 효과를 낸다는 생각이 들었다. 내 성인기를 통틀어 아무 약도 쓰지 않고 가장 오래 지낸 시기였다. 그 시절에는 항상 그랬던 건 아니라도 행복했고, 깊고 의미 있는 기쁨을 자주 느꼈다. 아기를 갖는다는 행복—그 아기의 몸을 내 몸으로 느끼며 젖을 먹인다는 것은 가장 위대한 감정이었다. 앞에서 얘기한, 닥터 B를 찾아갔던 그날, 닥터 B는 수유할 때 기분을 좋게 하는 호르몬인 옥시토신이 분비된다고 말해주었고, 일 년 넘게 나는 바로 그 상태를 누렸다. 때로 나는 조용하게, 속삭이듯이 나 자신에게 말해주곤 했다. 나 행복해. 이건 내가 평생 느껴본 중에서 가장 큰 행복이야. 일 때문이거나 다른 볼일이 있어서 아기와 떨어져 있어야 할 때면 아기가 너무나 그리웠고 집으로 돌아가 아기의 몸을 안으면 다시금 너무나 행복해졌다. 지금 이 글을 쓰면서 생각하니 울음이 터진다. 이제는 지나간 일이고, 항상 지나가고 있는 일이라서. 인생의 모든 것과 마찬가지로 다시는 존재할 수 없는 일이어서. 아무리 많은 사람이 "모든 순간을 즐겨"라고 말해도 소용없다. 모든 순간을 즐길 수는 없으니까, 아니면 모든 순간을 즐기더라도 그 역시 끝이 나고, 당신을 떠나니까. 하지만 나는 분명히 알았다. 적어도 이건 진실이라고. 분명히 자신에게 말했다. 난 행복해. 이건 기쁨이야, 라고.

그림자 이야기

이 이야기에는 그림자 이야기가 있다.

패트릭은 고등학교 때 내 제일 친한 친구였다. 우리는 함께 연극을 했고, 주말을 함께 보냈다. 나는 치어리더였고, 그 시절에는 남학생이 응원단에 들어갈 수 없었지만 패트릭은 내가 하는 모든 안무 루틴을 익혔다. 그는 특히 히치킥 동작을 정말 좋아했다. 노래도 잘했다. 〈올리버〉〈애니〉〈요셉 어메이징〉〈댐 양키스〉에 나오는 노래들. 그는 페이긴과 요셉, 악마 역을 연기했다.

패트릭이 게이라는 건 누가 봐도 알 수 있었고, 그래서 그는 **패그**나 **호모**라 불리며 놀림을 당했다. 고등학교 시절 내내. 패트릭은 고등학교 졸업반 때 가톨릭 신자로서 성장하는 것, 가톨릭계 군사고등학교를 다니는 것, 게이인 것에 관해, 혹은 게이가 아닌데도 게이라 불리는 일에 관해 장문의 에세이를 썼다. 그는 게이인 게 맞았지만, 자신을 그렇게 부를 수 있기까지는 그로부터 몇 년이 더 흘러야 했다. 그런데 그들이 감히 어떻게, 그 누구라도 감히 어떻게 그를 그렇게 부른단 말인가.

내가 미쳐가던 시절, 패트릭은 집을 떠났다. 그는 노스웨스턴 대학교에서 연극을 전공하고 졸업했다. 1989년부터 1993년까지 노스웨스턴에서 연극을 공부하고 있을 때, 패트릭은 자기가 제일 좋아하는 교수에게서 이성애자처럼 행동하는 법을 배울 필요가 있다는 말을 들었다. 게이 특유의 행동 특성을 지우지 않으면 어떤 배역에도 캐스팅되지 못할 거라고. 교수는 그가 존경하는 사람이었고, 그래서 패트릭은 이 충고를 가슴에 새겼다. 패트릭은 내게 자기가 어떤 시도들을 했는지, 일상에서 보는 이성애자 남자들을 얼마나 열심히 연구했는지 이야기하곤 했다. 때로는 나를 상대로 이성애자처럼 연기해 보이기도 했다. 말하는 방식, 손을 잡는 방식, 서 있는 방식을.

그 시절에 나는 병원에 들어가 나만의 정신과 환자 이력을 시작했고, 우리는 연락이 끊어졌다. 아니 내가 연락을 끊었다고 해야 할까. 아무리 우정이 돈독한 사이였더라도 아무에게도 더는 응답하지 않았으니까. 한 번인가 두 번, 패트릭은 나에게 손을 내밀었다. 편지를 한 통 보냈고, 병원 공중전화로 전화를 걸어왔다. 그는 나의 갑작스럽고 놀라운 경로를 심각하게 걱정한다기보다는 흥미로워했다. 그는 나에게 일어난 일에서 뭔가를 알아차렸다. 그 일이 연기와, 어떤 역할을 연기하는 일과 닿아 있다는 점을. 우리가 어렸을 때 연기를 했던 경험과 그렇게 다르기만 한 건 아니라는 점을.

간혹 내 동생이 패트릭에게 어떤 일이 일어났는지 그동안 내가 놓친 소식을 전해주곤 했다. 대학을 마친 패트릭은 로스앤젤레스로 옮겨 갔다. 할리우드에서 밑바닥 수준의 일자리를 얻었다. 대본도 쓰기 시작했다. 그리고 첫 성 경험도 했다. 그의 첫사랑이었다. 그는 부모에게 편지를 써서 자기가 게이라고 알렸다. 그의 아버지가 답장을 보냈다. 아버지는 명확하게, **모호한 표현으로 돌려 말하지 않고**, 그건 받아들일 수 없다고 패트릭에게 말했다. 만약 그가, 패트릭이 **이런 선택을 한다면—이런 삶의 방식을 택한다면**—의절하겠다고. 금전적으로도 실질적으로도 관계를 끊어버릴 거라고. 그러니까 그의 아버지가 명백히 전한 뜻은, 패트릭에 대한 그의 사랑은 조건부였다는 것이었다.

패트릭에게는 자기를 보호할 수단이 거의 없었다. 그는 아버지를 몹시 싫어했지만, 가족 관계를, 그 가족 안에서 자신이 차지하는 자리를 벗어난 자신은 생각도 할 수 없었다. 그는 가족이 가치를 두는 것에 가치를 두었다. 성적, 성취, 높은 SAT 점

수. 패트릭은 일도 그만두고 달아나 자취를 감췄다. 가족은 신용카드 기록으로 패트릭을 찾아냈다. 그는 콜로라도에 있었고, 조증 상태였다. 그를 끊어냈던 가족은 그에게 집으로 돌아오는 편도 티켓을 사주었다. 집에 온 그는 자살을 시도했다가 정신과 병동에 입원 조치를 당했다. 아니면 패트릭은 미쳤던 걸까. 여기서부터는 나도 그의 흔적을 놓쳤다. 수년간 나는 패트릭과 이야기를 나눈 적이 없었다. 그에 관한, 그의 놀라운 궤적에 관한 이야기를 듣기는 했다. 그가 고향으로 돌아와 쇼핑몰에서 계산원으로 일했다는 이야기. 항정신병약에 심하게 취해 있었다는 이야기. 체중이 22킬로그램 불었고, 말은 어눌해졌고, 그 누구의 눈도 똑바로 쳐다보지 못하게 되었다는 이야기.

몇 년 뒤에는 패트릭이 뉴욕으로 옮겨 갔다는 걸 알게 됐다. 거기까지 가는 내내 히치하이크를 했고, 돈은 한 푼도 없었다고 했다. 결국 다시 병원에 들어가게 되었다던가, 아니면 응급실에 갔다던가. 그는 내가 입원해 있었던 그 병원에 넣어달라고 요청했다고 한다.

그때 나는 이미 퇴원하고 없었고, 그 병원도 더는 존재하지 않았다. 그 프로그램을 지원하던 자금이 끊겼기 때문이었다.

패트릭은 나를 찾으려 했던 걸까? 나를 따라온 것일까? 알 도리가 없다.

(참담하고 놀라운 소식 한 줄: 이 책을 탈고한 뒤인 한 달 전에, 나는 패트릭이 퀸스에서 쉰한 살의 나이로 죽었다는 소식을 들었다.)

—#—

『벨 자』에서 에스더는 자살 시도 후 병원에 입원하게 된다. 입원한 지 몇 주 뒤 존 길링이 환자로 그 병원에 들어온다. 존은 에스더의 분신 같은 존재가 되는데, 이 소설에는 또 다른 에스더인 등장인물이 많다. 에스더와 존은 고향에서 알던 사이다. 그들은 같은 교회를 다녔고, 나중에 존은 버디 윌러드와 사귀었는데, 바로 이 윌러드를 에스더도 사귀게 된다. 에스더는 레즈비언인 존에게 혐오감과 부러움을 동시에 느낀다. 에스더는 존이 자기를 따라 이 병원에 온 것이라고 확신한다. 딱히 망각의 장소라 할 수 없는 이곳, 이 광기의 공간으로 들어온 에스더 자신의 경로를 존이 흠모했다고. 존은 에스더의 경로를 모범으로 삼아 자기도 여기로 오고 싶어한 거라고. 에스더는 존의 도착, 존의 침입에 저항한다. 그리고 나중에는 존이 치료되었다는 이유로 존을 원망한다. 후에 존은 병원으로 돌아와 스스로 목숨을 끊는다.

—#—

패트릭이 뉴욕에 도착했을 때 나는 퇴원했지만 치료된 상태는 아니었다. 만약 내가 치료되었다면, 패트릭에게 그게 그럴 가치가 없는 일이라고 말해줄 수 있었을 텐데. 그에게 이 도피—미쳐버리는 것—가, 이 광기—이 모든 광기—가, 재닛 프레임이 혹은 버니지아 울프가 자기 보호 전략이라고 묘사한 그것이 하나의 덫이라고 말해주었을 텐데.

나는 이렇게 말했을지도 모른다. 그건 완벽한 도피야, 그렇지 않아? 정신을 잃어버리는 것. 미쳐버리는 것. 무너져 내리고, 돌아버리는 것, 전부 다. 환자가 되는 것. 도움을 필요로 하고 도움을 받는 것. 보살핌을 받는 것.

또 이렇게 덧붙였을 것이다. 완벽한 도피가 덫이 되는 거야. 너도 아주 금방 알게 돼. 탈출하고 나면 그다음엔 탈출하는 역할을 연기하기 시작한다는 걸. 그리고 일단 네가 그 역할을 연기하고 있으면, 사람들은 네가 연기하는 역할에 걸맞게 너에게 반응해. 그렇게 너는 덫에 갇히는 거야. 그 덫이 네 삶이 될 수도 있어.

패트릭에게 이 말을, 내가 배운 것을 말해줄 수 있었더라면, 그리고 그 말이 상황을 바꿀 수 있었더라면 얼마나 좋았을까.

수년에 걸쳐 패트릭은 병원을, 주립병원들과 브루클린에 있는 킹스카운티병원을 들락거렸다.

수년에 걸쳐 나는 패트릭의 아버지가 나의 부모를 포함해 자신의 친구들과 지인들 무리의 사람들에게 보낸 크리스마스 카드를 읽었다. 두 장이 넘는 긴 편지에서 그는 몇 문단에 걸쳐 자신의 장남, 하버드대학교에 들어갔고 지금은 시카고대학교의 경제학 교수가 된 천재 아들 자랑을 늘어놓는다. 그는 (나중에 트럼프 정부에서 일하게 된) 그 장남에 관한 얘기를 하고 또 했다.

패트릭의 아버지는 또 자기 딸과 텍사스 석유 부호의 상속자인 사위에 관한 이야기도 한 문단 또는 세 문단 포함시켰다. 그리고 자기 아내, 자기네가 한 여행, 자기네 별장에서 보낸 시간에 관해 한 문단 정도 쓸 때도 있었다.

그러다가 아주 가끔 패트릭에 관한 한두 문장이 보일 때도 있었다. **패트릭은 아직 아프답니다**, 혹은 **패트릭은 이제 안정을 찾았어요**, 혹은 **패트릭은 가족 모임에 참석하지 않는군요. 우리는 패트릭도 포함시키려고 노력하는데, 말을 듣지 않네요.** 메시지는 이거다. 정신 질환자 가족이 있는 것이 우리에게는 참 힘든 일이랍니다. 그 편지에는 패트릭의 주소가 포함되어 있을 때도 있는데, 항상 병원 주소거나 지원 거주 시설 주소다. **우리가 아무리 노력해도 패트릭은 이메일을 쓰려 하지 않아요. 페이스북에 접속시키는 것도 실패했어요.**

그의 아버지는 또 자기 아내, 패트릭의 어머니가 수년간 NAMI에서 일했다는 사실도 언급한다. NAMI는 전국정신질환연합National Alliance on Mental Illness의 약자로, 일차적으로 정신질환자의 **가족들**을 돕기 위해 설립한 단체다.

패트릭의 어머니가 이 단체에서 활동하기 시작한 것은 패트릭의 정신과 환자 이력이 시작되고 그리 오래 지나지 않아서였다.

이런 식으로 그 가족의 서사는 염려와 고난의 서사가 되었다.

그렇게 그의 가족은 서사를 얻었다. 혹은 내게는 그렇게 보였다. 거기서부터 패트릭의 정신 질환, 아픈 패트릭, 약을 먹지 않으려는 패트릭 등의 이야기가 이어진다.

그 서사는 패트릭이 의도했던 이야기, 그러니까 떳떳이 드러내고 게이 남성으로 사는 이야기, 가족의 참담한 거부에도 불구하고 충만하게 사는 삶의 이야기가 되지 못했다.

그 가족 서사가, 패트릭 아버지의 크리스마스 카드가 절대 언급하지 않는 것이 있다. 가족의 위협과 배신, 그들이 패트릭에게 제시한, 자신이 되거나 아니면 아무것도 되지 말라는 선택지가 바로 그것이다.

— # —

이것이 내 이야기에 대한 그림자 이야기다. 덫이 되어버린 탈출. 그 가족이 승리하는 방법, 그리고 정신 질환 혹은 광기를 둘러싼 서사들이 그들의 승리를 돕는 방식. 그의 가족은 끝까지 패트릭이 게이였다는 말을, 혹은 자기들은 게이를 혐오한다는 말을 할 필요가 없을 것이다. 자신들의 관점을 바꿔야 할 일도, 패트릭을 미치게 하는 데 자신들이 한 역할을 인정해야 할 일도 결코 없으리라.

이 이야기는 패트릭만의 이야기가 아니며, 나만의 이야기도 아니다. 우리 같은 사람은 아주 많다. 정신 질환의 이야기에 달라붙은 수치심은 너무 크며, 나도 그러한 자기혐오를 내면화했고, 그 자기혐오는 때때로 내가 이 책을 쓰는 일에도 수치심을 느끼게 했다. 그러나 또한 나는 여러 영웅이 나에게 보여주었듯이, 이것이 작가가 가야만 하는 길이라고 믿는다.

내가 이 이야기를 하지 않는다면, 그들이 이길 것이다.

나는 패트릭이 열심히 책을 읽고 글을 썼다는 건 알지만 그가 무엇을 썼는지는 모른다. 이제는 물어보고 싶어도 너무 늦었다. 어쩌면 그는 글을 씀으로써 정신과 환자들과 병에 관한, 자신이 속해 있던 궁핍한 정신 질환자 계층에 관한 기존 상식에서 벗어나려 애썼을지도 모른다. 아니면 글을 씀으로써 스스로 광기로 더 밀고 들어갔을지도 모른다. 이는 또 다른 유형의 헌신이다. 말하자면 자신의 설정을 끝까지 유지하는 일이랄까. 어느 쪽이든, 나는 나 자신을 승리자로 보지 않는다. 나는 패트릭이고, 또한 누구나 패트릭이다. 삶은 계속되고, 우리는 우리가 겪는 일들에 의해 형성되며, 그 모든 것이 언제든 우리 존재의 본질을 만든다. 나는 내가 패트릭에게는 허락되지 않았던 어떤 초월에 가닿은 척하고 싶지 않다. 어쩌면 패트릭 역시, 또 다른 광기의 진실 속에서 초월에 이르렀을지 모른다.

그런데 패트릭의 이야기와 그 이야기가 전달되는 방식에서 정말 마음에 안 드는 부분이 있다. 그것은 그 이야기를 들려주는 사람에게 자신을 안 아픈 사람, 건강한 사람, 제정신인 사람의 진영에 자리하도록 허용한다는 점이다. 프랑스의 이론가이자 철학자 미셸 푸코는 『광기의 역사』*에서 미친 사람과 안 미친 사람을 분리하려는 욕구를 현대 삶의 한 특징으로 논한다. 르네상스 이후 이성의 시대로 넘어가면서, 미친 사람들은 정신병원에 수용되고 분리되어 관찰 대상이 되었다. 이성적인 시민들에게는 미친 사람을 살펴보는 것이 필수적인 일이었다. 그것은 자신을 붕괴의 저편에 자리한 존재로 정의하는 방식이었다. 현대사회의 우리에게도 여전히 제정신이 아닌 사람들과 제정신인 사람들을 구분하려는 욕망이 있다. 우리 자신도 그런 구분을 한다. 어쩌면 당신도 이 책을 읽으며 자신을 거기에, 정신이 온전한 사람들의 진영에 위치시키고 있고, 그래서 반대편에서 내가 어떻게 살고 있는지 알고 싶은 건지도 모른다. 아니면 내가 어떻게 거기서 살았었는지, 그리고 어떻게 돌아왔는지를. 어쩌면 당신은 자신이 미친 사람이 아니라고, 당신은 아프지 않다고 꽤 굳게 확신하고 있을 수도 있다. 자기는 정신병 환자가 아니라고. 그러니까 어쩌면 나는 괴물, 괴짜인지도 모르고, 내가 하는 이 이야기에는 당신이 보기에 자극적인 뭔가가 있는지도 모른다. 이런 일이 어떻게 일어났을까? 혹은 이 사람이 정신과 환자였다니 믿을 수가 없어, 혹은 그런 곳에 있었다니, 나로서는 도저히 상상도 할 수 없어.

하지만 나는 이 책을 쓸 때, 책을 읽으며 내가 이 사람일 수

- 한국어 번역본 제목. 프랑스어판 원제는 '광기와 비이성: 고전 시대 광기의 역사'이며, 영문판 제목은 '광기와 문명'이다.

도 있어, 하고 생각할 사람들을 위해 쓰고 있다. 내가 패트릭의 이야기를 읽으면서 이건 나야, 하고 생각했던 것처럼. 패트릭은 환자이고 나는 환자 이후인 것이 아니다. 글을 쓰려고 자리에 앉을 때마다 나는 그것을, 나는 믿지 않지만 실제로 통용되는 아픈 사람과 아픔에서 벗어난 이후의 사람이라는 구분을 떠올린다. 나는 우리 모두가 아프다고 생각하고, 유방암에 걸렸던 캐시 애커가 역시 암에 걸렸던 내 친구에게 했던 말을 생각한다. 친구가 나도 생존자입니다 하고 말하자 애커는 **자기야, 우리 중 살아남는 사람은 아무도 없어요** 하고 말했다. 우리는 모두 붕괴에서 한 찰나 떨어져 있을 뿐이다.

그리고 사별의 슬픔 또한 광기와 마찬가지로 해결되거나 정점을 찍고 내려가는 것이 아니다. 그저 그걸 안고서 살아가는 법을 배우고 익숙해지거나 익숙해지지 않는 것일 뿐. 디디온이 말한 소용돌이의 의미는 그 슬픔이 언제든 통보도 없이 다시 닥쳐오며, 끝내 해소되지 않는다는 것이다. 그것은 나라는 존재의 일부분이다.

나에게 전환점은 자살하지 않겠다는 결정이었다. 그 결정은 예리하고 명료했으며 그걸로 끝이었다. 자살을 고려하지 않겠다는 결정. 그것은 치료가 아니었다. 닥터 B는 어느 시점부터 나를 돕는 일을 그만두었다. 그를 떠나고 뉴욕을 떠난 것이 나에게 도움이 되었고, 마찬가지로 삶에서 여러 평범한 결정들을 내린 일도 도움이 되었다. 연애를 하고 섹스를 하고 아기를 가진 일. 그리고 나이 드는 일도. 물론 이건 누구나 버티다보면 알게 되듯이 결정이라기보다 불가피한 일이기는 하지만. 이것은 초월이 아니라 삶에 전념하는 일, 버티며 살아내는 일이다. 그것은 클라이맥스에 비하면 훨씬 따분한 일이다.

    패트릭도 그랬다. 그도 버티며 살았다. 당신은 내 책을 읽고 있지만, 패트릭의 책을 읽는 것일 수도 있다. 행크의 책이나 엘리나의 책, 또는 틸다의 책을 읽는 걸 수도 있다. 나는 특별하지 않다. 나는 아, 저것 봐, 저 사람들 좀 봐, 하고 말할 수 있는, 병 이후의 영역으로 옮겨온 것이 아니다. 그렇다. 나는 나머지 사람들만큼 병들어 있다. 이는 내가 소위 정상적인 사람들 무리 속에 결코 나 자신을 위치시키지 않고, 그 괴짜들과 나 자신을 절대 구분하지 않으려는 이유다. 그 병원이 나에게 가르쳐준 것이 있다면 바로 이 사실이다.

분노한 여자들

내가 페미니스트가 되겠다고 결심한 건 열여덟 살 때로, 정신병원에 들어가기 이 년 전이었다. 당시 내게는 내 계획을 떠받쳐줄 구조가 필요했고, 그래서 여성학 수업에 등록했다. 아버지는 그런 학문이 존재한다는 사실을 재미있어했다. 여성학이라고! 아빠가 눈을 굴리며 말했다. 나의 선생님, 벨린다 에드먼슨이라는 대학원생은 우리에게 오드리 로드를 읽으라는 과제를 내주었다. 그 여름에 나는 시카고에 있었고, 이제 막 문학적 독서를 발견한 참이었다. 나는 저자들이 서점에 가서 자기 책을 낭독한다는 것을 몰랐다. 그건 정말 짜릿한 일이었다. 때로 그들은 대학에서도 낭독했다. 나는 그렇게 시카고 도심의 한 강연장에서 토니 모리슨이 『빌러비드』를 낭독하는 걸 들을 수 있었다. 나는 앤더슨빌이라는 동네에서 '위민앤드칠드런퍼스트'라는 서점을 발견했다. 시카고는 내가 자란 오로라에서 서쪽으로 겨우 65킬로미터 떨어져 있지만 거의 다른 나라 같은 느낌이었다.

시카고는 내가 문학과 예술에 눈을 뜬, 나의 첫 변화가 시작된 곳이다. 나는 위커파크에서 배우와 예술가 무리와 함께 시간을 보냈다. 그렇게 나는 팀이라는 배우를 만났다. 그는 이제는 오래전에 없어진 리메인스 극장에서 공연하던, 시카고 8인*에 관한 연극 공연에 나를 데려갔다. 나는 애비 호프먼이 누구인지도 몰랐고, 이십 년 전쯤에 있었던 그 재판 이야기도 몰랐다. 위커파크에는 예술가들과 작가들이 가득했지만, 아직 젠트리피케이션은 일어나기 전이었다. (슐라미스 파이어스톤도 뉴욕으로 옮겨 가기 전 이 동네에서 살았다.)

정체성을 막 형성해가는 중인 청소년답게 나는 내가 페미니스트가 되어가는 중이라는 말을 주기적으로 말하지 않고는 못 배겼다. 그리고 아마 나는 지식인이, 독학자가 되어가는 중이라는 말도 덧붙였을 것이다. 팀은 페미니스트 부분을 짜증스러워했다. 내가 만난 다른 남자들도 그랬다. 한 배우가 이렇게 선언했던 것을 기억한다. 때는 1991년이었다. **여성해방 지지자들은 원하는 걸 전부 다 얻고도 여전히 불만이지.** (나는 이 말을 공책에 적어두었다.)

● 1968년 미국 시카고 민주당 전당대회 때 벌어진 시위와 관련해 연방 정부가 음모 및 폭동 교사 혐의로 기소한 좌파 활동가 여덟 명을 말한다.

내 생각에 요즘 사람들은 이를 완전히 이해하지 못할 것 같다. 지금은 페미니즘이 주류가 되고 기업의 마케팅 수단이 되고 있으니 말이다. 내가 교단에 서기 시작한 2002년에 내 학생들의 불만은 내가 '페미니즘 책들'만 가르친다는 것이었다. (이 역시 내 노트에서 발견한 건데, 거기 적혀 있지 않았다면 나조차 믿을 수 없었을 것이다.)

나는 종종 팀에 관해서 썼다. 한편으로 팀은 내 의지로 변화를 이뤄내는 나를 존경했지만, 그러면서도 그에 관한 이야기를 자꾸 듣는 건 원치 않았다. 어느 날 그의 배우 친구들과 점심을 먹는 자리에서 그는 내게 페미니스트가 되는 건 남자들과의 관계에 방해가 될 거라고 말했다.

우리는 그 후로 몇 번 더 데이트하다가 어느 긴장감 넘치는 저녁에 끝났다. 그날 팀은 내가 레스토랑에서도 아무것도 안 먹으려고 한다고, 누가 봐도 하도 굶어서 비쩍 말랐다고, 그러니 진짜 페미니스트는 아니라고 비난했다.

왜 그런지는 나도 설명할 수 없지만, 마르는 것은 나의 변화와 연결되어 있다는 느낌이 들었다. 과거 자신이 겪은 거식증이 어쩌면 영적 추구와 관련된 것일 수도 있다고 했던 레이철 아비브의 말에 동의한다. 그는 『내게 너무 낯선 나 Strangers to Ourselves』에서 르네 지라르의 말을 인용한다. **아무도 성자가 되기를 원하지는 않지만, 성자처럼 보이는 건 원한다.**

그리고: 우리는 종교를 파괴하면서 새로운 종교를 만들어낸다.

앤더슨빌에 있을 때 나는 위민앤드칠드런퍼스트 서점을 끼고 내려가면 나오는 가게에서 얇은 레이온으로 된 몸에 딱 붙는 검정 터틀넥을 샀다. 나도 옷을 잘 입으면 괜찮게 보인다는 것을, 그리고 옷도 새로운 정체성을 만드는 일의 한 부분이라는 것을 알아가던 때였다. 예전에 나는 못생겼지만, 이제는 뭔가를, 아름다울 필요는 없다는 것을 깨달아가는 중이었다. 나는 이 검정 터틀넥을 입고 위민앤드칠드런퍼스트에 에이드리언 리치의 낭독을 들으러 갔다. 그는 『난파선 속으로 잠수하기』라는 시집을 읽었다. 리치는 자그마한 사람이었다. 작은 페미니즘 서점이 터질 듯 가득 찼다. 그때 그는 분명 육십 대였을 텐데, 나에게는 더 노인처럼 보였다. 나는 혼자 마법에 걸린 느낌이었고, 아무와도 말을 나누지는 않았지만 외롭지 않았다. 나는 대부분의 사람들과 거리를 두기 시작했고, 소수만이 이해할 수 있는 여정에 나선 참이었다. 몇 달 뒤 한 의사가, 이어서 여러 의사와 간호사가 그것이 내 병의 일부라고 말하게 된다. 하지만 지금 나는 그 덫이 나를 구원했다고 생각한다. 왜냐하면 나는 에이드리언 리치가 낭독하는 모습을 보았고, 그 서점의 테이블 위에서 『분노한 여자들Angry Women』이라는 선집을 보고 그 제목과 표지 이미지가 소리쳐 나를 부르는 것을 느꼈기 때문이다. 내가 애니 스프링클과 벨 훅스와 캐런 핀리, 캐시 애커, 그리고 언젠가 나의 선생님이 된 홀리 휴스를 알게 된 것도 『분노한 여자들』에서였다.

에이드리언 리치 역시 오드리 로드에 관해 얘기했다. 벨린다

에드먼슨은 우리에게 읽기 과제로 오드리 로드의 에세이 「시는 사치가 아니다」와 시 「재창조」와 「예만자의 집에서」를 읽게 했다. 나는 로드에 관해 아무것도 몰랐지만, 그에게서 시가 무엇을 할 수 있는지 배웠다. 시가 어떻게 기도인 동시에 예언일 수 있는지. 나는 공책에 그의 시들을 옮겨 적었고, 큰 소리로 낭송했고, 이내 암송했다.

> 내 어머니에게는 얼굴이 두 개, 튀김 냄비가 하나 있었어.
> 그 냄비로 자기 딸들을 요리해
> 여자애들로 만들어놓고
> 그런 다음 우리의 저녁을 준비했지.

나중에 내가 공식적으로 영문학 전공 교육을 받을 때는 오드리 로드를 읽는 과제가 없었다. 그의 글을 다시 읽었을 때 그건 내가 스스로 찾아 읽은 것이었다. 나는 로드가 긴 암 투병 기간 내내 쓴 일기와 에세이 모음인 『암 일기』를 읽었다. 그의 경험이 꼭 내 어머니의 경험을 거울에 비춘 것처럼 읽혀서 오싹할 정도였다. 로드뿐 아니라 유방암으로 쉰 살에 세상을 떠난 캐시 애커 같은 작가들을 통해 나는 내 어머니의 병과 죽음이 이례적인 일이 아니라는 것을, 어머니는 수많은 여자 중 한 사람이었다는 것을 깨달았다. 로드가 썼듯이,

> 유방암과 유방절제술은 나 혼자만 하는 경험이 아니라, 수천 명의 미국

여자들이 공유하는 경험이다.

바너드에서 들었던 수업 하나를 제외하고는 에이드리언 리치의 시를 읽는 과제를 받은 적은 없었다. 3학년 때 비평적 글쓰기 세미나에서였다. 그 수업에서 읽어야 했던 『노턴 선집』에 작품이 실린 여자 시인은 두 명뿐이었다. 메리앤 무어(「시」)와 에이드리언 리치(「제니퍼 이모의 호랑이들」). 「제니퍼 이모의 호랑이들」은 리치의 가장 전통적인 초기 시 중 하나로, 나중에 그는 그 시가 고분고분한 여자가 되고자 했던, 남자들이 존중할 만한 방식으로 쓰고자 했던 자신의 욕망이 뚜렷이 드러난 시라고 말했다. 내가 기억하는 건 리치의 그 시에는 흥미로운 점이 전혀 없었다는 것, 그리고 『난파선 속으로 잠수하기』의 짜릿하고 자유로운 시구들과 비교하면 너무 투박하고 억압되어 있다는 것이었다. 공식 교육에서 많은 흥분과 전율을 느끼기는 했지만, 나는 진짜 예술가, 진짜 지식인이 되려면 독자이자 작가로서 자신의 열정을 추구할 동력인 독학을 이어가야 한다는 것을 누차 되새기게 되었다. 물론 내가 받은 인문교육을 누릴 수 있었던 것은 행운이었지만, 그것은 내가 그 위에서 나만의 지성과 예술적 기량을 형성하고 날카롭게 벼려갈 바탕에 지나지 않았다.

내가 영문학을 전공하면서 공부한 것은 전반적으로 남자 작가들의 고전적 주류 작품들이었다. 밀턴과 포크너와 셰익스피어와 T. S. 엘리엇과 스펜서. 페트라르카와 몽테뉴와 파스칼. 키츠와 예이츠와 오든. 마키아벨리와 말로. 나는 진짜 교육을 원했고, 이게 내가 진짜 교육을 받은 방식이었다. 내가 받은 수업들을 사랑하기는 했지만, 나는 은연중에 오드리 로드가 T. S. 엘리엇보다 덜 중요하다는 가르침을 받고 있었다.

하지만 나의 뼛속까지 뚫고 들어와 거기 계속 머문 사람은 로드였다. 비록 내가 그를—**당신의 침묵은 당신을 보호해주지 않을 것이다**—이해하기까지 수십 년이 걸리기는 했지만. 로드의 시에 담긴 정서도 플라스의 시에 담긴 정서처럼 극단을 향해 움직인다. 하지만 로드는 생존에, 뿌리 깊은 사랑, 기쁨, 공동체에 전념한다. 이는 플라스나 앤 섹스턴이 보인 죽음의 충동이 없는, 갈망의, 그리움의 저편이었다.

당신의 침묵은 당신을 보호해주지 않을 것이라는 말은 경고인 동시에 예언이었던 것으로 드러났다. 나는 닥터 트리얼이 '페미니즘적 수사'를 무시했을 때 침묵했다. 돌아가며 새로운 약, 유행하는 약을 차례로 처방받을 때도 침묵했다. 급속히 확장해가던 영향력 큰 제약 회사들이 로비를 통해 그 약들을 들이민 게 아닐까 궁금할 때조차—나는 분명 궁금해했다—침묵했다. 좀처럼 이뤄지지 않는 치료를 시도하느라 이 약을 복용했다가 끊었다가, 저 약을 복용했다가 끊었다가 하며 지내다보니, 내 인생의 십 년은 정신과 약물이 초래한 안개에 휩싸여 온통 흐릿해졌다. 고용량의 항정신병약을 복용한 결과 내가 통째로 전혀 기억하지 못하는 해들과 사건들도 있다.

수동적인 상태로 침묵을 지키며 남들이 내게 하는 말을, 내가 절대 나아지지 않을 거란 말을, 내 남은 평생 어떤 능력들은 영원히 잃어버린 채 살라는 말을 믿었다. 생활 보조 지원금, 저소득층 주거 지원, 주간 활동 지원 프로그램. 그것들이 밖에서 나를 맞이할 채비를 하고 기다리고 있는 삶이라고 했는데, 만약 내가 침묵을 유지한다면 그 이야기가 나의 이야기가 될 터였다.

> 어머니한테는 얼굴이 두 개
> 그리고 깨진 냄비가 하나 있었어
> 그 속에 완벽한 딸을 하나 숨겨두었지
> 그 애는 내가 아니었어
> 나는 해이자 달, 영원히
> 어머니의 눈길에 굶주려 있지

나는 해이자 달, 영원히 어머니의 눈길에 굶주려 있지. 나는 로드의 이 시구를 수없이 반복해 읊조렸고, 남은 평생 그럴 것이다. 내 안에서 계속 살아갈 시, 그 **지나침**, 모성에 대한 **과도한** 욕구를 표현한 이 시구를. 어머니와 딸의 사랑의 **과도함**. (에이드리언 리치: 딸에게 어머니의 **상실**, 어머니에게 딸의 **상실은 여성의 본질적 비극이다**.) 페이지 위에서, 그리고 나의 입에서 로드의 시구가 늘어났다. 그 길이는 다른 시구들을 넘어서는 지점에 도달하고, 그런 식으로 나는 화자의 욕구가 용인될 수 있는 선을 넘어 딸의 욕구에 닿는 것을 느꼈다.

독서가 나를 구원했다. 어리석게 들릴 수 있는 말이고, 이런 말을 하는 게 민망하기도 하다. 과대망상이라거나 낭만적이라고 비난받을 수도 있고, 더 심한 소리를 들을 수도 있다. 하지만 그 말이 진실일 수 있다는 건 우리 모두 알고 있고, 나에게는 진실이었다. 만약 그날 밤 내가 그 서점에 가지 않았다면, 그래서 에이드리언 리치의 낭독을 듣지 않았고, 『분노한 여자들』을 읽지 않았다면, 오드리 로드를 읽지 않았다면 어떻게 됐을까? 그 시절에 로드는 유명하지도 않았고 주류 문화에서 알려지지도 않았다. 내가 이 다른 세계를 발견하지 못했다면?

로드는 또한 나 자신의 욕구에 관해서도 무언가를 말해주었다. 절대 채워지지 않을 영원한 욕구, 이 욕구와 불가능성에도 나름의 장소가 있다는 것을. 극단적인 감정, 흘러넘치는 욕구. 그것을 위한 장소는 여기, 시 속에 있었다.

> 나는 등에 두 여인을 짊어지고 있어
> 검고 풍요로운 한 어머니는
> 다른 어머니의
> 상앗빛 굶주림 속에 숨어 있지
> 마녀처럼 창백한
> 그러면서도 한결같고 익숙한

저 어머니는 무섭고 닿을 수 없는 어머니인데 그런데도 욕망의 대상이다. 이는 그 시절 내가 모든 여자에게 느꼈던 감정이며, 그 병원에서 신비를, 가정 같은 공간을 품고 있던 이들도 여자들이었다. 그래서 나는 사랑에 빠졌다. 나를 봐줄 수 있게 된, 나를 보살펴주게 된 록산에게. 그리고 거기엔 에로틱한 끌림도 있었다. 그리고 나를 보아준 최초의 여자 의사인 닥터 B도 사랑하게 되었다.

여러 해 동안 나에게는 나의 책 읽는 삶과 정신 질환의 삶이 분리되지 않는 것처럼 보였다. 그 둘은 나란히 함께 자랐다. 전자는 나를 문학의 삶으로 이끌었고, 문학의 삶이란 읽기와 쓰기의 삶이었다. 후자는 나를 막다른 골목으로, 나를 보호해주지 않을 침묵으로 이끌었다. 나의 영원한 굶주림. 물론 나는 여러 크고 작은 방식으로 분명히 회복했으며, 나를 지탱해준 것, 나에게 또 하나의 삶을 준 것은 읽기와 쓰기였다. 이것이 내 인생이다. 오랫동안 나는 내가 이런 삶을 누릴 자격이 없다고, 나는 그걸 내 전체 삶으로 만들 만큼 충분한 자격이 없다고 생각했다. 항상 글쓰기와 작가들, 혹은 책들만 생각하지 말고, 진짜 삶과 더 연결되어야 한다고 생각했다. 그러나 삼십 대 말인가 사십 대 초반에 이르자 내가 얼마나 행운아였는지 깨달았다. 책에 관한 이 모든 생각이 나를 사람으로, 예술가로 만들어주었다. 이것이 진짜 삶이고, 나는 이를 현실로 만들기 위해, 그 어떤 진단보다 훨씬 더 실제적인 것으로 만들기 위해 아주 오래 노력해왔다.

해이자 달이고 영원히 굶주려 있지—

영원히 굶주려 있다는 것, 이토록 과도한 욕망. 의학 및 약학의 질병 모델은 결코 이를 담아낼 수 없지만 읽기와 쓰기, 예술에 전념하는 삶은 그것을 담아낼 것이다.

그 시절에는 내 몸속에 살고 있는 언어만으로 버텨야 했다. 로드가 쓴 것처럼, 나는 아직 침묵을 언어와 행동으로 변환할 수 없었으니까. 나를 굶기는 행위는 나의 보이지 않는 감정적 기아의 시현이었다. 자살과 마찬가지로 그 역시 표현할 수 없는 것을 표현하는 한 방식이었다.

로드는 나에게 질병과 회복이라는 지배적인 의학 모델의 이야기에 맞서 자신의 이야기를 들려주는 방법의 모범을 보여주었다. 정상성 밖에서 사는 것은 가능한 일이었다. 이러한 방식으로 사별의 슬픔(그 영원한 굶주림)은 당신의 일부이며, 삶에 대한 걸림돌이 아니라 당신을 당신이라는 존재로 만든다.

로드의 반항적인 예술가 정신은 결국에는 자신을 죽인 유방암에 관한 글쓰기에서도 그대로 살아 있다. 병이 그를 죽이기 오래전, 로드는 그 병과 자기가 받은 의학적 치료 경험을, 그리고 영원히 달라진 채로, 그 병이 남긴 흔적, 전투의 부상을 감추지 않은 채로 용감하게 삶으로 복귀한 경험을 생생하게 기록했다. 반항적인 몸. 이게 바로 내가 되고 싶은 것이고, 이런 글이 내가 쓰고 싶은 글이다. 나는 닥터 트리얼과 학장의—지난 일은 잊고 그에 관한 말은 하지 말라는—제안을 따르고 싶지 않다. 아니, 그렇게 하기는 하지만 또한 그 일이 나에게 준 것, 내가 치른 전투로 입은 부상들과 내가 그것들을 지닌 채 어떻게 살아가는지를 말하고 싶고, 내가 감추고 수치스러워하기를 바라는 지속적이고 끈질긴 사회적 힘들에도 불구하고 그걸 감출 필요도, 수치스러워할 필요도 없다는 말을 하고 싶다.

로드의 『암 일기』에서 나는 내 어머니의 목소리를 들었다. 엄마가 자신의 암 경험에 관해 내게 말해주길 바랐던 이야기를. 나는 엄마가 수치스러웠던 거라고, 그래서 가슴 보형물과 가발을 착용했던 거라고 생각한다. 엄마는 일세대 아일랜드 이민자의 딸이었다. 내 외조부모님은 북아일랜드의 폭력적 상황 속에서 성장했고 늘 표면 가까이서 어른거리는 트라우마를 안고 시카고로 이주했다. 엄마는 1950년대에 성년이 되었고, 미인 대회와 발레를 사랑했다. 이 병이 자신의 아름다움을, 그토록 꼼꼼히 지켜온 여성성을 파괴한 것이 엄마한테는 얼마나 참혹한 일이었을까.

신체의 붕괴에 관해 이렇게 솔직해지는 것이, 이토록 담대해지는 것이 가능한 일이라면—그것은 또한 필요한 일이기도 하다. 엄마는 언어를 찾았을까? 엄마는 자신에게 닥친 재앙을 어떻게 맞았을까? 수년 뒤 내가 마침내 『암 일기』를 읽었을 때, 그 책은 하나의 계시였다. 이 책을 찾기까지 왜 그렇게 오래 걸렸을까? 나는 어떤 미스터리를 풀려고 애써온 탐정 같은 느낌이

들었다. 내 어머니의 죽음이라는 미스터리. 여기 오드리 로드가, 수년 전 내게 시가 무엇을 할 수 있는지 가르쳐주었던 바로 그 작가가 있었는데, **내게 필요한 어머니**[●]는 나의 영원한 그리움에서, 나로서는 말로 표현할 수 없는 공포에서 무언가를 끄집어내 보여주었다. 로드는 그 시로 내게 나만 그런 것이 아님을 알려주었다. 그리고 지금은 자신의 암에 관한 이야기로 내 어머니가 없어진 일과 관련된 증거를 보여주고 증언해주고 있었다. 엄마가 내게 해줄 수 없었던 이야기를 로드가 내게 해주었다.

로드는 「유방암: 힘 대 보형물」이라는 에세이에서 유방암에 대해 예방보다 미용에 초점을 두는 미국암협회의 기존 관행을 반박한다. 그는 묻는다. 미국암협회는 왜 흡연과 폐암의 관계를 홍보했던 것처럼 우리 딸들을 위해 동물성 지방과 유방암의 관계를 홍보하지 않았는가? 동물성 지방과 호르몬 생성과 유방암의 관계는 비밀이 아니라며 자료의 출처를 제시한다. 여성의 건강에, 특히 흑인 여성의 건강이나 생존에 가치를 두지 않는 나라를 추궁한다.

동시에 로드의 에세이는 잃어버린 여성성의 서사를 다시 고쳐 씀으로써 유방 절제 이후의 자신의 힘을 다시금 힘주어 확인한다. 나의 흉터는, 내가 방사능과 동물성 지방, 대기오염, 맥도날드 햄

● 「예만자의 집에서」에 나오는 표현이다. "내게 필요한 어머니 / 난 어머니가 필요해요 / 어머니 난 지금 당신의 검음이 필요해요 / 8월의 대지에 비가 필요하듯 // 나는 / 해이자 달이고 영원히 굶주려 있지 / 낮과 밤이 만나 / 하나가 되지 않는 / 날카로운 가장자리."

버거, 적색 염료 2호에 맞선 우주적 전쟁의 부상자일지는 모르나, 그 전쟁은 아직 계속되고 있으며 나 역시 여전히 그 전쟁에 참전하고 있다는 사실을 되새겨준다.

오드리 로드를 읽으며 나는 나의 어머니를 전사로 바라보게 되었다. 내 어머니는 로드와 같은 방식으로 용감하지는 않았다. 엄마는 지식인도 예술가도 아니었고, 저항과 지도력으로 자신의 비극을 마주하지도 않았다. 대부분의 여자들은 그러지 않는다. 로드는 이례적인 사람이었고, 엄마는 전형적인 사람이었다. 하지만 로드는 내가 엄마를 이해하도록 도와주었고, 그럼으로써 내가 엄마를 용서하도록 도와주었다. 부모를 잃은 많은 아이처럼 나도 분노로 가득 차 있었다. 나를 위해 살아서 머물러주지 못한 엄마의 실패에 분노하고 있었다.

앤 카슨: 비극은 왜 존재하는가? 당신이 분노로 가득하기 때문이다. 당신은 왜 분노로 가득한가? 당신이 깊은 슬픔으로 가득하기 때문이다.

엄마가 내게 어떻게 죽어야 하는지를 보여주지 못했다면, 로드는 자신의 말로써, 몸소 본보기가 됨으로써, 자신의 지혜로써 어떻게 죽어야 하는지를, 그리고 어떻게 살아야 하는지를 보여주었다.

오드리 로드는 보형물을 거부하고, 가슴이 하나인 여자가 된 자신의 변화를 당당히 인정했다. 가슴이 하나뿐이라고 자신을 묘사한 그의 글을 처음 읽었을 때 내가 오랫동안 품고 있던 어떤 기억이 떠올랐고, 이번에는 새로운 눈으로 그 기억을 바라보게 되었다. 항상 제자리를 찾지 못하고 겉도는 느낌이었던 기억이다. 자주 거듭해서 떠오르던 그 기억은 병원 기금 모금 행사인 화려한 무도회에 갈 준비를 하고 있던 어머니의 방에 내가 있었던 기억이다.

내가 알지 못했고 아무도 나에게 말해주려 하지 않았던 것은 그때까지 내 인생 대부분의 시기에 엄마가 아팠다는, 말기 환자였다는 사실이었다. 엄마의 암은 내 동생이 태어난 직후에 처음 발병했는데, 그때는 내가 세 살이 될동말동하던 때였다. 아마도 그때가 엄마가 첫 수술을 받은 때였을 것이다. 어느 시점엔가—이 역시 아무도 내게 말해준 적이 없어서 이에 관해 말하는 것이 너무 어렵다—암이 완화기에 접어들었다.

내가 엄마의 가슴이 하나인 걸 본 것은 그때였다. 옷을 갈아입던 엄마가 한쪽 가슴이 있어야 할 자리에 물렁물렁한 플라스틱 같은 것을 넣었는데, 엄마가 아무 말도 해주지 않았으므로 나는 그걸 어떻게 이해해야 하는지 몰랐다. 난 그것이 이례적인 일이라는 것을, 다른 여자들은 가슴이 두 개라는 것을 몰랐다. 그게 뭔가 잘못된 일이라는 것도 몰랐다. 그것이 병과 죽음을 의미한다는 것도.

유방절제술을 받고 난 뒤 나를 포함해 많은 여자가 느끼는 감정이 있다.

과거로 되돌아가고 싶다는 것, 이 경험의 고갱이에 어떤 깨달음이 들어 있건 간에 이 경험을 끝까지 버텨내고 싶지 않다는 것.

이제야 타임라인을 맞춰본다. 엄마의 침실에 있던 그 순간은 내가 엄마가 암에 걸렸다는 걸 알기 훨씬 전, 엄마가 죽게 되리라는 걸 알기 훨씬 전이었다. 하긴 난 당연히 그 사실을 몰랐다. 내 기억 속 엄마는 건강한 사람이었다. 지금은 엄마가 내내 암에 걸려 있었다는 걸 안다. 엄마는 그 수술을, 유방절제술을 받았다. 오드리 로드도 그랬듯이 암은 한동안 완화기에 들어갔다. 그 **한동안**이 내 삶에서 내가 엄마와 함께한 시간 전체였다. 이것이 또 하나의 증거, 또 하나의 퍼즐 조각이었다. 그러니까 나는, 말기 암에 걸리지 않은 엄마, 죽음이라는 현실을 품고 있지 않았던 엄마, 가슴 하나가 사라지지 않은 엄마를 알았던 적은 한 번도 없었던 셈이다.

그리고 수술 후 상담사들 대부분이 유방암에 걸린 여자들에게 부추기는 것도 바로 이 감정, 이 향수다. 과거로 회귀하려는 이 집착은 유방암을 보형물로 아닌 척 꾸미기만 하면 해결할 수 있는 미용상의 문제로만 보는 태도 때문에 더욱 부각된다.

로드는 미국암협회가 수술받은 여성들을 도우려는 의도로 운영하는 '회복으로 가는 길' 프로그램에 관해 썼다. 자기가 유방절제술을 받은 직후 병실로 찾아온 여자들을 묘사한다. 선의로 그런 것이긴 했지만, 그들은 로드에게 보형물을 착용해야 한다고 주장했다. 그들은 가슴이 없어진 공간에 넣으라며 어린 양의 털로 만든 양모 뭉치를 주었다. 로드는 거절했다. 그들은 로드에게 남편을 위해 매력적인 상태를 유지해야 한다고 말했다. 게다가 마치 그녀가 걱정하리라 예상이라도 하듯, 여전히 아름다운 여자로 남을 수 있다고 안심시켜주기까지 했다. 그들은 이것이 집단적 의미에서 사기를 진작시키는 중요한 일이라는 식으로 말했다. 그렇게 많은 여자들이 가슴 하나가 없어진 채로 돌아다니면 어떤 일이 일어나겠느냐고.

여기서 나는 나의 엄마와 오드리 로드를 비교하기를 그만둔다. 내가 로드에게 끌렸던 건 엄마와는 무관한 이유들 때문이었다. 로드에게는 내가 온 세계, 그러니까 내 어머니의 세계를 훌쩍 넘어서는, 거대한 존재감과 장엄함과 영감이 넘치는 무언가가 있다는 걸 나도 알고 있었다.

나는 엄마를, 그날 밤 드레스를 차려입은 엄마가 내게 얼마나 매력적으로 보였는지를 생각한다. 그리고 또 후에, 돌아가시기 몇 주 전, 엄마의 단장에 뭔가 필사적인 느낌이 서려 있던 걸 생각한다. 그건 왼쪽 브라에 넣은 플라스틱으로 된 보형물뿐 아니라, 부활절에 우리의 마지막 가족사진을 꼭 찍겠다는 생각으로 썼던 그 가발에서 느껴지는 절박함이었다. 그 사진에서 우리 여섯은 모두 격식에 맞게 옷을 차려입고 나와 여동생은 보닛을 쓰고 있다. 그리고 그 필사적인 의지가 스르르 무너져 내렸던 것을, 촬영이 끝나자마자 곧바로 아빠가 2층의 엄마 방으로 엄마를 데려가야 했던 일을 생각한다. 드레스와 가발도 아무 소용이 없었던 것을. 그것은 표면적인 시도, 피상적인 제스처였을 뿐이다. 암의 고통은 으레 지켜야 한다고 여겼던 여성성을 지워버릴 정도로 너무도 깊었다.

로드는 이렇게 썼다. 미국암협회에 따르면, 암에 걸린 여성 가운데 삼 년 후에도 살아 있는 여성은 50퍼센트뿐이라고 한다. 만약 당신이 흑인이거나 가난하거나 또 다른 면에서 사회적 약자라면 그 비율은 30퍼센트로 내려간다.

오드리 로드를 몰랐던 1979년의 엄마를 생각하다보면, 엄마가 알았던 사람들, 엄마가 좋아했던 사람들을 떠올리게 된다. 〈당신의 남자 옆에서 힘이 되어주세요 Stand by Your Man〉를 부르던 태미 와이넷과 〈당신이 내 인생을 밝혀주네요 You Light Up My Life〉를 부르던 데비 분. 어마 봄벡.•

로드가 유방절제술 이후에 쓴 글, 죽어가면서 쓴 글을 엄마가 읽었다면 어땠을까? 나는 나의 엄마에게 또 다른 삶을 주려

• 미국의 유머 작가이자 칼럼니스트로 가정생활, 결혼, 육아 등 일상적 주제를 재치와 유머로 풀어낸 신문 칼럼으로 큰 인기를 누렸다.

고 시도하고 있는 것일까? 엄마에게 또 다른 죽음을 부여하려 애쓰고 있는 것일까? 나는 **엄마**가 나에게 어떻게 죽어야 하는지 가르쳐주었으면 좋겠다. 그 침묵의 공간에서 나는 로드에게 돌아간다.

나는 여기서 모든 여성이 깊이 숙고하며 살아야 하는 필요성에 관해 말하고 있다. 그러한 숙고의 필요성은 자신의 필멸성과 죽음을 정면으로 직면할 때 더욱 커지고 깊어진다. 자기 성찰과 자기 삶에 대한 평가는 고통스럽기는 해도 정신적인 보상을 주며, 더 깊이 있는 자아로 나아가는 여정을 더욱 탄탄히 다져주기도 한다. 왜냐하면 우리 여자들이 우리의 삶이 처한 진짜 조건들을 있는 그대로 직시할수록, 그 조건들을 바꾸지 않고 감내하거나 우리 삶과 정체성에 대한 파괴적인 외부의 통제력을 수동적으로 받아들이려는 마음이 점점 더 줄어들기 때문이다. 이러한 자기규정과 힘을 향한 추구를 가로막는 것은 무엇이든 해로운 것으로 보아야 한다. 그것은 유방절제술을 받은 여자를 영원하고 은밀하게 불충분한 존재의 위치에 붙잡아두고, 유아화하며, 자신의 정체성을 외모에 대한 외적인 정의에 의존하게 만들기 때문이다.

회복에 관하여 (I)

  입원 기간이 거의 끝나갈 무렵 나는 어느 병례 회의 대상으로 선정되었다. 의사들과 간호사들, 학생들이 모인 회의에서 논의의 주제가 된 것이다. 강당에 백 명 가까운 사람이 모였다. 닥터 트리얼이 나를 인터뷰했다. 그는 내게 지금은 더 나아졌다고 생각하느냐고 물었다. 일반 시민으로서 세상에 다시 들어갈 준비가 되었느냐고. 내게 데이트를 할 생각이 있느냐고도 물었다. 내가 병동에 있으면서 사랑에 빠졌던 사람들에 관해서도 질문했다. 언제부터 여자들에게 끌리기 시작했나요? 그가 물었다. 항상 여자들에게 끌렸었나요? 그는 자위를 했느냐고도 물었다. 그건 건강한 거예요, 하고 그가 말했다. 록산은 어때요? 록산에 대한 당신의 감정은요? 내가 뭐라고 말해야 했을까? 나는 록산도 거기 있다는 걸 알고 있었다. 비닐 소파 위 내 바로 오른쪽에. 내가 록산을 사랑했다고? 록산을 그리워하게 될 거라고? 내가 자위를 했고, 오르가슴에 이르렀을 때 항상 보이는 건 옆에 우뚝 서서 나를 내려다보는, 나를 꿰뚫어보는 록산의 얼굴이었다고?

나는 말 없이 앉아서 바닥만 보았다. 그때 나는 이것이 내 이야기의 결말, 혹은 그들이 원하는 이야기의 결말이 될 것이라는 걸 알았다. 나는 여자들을 사랑했다. 남자들과 여자들을 사랑했다. 남자들과 여자들을 욕망했다. 이것이 그 몇 년에 걸쳐 얻어낸 통찰이었다. 어쨌든 닥터 트리얼에게는 그랬다. 의료 기록에도 그렇게 적혀 있다. 환자, 자신의 양성애성을 받아들이려 노력 중.

—#—

내가 토미를 만난 건 재발해서 다시 병원에 입원해 있을 때였다. 1996년이었다. 찰스와 다이애나가 결별한 해. 이 병원은 사람이 많고 활기차게 느껴졌다. 나는 이 병원의 단골이 되었다. 분명 이때가 그들이 나에게 나딜을 쓰게 한 때였을 것이다.

나딜을 써봅시다. 닥터 B는 낙관적이었다.

이건 최후의 시나리오다. 그걸 쓸 수도 있겠지만 그러면 치즈를 못 먹겠지. 와인도 못 마시고.

당신은 고기를 먹지 않으니까 그건 좋네요. 그들이 말했다. 다른 발효 식품들도 안 돼요.

좋아요. 알았어요. 먹을게요.

—#—

며칠 동안은 토미를 의식하지 못했는데, 그러던 어느 날 테이블 앞에 앉아 있을 때 그가 자기를 소개했다. 성은 그 케첩이랑 똑같은 하인즈라고 했다. 그는 미소가 멋있고 하는 말마다 다 농담이었다. 자기 말로는 단극성 우울증을 앓고 있다는 토미는 또 다른 모노아민 산화효소 억제제인 파네이트를 복용했다. 그는 내게 부작용은 걱정하지 말라고 했다. 자기는 제한 음식인 핫도그도 먹는데, 부작용을 상쇄해주는 약이 또 있단다.

어느 날 그가 나를 자기 병실로 끌어들이더니 내게 키스를 했다. 간호사 한 명이 들어오다가 그런 우리를 봤다. 토미는 퇴원하기 전에 내게 자기 전화번호를 가르쳐줬다. 우리는 만날 계획을 세웠다. 며칠 뒤 내가 퇴원할 때 간호사가 내게 경고했다. **이것만 기억해요. 그의 상태가 심각하게 나쁘다는 거.**

나는 기차를 타고 롱아일랜드에 있는 토미를 찾아갔다. 롱아일랜드에 가본 건 이때가 처음이었다. 그가 역에서 나를 태워 자기 부모 집으로 데려갔다. 나는 그가 거기서 뭘 하고 있는지도, 그가 어떤 삶을 살고 있는지도 몰랐다. 아는 게 별로 없었다. 그는 내게 저녁 시간을 같이 보내자고 했고 나는 좋다고 했다. 우리는 영화 〈점원들Clerks〉을 보았다. 우리는 키스를 나눴다. 그러다가 그의 어린 시절 침실로 가서 섹스를 했다. 1990년 이후 처음으로 누군가와 섹스를 한 것이었고, 그러니까 평생 두 번째 섹스였다. 기억나는 건, 그래, 지금부터 네가 해야 하는 건 이거야, 하고 생각했던 것뿐이다. 나는 분명히 알 수 있었다. 이게 네가 나아지는 방법이야. 그렇지만 그 간호사의 말도 선명하게 남아 있었다.

이것만 기억해요. 그의 상태가 심각하게 나쁘다는 거.

—#—

얼마 지나지 않아 나는 내가 대부분의 사람과 데이트하기에는 너무 아프지만 내가 아는 다른 정신과 환자들과 데이트하기에는 너무 건강하다는 걸 깨달았다. 그 후로 토미와는 몇 번밖에 만나지 않았다. 몇 달 뒤 그가 내게 전화를 해서 어퍼이스트사이드에 있는 자기 새 아파트로 와달라고 했다. 이제는 투자에, 재무 설계에 빠져 있다고 했다. 그는 내게 자기 카드를 주었다.

나는 주간 활동 지원 프로그램에서 만난 한 여자와 만나기 시작했다. 이브. 그는 포크 가수였고 나에게 믹스테이프를 만들어주었다. 첫 곡은 레너드 코언의 〈수잰〉이었다. 내가 꼭 그 노래 가사에 나오는 여자처럼 오렌지를 먹고 차를 마시는 걸 자주 보았다고 했다. 이브는 센트럴파크에 있는 저소득층 주거 지원 건물에 있는 1인실에 살았다. 그는 내가 룸메이트 두 명과 살고 있던 아파트에 자주 왔다. 나는 그 전에 여자와 섹스를 해본 적이 없었다. 나는 이브에게 어떻게 해야 하는지 모른다고 말했다. 평정을 유지한 채로 이 일에 관해 쓰는 건 내게 불가능한 일이다. 그건 그전까지 내 몸으로 느껴본 무엇과도 달랐다. 그 사랑, 그 강렬함, 내 안에 있는 이브, 그건 다른 모든 걸 없애버리는 합일이었다. 지금 거기 가닿을 수 있다면 좋겠다. 그중 무엇에라도, 그 섹스, 이브, 내 인생의 그 시절, 그 사랑에. 그건 사랑이 아니라 섹스였지만. 그리고 지금은 그 이전에 내가 한 건 섹스가 아니었다는 걸 안다. 언어로는 거기 가닿을 수 없지만, 그에 관해 글을 쓰는 것, 거기, 그 장소에 가닿으려 애쓰는 일에는 쾌락이 있다.

그 대신, 이제는 나도 이해하게 된, 클래리사 댈러웨이의 오르가슴을 다시 살펴본다.

한순간이었지만 그걸로 충분했다. 그것은 갑작스러운 깨달음, 참아보려 해도 얼굴에 번지는 홍조와 같은 기운이었고, 이 기운이 점점 번져감에 따라 더 넓게 퍼지는 그 확장에 굴복하게 되고 오히려 가장 먼 가장자리까지 몰아치듯 돌진해가서, 거기서 떨면서, 세상이 경이로운 의미로, 황홀경의 압력으로 부풀어 오르며 자기에게 점점 더 가까이 다가오는 것을 느꼈고, 이내 그 황홀은 얇은 막을 터뜨리며 비범한 해방감을 안기고 솟구쳐 올라, 갈라진 틈새들과 상처 위로 쏟아져 내렸다! 그때, 그 순간, 그는 어떤 빛을 보았다. 크로커스 꽃 속에서 타오르는 성냥불, 거의 표현될 뻔한 내면의 의미를.

나는 여자와 잘 수 있지만 데이트는 남자와 해야 한다는 생각을 내면화했음에 틀림없다. 나는 남자들도 욕망했다. 혹은 병들지 않은 남자를, 나나 행크나 토미처럼 병적이지 않은 남자를 욕망했다. 다음에 내가 사랑에 빠진 남자는 병들지 않은 사람이었지만, 그는 내가 병든 것을, 혹은 병들었던 것을 흥미롭게 여겼다. 그는 그걸 흥미로워하면서도 무서워했다. 나는 그에게 내가 있었던 곳에 관한 이야기를 절반만 들려주었다. 나에게 그는 뒤라스의 『히로시마 내 사랑』에 나오는 일본인 건축가 같은 사람이었는데, 한 가지 중요한 차이점은 우리가 섹스를 한 적이 없다는 것이었다. 그러다 그는 떠났다. 나는 나보다 스무 살 많은 배우와 데이트를 시작했다. 내가 실제로 남자와 좋은 섹스를 한 건 이때가 처음이었을 것이다. 나이 스물일곱에.

　어쩌면 그 모든 것—광기와 그 모든 것—은 이렇게 해서 끝났는지도 모른다. 그게 내게 필요했던 것이었다. 섹스가 (항상 섹스였던 것은) 아니라, 그 가능성에 대한 인식, 또 다른 삶의 가능성이 열린 것. 나중에 나는 내가 아주 오랫동안 나를 사랑스러운 데라고는 없는 사람으로 여겨왔다는 걸, 그 생각을 내 몸속에 품고 있었다는 걸 알게 되었다. 사랑을 나눈다는 건 자아를 놓아버리는 일이며, 자기를 넘겨주는 것은 치유의 방법이다. 치유로서의 성애.

집 없는 자아

작가들 가운데는 재닛 프레임과 같은 방식으로 미친 이들이 많다. 아웃사이더들. 항상 혹은 어쩔 수 없이 바깥에 자리한 사람들. 수줍거나 사회에 제대로 적응하지 못했거나, 쉽게 우울증에 빠지거나, 때로 혹은 만성적으로 자살 충동에 시달리거나, 과거의 이야기에, 트라우마에, 상실에, 아니면 그저 혼란에 빠져 옴짝달싹 못 하는 사람들. 이해받고 싶어서 과거에 관해 쓰고 또 쓰고, 매번 다시 바로 잡아보려고, 제대로 이해해보려고 시도하는 사람들. 글쓰기 자체가 살아가는 일의 실패, 정상적인 사람이 되지 못한 실패의 의미를 이해하려는 방식이 된다. 그리고 당신은 정상적인 사람이 되기를 더는 바라지 않게 된다. 애초에 그런 걸 바란 적이 있기나 하다면 말이지만. **나는 제대로 살지 못하는 내 무능력을 벌충하기 위해 글을 쓴다**는 세사르 아이라의 표현처럼.

재닛 프레임은 영웅이다. 적어도 나에게는 그렇다. 그는 엄청난 타이밍의 행운으로 정신과 환자의 이력에서 구출되었고, 또 한 타이밍의 불운으로 거의 파괴될 뻔했던 퇴원 환자의 전형 같은 사람이다. 뉴질랜드의 악명 높은 시클리프정신병원에서 육 년 동안 환자로 있었던 재닛 프레임을 보자. 때는 1951년이다. 그는 스물일곱 살로, 성인기 내내 정신병원에서 살았다. 뇌엽절제술이라는 유망한 신식 치료법이 등장했고, 재닛 프레임은 그 수술을 받을 일정이 잡혀 있었다.

뇌엽절제술―전두엽 속 신경 연결을 끊는 과정이 포함되는 뇌 수술―은 이 방법을 개발하고 그것으로 노벨상을 받은 포르투갈인 의사 안토니우 에가스 모니스가 1940년대에 미국으로 들여왔다. 당시 미국에서는 뇌엽절제술을 정신 질환의 효과적인 치료법이라 여겼다. 1949년부터 1951년까지 어른과 아이를 통틀어 최소 5만 명의 미국인이 그 수술을 받았다. 이 치료법에 대한 소식과 인기가 뉴질랜드에 있는 의사들에게까지 전해졌고, 프레임 같은 장기 정신과 환자들에게 그 치료법이 권장되었다.

전해지는 그 이야기, 내가 들은 그 이야기는 더할 나위 없이 극적이다. 프레임의 데뷔작인 단편집이 전국적인 문학상을 수상한다. 한 의사가 그 수상 소식을 듣는다. 그러자 그는 어쩌면 프레임이 그렇게 병든 것은 아닐지도 모른다는 의견을 내놓는다. 뇌엽절제술은 안 해도 되지 않을까? 프레임의 글쓰기가 그를 살렸다는 말은 과장이 아니다. 그 말은 같은 주장을 하는 대부분의 작가와는 전혀 다른 방식으로, 실제로 증명할 수 있는 방식으로 사실이다. 의사들은 프레임을 다시 검사하고 퇴원시켰다. 아무튼 당신은 조현병 환자가 아니에요, 하고 의사들은 말했다. 조현병은 잘못된 진단이었다. 그가 그 진단 때문에 정신병원에서 몇 년을 보냈는데도. 어떤 사람은 사 년인가 오 년이었다고 말한다. 또 누군가는 팔 년이라고 하고, 그가 전기충격 치료를 200번이나 받았다고도 한다. 프레임의 문학 유산 집행자는, 1945년부터 1955년 사이에 그는 뉴질랜드 정신병원에서 총 사 년 반을 보냈다고 말했다.

뇌엽절제술 취소가 프레임의 정신과 환자 이력의 끝은 아니었지만, 다른 삶의 시작이었고 다른 곳으로 건너가는 다리가 되어줄 경력의 시작이었다. 병원에서 프레임을 내보낸 건 그가 치료되었기 때문은 아니었다. 사실 좀처럼 언급되지 않는 이야기, 제인 캠피언도 프레임의 이야기를 담은 자신의 영화에서 언급하지 않았던 이야기가 있는데, 그것은 프레임이 문학상을 받은 뒤에도, 진단이 철회된 뒤에도, 많은 경우 자진하여 정신병원에 반복적으로 입원했다는 이야기다. 병원에 익숙해진 것이거나, 아니면 자기가, 적어도 조금은 정신 질환을 앓고 있다는 걸 깨달았기 때문일 것이다. 아니면 다음 단계에서 일어날 일에 대한 요령을 터득하지 못했기 때문일 수도 있다. 그러니까 퇴원 환자로서 살아가는 삶 말이다. 자서전에서 그는 진단이 주던 위안, 정신병원 환자라는 지위가 주던 위안의 상실에 관해 묘사했고, 보살핌이 필요할 때나 바깥세상의 요구로부터 안식이 필요할 때 "내 조현병을 걸쳐 입곤 했다"라고 묘사했다.

그것은 이전과 이후가 뚜렷이 구별되는 이야기가 아니다. 병과 회복의 이야기 가운데 그런 이야기는 매우 드물지만. 어쨌든 재닛 프레임은 우리에게 필요한 성공담이다. 그는 한때 병원에 입원했던, 오래 입원해 있었던 작가들, 그들에게는 아무 희망이 없다는 말을, 앞으로 그들이 어떻게 될지는 그들이 사는 장소에 따라 결정될 거라는 말을 들었던, 세상 도처에 있는 여자들의 수호성인이다. 할 말은 아주 많지만 그 말의 의미를 해독 가능하게 번역하여 한 사람으로서의 정체성으로 구성해낼 능력은 없는 젊은 여자들. 마비될 정도로 수줍은 여자들. 자기를 치료하는 의사를 사랑하게 되는 여자들. 존재하는 방법을 모르는 여자들.

프레임은 이런 면에서, 초기의 입원이 위대한 문학적 경력으로 이어졌다는 점에서 앨런 긴즈버그와 비슷하며, 경로를 따라간 매우 드문 여성, 유일한 여자다. 그렇지만 프레임은 긴즈버그와는 전혀 다르다. 그녀의 글이, 정신병원에서 보낸 세월 이후 그녀가 쏟아낸 어마어마한 작품 세계가, 장편소설, 단편소설, 시, 수십 권의 책이 그 사실을 명백하게 만든다. 긴즈버그의 작품은 집단의 영향을 받은 공동체적 성격을 띠었다. 그는 비트 세대의 일원이었고, 그 안에서 다른 작가들과 폭넓게 협업했다.

프레임의 삶은 이런 식이었던 적이 없었다. 그녀에게도 친구들은 있었지만, 남은 평생 내내 따라다닌 장애는 사람들과 어울리고 관계 맺는 일을 어렵게 했다. 언니들의 익사로 인한 트라우마, 사별의 슬픔. 그녀를 마비시키고, 어른이 되지 못하게 만든 그 슬픔, 그녀를 작가로 만든, 혹은 그녀의 글쓰기의 힘이 된 슬픔—내가 느끼지 못하는 것은 쓸 수 없어요—이것이 재닛 프레임의 방식이었고, 그녀의 글을 읽을 때 우리에게 전해지는 것이다. 에트가 케럿은 프레임의 작품에 대해 이렇게 묘사했다. **재닛 프레임은 이 세계가 뭐 하는 것인지, 자신은 대체 뭐 하는 존재인지를 알아내고 싶어하는 것처럼 글을 쓴다. 살아남기 위해 그는 글을 써야 한다. 그는 자신에게 덜 이상하게 느껴지려고 글을 쓴다.**

한 부고에서는 재닛 프레임을 "광기를 탐색한 작가"라고 묘사했다. 물론 맞는 말이지만, 몹시 부정확한 말이기도 하다. 프레임이 광기를 탐색한 이유는 단지 자기가 여러 해 동안 정신병원에서 살았기 때문이었다. 자신이 그 광기를 살았기 때문이고, 혹은 광기 가까이에서 살았기 때문이었다. 하지만 그 광기라 불리는 건 무엇이었을까? 수줍음의 광기. 어린 소녀 시절 물에 빠져 죽은 언니들의 죽음을 이겨내지 못하는 광기. 그 상실의, 그리고 뒤이은 모든 상실의 광기. 사랑이 가득하지만 아버지는 폭력적인 가족의 광기. 이것이 프레임이 탐색한 것이었다. 프레임의 책들은 고립과 소외에 관한 책이라고들 말한다. 그러니 이 또한 그 광기를 표현하는 방식이다. 묶여 있던 연결에서 풀려

나는, 밖으로 너무 멀리 나가는 일의 광기. 병원의 고립, 그리고 자아의 고립도.

프레임은 리스펙토르의 죽어가는 천리안이며, 글을 써서 크리스테바의 거미줄을 잣는 사람이다. 그는 나 같은 괴짜들, 글을 써서 자신을 존재하게 할 수 있다는 걸 몰랐던 괴짜들을 위해 글을 쓰는 괴짜다.

어쩌면 프레임은, 유명한 일본 예술가로 자기 작업실에서 걸어서 갈 수 있는 거리의 정신병원에서 수십 년째 살고 있는 야요이 쿠사마와 가장 비슷한지도 모른다. 쿠사마는 그것이 자기가 살아남을 수 있고 예술가로서 왕성하게 활동할 수 있는 유일한 방법이라고 말한다. 예술은 그가 자신의 고통을 표현할 수 있는 유일한 방법이고, 재닛 프레임에게 그랬던 것처럼 그것은 가시지 않는 고통, 매일 씨름해야 하는 고통이다. 그러니 영웅적인 미친 여자라는 개념은 수정되어야 한다. 고프먼이 말한 숭고하거나 위축된 퇴원 환자의 이야기는 대응에 관한 이야기로, 그 병과 함께 살아가는 이야기로 바뀌어야 한다. 계속되는 나날의 분투를 이해하기 위한 한 방식으로서 예술을 창조하는 이야기로.

『올빼미가 운다 Owls Do Cry』는 프레임이 병원을 떠난 후 처음으로 출간한 소설이다. 이 소설은 첫째 언니의 죽음 이후 남은 세 남매를 중심으로 한 이야기다. 결국 정신병원에 가게 되는 대프니가 프레임 본인과 가장 밀접하게 연결되어 있다. 대프니의 광기는 초기의 트라우마로 끊임없이 되돌아가는 데서 생겨나며, 트라우마가 대프니를 정의하게 되고, 삶을 계속 살아가는 일을 막아서고 방해한다. 유년기의 그 순간은 안정적인 자아의 마지막 순간, 안정적 자아라는 감각이 종말을 맞이한 순간이 되고, 갑작스레 언니를 잃은 상실감이 평생 메아리가 되어 떠돈다. 집을 잃은 자아, 정처 없는 자아. 소설의 플롯은 프레임의 인생에서 간신히 비껴간 일에 대해 "만약 그랬다면?"이라는 질문을 펼쳐 보인다. 소설의 끝부분에서 대프니는 뇌엽절제술을 받는다.

대프니의 언니가 죽자 대프니의 어머니는 기도하며 **믿음을 가져라**고 말한다. 나는 엄마가 돌아가셨을 때, 엄마는 나와 함께 있고 하늘에서 나를 내려다보고 있으며, 이제는 평안을 얻었다는 말을 들었고, 이 진부한 말들이 나에게는 또 하나의 폭력이 되어 나를 광기로 몰아갔다. 그 광기는 어린아이로서는 논박하기가 불가능했던 그 언어의 공허함에 반박하고 싶은 욕망이었다.

프레임의 인물 중에는 대프니처럼 극단적 성격 특성을 지닌 이들이 많다. 상실에 대한 극단적 반응. 죽음에 대한 극도의 공포. 극단적 절망감. **너 혼자만 고통스럽다고 생각해?** 아니, 아니야. 전혀 그렇게 생각하지 않아. 극도의 마비감. 그 상실을 끌어안은 채로 자아를 형성하지 못하는 극단의 무능력, 자아가 존재할 장소 자체가 없다는 것. 프레임의 소설에서 고립과 소외를 겪는 것은 공식적인 정신병원 환자만이 아니다. 대프니의 어머니 역시 자기 과거의 유령에 시달리고, 항상 바깥에 존재한다는 감각에 시달린다. 프레임은 보편적인 비소속을 파고든다.

한 장면에서 프레임은 붉은 벨벳 테이블보의 작은 정사각형 한 부분에 초점을 맞춘다. 대프니의 어머니인 에이미 위더스는 젊은 날의 한순간을 회상하다가 이 정사각형을 생각한다. 어느 하급 법관 집에서 일하던 그는 법관이 파티를 하는 밤 동안 일을 쉬게 되었다. 그날 저녁 에이미는 갈 데가 없어서 동네를 이리저리 거닐다가, 자기가 숙식하고 있던 고용주의 집으로 일찍 돌아갔다. 그 집에 도착했을 때, 작은 창을 통해 파티 장면을 들여다볼 수 있었다. 가려져서 다 보이지는 않았고, 에이미가 볼 수 있는 건 붉은 벨벳 테이블보의 네모난 한 부분뿐이었다. 그 붉은 정사각형이 자기 인생의 한계를 표시하는 것 같았다. 그날 밤, 에이미는 외로움과 실망감 때문에 울다가 잠든다. 비소속 때문에. 그런데 이제 몇십 년이 지난 어느 크리스마스에 그 붉은 벨벳 조각이 떠오르고, 또다시 울다가 잠든다.

에이미 위더스의 이야기를 읽다가, 나는 파티 준비를 하던 중에 레이디 브루턴의 오찬 파티에 자신이 초대받지 못한 것을 알고 그 사실에 압도되어버린 클래리사 댈러웨이를 생각한다. 프레임은 울프를 존경했고, 그가 창조한 인물들은 여러 면에서 울프의 인물들과 연결된다. 클래리사 댈러웨이처럼, 대프니처럼, 에이미도 자신이 바깥에, 자아의 바깥, 삶의 바깥에 있다는 의식에 압도된다. 자신에게조차 낯선 사람. 극도의 예민함. 그는 늘 **단 하루라도 살아가는 일이 아주, 아주 위험하다고 느꼈다.**

에이미는 그렇게 깊은 감정을 느낄 처지가 아니었다. 이 세상에는 그런 감정을 받아줄 공간이 없었다. 울프처럼, 프레임의 천재성은 문학 속에, 일상의 삶에서는 짐이 될 수 있지만 자기 예술의 힘인 이 감정적 깊이를 위한 공간을 만들었다는 데 있다. 이렇게 생생히 살아 있고, 극도로 신경이 곤두선 채 불안정의 가장자리에서 초조히 오가는 인물들의 내면을, 아름다움과 공포, 두려움과 경외감을 모두 느낄 수 있는 타오르는 신경들을 그려낸 이 작가들의 글을 읽으며 내가 얼마나 이해받고 위로받는다고 느꼈던지.

제인 캠피언은 오스트레일리아의 영화학교 재학 시절, 재닛 프레임에게 자기가 그에 관한 텔레비전 영화를 만들어도 되겠느냐고 물었다. 그 영화가 자신의 첫 작품이 될 거라고 했다. 캠피언은 프레임의 자서전 3부작 가운데 1권을 막 읽은 참이었다. 프레임은 싫다며 캠피언을 밀어냈고, 세 권으로 이루어질 자서전을 아직 다 쓰지도 않았다고 했다. 그는 젊은 캠피언이 포기하고 가버리기를 바랐다. 이 젊은 여자가 자신의 책을 온전히 존중해줄 거라고 믿을 수가 없었다. 프레임은 집필을 계속해서 3부작을 완성했다. 캠피언은 포기하지 않았고 결국 프레임은 승낙했다.

캠피언이 1990년에 발표한 영화 〈내 책상 위의 천사〉는 전 세계 관객에게, 그리고 퇴원 직후에 그 영화를 본 나에게 재닛 프레임의 존재를 알렸다. 나는 프레임의 삶과 그 실화를 통해 내 이야기가 전혀 유일무이한 이야기가 아니라는 것을 다시금 깨닫고 정신이 번쩍 들었다. 또한 그가 자신의 이야기를 타인들의 손에서 가져와 다시 썼다는 것, 자기 이야기를 자신의 것으로 장악했다는 것, 「누런 벽지」나 『벨 자』의 화자들과 달리 의료 기관의 서사에 굴복하지 않고 스스로 자신의 이야기를 쓰고, 안으로부터 그 이야기를 들려주는 자신만의 방식을 찾아냈다는 것, 프레임의 이야기에 담긴 이 희망도 내게는 큰 자극이 되었다. 캠피언이 보여준 프레임의 이야기는 광기에 관한 이야기도, 정신병원의 통념에 지배되는 이야기도 아니었다. 그렇지만 길먼의 이야기처럼 프레임의 이야기 역시 호러 스토리, 혹은 거의 호러 스토리가 될 뻔한 이야기였다. 의사들을 믿고 그들의 권위를 신뢰하고 그 권위에 자기 삶을 의탁했다가 뇌엽절제술을 받을 뻔했으니까. 그 일을 너무나 간발의 차이로 비껴갔으므로, 프레임은 마치 그 간신히 비껴간 운명을 막아내려는 듯이 글을 쓰며 남은 생애를 보냈다. 프레임은 여러 면에서 슐라미스 파이어스톤만큼 병이 깊었지만, 그런데도 파이어스톤은 유지하지 못한 일관성과 생산성으로 창작을 이어갈 수 있었다. 재닛 프레임의 발견은 나에게 전율이었다. 내가 1990년대에 캠피언의 영화를 보았을 때 프레임은 여전히 살아서 뉴질랜드 어딘가에서 책을 쓰고 있었다. 그의 책들은 광기의 이야기를 다양하고 복잡하게 들려주며, 그 이야기에 단순함이라곤 없다. 또한 그 이야기들은 인간으로서 존재한다는 것의 의미와도 결코 동떨어져 있지 않다. 혼자이고, 두려워하며, 타자화되었다는 점에서. 혹은 리어 왕의 표현을 빌리자면, **보호받지 못하는** 상태라는 점에서. 여기서 셰익스피어는 인간 조건을 집 없는 상태와 연결하고, 인간은 **가련한 알몸의 두발짐승**에 지나지 않는다고 보았다.

―#―

정신 질환이라 불리는 것이 어느 정도라도 심도 있게, 혹은 그에 걸맞은 복잡성을 온전히 담아 표현되는 일은 매우 드물다. 오히려 나는 매일같이 미디어의 모욕적인 표현을 접한다. 제인 캠피언의 영화를 그토록 탁월하게 만든 것은 프레임의 이야기를 단순화하지 않겠다는 그의 단호함이다.

캠피언의 영화에서 잊히지 않는 한 장면: 젊은 여자가 칠판 앞에 서 있다. 여자는 이제 막 집을 떠나왔다. 가족의 익숙함에서 떨어져 나와 지내는 첫해다. 언니 둘은 둘 다 물에 빠져 세상을 떠나고 이제 없다. 뇌전증으로 아픈 남동생, 결코 자기만의 인생을 살아가지 못하게 될 남동생에게 아버지가 퍼붓는 분노. 이제 세 남매만 남았고, 그중 막내는 결혼해서 떠났다. 재닛은 모든 상실을 느낀다. 하나의 상실은 또 다른 상실의 메아리이며, 앞을 못 보게 하는 후면 거울이다. 재닛은 현재와 달랐던 과거를 찾지만, 물론 그것은 더 이상 존재하지 않는다. 지금은 이것이 삶이다. 그녀는 교사가 되었다. 이제는 공포감과 자신의 취약성에서 벗어나야 한다. 깔끔하게 옷을 차려입고 책상에 앉아 자기를 응시하는 아이들 앞에 서게 될 것이다. 오늘은 한 상급 교사가 수업을 지켜보러 와 있다. 수업 참관 날이다. 그녀는 칠판 앞에서 수업 내용을 칠판에 적으려고 돌아선다.

케리 폭스가 〈내 책상 위의 천사〉에서 재닛 프레임을 연기했는데, 완전히 프레임이 된 듯한 섬세한 연기가 일품이다. 어린 학생들과 이제 교실 뒤 책상에 앉아 있는 그 안경 쓴 남자를 바라보는 눈빛. 그녀가 그들을 바라보는 동안 뭔가가—**거의 감지되지도 않을 정도로**—변화한다. 그녀가 얼어붙는다. 그녀는 분필을 쥐고 칠판에 뭔가를 쓰려 한다. 얼굴이 붉어지고 이제 아무 말도 못 하고 마비된 듯하다. 울고 싶지만 여기서는 안 된다. 그녀는 분필을 떨어뜨리고 교실 밖으로, 학교 밖으로 뛰쳐나가 숲으로 간다. 그녀는 돌아갈 수 없고, 돌아가지 않을 것이다. 우리는 그녀가 자신을 구하기 위해 달아나는 것이라는 느낌을 받는다. 케리 폭스를 통해 우리는 프레임의 연약함을 보고 느낀다. 그녀가 입은 옷의 어색함을. 비칠 듯이 얇은 그 원단을. 피가 몰려 붉어진 그녀의 얼굴이 꼭 내 얼굴 같다. 나 같은 여자들—아일랜드인이고 빨간 머리인 여자들은 피를 더 많이 흘린다고, 내가 출산할 때 조산사가 말했다. **그런데도 우린 어떻게 살아남은 건지 원**, 하고 조산사가 웃는다.

작가들에 관한 영화 가운데 훌륭한 작품 세계를 창조한 그 예술가를 생생하게 구현하는 데 조금이라도 성공한 작품은 매우 드물다. 이유는 명백하다. 우리는 관객이 되어 그 예술가를 대상으로 바라본다. 이 사람은 버지니아 울프를 연기하는 니콜 키드먼이고, 마르그리트 뒤라스를 연기하는 제인 마치, 실비아 플라스를 연기하는 귀네스 팰트로라고 보는 것이다. 우리는 작가로 분한 배우를 보고, 책의 페이지에서 들리던 목소리를 잃어버린다. 독자가 책과 함께하는 경험, 그 내밀한 전달의 경험을 잃어버린다. 이런 시도는 대부분은 실패하며, 결국 작가를 생생하게 살려내는 매체는 그 작가의 예술 자체라는 진실을 폭로한다. 그리고 이 점이 〈내 책상 위의 천사〉가 놀라운 이유다. 이 영화는 볼거리를 제공하기보다는 프레임의 작품 세계와 대화를 나누면서 그의 자서전을 번역하고, 우리가 숨겨진 의미를 발견할 수 있도록 보완해준다.

케리 폭스를 통해 나는 재닛의 수치심과 공포와 모욕감을 느낀다. 이 영화는 몰입 그 자체이며, 나는 매번 볼 때마다 재닛과 함께 재닛의 유년기에 들어가 있고, 언니와 여동생의 죽음이라는 끔찍한 상실을, 그 일이 더 많은 상실로 이어지는 것을, 재닛이 정상적인 삶을 살지 못하게 되고, 광기로, 정신병원으로 들어가는 것을, 보살핌을 받기 위해 조현병을 "걸쳐 입는" 것을 고스란히 느낀다. 이것이 어떻게 그를 정신병원이라는 비공간으로 이끌어가고, 정신병원 환자의 이력을 시작하게 하는지를. 당신이 어쩌다 거기 들어가게 되었든, 그 이유보다 더 심각한 것은 당신을 계속 거기 머물게 하는 것인지도 모른다. 나의 시도가 그랬듯 프레임의 자살 시도도 그리 진지한 마음으로 한 건 아니었다. 하지만 이는 오래지 않아 의미가 없어졌다. 정신병원의 논리가 장악하게 된다. 자서전에서 그 몇 년의 세월을 묘사하며 프레임은 이렇게 썼다. 나는 주변 다른 사람들이 행동하는 것처럼 행동했다. 그들의 언어를 학습하여 그 언어를 말하고 행동으로 옮기는 나. 나는 속속들이 혼자라고 느꼈다. 말을 주고받을 사람이 아무도 없었다. 다른 정신병원들에서도 그렇겠지만, 일단 그 안에 갇히면 그들이 시키는 대로 하게 되며 그러지 않으면 화를 자초하게 되니, 그 말에 토를 달 수도 없었다.

문제는 시설에 수용된 경험만이 아니라, 그 경험이 우리가 퇴원한 뒤에도 오랫동안 우리 삶으로 확장되어 들어오는 방식이었다. 나를 불태우는 상실감과 사별의 슬픔, 고립감, 그리고 이제는 또 다른 동생 준도 곧 결혼으로 잃게 되리란 사실에, 이 지구상에 나를 위한 장소는 한 곳도 없는 것 같은 느낌이 들었다. 나는 서니사이드를 떠나길 원했지만, 그렇다고 내가 어디로 갈 수 있었을까? 나는 잃어버린 모든 것을 애도했다. 나의 교사 경력, 나의 과거, 이제는 내가 몇 주 이상은 결코 머물 수 없다는 걸 잘 아는 나의 집, 언니들과 여동생, 내 친구들, 내 치아. 그러니까 한 사람으로서의 나 자신을.

이제껏 내게 정신과 환자로 산다는 것에 관해 이렇게 정확하고 솔직하게 이야기해준 사람은 없었다. 인간의 존재 방식 가운데 당신이 남들과 다른 영역으로 들어섰다는, 당신은 영원히 타자로 여겨질 것이라는 그 깨달음. 진실한 연결과 의미 있는 인간관계의 불가능성. 그리고 다른 어디에도 당신이 있을 수 있는 곳은 없다는 인식. 파멸의 감각. 이 장소가 그어놓은 당신 인생의 한계들을 느끼는 것. 어느 가을, 의사들은 집으로 돌아가고 당신은 아무 할 일도 없이 여기 남아 있는 또 한 번의 일요일. 프레임이 그랬듯 이제는 당신도 사랑하게 되고 필요로 하게 된 그 의사들에게는 다른 삶이 있는데, 아무도 당신 같은 삶은 원하지 않을 것이다. 나갈 방법이 없을지도 모른다는 인식. 퇴원 후 프레임은 자유였음에도 전혀 자유롭지 않았고, 자유롭기에는 너무 늦은 뒤였다. 고프먼이 말한 도덕적 이력은 영원한 이력이다. 일단 정신병원 환자가 되고, 거기서 충분히 시간을 보내고 그 상태가 자리를 잡으면, 그 상태를 떨쳐내기는 어렵다. 프레임은 자기가 그러고 싶을 때는 **조현병을 걸쳐 입어야** 했다고 썼다. 그는 이제 그 역할에 익숙해져 조현병을 걸쳐 입는 일에 능숙했다. 그것이 뭔가를 제공해주었다. 그 상태가 너무 오래 계속되자 어느 시점에 나의 오빠가 **수지는 병원에 있는 걸 좋아해**라고 말했던 것처럼. 프레임에게는 조현병을 걸쳐 입어야 할 충분한 이유가 있었다. 달아나는 것, 대안적 삶의 방식을 찾아내는 것이야말로 예술가가 원하는 것 아니겠는가? 그것이 광기가 아니라면—물론 광기는 그 대안이 될 수 없었을 것이다. 그건 뇌엽절제술을 받을 뻔한 위험으로 몰고 갔었으니까—다른 무언가였다. 제3의 공간. 그것에 대한 희망, 다른 무언가를 붙잡으려 뻗은 손. 자서전 3부에서 프레임은 이 제3의 공간을 거울 도시라고 불렀다. 그것은 프레임이 문학의 세계로 들어가는 입구였다. 그의 진짜 집이었고, 진짜 진단—**작가**라는 진단—이었으며, 그는 거기서 살고자 했다.

—#—

『또 다른 여름을 향해Towards Another Summer』는 프레임의 유작으로, 2007년에 출판된 그의 마지막 소설이다. 프레임은 그 소설이 너무 개인적이어서 살아생전에는 출판할 수 없다고 느꼈다. 이 책의 주제는 초기 작품에서부터 익숙한 것이었다. 세상에서 너무 멀리 밖으로 나왔다는, 너무 멀리 동떨어져 있다는 감각. 프레임이 정신병원에서—이제 덫이 되어버린 피난처에서—키워온 자기 보호의 아우라. 그 소설의 화자는 철새 같은 존재로, 여기라고, 집이라고 할 만한 곳에 결코 머물지 못하는, 영원히 소외된 존재다.

이 소설은 프레임이 영국에 살고 있는 뉴질랜드 출신 부부의 집에서 보낸 어느 주말의 이야기를 기반으로 한다. 프레임은 이 소설을 자신의 가장 자전적인 책이라고 말했고, 내가 읽어본 책 가운데 외로움을 가장 생생하게 묘사한 책 중 하나다. 이 소설은 객식구라는 익숙한 위치의 어색함에 관해 고찰한다. 화자는 사교적 관습의 세계에서 살아갈 능력이 전혀 없고, 현재 시제에 머무르려는 노력도 별 효과가 없다. 모든 만남이나 대화나 순간이 과거의 한순간으로 그를 되돌려놓는다. 그를 초대한 주인 부부는 친절하고 관대하지만, 그는 뭘 해도 편안해지지 않는 '철새'다. 부부가 이런저런 말을 하면, 화자는 곧장 자기 유년기로, 어머니나 아버지나 언니와 보낸 한순간으로 끌려가 있는 자신을 발견한다. 가장 깊이 느껴지는 것은 젊은 날 정신병원 환자로서 보낸 기나긴 시기와 많은 시간을 홀로 지내는 작가로서 살아온 여러 해다. 그는 워낙 섬세해서, 모든 대화가 위험하고 지극히 위태로운 느낌이 든다. 그가 사람과 연결을 맺지 못하는 것은 가슴 아픈 실패이며, 이 일상적 실패는 더욱 깊고 완전하게 그를 고립시킨다. 프레임의 다른 작품들에서도 그렇듯이 여기서도 광기는 언어를 사용할 수 없다는 인식, 언어에 대한 불신, 의미와 의도에 숭숭 파여 있는 빈틈들에 대한 끊임없는 인식이다.

나는 재닛 프레임이 세상을 떠나고 몇 년이 지나서야 이 책을 읽었다. 내가 이 책에서 정말 좋아하는 점은 솔직함이다. 삶의 이 시점에 프레임은 아주 성공적이고 높은 성취를 이룬 작가였음에도 여전히 거북해하는 사람이었고 세상과 잘 어울리지 못했다. 그는 삶의 외적인 틀에 잘 적응한 것처럼 살았지만, 작품을 통해 세상의 틀에서 벗어난 진짜 자아를 드러냈다. 우리 모두 그렇듯이, 그는 **가련한 알몸의 두발짐승**이었다.

감금

내가 그곳을 사랑했다고 말할 수 있는 것은 오직 되돌아볼 때 뿐이다. 나는 거기를 사랑하지 않았다. 그곳에 익숙해진 것이다. 나는 거기 적응했고, 거기에 의존하게 되었다. 이런 건 사랑이 아니다. 하지만 우리는 바깥 사람들의 눈에 아무리 끔찍해 보이는 상황에도 적응할 수 있다. 의사들과 간호사들이 왔다가 떠나는 것에도 익숙해지고, 나날의 리듬에도 익숙해진다. 해가 진 뒤 밤에, 의사들과 주간 근무조가 떠난 뒤, 저녁 식판을 거둬간 뒤(저녁 시간은 오후 5시 정각이었으므로 6시나 6시 반이면 식판이 다 치워졌다), 모든 일이 체계적으로 굴러가는 방식에는 믿고 의지할 수 있는 뭔가가 있었다. 그 뒤 찾아오는 저녁 시간과 취침 시간 사이에 거대한 공백이 있었다. 그 기나긴 여름의 여러 달.

그렇지만 사랑이란 그걸 표현하기에 걸맞은 단어가 아니고, 나는 그게 향수인지도 의심스럽다. 감금의 공간, 감시의 공간에서 사는 삶을 당신은 사랑할 수 있는가? 나는 지난 십 년 사이에 이르러서야 비로소 이런 언어를 듣기 시작했다. 당시 내게는 그 언어가 없었다. 사람은 보살핌과 관심에 익숙해질 수 있다. 사람은 무엇에든 익숙해질 수 있다는 것, 이게 내가 하려는 말인 것 같다. 나는 거기 익숙해졌던 것이다.

Q&A

(답할 수 없는 질문들: 그 일이 어떤 식으로든 당신에게 도움이 되었나요? 만약 당신이 입원 생활을 하지 않았다면, 현재 당신이 있는 위치에 있을 수 있다고 생각해요? 휴식할 수 없는 사회, 혹은 아무도 쉬어서는 안 되는 것으로 여겨지는 사회, 휴식을 무가치하게 여기고 게으름으로 여기는 사회, 생산성이 성공의 척도인 사회에서 휴식할 수 있었던 건 선물이 아니었을까요? 그때 당신이 치유받거나 도움받거나 보살핌을 받도록 선택된 것이 당신에게 유망한 잠재력이 있었기 때문이라면, 너무나 많은 다른 사람들은 선택받지 못했고, 앞으로도 결코 선택받지 못할 상황에서 그건 너무 불공평한 일 아닌가요?

선택받은 우리가 선택된 것은 이미 우리에게 무언가가 있어서, 그러니까 의사들—트리얼과 프린스와 블로섬과 톰린슨—

이 어느 수준에선가 우리에게 동질감을 느낄 수 있어서였고, 그들이 우리에게, 나에게 토머스 머튼과 W. H. 오든에 관해, **프랑스어 원서로 프루스트의 책을 읽는 일**에 관해 이야기할 수 있어서, 그리고 내가 그 말을 이해할 수 있어서였다는 것, 그렇다면 내가 도움과 보살핌을 받은 것, 내가 쉴 기회를 얻었던 것은 사실 그렇게 단순한 일이 아니었다는 말이죠?

그러니, 맞아요.)

회의와 긍정

 캠퍼스로 복귀한 그 학기는 기묘한 느낌이었다. 나는 이방인이자 누군가를 사칭하는 사람, 금세 들통날 사기꾼이었다. 동시에 나도 급우들을 사기꾼들이라 판단했다. 그들이 인생을 손쉽게 살아가고 나의 정신병원 동료들을 무시한다고 나는 혼자 생각했다. 대학 동기들에게 나의 다른 인생, 정신병원의 경험을 말해줄 수는 없었다. 하지만 그들이 그 일을 알았다면 나를 비판하거나 조롱했을 거라고 가정하는 것은 정당하지 않다. 물론 그중 다수가 그랬을 테지만 일부는 그러지 않았을 것이다. 어쨌거나 내 인생의 그 사실들을 그들에게 말한다는 건 나에게는 불가능한 일이었다.
 공인된 세계, 이른바 실제 세계(지하철, 캠퍼스)로 여행을 갔다가 거기서 빠져나와 다시 (정신병원으로) 복귀하는 식의 나날은 다양한 정신 상태를 돌아가며 촉발했다. 나는 그 병동의 부조리함과 그로테스크함에서 벗어났다는 데서 안도감을 느꼈다. 지하철을 타고 시내로 가서 다시 캠퍼스에 들어서면 그 거리감이 나에게 일시적인 안정감을 확보해주었다. 주변에 보이는 저 여자들만큼 나도 정상적으로 작동하며 살 수 있을 거라는 믿음과, 내가 병원의 다른 이들만큼 그리 나쁜 상태는 아니라는 인식. 나는 누군가는 새 환자로 들어오고 또 누군가는 붕괴해가며 각자 보이는 특유의 모습들, 그 광경에서 빠져나왔다는 데 안도감을 느끼곤 했다. 대학이라는 나의 위치에서 볼 때, 그 모든 것이, 그 자체로 자족적이고 완전한 정신병원의 세계가 얼마나 참혹하고 견딜 수 없어졌는지. 나는 이러한 깨달음을 나 자신에게 속삭이면서도, 여전히 그 순간을, 여지없이 당도하고야 마는 그 순간을, 내가 대학 캠퍼스에 속한 존재가 아니라는 것을 상기시키는 그 순간을 기다렸다.

나는 **시설에 들어갈 필요가 있었다.** 나는 **안전하지 않았다.**

그러므로 그 회귀는 안도이자 한숨 돌릴 기회였다. 병원 문이 가까워지면, 그 건물로 들어가는 계단을 오르기 전에 마음의 준비를 하던 기억이 난다. 병원으로 돌아가지 않으려는—도주하려는—충동이 이따금 덮쳐왔지만, 그래도 그건 그냥 지나가는 충동으로만 남았다. 잃어버린 자율성을 떠올려보는 한 방식이랄까. 그 충동은 그리 진심은 아니었다. 내가 그 상황을 아무리 굴욕적으로 느꼈다고 해도, 거기 머물지 **않는** 상태를 상상하는 능력을 일찌감치 잃어버린 것 역시 사실이었으니까. 지금은 그 마음을 하나의 감정이나 생각이나 기분으로 단순히 분류할 수 있을 것만 같다. 하지만 그렇게 분류하면 그 힘을 약화하게 될 것이다. 그것은 나 자신에 대한 믿음 또는 이해와 결부되어, 이 감정에 일반적으로 감정의 힘으로 인정되는 정도를 넘어서는 힘을 부여했다. 그것은 또한 고통의 순간을 붙잡고 놓지 않으려는 의지, 거기에 불가결한 무언가, 필요한 무언가가 있다고 믿으려는 의지이기도 했다. 나는 그 마음을 이해하는 일에 내 인생을 바칠 작정이었다.

수업이 있는 날 아침이면, 나는 간호사 스테이션에 주간 근무 간호사를 만나러 갔다. 거기까지 가는 동안 환자들을 지나쳐 갔는데, 그들의 파자마와 담배를 보면 현재 상태를 짐작할 수 있었다. 어떤 날에는 일찍 일어나 허드슨강이 내려다보이는 텔레비전 방에서 실내 자전거를 탔다. 나는 입원 생활의 틀을 다시 짜고 다시 활력을 불어넣으며 나갈 채비를 하는 중이었다. 간호사가 아침 약을 나눠주는데, 원래 소변 검체용으로 쓰는 플라스틱 컵에 다양한 처방약을 담아주었고, 나는 이걸 배낭 주머니에 집어넣고 지퍼를 잠갔다. 클로노핀이나 멜러릴 혹은 필요시에만 복용하는 아티반까지. 이행 대상*으로서의 약물.

나는 공식적인 임시 통행증을 소지하고 있었으므로 엘리베이

---

* D. W. 위니컷이 제안한 개념으로, 아이가 어머니에게서 정신적으로 분리되며 의존 단계에서 독립 단계로 넘어가는 과도기에 일시적으로 어머니를 대신해 위안과 안정감을 주는 애착 인형이나 상상 친구 등을 말한다.

터 탑승도 허용됐다. 나는 병원 환자복을 벗고 찢어진 청바지와 닥터마틴 워커를 신었다. 여드름으로 붉게 얽은 얼굴은 머리카락으로 덮어 가렸다. 엘리베이터에서는 다른 층에 있는 환자들을 보러 가는 의사나 레지던트와 마주치기도 했다. 4층에는 조현병 환자들이, 6층에는 식이장애 환자들이, 3층에는 청소년 환자들이, 7층에는 전기충격 치료를 받는 환자들이 있었다. 엘리베이터 문이 닫히면, 나는 이 좁은 공간에 함께 있는, 우리가 아는 다른 유일한 맥락에서는 나에게 제도적 권위를 행사하는 그 사람들과 동등한 사람이 되었다. 나는 168번가로 걸어 나가 도움을 주는 전문가, 환자, 가족, 학생, 떠돌이 들로 이루어진 복잡함과 부산함 속으로 섞여 들었다. 나는 젊었다. 나의 젊음을 그렇게 정확히 인식하는 것은 고통스러웠다.

  동시에 나도 언젠가는 내가 매일 만나는 의사들이나 간호사들처럼 나이가 들 거라는 생각에는 현실감이 없었다. 만약 누가 내게 물었다면 나는 그 나이가 될 때까지 살지 않을 거라고 말했을 것이다.

  그러나 지금 생각해보면 더 직면하기 어려웠던 진실은, 내가 살아서 그 시절을 **보게 될 것**이며, 필연적이고 잔인한 모든 상실이 그 흘러가는 시간에 흔적으로 새겨지리라는 것이었다.

  당시의 나라면 인정하지 않으려 했을 또 다른 난처한 진실은, 내가 아직도 캠퍼스와 병원 사이 어딘가에 있는 삶을 추구하고 있었다는 것이다. 매우 실질적인 의미에서 캠퍼스와 병원 각각은 나머지 세상이, 그러니까 나의 가족, 내가 속한 교회, 내가 받은 가톨릭 교육이 부여한 서사에 대한 대안적이고 저항적인 서사를 제공했다.

캠퍼스에서 우리는, 우리 총장이 우리의 지적 정체성이라 부른 것을 키워갔다. 그 전까지는 그런 것을 가치 있게 여기라는 말을 들어본 적이 없었다. 병원에서는 질병의 정체성을 키워갔다. 그것은 죽고 싶어하는 나의 일부, 이 세상이 견딜 수 없다는 걸 알고, 살아가는 게 불가능하다고 느끼는 나의 일부였다.

그것이 진실이 아니라는 건 중요하지 않았다. 중요한 것은 거기에는 죽고 싶다는 우리의 바람을 실체적인 무언가로 인증해주는, 의학적 권위를 지닌 상징적 대표자가 있었다는 것이다.

캠퍼스와 정신병원, 그리고 그 둘 사이의 거리. 이것이 내 제3의 선택지였다. 나는 바로 여기서 진정한 피난처가 될 공간을 발견하고 싶었다. 이른바 현실 세계의 내부에 존재하는 동시에 그 세계를 초월한 피난처를.

―#―

내가 이런 심연의 감정에 가장 가깝게 다시 다가간 것은 그로부터 몇 년 뒤, 끔찍한 이별을 한 직후였다. 문득 자살 예방 전화의 번호를 누르고 있는 나 자신을 깨달았다. **내가 꼭 계속 살아야 한다고 말해줄 누군가가 필요해요.** 나는 전화에 대고 말했다. 상대편 목소리가 뭐라고 대답했는지는 기억나지 않는다. 내가 아는 건 내가 곧 전화를 끊었고, 몇 분 뒤에 경찰관 한 명이 초인종을 눌렀다는 것이다. 약간의 대화를 나눈 뒤, 나는 내게 도움이 필요하지 않다고, 나 자신을 해하지 않을 거라고 경찰관에게 확신을 심어줄 수 있었다. 나는 파란 셔츠 잠옷을 입고 있었다. 나는 전화기 반대편에서 누군가의 목소리를 들어야만 할 것 같았다(그렇게 말하지는 않았다). 걱정해주는 누군가, 혹은 보살피는 역할을 수행하는 누군가의 목소리. 어느 쪽이든 상관없었다.

내 아파트에 혼자 남아 있었던, 정신병원에 가지 않았던 이 순간들은 작은 승리의 순간들이었다. 나 자신을 계속 살려둔다는 생각이 죽음에 대한 생각보다 더 지독한 것이었음에도.

—#—

병동에 도착하는 순간은 자유로운 사람이자 대학생에서 아주 심각하게 병든 입원 환자로 돌아가는 순간이었다.

캠퍼스에서 나는 문학 전반에 걸쳐 광기가 줄곧 지배적인 주제 중 하나였음을 배웠다. 소멸에는 진실이 있기 때문이다. 예의 바른 사회에서는, 심지어 친구들 사이에서도 표현되지 않는 모든 것을 우리에게 상기시켜줄 광기의 목소리가 필요하다. 수전 손택이 시몬 베유에 관해 **우리에게는 그녀의 비이성의 목소리가 필요하다**라고 썼듯이. 광기 속에 진실이 존재한다. 자기 자식이 베유가 되기를 바라는 부모는 아무도 없겠지만, 베유는 진실을 말하는 사람이었다. 손택에게 온전한 정신이란 타협, 거짓말일 수 있었다.

그 모든 세월을 보내고 난 뒤 깨달은 진실은 나의 광기에 실질적으로 나를 자유롭게 해주는 면모는 하나도 없었다는 것이다. 때로 나를 진실에 대한 인식에, 개인적 진실성에 더 가까이 데려다준 일은 있었다고 해도 말이다. 시간을 멈추는 일 같은 건 존재하지 않는다. 그리고 시간은 오직 한 방향으로만 나아간다.

―#―

내가 아직 병원에 있을 때 수재나 케이슨의 회고록『처음 만나는 자유』가 출간되었다. 1967년에 매사추세츠주 벨몬트에 있는 매클레인병원에서 머문 열여덟 달 동안의 이야기다. 책은 나오자마자 베스트셀러가 되었다. 동시에 조롱거리가 되기도 했다.『프로작 네이션』처럼 우울함에 어떤 지위를 부여하려는 시도로 읽힐 수 있는, 백인 여자들의 쟁쟁한 정신 질환 회고록들의 목록에 또 한 권이 추가되었다는 것이다.

닥터 트리얼은 케이슨의 책을 "들어는 봤다"라고 무시하듯 말했다. 자기 환자들은 그런 책을 쓸 필요가 없다고 했다. **내 환자들은 아주 성공적으로 치료되어서 밖에 나가 진짜 일을 하니까,** 이제 그들은 회복했으니까. 그리고 그건 내 덕이라는 암시가 항상 깔려 있었다.

―#―

실버먼 학장 역시 격주 면담 때 케이슨의 회고록을 무시하는 발언을 했다. 나는 그 책 몇 시간 만에 다 읽었어, 하고 그가 말

회의와 긍정 475

했다. 어깨를 으쓱하고, 손을 내저으면서.

짧다는 것 역시 그 책이 중요하지 않다는 또 하나의 증거였다.

진지한 여자라면 굳이 자기 삶에 관한, 과거에 관한 글을 쓰는 귀찮은 짓은 하지 않는다. 진짜 작가—진짜 **바너드 학생**—는 미래를 바라보며 앞으로 나아간다.

나는 실버먼 학장이 무서웠지만, 그래도 그는 록산이 그랬듯, 내가 만나본 모든 사람 가운데 가장 솔직한 축에 속했다. 학장은 나의 이른바 병이라는 것에는 관심이 없었다. 그건 의사들이 해결할 일이었고, 그들의 게임이었다. 학장은 내 병을 직접 언급하는 일은 피했지만, 이런 말은 했다. 그들이 널 거기 붙잡아두고 있는 거야. 너 그거 알고 있니? 이게 **네 인생의 경로를 바꾸고 있다는 거**.

—#—

고프먼: 그 기관은 **사람을 변화시키는 촉성 재배실이다. 자아에 어떤 짓을 할 수 있는지 알아보는 자연 실험인 것이다.**

『프로작 네이션』처럼 『처음 만나는 자유』도 『벨 자』와 『공기 없는 공간들』 사이 어딘가에 자리한다. 하지만 케이슨의 이야기와 워첼의 이야기는 『벨 자』와 『공기 없는 공간들』 같은 식의 비극은 아니다. 우리가 아는 한 케이슨은 잘 살고 있으니 말이다.

케이슨은 회고록이란 착각과 생략으로 가득한 구성물이라는 말을 적어도 두 번 이상 했다. 기억은 허구다. 그는 회고록에 아주 많은 부분을 포함시키지 않고 남겼는데, 이 점이 그 책의 지속적인 영향력을 더욱 키워준다. 케이슨은 병원을 떠나는 것이, 실제 삶으로 돌아오는 일이 어땠는지는 전혀 이야기하지 않는다. 그 전환이 자신에게 어땠었는지. 언젠가 나는 어느 서점 행사에서 케이슨이 자기 회고록을 낭독하는 것을 들었다. 청중 중 누군가가 그에게 병원을 떠난 일과 그 이후에는 어땠는지 묻자 케이슨은 말했다. 뭐, 아주 힘들었죠. **그게 내가 그 이야기를 쓰지 않은 이유예요.**

—#—

사회복지사는 내가 사회보장 장애 지원금을 받도록 조치해주면서, 그렇게 오래 입원해 있었던 사람이라면 누구에게나 장애 지원금을 지급하는 것이 규정이라고 설명했다. 이는 세상 속 나의 달라진 위치를, 내가 얼마나 많이 추락했는지를 확인해주었다. 대학 학비도 아빠가 대주고 있는 마당에, 액수가 아무리 적더라도 퇴원 후 지원금까지 받는다는 점은 나에게 장애가 있다는 사실을, 내가 병원을 떠난 뒤에도 그 장애는 끝나지 않는다는 것을 의미했다. 내가 정신병원 환자라는 것을. 이 역시 여러 해 이어졌고 아직도 이따금 솟아오르는 믿음, 그러니까 내가 나의 상실, 나의 절망, 나의 철저한 무능함의 이야기에 갇혀서 빠져나갈 수 없다는 내 믿음을 뒷받침하던, 그리하여 내게 도움이 되기도, 해가 되기도 하던 또 하나의 자기실현적 예언이었다.

나는 수년간 이 얇은 선 위에서 병원에 들어갔다가 나왔다가 하면서 살았다. 양쪽을 오고 갔다. 서른 살이 가까워질수록 닥터 트리얼의 말이 점점 더 나를 따라다니며 괴롭혔다. 내가 서른 살이 되어서도 여전히 이렇게 맛이 가 있는 상태라면? 그때는 어떻게 하지? 설사 살아 있다고 하더라도, 그때는 어떤 일이 일어날까? 나는 항상 이런 식일까? 그 선 위에서 균형을 잡아 바른 쪽에, **제정신을 유지하는 쪽에** 머물지 못한다면, 혹은 더는 머물지 못하게 된다면 어떡하지? 그때는 어떻게 하나?

산 채로 거기에 당도한다고 해도, 네가 서른 살이 된다고 멈추는 건 없어. 거기 무슨 마법이 있는 게 아니라고. 수년간 나는 이 공포와 압도감의 물속에서 허우적댔다. 닥터 트리얼은 또 넌지시, 여자 정신과 환자들은 결혼할 가능성이 별로 없다는 말도 했다. 나는 꼭 결혼하고 싶었던 것도 아니고 결혼은 거의 상상도 할 수 없는 일이었지만, 내가 어려서부터 알고 있던 많은 이들, 나의 자매들과 고등학교 때 친구들은 그 무렵 결혼을 생각하고 있었다. 그건 어느 정도 성공의 표지였고, 정상적인 삶을 살아가려면 자신을 그 안에 끼워 맞춰야 하는 개념이었다. 나는 중서부 지역 특유의 정상성이라는 개념을 내면화한 사람이었지만, 그럼에도 그 개념에서 오류를 보았다. 나는 다른 종류의 인생을 상상할 필요가 있었다.

회복에 관하여 (Ⅱ)

그래서 자살하지 않겠다고 결심하고, 그만큼 중요하게 자살 시도를 하지 않겠다고, 따라서 평생 환자는 되지 않겠다고 결심한 뒤로, 나는 살아가는 법을 알아내기 위해 내가 잘 아는 사람들, 혹은 잘 알지 못하는 사람들을 관찰하기 시작했다.

예를 들어, 나는 수년간 커피에 반대해왔다. 이는 내 정화 루틴의 일부였다.

퇴원 후 얼마 지나지 않은 어느 날 나는 닥터 B에게 전화를 걸었다. 나는 엘리베이터가 없는 건물의 5층 방에서 침대에 누워 있었다. 이 방은 린다라는 싱어송라이터와 함께 쓰고 있었는데, 린다의 본업은 리눅스의 소프트웨어 엔지니어였다. 나는 린다가 나가는 소리가 들릴 때까지 2층 침대에서 꿈쩍도 하지 않았다. 린다가 나가고 나면 일어나서 복도를 걸어가 화장실을 쓰고 다시 방으로 돌아왔다. 어떤 날엔 주방에 있는 간이 샤워 부스에 들어가 샤워를 한 다음 옷을 입었다. 나는 임시직으로 일하고 있었다.

그러나 이날은 다시 침대로 돌아갔다. 아파트 밖으로 나갈 수 없으리란 걸 알았다.

이날 아침 나는 울고 있었다. 처음에는 어떤 안도감에서 시작되었지만 그러다 전혀 다른 감정으로 변해갔다.

닥터 B는 차분했지만, 걱정스러워했다. 이런 일이 처음은 아니었다. 나는 두어 달 전에 병원에서 나온 터였다. 그는 내가 이른바 주간 활동 프로그램에 참석하기를 바랐는데, 내게 그건 죽음보다 더 나쁜 운명처럼 보였다.

닥터 B는 대체로 내가 일단 출근하고 나면 기분이 나아졌다는 사실을 상기시켰다.

그건 사실이었다.

닥터 B는 가봐야 했고, 점점 인내심이 바닥나고 있었다. 수지,

그냥 가서 커피 좀 마시지 그래요?

커피는 안 마셔요.

내가 커피를 안 마시면 침대에서 나올 수 없다는 거 알아요?

지금 닥터 B의 관점에서 그 상황을 생각해본다. 그는 어린아이들 혹은 아기들이 있었거나 임신 중이었던 엄마였고, 만만치 않게 힘든 직업을 갖고 있었으며, 갓 전임의가 되어 더욱 바빠진 데다 출퇴근도 해야 했다. 그 모든 일을 해내는 사람이 이 스물다섯 살 먹은 아기가 침대에 누워 말도 안 되는 한심한 임시직 일거리에 대해 징징거리는 소리를 들어주고 있었다. 살면서 해야 할 일이라곤 그 임시직 일밖에 없으면서. 그리고 수업 하나를 듣는 것. 수업 하나나 둘을 듣는 것. 이런 게 그 여자의 드라마였다. 나라도 인내심이 바닥났을 것이다.

이제 좀 차분해진 그가 말했다. 있잖아요, 내가 일전에 〈뉴욕타임스〉에서 새로운 연구에 관한 기사를 읽었는데, 하버드에서 한 연구였어요. 간호사들에 관한 연구.

잠시 멈춤.

그들은 커피를 마시는 간호사들과 마시지 않는 간호사들을 추적 연구했는데, 커피를 마시지 않는 간호사들보다 커피를 마신 간호사들이 자살할 확률이 낮았대요.

잠시 멈춤.

뭐, 이렇게 단순하지는 않아요. 하지만 무슨 말인지 알겠죠? 수잰만 침대에서 나오기 힘든 게 아니란 말이에요.

—#—

그러니까 내가 커피를 마시기 시작한 건 그때였다. 맨해튼의 첫 스타벅스가 문을 연 것이 일 년인가 이 년 전이었다. 닥터 B는 그 스타벅스의 팬이었다.

가서 라테 한 잔 사 마셔요! 난 이제 가봐야 해요.

닥터 B가 전화를 끊기 전, 그녀 주변의 교통 소음이 수화기를 통해 들려왔다. 그는 내가 아는 사람 중에서 카폰이 있던 최초의 사람이었다.

—#—

내가 때때로, 대개는 먼 거리에서 관찰한 또 한 사람은 오랜 친구 리오였다. 어쨌든 그도 나만큼이나 자살을 하고 싶어했지만, 어째선지 나는 정신병원에서 몇 년을 지냈는데 그는 그러지 않았다. 그 대신 그는 한동안 베를린에 가서 살았다. 지금은 뉴욕에 돌아와 정신분석을 받고 있었다. 그의 분석가는 라캉주의자였는데, 리오는 내게 그와의 사도마조히즘적 관계에 관해 이야기하곤 했다.

리오는 주기적으로 자살 얘기를 했고, 딱 쓰러져 죽고 싶어, 라거나 지금 나를 죽여줘, 같은 말을 아직도 입에 달고 살았다. 하지만 그의 그러한 경험, 혹은 생각, 혹은 우울증은 나의 것과는 상당히 다르다는 것을 내가 깨닫는 데는 아주 오랜 시간이 걸렸다. 1996년 이후로 나는 단 한 번도 **지금 나를 죽여줘**, 라거나 **딱 쓰러져 죽고 싶어**, 같은 말을 한 적이 없다. 그런 말에 대해서는 아주 신중해야 했다. 한동안은 그런 감정을 그저 억누르고 언어로 표현하지 않았을 뿐이지만, 시간이 흐르면서 그게 진심이 되었다. 그리고 내 아기가 태어났을 때, 나는 내가 결코, 절대로 자살하지 않으리라는 걸 알았다. 그건 곧 아기를 죽이는 것과 같은 일일 터이므로. 그건 상상조차 할 수 없는 일이 되었다.

아기가 생긴 일이 나를 치유했다고 말하고 싶지는 않다. 그렇게 말하는 건 역행하는 것 같고 민망하며, 명백히 그렇지 않은 여자들도 많기 때문이다. 하지만 그 일이 나에게 살아갈 다른 길을 보여준 것은 사실이었다. 닥터 B처럼 되는 것. 절망에 빠지기엔 너무 바쁘고, 동시에 삶의 덧없음을 더욱 의식하게 되는 것.

나도 진짜 철학적인 질문, 카뮈의 질문을, 내 한때-남편의 질문, 그가 어느 시에 집어 넣은 질문을 안다. "진짜 시험은 너 자신을 죽이지 않고서 어떻게 삶을 끝까지 통과하느냐다 어쩌 구 저쩌구." 그의 시에서 처음 이 구절을 읽었을 때 나는 놀랐 다. 그는 삶을 통과하는 일에서 그 어느 때의 나보다 훨씬 더 능 숙했기 때문이었다. 나도 이해한다. 하지만 그 질문은 나이가 들어감에 따라, 여하튼 죽을 때에 가까워짐에 따라 덜 흥미로워 진다. 어차피 금방 죽을 텐데 뭐 하러 그리 서두르는 걸까?

게다가 나는 사랑하는 사람들이 많고 그중에서도 내 아들을 사랑한다. 아들이 나를 필요로 하지 않게 될 때조차 아들에게 작 별 인사를 하는 것은 상상도 할 수 없다. 그런 일이 일어나야 하 고 일어날 거라는 걸 알지만, 그건 세상에서 가장 슬픈 일이다.

—#—

우리가 처음 데이트하던 시절, 내 한때-남편이 말하는 방식 은 내게 도움이 되었다. **당신은 열두 주 동안 뭐든 할 수 있다니까** 라 고 그는 말하곤 했다. 내가 가르치는 일에 두려움을 느꼈을 때 였다. 혹은 자신감 있는 척 꾸미는 방법을 코치해주던 소소한 방식들, 그리고 그의 칠레인 가족들이 인생을, 천천히 오래 하 는 식사를, 와인과 치즈를, 함께 걷는 산책을 즐기는 방식과 그냥 인사를 전하려고 주기적으로 거는 전화도 내게 도움이 되었다. 나는 그중 어느 것에도 능숙하지 못했지만, 그들의 방식을 동경했고, 거기서도 역시 살아가는 또 하나의 방식을 발견했다.

나는 내 친구들, 지인들도 관찰했다. 낯선 사람들도. 어느 날 나는 메릴 스트립의 인터뷰를 읽었다. 그는 그럴 수만 있다면 아무것도 안 하는 게 좋다고 말했다. 그 말이 내 마음을 움직였다. 상상할 수 있는 가장 좋은 삶과 가장 큰 명성과 부를 지닌 이 사람도 아무것도 안 할 수만 있다면 그러고 싶다고 하는구나. 침대에 머물러 있는 게 더 좋다고 하네.

무엇보다 나는 읽었고, 그러면서 항상 가르침을 찾고 있었다. 클레어 부스 루스의 전기를 읽었는데, 그는 립스틱을 바르지 않고는 절대 집 밖으로 나가지 않는다고 말했다. 나도 그 방법을 시도해봤는데 도움이 됐다. 나는 대학을 다니는 내내 그리고 이후까지 화장을 완전히 기피했다. 화장은 독성이 있고 순수하지 못하며 페미니스트답지 않다고 판단했었다. 하지만 그게 도움이 될 수 있다는 걸 깨달았다.

나는 연기 수업에 등록했다. 거기에는 관찰할 가치가 있는 여자들이 많았다. 몇몇은 나처럼 본업이 있었다. 하지만 거기엔 다른 사람들도 있었는데, 예를 들면 구 년 동안 〈캣츠〉에 출연 중인 배우가 있었다. 영화에 출연할 수 있도록 연기 수업을 받는 유명한 모델도 있었다. 나는 이 유명 모델과 함께 한 장면을 연기하게 되었다.

하루는 수업에 가는 길에 타임스스퀘어에 있는 전화박스에서 닥터 B에게 전화를 걸었다. 나는 내 상황의 연극성을 인지하고 있었다. 그럼에도. 체호프 연극 속 등장인물이 선언할 법한 말이지만, 나는 불행했다. 무엇보다 나에게 필요한 일은, 닥터 B가 내가 얼마나 고통스러운지 아는 것이었다. 나는 집 밖으로 나왔고, 스타벅스 커피도 사 마셨지만, 그래도 상태가 좋지 못했다. 닥터 B가 이걸 아는 게 내게는 필요했다.

이런 것도 분명 내 병의 일부였을 거라고 지금 나는 생각한다. 왜 나는 단 하나의 긍정적인 것도 그에게 알리기를 거부하면서 끔찍한 모든 일, 혹은 사소한 어두운 감정들은 죄다 그렇게 과장해야만 했던 걸까? 나는 그가 이 모든 걸 알아주길 원했다. 물론 그건 전이였고 그는 내 어머니였다. 나는 애도하지 않을 것이고, 그가 나를 잊게 두지 않을 작정이었다. 내게는 그가 나를 **걱정해**주는 것이 필요했다.

뭐 할 거예요? 그가 공중전화 수화기를 들고 있는 나에게 물었다.
지금요?
그래요.

뭐, 차도로 걸어 들어갈 수도 있고, 하고 말하며 나는 그 일을 저울질하느라 주위를 둘러봤다.

긴 침묵이 이어졌다.

아니면 수업에 갈 수도 있겠죠.

수지. 차도로 걸어갈 거라면 당장 택시를 잡아 타고 응급실로 가야 해요.

침묵.

그럴 거예요? 그가 이제 침착해져서 물었다.

아뇨.

좋아요.

좋아요.

수업 잘 들어요.

나 기분이 끔찍해요.

괜찮아요.

죽고 싶어요.

하지만 안 죽을 거잖아요.

수업은 샌디 슈린이라는 이름의 여자가 가르쳤다. 연기의 규칙에 관한 책을 자비 출판한 사람이었다. 모든 연기 교사가 그렇듯이 그는 스스로 구루로 자리매김했고, 마치 연기술의 달라이 라마인 것처럼 말했다. 이는 내가 다녀본 모든 연기 교실에 공통된 구조였고, 권력 역학이었다. 벨 훅스라면 은행 시스템 같은 해로운 교육이라고 했을 법하다. 우리는 수동적 학습자들이고, 강단에는 우리가 숭배해야 할 지도자가, 무대 위의 현자가 있다.

벨 훅스는 스탠퍼드의 학부 수업에서 이를 경험했지만, 나는 연기 수업에서 경험했다.

아무튼 그렇게 해서 나는 샬롬을 만났다.

반에는 우리 여덟 명이 있었다. 남자들이 더 많고 여자는 셋이었다. 나와 샬롬, 그리고 〈캣츠〉에 출연하는 그 배우. 〈캣츠〉 배우는 자기한테 〈캣츠〉가 얼마나 지겨운지, 일주일에 여덟 번씩 똑같은 공연을 하고 또 하는 것이 얼마나 피곤한 일인지 말하곤 했고, 그런데도 그 일을 그만둘 수는 없다고, 안정적인 일자리가 있는 배우가 아주 드문 도시에서 그렇게 안정적인 일을 어떻게 그만두겠느냐고 했다. 〈캣츠〉 배우에게는 남편이 있었는데, 스물다섯의 나에게는 아주 이상하게 보였다. 왜, 어째서 남편을 가지려 하는 것인지. 나는 남편을 갖기에는 내 치료사에게 너무 집중하고 있었다.

샬롬은 지독한 여드름 때문에 화장을 하지 않았다. 그는 내게 친절했고, 그 부드러운 목소리는 나에게 아주 편하고 친근하게 다가왔다. 어떤 여자들은 다른 여자들과의 사이에서 이런 분위기를 아주 쉽게 이끌어낸다. 이는 내게 흥미를 일으킨 또 하나의 존재 방식이었다. 나는 아직도 이런 특성에 흥미를 느끼고 동경하며 거기에 끌린다. 나는 타고나기를 이런 식으로, 이렇게 쉽게 친밀감을 표현할 수 있는 인간이 아닌데, 어쩌면 이 역시 내 병의 일부인지 모른다.

그 시절에는 인터넷이나 구글에 쉽게 접속할 수 없었으니, 아마 나중 일 혹은 그날 저녁의 일이었을 것이다. 내가 전화로 리오에게 연기 수업에서 만난 샬롬이라는 모델 이야기를 했더니 그가 흥분해서 세상에, 네가 샬롬을 안다고? 하고 소리쳤을 때야 나는 그가 슈퍼 모델인지 뭔지라는 사실을 알았다. 세계적으로 유명한 엄청난 모델이라고 리오가 설명했고, 자기 방 벽에 ICM 소속 모델들의 포스터를 붙여놨는데, 샬롬이 그중 한 명이라고 했다.

샬롬은 최고의 배우는 아니었을지 몰라도, 세상을 살아가는 일을 아주 편안해하는 사람이었다. 그는 내 쪽으로 몸을 기울이고 속삭이듯 말했고, 내 손을 잡았다. 넌 내 어렸을 때 제일 친한 친구를 떠올리게 해, 하고 샬롬은 말했고, 이 말은 내게 너무나 사랑받는다는 느낌을 주어서 나는 어찌할 바를 몰랐다.

쉬는 시간에 같은 수업을 받는 한 남자가 내게 샬롬에 관해 물었다. 그 사람이 왜 여기 있는지 알아요? 난 몰랐다. 유명한 배우들과 함께 어떤 영화에 출연할 거래요. 그런데 연기를 할 줄 모르는 거죠. 전혀. 딱 보면 모르겠어요? 남자가 웃었다. 게다가 이름은 왜 샬롬이래요? 하고 그가 물었지만 나도 몰랐다. 유대인인가?

—#—

그다음 주에 나는 수업에 가지 않았다. 또다시 나는 내 치료사에게 죽을 거라고 말했다가 정신병원에 보내져 일주일을 있었다. 퇴원한 다음 날 나는 다시 연기 수업에 나갔다. 샬롬과 내가 베스 헨리의 희곡에서 한 장면을 연기하기로 되어 있던 날이었다. 샬롬도 뉴욕을 떠나 다른 어딘가에 갔다가 돌아온 참이었다. 내가 도착했을 때 샬롬은 대기실에서 앰버라는 친구와 소파에 앉아 있었다. 나는 그때까지 실물로 앰버만큼 아름다운 사람을 본 적이 없었다. 나중에 리오가 앰버 역시 슈퍼 모델이며, 어쩌면 샬롬보다 더 유명할 거라고 알려주었다.

대사를 연습하던 중에 나는 샬롬에게 내가 어디에 갔다 왔는지 말하기로 마음먹었다. 그 말을 하면 우리 사이가 더 가까워질 거라고 생각했다. 나는 아직 친밀함에 관해 알아가려 애쓰는 중이었다. 하지만 그 말을 하자 샬롬은 자기와 앰버는 파리에서 일을 하고 막 돌아왔다고 말했다.

파리는 너무 **더웠어**, 하고 샬롬이 우는 소리로 말했다. 나는 파리가 정말 **싫어**. 여름에 거기가 얼마나 더워지는지 넌 말해도 **믿지 못할 거야**. 뉴욕보다 더 지독하다고.

게다가, 하며 그가 덧붙였다. 그 사람들 **너무** 구식이야. 에어컨도 없다니까.

끔찍하겠다, 나는 동정하듯 고개를 절레절레하며 말했다.

그러다가 우리 차례가 됐다. 샬롬이 내 손을 잡았고, 우리는 함께 스튜디오로 들어갔다.

샬롬과 앰버, 샌디 슈린, 그리고 그 〈캣츠〉 배우. 이런 사람들에게는 인생이 얼마나 흥미진진한 것일 수 있는지. 나는 이제 그걸 알아보기 시작했고, 나만의 시야에서 벗어나 다른 곳도 볼 수 있다는 것을, 나 자신을 넘어서 다른 사람들도 보고 나 자신도 볼 수 있다는 것을 깨달아가기 시작했다. 나는 결코 샬롬이 되지 않겠지만, 이런 순간들에는 나도 그의 세계에서 살 수 있었다. 그런 다음 집으로 돌아가 그의 눈으로 나를 바라보며 그의 세계에서 사는 일에 관한 글을 쓸 수 있었다. 그리고 다시 그런 삶을 살고자 했다. 계속, 거듭해서, 남은 인생 내내. 그것은 대개 심오함 바로 옆에 자리한 평범함으로 가득한 삶의 내부로 들어가려는 움직임이었다. 하지만 적어도 그것은 작가가 되기 위한, 삶을 다시 경험하기 위한 움직임이었다는 것을 나는 지금에야 깨닫는다.

그로부터 얼마 지나지 않아 나는 뉴욕을 떠났고, 연기를 그만두고 작가가 되겠다고 결심했다.

당신 아주 정상으로 보여요

시카고. 이십 년 뒤, 나는 다른 방에 앉아 새 의사를 기다리고 있다. 이제는 의사들이 나보다 젊다. 여기는 지저분한 공공 진료소의 2층에 있는 행동건강센터다. 이런 데 있기에는 너무 어린 아이들부터(다른 세상이라면 여기에 아이는 한 명도 없을 것이다) 가난한 사람, 집 없는 사람, 사회적 약자까지 모든 연령대의 사람들을 모아두는 곳이다. 지금 내게는 열악한 건강보험이 있고, 그런 보험이나마 있는 게 다행이다. 건강보험이라곤 없던 시절, 메디케이드에 의지했던 시절, 직업을 유지할 수 없었고, 일이 생겨도 건강보험은 없던 시절도 있었다.

당신 아주 정상으로 보여요, 몇 달 전 어느 디너파티에서 한 시인이 내게 말했다.

우리는 각자의 정신과 병력을 서로에게 털어놓는 중이었다.

그는 중증 양극성장애를 앓고 있고 약을 많이 먹으며 매일 몇 킬로미터씩 자전거를 타야 한단다. 그런 것만 제외하면 이제는 끝난 일이죠, 하고 그가 말했다. 자전거, 글쓰기, 약, 나는 이 셋으로 병원에 가지 않을 수 있어요, 하고 그가 설명한다. 우리는 만나자마자 통했고, 나는 그에게 나의 이야기, 내 인생 이야기를 들려준다.

함께 이야기 나누던 한 무리의 사람들이 있었는데 이제는 그와 나뿐이다.

당신 아주 정상으로 보여요. 그가 이 말을 했을 때 나는 기뻤다. 내가 정상이기 때문이 아니라, 그가 이제 나도 자기와 같다는 걸, 정상이 아니라는 걸 알기 때문이었다. 그것은 안도감이다. 뭔가를 숨기고 있다가 말해도 될 때의 안도감. 그게 나에 관한 모든 이야기일 필요는 없지만, 그렇다고 그게 아무것도 아닌 것은 아니다. 한 번도 그런 적은 없었다.

그가 나를 빤히 쳐다보며 터진 솔기를 찾는데, 나는 불쾌하지 않다. 나도 그의 벌어진 솔기들을, 수년간 항정신병약을 복용한 탓에 초점이 풀린 촉촉한 눈과 뻣뻣하고 경직된 동작을 알아보았으니까. 툭툭 끊어지는 말투, 큰 소리로 말하는 것이나 문장을 끝맺는 걸 불편해하는 특징은 책에서 들리던 그의 목소리에서 느낀(나는 그의 시를 읽었었다) 유창함과 우아함, 격정과는 전혀 달랐다.

때로 시에서 자신의 정신 질환에 관해 쓸 때도 있지만, 그에 관한 사실은 인터넷에서는 절대 찾아볼 수 없다고 그는 설명한다. 구글 알리미를 설정해두어서 블로그나 다른 시인의 글에서 그의 정신 질환에 관한 글이 올라오거나 그 글들이 소셜 미디어에 공유되면, 글쓴이에게 이메일을 보내 글을 내려달라고 요청한다고 했다.

내 일자리를 잃을 수도 있으니까요, 하고 그가 말한다.

(내가 정신 질환에 관해 쓴 글—구글 검색만 해도 금방 찾을 수 있는 정보—때문에 내가 잃은—혹은 애초에 구하지 못한—일자리가 무엇이 있을지 궁금했다. 그런 생각이 편집증적이라 느껴지긴 하지만, 그래도 혹시……)

—#—

뉴욕을 떠난 뒤로 나는 제대로 된 정신 건강 관리를 받아본 적이 없었다. 뉴욕에서 그런 의료 서비스를 받을 수 있었던 것도 단지 내가 주립병원에 있었기 때문이다. 그래도 치료를 받지 않는 지금이 더 낫다는 건 나도 안다. 맨해튼에는 사십오 분간의 치료 세션에 수백 달러를 낼 수 있는 사람들이 있다. 그게 오늘날 정신 의료의 모습이다. 부유한 이들은 가장 훌륭한 의사들의 전문적인 보살핌과 장기적인 분석을 받을 여유가 있지만, 가난하고 궁핍한 정신 질환자들은 집단 진료소와 병원을 들락거리면서 결코 치유되지 못하고 관리만 받는다. 혹은 관리도 받지 못하거나. 노숙인 처지가 되거나, 죽거나. 내가 병원을 떠날 때도 상황은 그랬지만, 이후 양극화는 더욱 심화되었다. 지난 이

십여 년을 되짚어보면, 내가 입원해 있다가 퇴원한 뒤 몇 년이 지나자 주에서 주립정신병원에 대한 지원금을 완전히 삭감해버렸다. 저물어가는 한 시대에 종말을 고하던 시기였다. 정부가 정신 건강에 할당한 지원금을 급격히 줄여나가는 이러한 움직임은 레이건이 집권하고 이후 몇십 년에 걸쳐 꾸준히 계속되었다. 과거에도 충분하지 않았고, 결코 충분한 적은 없지만, 그래도 지금보다는 그때가 훨씬 나았다.

지금 같았다면 나는 결코 그런 치료를 받을 수 없었을 것이다. 닥터 B나 닥터 트리얼이나 닥터 스미스에게 개인적으로 진료를 받을 여유가 없었을 테니까. 좋은 일이라고 생각한다. 내가 그때 떠난 건 행운이었다.

—#—

미국에서 가장 큰 정신병원은 시카고의 쿡카운티 교도소 안에 있다. 미국의 다른 두 최대 규모의 정신 건강 센터 역시 교도소에, 바로 LA 카운티 교도소와 뉴욕시 라이커스아일랜드에 있다. 내가 이 사실을 아는 건 내가 약을 탄 진료소에서 만난 새 의사 때문이다. 나는 이 의사와 십 분인가 십오 분 대화를 나누고 처방전을 받아 나온다.

의사는 젊은 여성으로 여기서 일주일에 이틀을 일하고, 또 다른 이틀은 쿡카운티 교도소의 여자 교도소에서 일한단다. 그는 아직 교육을 받는 중이다.

(그리 오래전 일은 아닌데, 이곳 시카고 상류층 여자들의 독

서 모임을 이끌어달라는 요청을 받은 적이 있다. 그들은 내게 자기들이 여자 교도소 투어를 갔었고 거기서 정신과 병동을 보았다고 말했다. 투어라고요? 맞아요, 하고 말하더니 이렇게 말을 이었다. 우리랑 아는 누군가가 들여보내줬거든요. 토론 중이던 소설 『아메리카나』로 돌아가기 전에 또 다른 여자가 말했다. **끔찍한 일이었지만, 볼 가치는 있었어요.** 또 한 여자는 그 소설에 나오는 부유한 백인들에 대한 묘사 때문에 기분이 상했다. **내가 왜 죄책감을 느껴야 해?** 하고 투덜댔다. 나는 그냥 책을 읽는 것뿐인데, 나는 그냥 독서를 즐기고 싶다고.)

 이 공공 진료소는 내가 시간을 보냈고 병원에서 만난 친구들을 보러 가곤 했던 중간 거주소와 주간 활동 프로그램, 지원 주거 시설을 떠올리게 한다. 만약 내가 그런 방으로 돌아가게 된다면, 그 방이 여기 슬픈 사람들이 가득한 이 슬픈 대기실이었으면 한다.
 이 젊은 의사는 그냥 지나쳐가는 사람이다. 곧 어딘가 다른 곳으로 가서 임신기 우울증을 연구할 것이다. 일리노이시카고대학교의 새로운 센터, 새로운 연구 기관으로.
 내 차례가 되었을 때 나는 웃음기 없는 의사에게서 경계심을 감지한다. 직업적인 냉담함과 초연함. (이때는 내가 톨스토이의 『이반 일리치의 죽음』을 가르치고 있던 때라, 역시나 냉담했던 항소법원 판사였다가 병에 걸려 냉담한 의사들에게 도움을 받아야 하는 처지가 된 일리치가 떠올랐다. 이제 그들의 보살핌

혹은 보살펴주지 않음에 힘없이 노출된 일리치는 자기가 영적으로 얼마나 공허한 인생을 살았는지 이해하게 된다. 그는 피상적으로 사회적 상승만을 위해 살았고 사람들과는 거래로 엮인 관계만 맺었다. 마르틴 부버가 말한, 두 사람이 모든 인간적인 면에서 서로를 인정하는 '나와 너'의 관계와는 정반대되는 관계였다.)

여긴 왜 오셨나요? 그가 묻는다. 내가 말한다. 나는 아기가 생겨서 성인기 들어 처음으로 몇 년 동안 약을 끊었어요. 임신 직전에 끊어서 임신기와 수유기 내내요. 그리고 다시, 또다시 연달아 세 번을 임신했는데, 모두 유산했어요.

그 일이 당신을 불안정하게 만들었군요.

그랬을지도. 그렇게 오랜 시간이 지나고서, 이렇게 다시 이 방에 들어와 내가 모르는 사람에게 나를 도와달라고 하고 있는 걸 보면.

의사는 내 차트를, 나의 병력을, 이제는 컴퓨터로 살펴보고 있다.

여기 당신이 이 년 동안 입원 환자였다고 나와 있네요?

그보다는 좀 더 오래였지만, 맞아요.

정말요?

네.

이건 아주 드문 경우인데요.

알아요.

병원에서는 환자를 이렇게 오래 잡아두지 않는데. 그러면 상황이 더 나빠지거든요.

뭐, 그렇게 잡아뒀어요.

집안이 아주 부자인가요? 하고 그가 물었다.

아뇨. 그런 종류의 병원이 아니었어요. 주립병원이었거든요.

무슨 말인지 모르겠네요.

이젠 그런 병원은 존재하지 않아요. 1990년대의 일이에요. (아마 그때 당신은 고등학생이었겠죠, 라는 말은 하지 않는다.) 그때는 세상이 달랐어요. 내가 퇴원하고 나서 일 년인가 이 년 뒤에 지원금이 모두 철회되었어요.

우와.

의사는 불편해 보였다. 나는 그를 편안하게 만들어줄 생각은 없었다. 하지만 이런 반응은 익숙했다. 내가 누군가에게 내 이야기를 할 때 일어나는 일, 나를 쳐다보는 그들의 표정, 슬픔으로, 연민으로 바뀌는 얼굴, 그 반응이 마치 애도처럼 다시 나에게 되비치며 내 수치심을 더욱 깊게 만드는 일, 혹은 내가 그 사람에게, 아니, 아니에요, 그렇게 나빴던 건 아니었어요! 하고 안심시켜야 할 것 같은 필요성을 느끼게 되는 일. 이런 일이 우리의 고난을, 우리의 슬픔을 전달하는 일에 따르는 문제일 때가 많다. 시몬 베유의 질문이—**당신은 어떤 일을 겪고 있나요?**(이는 시그리드 누네즈의 최근 소설의 제목이기도 하다.*)—중요한

- What Are You Going Through. 한국에서는 '어떻게 지내요'라는 제목으로 출간되었다.

것도 바로 이 때문이다. 우리는 정말이지 서로에게 어느 만큼을 물을 수 있는 걸까? 움츠러들지 않고, 어느 만큼을 품을 수 있는 걸까?

어땠어요? 하고 의사가 물었다. 나는 그가 너무 모른다는 사실에, 혹은 그 일을 상상하는 것조차 어려워한다는 사실에 놀랐다.

거긴 부분적으로는 연구병원이었어요. 그들은 우리에게 여러 가지를 시험했죠.

복약을 시험했나요?

네. 그리고 다른 치료 접근법들, 전략들도요. 그 시대에 할 법한. 나는 거기까지만 말하고 말았다.

(솔직히 가장 힘든 부분은 꼬리표가 붙고 아픈 사람으로 인식된 채 살다가 그걸 떨쳐내고 다시 나아가는 일이었다고, 나는 말하지 않는다. 다시는 내가 정상적으로 느껴지지 않았다고. 오랫동안 정신을 추스르지 못했다고.)

의사는 놀라고 호기심이 이는 표정이었다. 나는 그가 나를 훑어보고 있다고 생각했다. 그 광기는 어디에 있었던 걸까? 나의 어느 부분이 광기를 품고 있는지, 그게 내 얼굴에서 보였을까?

그는 병이라 불리는 무엇에, 이 병력, 일련의 증상들에 나를 끼워 맞추고 있었고, 그건 그 사람의 업무였다.

아주 드문 경험이네요. 그가 컴퓨터를 들여다보며 말했다.
그렇죠.

나는 그 의사에게 책을 읽어보라고 말하고 싶었다. 그런 병원들, 병동들에 관한 책들이 있다고, 그 병동을 만든 사람들이 쓴 책들이 있으며, 어떤 요인이 특정 환자가 생존할 가능성을 가장 높이는지를 알려주는 데이터와 사례 연구와 환자 들에 관한 차트가 있다고.
이런 말은 한마디도 하지 않았다. 어차피 우리는 서로를 알아가려는 것이 아니었다. 의사는 자기 일을 하고 있었고, 나는 그저 신기한 사례였을 뿐이다.

그렇지만 여전히, 나는 그 의사에게 그게 그리 놀랄 일이 아니기를 바란다. 이 가까운 역사가 왜, 심지어 정신과 의사들 사이에서마저 그렇게 비밀이 되어버린 걸까? 의대에서 과제로 그에게 그 책들을 읽게 했더라면, 그 책들을 비판적으로 읽고, 은토자키 샹게이나 버지니아 울프나 오드리 로드나 샬럿 퍼킨스 길먼의 「누런 벽지」를 읽게 했더라면 좋았을 것이다.
현대 의학에서 인문학을 그렇게 도려낸 결과 상실된 것은 무엇일까? 그 시절에 정신과 레지던트는 추가로 일 년 동안 정신분석 훈련을 받아야 했다. 이는 일반 의학 레지던트 과정에는 포함되지 않았다. 하지만 닥터 트리얼이나 닥터 프린스처럼 정신분석 훈련을 받은 의사들이 가장 문학적이고 지적인 의사였던 것은 분명하다.

—#—

한때는 내게 그 모든 것이 필요했을 수 있고 그곳이 나를 구해주었을지는 모르지만, 그곳은 책들이 내게 그런 것처럼, 독서가 그런 것처럼 내 경험을 이해할 방법은 결코 알려주지 않았다.

윌리엄 카를로스 윌리엄스—

시를 보고 뉴스를 알기는 어렵지만, 그래도 사람들은 시에서 발견할 수 있는 것들을 갖지 못해서 매일 비참하게 죽어간다.

(시에서 진단을 받을 수는 없지만, 내가 시에서 나의 길을 발견하지 못했더라면 나는 이미 죽었을 것이다.)

—#—

그들이 당신한테 조현병이 있다고 생각했던 건가요?
네, 한동안은 그랬을 거예요.

의사가 이 말을 할 때 나는 진단과 나의 관계가 어떻게 달라졌는지 생각했다. 지금은 너무나 모호하고 부정확하다고 보는 것을 한때는 그대로 믿었다. 많은 경우에, 많은 사람에게 진단이 실질적인 고통의 경험을 포착하고 치료하는 데 도움이 될 수 있다는 것을 안다. 하지만 인간으로서 존재한다는 이미 주어진 상태 안에서도 위안을 찾을 방법이 우리에게는 많이 있다. 이는 어느 수준에서는 늘 불가해한 부분이다. 이것이 우리가 책을 읽는 이유다. 이것이 내게 다른 여자들의 이야기가 필요했던 이유다. 내가 이 의사도 그들을 알기를 바라는 이유이기도 하다.

—#—

우리 당신의 생식 능력에 관해 이야기해야 할 것 같은데요.
무슨 말이에요?
누군가 만나서 상담해보셔야 할 것 같아요.
상담이요?
난임 치료 전문가 말이에요. 아이를 더 갖고 싶다면요.
난 아이 더 없어도 괜찮아요.
뭐, 그래도 만약 임신을 원한다면, 지금 누군가를 만나보는 게 좋아요.
네.
어쨌든 환자분은 마흔 살이잖아요.
마흔 살 아닌데요.
의사가 고개를 끄덕인다. 생색내듯이.
난 서른일곱이에요.
네. 그런데 출산의 관점에서 보면 마흔에 가까운 나이죠.
그럼 난 서른다섯에도 충분히 가까워요.
그에게는 이 말이 웃기지 않았던 모양이다. 이 의사는 환자와 함께 웃을 생각이 없었다. 내게 주어진 십오 분이 다 지났다. 의사는 두 가지 새로운 약을 처방해주고, 한때는 내게 그런 치료가—그는, 그게 무엇이었든 그 몇 년이, 라고 말했다—필요했었는지 몰라도, 지금은 필요 없다고 확인해주었다. 당신은 조현병 환자가 아니에요. 마치 자신의 진료 기록을 마무리하려는 듯 내가 묻지도 않은 질문에 답했다. 당신이 왜 그리 오랫동안 입원해 있었는지 도저히 이해가 안 되네요. 그 의사의 말이었다.

감사의 말

이 책의 일부는 문학잡지 〈그랜타〉와 〈메이크 매거진〉에 다른 형태로 게재된 적이 있습니다. 두 잡지의 발행인들인 시그리드 라우싱, 루크 네이마, 제시카 앤에게 감사드립니다. 뒤라스 스페이스라는 개념은 도디 벨러미가 『아카데모니아』에서 사용한 섹스스페이스 개념에서 착안했습니다. 『공기 없는 공간들』을 읽어보라고 처음 제안해준 사람은 케이트 잠브레노입니다. "보편적 비소속"과 "회복할 의무"라는 개념들은 노스웨스턴대학교의 미디어와 정신 건강 심포지움 중 스티븐 하퍼의 강연에서 처음 알게 되었습니다. 제가 "가련한 알몸의 두발짐승"이라는 『리어 왕』의 대사를 인용한 것은 로리 섀넌 덕분입니다. "흔들릴 수 있는 외로움"은 토니 모리슨의 『빌러비드』에서 빌려왔습니다. 버지니아 크리에이티브아트센터, 래그데일 재단, 캐시

스토커(더 스너그The Snug) 덕분에 시간과 공간이라는 가장 필수적인 선물을 누릴 수 있었습니다.

이 책을 원래의 모습보다 훨씬 더 그럴듯하게 만들어준 나의 담당 편집자 엘리 프리칫에게, 그리고 이 책이 책으로 존재하기 전부터 그 가치를 믿어준 나의 에이전트 세라 레빗에게 무한한 감사를 보냅니다. 이 두 사람이 곁에 있어준 것은 내게 행운이었어요.

용기와 영감을 준 세라 슐먼과 나타샤 트레스웨이에게도 특별한 감사를 표합니다.

많은 이들이 나의 원고를 읽고 대화나 편지를 통해 자신의 사유와 열정으로 나의 생각을 형성해주고 예리하게 다듬어주지 않았다면 이 책은 이렇게 완성될 수 없었을 거예요. 크리스 롬바도, 매슈 리처드슨, 제임스 호지, 키라 터커, 캐터나 스미스, 라이언 뉴, 서맨사 잉글리시, 크리스토퍼 레인, 로라 조이스-허버드, 베키 페인, 수리야 밀너, 잭슨 맥그래스, 조지 에이브러햄, 리디아 애버딘, 메이 듀가스, 니콜 슈니츨러가 그분들입니다. 그리고 이 작업에 도움을 준 크리스 아바니, 레그 기번스, 쇼나 셀리, 후안 마르티네스, 로리 섀넌, 리토위츠 가족, 그리고 노스웨스턴대학교의 모든 분들—특히 프린터 사용을 비롯해 많은 일을 도와준 네이션 미드에게 감사드리고 싶습니다.

가까이 있든 멀리 있든, 나의 글쓰기 공동체에 속한 여성들에게 진심으로, 그리고 정신적으로 감사합니다. 어맨다 골드블랫, 앤 요더, 케이트 잠브레노, 아미나 케인, 애저린 밴더블릿

올루미, 대니얼 더튼(그리고 모든 도로시 시리즈의 작가들). 나는 글을 쓸 때 이들의 말과 글, 아이디어에 관해 생각합니다. 나는 이들이 항상 나의 글을 읽어주기를 꿈꿉니다. 그리고 내 첫 책을 출판해줄 만큼 나의 이야기를 믿어준 대니엘과 마틴 라이커 부부에게 언제까지나 감사할 거예요. 나의 가족에게, 특히 에린에게 감사합니다. 그리고 나의 친구들, 특히 데이비드 아지미, 던 테프트, 메그 사이먼턴, 크리스 알레그리아, 에이미 오로크, 셜리 리즈, 디카 램, 에린 티가든, 켈리 드와이어, 줄리엣 패터슨, 세라 사피안에게도 감사합니다.

사랑을 담아 퀸 멀리건(1971~2023)을 추모합니다. 우리가 더 많은 시간을 보낼 수 있었더라면. 그리고 또 다른 세상에서 만날 수 있기를.

나에게 삶을 선사한 내 아들 로렌조 보르추츠키와, 나의 가장 다정한 사람 조 배스에게 무한한 감사와 사랑을 보냅니다. 두 사람은 이 모든 일을 가치 있게 (그리고 아주 재미있게) 만들어 주었습니다.

참고 문헌

Acker, Kathy. *Don Quixote (which was a dream)*. New York: Grove Press, 1986.
Adler, Laure, and Victor Gallancz. *Marguerite Duras: A Life*. Chicago: University of Chicago Press, 2000.
Aviv, Rachel. *Strangers to Ourselves*. New York: Farrar, Straus & Giroux, 2022.
Bellamy, Dodie. *Academonia*. San Francisco: Krupskaya Books, 2006.
Bergman, Ingmar, director. *Fanny and Alexander*. Sweden: Sandrew Film and Teater, 1982.
Berlant, Lauren. *Cruel Optimism*. Durham, NC: Duke University Press, 2011.
Campion, Jane, director. *An Angel at My Table*. Artificial Eye, 1990.
Clark, Heather. *Red Comet: The Short Life and Blazing Art of Sylvia Plath*. New York: Knopf Doubleday Publishing Group, 2020.
Crispin, Jessa. "Made to Disorder." *The Smart Set*, Oct. 28, 2011.
Cvetkovich, Anne. *Depression: A Public Feeling*. Durham, NC: Duke University Press, 2012.
Dangarembga, Tsitsi. *Nervous Conditions*. Seattle: Seal Press, 1988.

Davidman, Lynn. *Motherloss*. Berkeley, CA: University of California Press, 2002.
Didion, Joan. "On Keeping a Notebook." *Slouching Towards Bethlehem*. New York: Farrar, Straus and Giroux, 1968.
_____. *The Year of Magical Thinking*. New York: Knopf, 2005.
Duras, Marguerite, and Barbara Bray. *The Lover*. New York: Pantheon Books, 1985.
Duras, Marguerite, and Richard Seaver. *Hiroshima Mon Amour*. New York: Grove Press, 1961.
Faludi, Susan. "Death of a Revolutionary." *The New Yorker*, 2013.
Firestone, Shulamith. *Airless Spaces*. Cambridge, MA: MIT Press, 1998.
_____. *The Dialectic of Sex: The Case for Feminist Revolution*. New York: Bantam Books, 1970.
Foucault, Michel. *Madness and Civilization: A History of Insanity in the Age of Reason*. New York: Random House, 1965.
Frame, Janet. *An Autobiography*. New York: George Braziller, 1990.
_____. *Faces in the Water*. New York: George Braziller, 1982
_____. *Owls Do Cry: A Novel*. New York: Counterpoint, 1957.
_____. *Towards Another Summer*. United Kingdom: Virago, 2008.
Gilman, Charlotte Perkins. "Why I Wrote the Yellow Wallpaper." *The Forerunner*, October 1913, https://www.nlm.nih.gov/exhibition/the literatureofprescription/education/materials/WhyIWroteYellow WallPaper.pdf.
_____. *The Yellow Wallpaper, Herland, and Selected Writings*. New York: Penguin, 2009.
Goffman, Erving. *Asylums: Essays on the Condition of the Social Situation of Mental Patients and Other Inmates*. New York: Anchor Books, 1961.
Hacking, Ian. "Making Up People." *London Review of Books*, vol. 28, no. 16, 2006.
Hardwick, Elizabeth. "On Sylvia Plath." *The New York Review*, 1971.
hooks, bell. *Teaching to Transgress*. New York: Routledge/Taylor & Francis, 2014.
Ionesco, Eugène, and Horovitz, Israel. *Man with Bags: A Play*. New York: Grove Press, 1977.
Kaysen, Susanna. *Girl, Interrupted*. New York: Turtle Bay Books, 1993.

Kenyon, Jane. *Otherwise: New and Selected Poems*. St. Paul, MN: Graywolf, 1996.
King, Michael. *Wrestling with the Angel*. London: Penguin Books Limited, 2001.
Kraus, Chris. "Continuity." *Feminaissance*. Los Angeles: Les Figues Press, 2010.
Kristeva, Julia. *Black Sun: Depression and Melancholia*. New York: Columbia University Press, 1989.
Lane, Christopher. *Shyness: How Normal Behavior Became a Sickness*. New Haven, CT: Yale University Press, 2008.
Lee, Hermione. *Virginia Woolf*. New York: Vintage, 1997.
Lorde, Audre. *The Cancer Journals*. New York: Penguin Classics, 2020.
_____. *The Collected Poems of Audre Lorde*. New York: Norton, 2000.
Marcus, Jane. *Art & Anger: Reading Like a Woman*. Columbus, OH: Miami University, 1988.
Millett, Kate. *The Loony Bin Trip*. Urbana and Chicago: University of Illinois Press, 1990.
Morrison, Toni. *Beloved*. New York: Vintage, 1987.
Nathan, Debbie. *Sybil Exposed: The Extraordinary Story Behind the Famous Multiple Personality Case*. New York: Free Press, 2011.
Ngai, Sianne. "Shulamith Firestone's Airless Spaces." *Berfrois*, 2012.
O'Connor, Sinéad. "Famine." *Universal Mother*. Chrysalis, 1995.
Phillips, Adam. *Going Sane*. New York: HarperCollins, 2009.
_____. *On Kissing, Tickling, and Being Bored: Psychoanalytic Essays on the Unexamined Life*. Cambridge, MA: Harvard University Press, 1994.
_____. *Terrors and Experts*. Cambridge, MA: Harvard University Press, 1997.
Plath, Sylvia. *The Bell Jar*. New York: HarperPerennial Modern Classics. 1971.
_____. *The Unabridged Journals*. New York: Anchor Books, 2000.
Russ, Joanna. *How to Suppress Women's Writing*. Austin, TX: University of Texas Press, 1983.
Saadawi, Nawal El. *Woman at Point Zero*. London: Zed Books, 1983.
Schulman, Sarah. *Gentrification of the Mind: Witness to a Lost Imagination*. Berkeley, CA: University of California Press, 2013.

Shange, Ntozake. *for colored girls who have considered suicide/when the rainbow is enuf.* New York: Scribner, 1975.
Sontag, Susan. "Simone Weil." *New York Review of Books*, 1963.
Stone, Elizabeth. "Off the Couch." *The New York Times*, Dec. 6, 1992.
Stone, Michael. *The Fate of Borderline Patients.* New York: Guilford Publications, 1990.
Tortorici, Dayna, and Stryker, Beth, co-editors. Shulamith Firestone Memorial Pamphlet, 2012.
Vale, V. *Angry Women.* San Francisco: RE/Search Publications, 1991.
Woolf, Virginia. *Mrs. Dalloway.* New York: Harcourt Brace Jovanovich, 1925.
_____. *A Room of One's Own.* New York: Harcourt Brace Jovanovich, 1929.
_____. *The Waves.* New York: Harcourt Brace Jovanovich, 1931.

옮긴이 정지인
『욕구들』『호라이즌』『빛을 먹는 존재들』『자연에 이름 붙이기』『경험은 어떻게 유전자에 새겨지는가』『우울할 땐 뇌과학』『마음의 중심이 무너지다』『물고기는 존재하지 않는다』『불행은 어떻게 질병으로 이어지는가』『내 아들은 조현병입니다』 등을 번역했다.

의미들
마음의 고통과 읽기의 날들

초판 발행 2025년 10월 27일

지은이 수잰 스캐런
옮긴이 정지인

책임편집 허정은 | **편집** 신원제
디자인 이강효
마케팅 이보민 손아영

펴낸곳 (주)엘리 | **펴낸이** 김정순
출판등록 2019년 12월 16일 제2019-000325호
주소 04043 서울시 마포구 양화로 12길 16-9(서교동 북앤빌딩)
전화 02-3144-3123 | **팩스** 02-3144-3121
전자우편 ellelit.book@gmail.com | **인스타그램** @ellelit2020

ISBN 979-11-91247-58-9 03840